KOI
König der Gartenteiche

Eine Holzbrücke schafft eine fernöstliche Atmosphäre und bietet gleichzeitig Gelegenheit, Koi zu beobachten.

KOI
König der Gartenteiche

Eine leicht verständliche und umfassende Einführung in die Haltung dieser herrlichen Zierkarpfen – von der Auswahl gesunder Tiere bis zur Anlage eines voll ausgerüsteten Koi-Teiches. Alle wichtigen Zuchtformen sind farbig abgebildet.

Übersetzung aus dem Englischen von
Dr. Monika Niehaus-Osterloh

Fachliche Beratung:
Robert Hilble

Das Photo auf Seite 1 zeigt einen Kin Matsuba

Wichtiger Hinweis

Die in diesem Buch vorgestellten Behandlungsvorschläge und Ratschläge wurden sorgfältig zusammengestellt und vielfach erprobt. Da Teichwässer biologisch und chemisch unterschiedlich sind, kann jedoch keine Garantie bestehen, daß Medikamente und Chemikalien immer die gleiche gewünschte Wirkung zeigen. Überprüfen Sie deshalb die eingesetzten Stoffe auf ihre Verträglichkeit und beachten Sie unbedingt die Sicherheits- und Gefahrenhinweise der Hersteller, bzw. Apotheke oder Tierarzt. Eine Haftung der Autoren oder des Verlages für Schäden und Folgeschäden gleich welcher Art beim Umgang und Einsatz der Medikamente, Chemikalien und Rezepturvorschläge ist ausgeschlossen.

© Deutsche Ausgabe 1998
Tetra Verlag GmbH
An der Kleimannbrücke 39
D-48157 Münster

© Englische Originalausgabe
1989 Salamander Books Ltd.
Originaltitel: The Practical Encyclopedia of Koi
ISBN 0-86101-405-7

Alle Rechte der Verbreitung einschließlich Film, Funk und Fernsehen sowie des auszugsweisen Nachdrucks vorbehalten.

Satz: Fotosatz Hoffmann, Hennef
Lithos: Scantrans Pte. Ltd.
Gedruckt in China

ISBN 3-89745-106-9

Eine Steinmauer schirmt den Teich ab und ermöglicht Kindern, die Koi gefahrlos zu betrachten.

寄稿者
MITARBEITER

Zu dieser umfassenden Enzyklopädie über Koi haben Koi-Fachhändler, begeisterte Koi-Liebhaber und Experten aus verschiedenen Wissenschaftsdisziplinen beigetragen. Die wichtigsten Mitarbeiter sind:

Bernice Brewster
(Koi-Anatomie, Wasserqualität und Filterung, Gesundheitspflege)

Nicky Chapple
(Kauf von Koi, Koi-Zuchtformen)

John Cuvelier
(Teich und Filteranlage)

Mark Davies
(Geschichte der Nishikigoi-Kultur, Fütterung und Zucht von Koi)

Deri Evans
(Teich und Filteranlage, saisonale Pflege)

Glyn Evans
(Teich und Filteranlage)

Keith Phipps
(Koi-Ausstellungen)

Yvonne Rees
(Landschaftsgestaltung und Wassergärten)

Peter W. Scott MSc., BVSc., MRCVs, MIBiol.
(Berater in veterinärmedizinischen Fragen)

Dr. Monika Niehaus-Osterloh
(Übersetzung der deutschen Ausgabe)

Robert Hilble
(Fischwirtschaftsmeister, fachliche Beratung der deutschen Ausgabe)

Barron Benno ter Höfte
Gesundheitspflege, Fischkrankheiten in der deutschen Ausgabe)

目次
INHALT

TEIL EINS
PRAKTISCHER ABSCHNITT 8

Die Geschichte der Nishikigoi-Kultur 10
Anatomische Grundlagen 14
Teich und Filteranlage 22
Wasserqualität und Filterung 48
Der Kauf von Koi 58
Die Fütterung von Koi 64
Pflege rund um's Jahr 70
Landschaftsgestaltung und Wassergärten 80
Die Zucht von Koi 92
Gesundheitspflege 98
Koi-Ausstellungen 114

TEIL ZWEI
KOI-ZUCHTFORMEN 122

Kohaku 128
Taisho Sanke 136
Showa Sanshoku 140
Bekko 144
Utsurimono 146
Asagi 150
Shusui 152
Koromo 156
Kawarimono 160
Hikarimono (Ogon) 174
Hikari-Utsurimono 180
Hikarimoyo-Mono 184
Tancho 194
Kinginrin 198

Glossar 202
Verzeichnis der Zuchtformen 204
Allgemeines Stichwortregister 207
Bildnachweis 209

Grünpflanzen, Steine und japanische Kunstgegenstände schaffen eine ruhige, fernöstliche Umgebung für diesen Koi-Teich.

第一部　実践編

TEIL EINS

PRAKTISCHER ABSCHNITT

AUS EINEM REGEN INTERESSE an Koi entwickelt sich nur allzu oft eine Passion, doch der Enthusiasmus des Halters muß mit einem tiefen Verständnis für Lebensweise und Umweltansprüche dieser herrlichen Fische einhergehen. Die Kapitel in diesem praktischen Abschnitt erklären Ihnen ausführlich, wie ein Koi aufgebaut ist, wie seine verschiedenen Organsysteme funktionieren und wie Sie den Bedürfnissen Ihrer Pfleglinge gerecht werden können.

Nach einer kurzen Einführung in die Geschichte der Koi-Zucht wenden wir uns der Anatomie und Physiologie dieser Zierkarpfen zu. Die nächsten beiden Abschnitte zeigen Ihnen, wie man eine optimale Umgebung für Koi schafft – mit praktischen Ratschlägen zum Bau von Koi-Teichen samt Filteranlage und wichtigen biochemischen Informationen zur Wasserqualität. In den folgenden drei Kapiteln geht es um Kauf und Fütterung von Koi und ihre Pflege rund ums Jahr – Tag für Tag und auch je nach Jahreszeit.

Damit der Koi-Teich zu einer echten Bereicherung Ihres Gartens wird, beschäftigt sich das nächste Kapitel mit Landschaftsgestaltung und Wassergärten im weitesten Sinn; bei der praktischen Umsetzung werden sowohl westliche als auch fernöstliche Einflüsse miteinbezogen. Doch selbst unter besten Hälterungsbedingungen kann es gelegentlich passieren, daß ein Fisch erkrankt. Was ist dann zu tun? Darum geht es in dem Kapitel über Gesundheitspflege, in dem Sie einen detaillierten Überblick über die häufigsten Erkrankungen von Koi samt Vorbeugemaßnahmen und Heilbehandlungen finden. Die letzten beiden Kapitel vermitteln Ihnen grundlegende Informationen über die Zucht von Zierkarpfen – früher eine exklusive Domäne professioneller Züchter, heute zunehmend auch ein Hobby engagierter Liebhaber – und bietet einen Blick hinter die Kulissen einer Koi-Ausstellung.

Auswahl eines Siegers auf einer nationalen Koi-Ausstellung.

錦鯉の歴史

DIE GESCHICHTE DER NISHIKIGOI-KULTUR

DIE VIELEN HERRLICHEN KOI-ZUCHTFORMEN, die wir heute kennen, stammen alle von dem schwarzbraunen Wildkarpfen ab, der in Japan als Magoi bezeichnet wird. Obwohl frühe Hinweise auf Koi (d.h. auf ihren Urahn, den Karpfen, *Cyprinus carpio*) ca. 2500 Jahre zurückreichen, ist die Zucht von Zierkarpfen in Fischfarmen neueren Datums. Die ersten Farbmutationen in menschlicher Obhut traten wohl vor etwa 200 Jahren auf, und bereits gegen Ende des 19. Jahrhunderts hatten sich viele der Zuchtformen herausgebildet, die wir heute kennen. Doch erst im 20. Jahrhundert entwickelte sich die Haltung von Koi zu einem weltweit blühenden Hobby. Seit dem Beginn der Nishikigoi-Kultur, d.h., seitdem man Zierkarpfen kennt, haben Fischzüchter viel Zeit und Mühe in die Entwicklung neuer Varietäten investiert. Obwohl Japan hier noch immer weltweit führend ist, produzieren auch andere Länder heute bereits attraktive Koi.

Ein Teehaus, üppig wachsende Grünpflanzen und große Geröllblöcke schaffen eine japanische Atmosphäre in diesem Wassergarten.

DIE GESCHICHTE DER NISHIKIGOI-KULTUR

Im Gegensatz zur landläufigen Meinung lag die Heimat der Koi ursprünglich keineswegs in Japan. Ihre Vorfahren stammen aus aus dem Schwarzen Meer, dem Kaspischen Meer, dem Ochotskischen Meer, dem Aralsee und aus China, wo man die ersten schriftlichen Berichte über diese Fische gefunden hat. Zur Feier seiner Geburt soll König Shoko von Ro dem ersten Sohn des großen chinesischen Philosophens Konfuzius (ca. 551-479 v. Chr.) einen Koi geschenkt haben. Konfuzius benannte seinen Sohn nach diesem Geschenk, denn der Fisch galt als Symbol von Stärke; es hieß von ihm, er sei der einzige Fisch, der die Wasserfälle des Gelben Flusses hinaufschwimmen könne. Um 533 v. Chr. informiert ein chinesisches Buch mit dem Titel „Yogyokyo" den Leser über verschiedene Methoden zur Züchtung von Koi. Zu dieser Zeit gab es nur graue oder rote Farbvarianten. Da Koi damals jedoch nur zu Nahrungszwecken gehalten wurden, spielten diese Abweichungen im Sinne einer Zierfischzüchtung noch keine Rolle.

Im Zuge chinesischer Eroberungszüge gelangten Koi nach Japan, und die erste schriftliche Erwähnung von Zierkarpfen, die offensichtlich am Hof des Kaisers gehalten wurden, findet sich in Jahre 200 n. Chr. Dann klafft eine breite Lücke, und die Geschichte findet erst im 17. Jahrhundert ihren Fortgang. Damals setzten Reisfarmer aus Yamakoshi go (einer Stadt in der Präfektur Niigata an der Nordwestküste der japanischen Hauptinsel) Karpfen in ihren Bewässerungsteichen aus, um ihre Ernährungsgrundlage zu verbessern. Der Bezirk liegt hoch in den Bergen, wo Schneefälle von drei Metern Höhe den Zugang während der Wintermonate erschweren, wenn nicht unmöglich machen. Ein so isolierter Standort zwang die Bewohner von Yamakoshi, sich von den Ressourcen zu ernähren, die ihnen zur Verfügung standen. Die Mühen und Anstrengungen, die diese Reisbauern der Zucht von Karpfen widmeten, führte dazu, daß der Bezirk Niigata zum Zentrum wachsender Koi-Zucht wurde.

Farbmutationen fielen den Züchtern zum ersten Mal zwischen 1804 und 1830 auf. Dabei handelte es sich hauptsächlich um rote, weiße und hellgelbe Koi (aus letzteren entwickelten sich die ersten einfarbigen Kawarimono). Alle Koi sind mutierte Abkömmlinge des gewöhnlichen schwarzen Karpfens, *Cyprinus carpio*, der in Japan „Magoi" heißt und der Ahnherr aller Zuchtkarpfen ist. Um 1830–50 führten Kreuzungen von roten und weißen Karpfen zum ersten Kohaku. Frühe Koi-Zuchtformen, wie Asagi, Higoi und Bekko, wurden untereinander weitergekreuzt, so daß bereits in den 80er Jahren des vorigen Jahrhunderts viele der heute bekannten Varietäten vorlagen. Einige Zuchtformen erreichten innerhalb mehrerer Generationen hohe Qualitätsstandards, und auf diese Weise bürgerten sich Abstammungslinien ein.

Asagi und Ki Utsuri entstanden zum ersten Mal um 1875. Diese Zuchtformen wurden hochgeschätzt und wechselten ihren Besitzer nur gegen sehr große Summen. Das führte zeitweilig zu einem Verbot des Koi-Handels, denn die lokalen Behörden fürchteten, daß sich die Karpfenzucht zu einem Spekulationsgeschäft entwickeln könne. Doch da die örtliche Dorfbevölkerung keine andere Möglichkeit besaß, um ihren Lebensunterhalt zu bestreiten, dauerte der Bann glücklicherweise nicht lange.

Unterdessen entstand im späten 18. Jahrhundert in Zentraleuropa eine Mutation, die einen entscheidenden Einfluß auf das Koi-„Design" ausüben sollte. Diese genetische Abweichung betraf die Schuppen und führte entweder zu schuppenlosen, sogenannten „Lederkarpfen" oder zu „Spiegelkarpfen" mit großen, glän-

Unten: *Die vielen herrlichen Koi-Zuchtformen, die wir heute kennen, stammen alle von dem gewöhnlichen schwarzen Karpfen, dem Magoi, ab, wie er unten auf einer alten Illustration abgebildet ist. Dieser Fisch, den es immer noch gibt, kann auf eine Geschichte von etwa 2500 Jahren zurückblicken; ursprünglich war er in den Seen Ostasiens und Chinas zu Hause.*

zenden Schuppen längs der Rückenlinie. Diese Fische, die wegen ihres deutsch/österreichischen Ursprungs unter dem Namen „Doitsu" (gesprochen „Doits") bekannt wurden, waren ursprünglich für die Tafel gezüchtet worden, da sie leichter zu säubern waren als voll beschuppte Tiere. Einige Doitsu-Karpfen gelangten 1904 nach Japan, und aus diesen wurden 1910 die ersten Shusui (oder Doitsu Asagi) gezüchtet.

Die Zucht von Zierkarpfen beschränkte sich bis zum Beginn des 20. Jahrhunderts auf die Niigata-Region. Erst 1914 sandte man 27 Koi zur großen Ausstellung nach Tokio, um die ökonomischen Verhältnisse der armen Bevölkerung der Niigata-Region zu verbessern. Diese Koi gewannen einen zweiten Preis bei der Ausstellung. Dieses Ereignis markiert den Beginn der blühenden Koi-Zucht, wie wir sie heute kennen.

Leider führte eine Wirtschaftsflaute nach mehreren guten Jahren, in denen sich die Kohaku- und die Sanke-Zuchtlinien stabilisierten, um 1920 zu einem Niedergang der Koi-Zucht. Während des Zweiten Weltkrieges etablierten sich trotz eines weiteren Rückschlages – diesmal Futtermangel! – mehrere neue Zuchtformen erfolgreich, darunter Shiro Bekko und Showa. Die Koi-Zucht gedieh weiter in Niigata, und ihr Umfang nahm zu, als die Region durch den Bau von Bahnlinien und Straßen verkehrsmäßig besser erschlossen wurde.

In gewisser Weise war der Boom in der Koi-Zucht, der sich nach Ende des zweiten Weltkrieges entwickelte, ein Resultat der kommerziellen Entwicklung der Luftfahrt. Dadurch wurde der Transport von Koi weltweit ermöglicht, und es entwickelte sich ein großer internationaler Markt. So wurden Koi 1938 zum erstenmal via Luftfracht nach San Francisco verschifft, 1947 nach Hawaii, 1949 nach Kanada und 1953 nach Brasilien.

Während der 80er Jahre nahm die Haltung von Koi außerhalb Japans einen starken Aufschwung, und in vielen Ländern werden Koi für den Inlandmarkt inzwischen „zu Hause" gezüchtet.

Oben: *Die leuchtenden Farben und Muster dieser herrlichen Koi sind das Ergebnis von fast zwei Jahrhunderten selektiver Züchtung. Heute gibt es Hunderte verschiedener Zuchtformen, und laufend entstehen neue und einzigartige Koi – besonders in Japan.*

Oben: *Hier, in der Provinz Niigata, wurden Koi erstmals gezüchtet, anfänglich als Speisefische, doch später wegen ihrer wundervollen Farben und Muster. Die Region ist auch heute noch das Zentrum der Koi-Zucht.*

鯉の解剖学

ANATOMISCHE GRUNDLAGEN

BEVOR MAN SICH mit möglichen gesundheitlichen Problemen von Koi beschäftigt, sollte man sich ein wenig mit ihrer Anatomie befassen. Genauso, wie ein Mechaniker über Aufbau und Funktion eines Motors Bescheid wissen muß, um den Fehler zu finden und die Fahrtüchtigkeit wiederherzustellen, sollte ein Koi-Halter über anatomische (und einige physiologische) Grundkenntnisse verfügen, um bei Gesundheitsproblemen das Richtige zu tun. In diesem Abschnitt geht es um den äußeren Körperbau, der alle sichtbaren Teile des Fisches umfaßt, und um den inneren Aufbau samt Skelett, Organsystemen und Geweben.

Dieser Beni-goi (oben) *und der Doitsu Purachina* (unten) *kombinieren sehr harmonisch Färbung und Form*

鯉の解剖学

ANATOMISCHE GRUNDLAGEN

Körperform

Wie die meisten Fische sind Koi vorne breiter gebaut als hinten. Dadurch erhält der Fisch einen hydrodynamisch günstigen, stromlinienförmigen Körperbau. Beim Schwimmen entstehen nur wenig Turbulenzen, und der Fisch spart Energie. Wenn man einen Kegel mit dem spitzen Ende voran in eine laminare Wasserströmung hält, bilden sich an der hinteren, ebenen Fläche zahlreiche Wirbel – die Strömung wird turbulent, und ihr Widerstand erhöht sich. Dreht man den Kegel anschließend um, so daß die Strömung zuerst auf die Standfläche trifft, bleiben die Wasserschichten rundum weitgehend laminar, ja sie unterstützen die Bewegung des Kegels durch das Wasser sogar. Das gleiche gilt für den stromlinienförmigen Koi.

Äußerer Aufbau

Der Aufbau eines Koi umfaßt Schuppen, Flossen, Kiemendeckel (Operculum), Körperöffnungen (After, Geschlechts- und Harnleiteröffnung), Augen, Nasenöffnungen, Barteln und Seitenlinienorgan.

Schuppen Sie überziehen die Oberfläche des Fisches wie ein leichtes, bewegliches Kettenhemd. Jede Schuppe besteht aus einer extrem dünnen, flexiblen Plättchen aus Knochen oder knochenähnlichem Material. Die Basis einer jeden Schuppe steckt tief in einer Hauttasche, der Vorderteil liegt frei und überlappt die Basis der darauffolgenden Schuppe, gerade wie es bei Dachziegeln der Fall ist. Bei Koi findet man zwei ganz unterschiedliche Schuppenmuster: vollständige Beschuppung und den sogenannten Doitsu-Typ, bei dem die Schuppen vergrößert sind und entlang der Mittellinie jeder Körperseite, gewöhnlich auch an der Basis der Rücken- und Afterflossen, angeordnet sind. Die Schuppen von Doitsu-Koi liegen vollständig in die Haut eingebettet. (Wir werden uns im Abschnitt über die Zuchtformen auf Seite 125 noch ausführlicher mit der Beschuppung beschäftigen, insbesondere mit den verschiedenen Typen, die man bei Doitsu-Koi findet.)

Der ganze Körper eines Fisches samt aller Schuppen ist von einer Schleimschicht überzogen. Dieser Schleim wirkt leicht entzündungshemmend und wird von besonderen Drüsenzellen in der Haut abgeschieden. Er verleiht Fischen die typische schleimige Oberfläche, sozusagen einen „wasserschlüpfrigen" hydrodynamischen Überzug, mit dessen Hilfe der Fisch mühelos durch das Wasser gleitet.

Flossen Koi haben fünf verschiedene Flossentypen: jeweils eine Rücken-, After- und Schwanzflosse und jeweils zwei Brust- und Bauchflossen. Fische schwimmen mit Hilfe der Körpermuskulatur (wie auf S. 18 beschrieben), und die Flossen haben die Aufgabe, die Lage des Fisches im Wasser zu stabilisieren. Wenn sie aufgerichtet sind, verhindern Rücken- und Afterflosse eine Drehung um die Längs- und die Hochachse, Brust- und Schwanzflossen diejenige um die Querachse. Zusätzlich steuern Brust- und Bauchflossen, kontrollieren Feinbewegungen, mit denen sie dem Schub entgegenwirken, der durch das Ausstoßen von Wasser via Kiemendeckel entsteht, und ermöglichen es dem Fisch dadurch, bewegungslos im Wasser zu stehen.

Kiemendeckel (Operculum) Diese große Knochenplatte schützt die empfindlichen Kiemen (s. S. 20). Die Basis des Kiemendeckels ist am Kopf fixiert, die nach hinten weisende Kante ist jedoch frei. Das System arbeitet als Rückschlagventil, indem es sauerstoffarmem Wasser erlaubt, die Kiemenkammer zu verlassen (Kiemendeckel abgespreizt), nicht aber, wieder dorthin zurückzukehren (Kiemendeckel geschlossen). Der Kiemendeckel ist über das große Hyomandibulare gelenkig mit dem Hirnschädel verbunden. (Bei Fischen bildet dieser Knochen einen Teil des Oberkiefergelenks, in das der Unterkiefer eingehängt ist; beim Menschen hat er sich ins Innenohr verlagert und bildet dort ein kleines Gehörknöchelchen, den Steigbügel.)

Körperöffnungen Kurz vor der Afterflosse liegt als größte Öffnung der After; hier endet der Darm. Direkt dahinter münden die Ausführgänge der Geschlechtsorgane (Hoden oder Eierstöcke) und der beiden Harnleiter, die von den Nieren kommen (s. Abb. S. 21). Knochenfische haben also keine Kloake, d.h. keine gemeinsame Öffnung für die Produkte von Verdauungs-, Geschlechts- und Harntrakt, wie man sie z.B. bei Lurchen findet.

Das Äußere eines Koi

Die Stromlinienform von Koi ist typisch für die Karpfenfamilie, zu der diese Fische gehören. Der kräftige, hochrückige Körper und die wohlentwickelten Flossen verleihen dem Fisch Schnelligkeit und Manövrierfähigkeit im Wasser. Beachten Sie die beiden Paare sensibler Barteln am Maul.

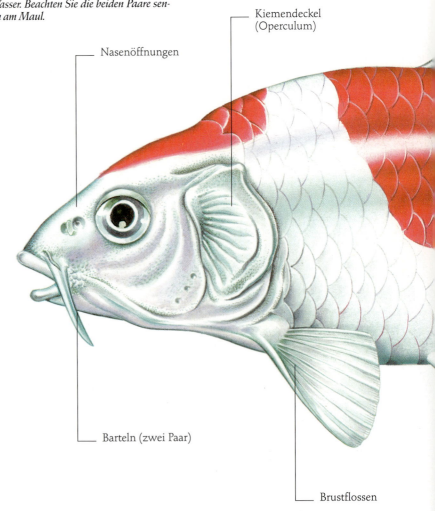

- Nasenöffnungen
- Kiemendeckel (Operculum)
- Barteln (zwei Paar)
- Brustflossen

Augen Koi verfügen im Vergleich zu anderen Fischen über ein recht gutes Sehvermögen. Die Lage der Augen am Körper ermöglicht ihnen ein Blickfeld von fast 360°; sie können gleichzeitig nach oben und nach unten, nach rechts und links und vor und hinter sich sehen. Die Fähigkeit, nach oben und hinten zu sehen, ist besonders wichtig, denn sie ermöglicht es den Fischen, einen sich nähernden Feind auch dann zu entdecken, wenn sie fressen.

Nasenöffnungen Auf beiden Seiten des Kopfes finden sich zwei Nasenöffnungen, d. h. im Ganzen sind es vier. Im Querschnitt sieht man, daß die beiden Nasenöffnungen auf einer Seite durch einen U-förmigen Gang verbunden sind. Das Wasser strömt durch die vordere Nasenöffnung ein und durch die hintere aus. Der Boden des Ganges ist in eine Reihe von Falten gelegt, die in Form einer Rosette angeordnet sind. Diese Falten sind von einer Haut überzogen, die zahlreiche olfaktorische oder „Riechzellen" enthält. Diese Zellen können extrem kleine Mengen im Wasser gelöster Stoffe wahrnehmen. Dieser Geruchssinn ist für Koi bei der Futtersuche wichtiger als der Gesichtssinn.

Barteln Koi tragen auf jeder Seite des Mauls ein Paar Barteln, eine kleine Bartel seitlich an der Oberlippe und eine größere mehr oder weniger im Mundwinkel. Diese fleischigen Gebilde werden von Muskeln bewegt, die früher einmal Teile des Kiefers und des Gaumendaches bewegt haben. Die Barteln sind mit Geschmacksknospen übersät, die es den Koi ermöglichen, alles zu schmecken, was sie damit berühren. Wie ihre Vorfahren, die wilden Karpfen, suchen sich Koi ihre Nahrung vorwiegend am Boden; sie benutzen ihre Barteln, um Insekten, Larven, Krebse, Würmer und Wasserpflanzen im Bodenschlamm zu finden. (Koi-Halter füttern Koi gewöhnlich mit schwimmenden Futtersticks, doch das geschieht vorwiegend deshalb, um die Tiere, wenn sie zur Oberfläche kommen, ausgiebig betrachten zu können.) Koi benutzen also ihren Geruchssinn, um einen Bereich auszumachen, in dem Nahrung zu finden ist, und spüren die einzelnen Futterpartikel dann mit Hilfe der sehr empfindlichen Geschmacksknospen auf ihren Barteln auf.

Seitenlinienorgan Längs der Mittellinie jeder Körperseite verläuft eine Reihe von Schuppen, die alle eine kleine Pore tragen, die durch ein dünnes Röhrchen mit einem Kanal in der Haut unter den Schuppen verbunden ist. Dieses System von Kanälen und Röhrchen ist Teil des Seitenliniensystems.

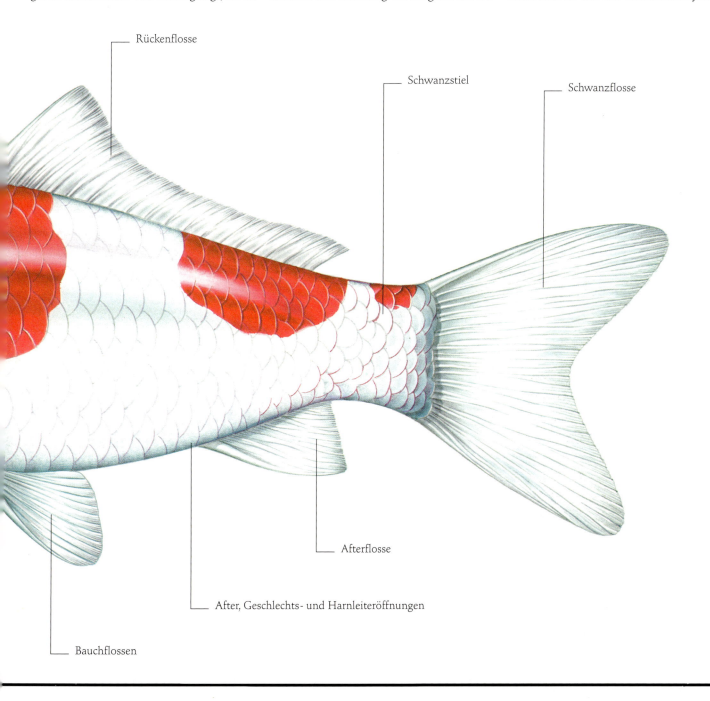

Rückenflosse

Schwanzstiel

Schwanzflosse

Afterflosse

After, Geschlechts- und Harnleiteröffnungen

Bauchflossen

ANATOMISCHE GRUNDLAGEN

Seitenlinienorgan In der Kopfregion verläuft das Seitenlinienorgan, erkenntlich an tiefen Gruben, unter dem Auge hindurch zur Schnauze und bildet dann eine mehr oder weniger auffällige Linie bis zum Schwanz. Die Sinneszellen im Seitenlinienorgan gleichen unseren Innenohrzellen; sie ermöglichen es dem Fisch, kleinste Veränderungen im Wasserdruck wahrzunehmen. Mit Hilfe dieses Ferntastsinns können die Fische auch in trübem Wasser sich nähernde Feinde entdecken und Zusammenstöße mit Artgenossen oder den Teichwänden vermeiden.

Skelett Koi gehören zur großen Gruppe der Knochenfische im engeren Sinne, der Teleosteer. Das Skelett erfüllt mehrere Hauptaufgaben: es bildet einen schützenden und stützenden Rahmen für die inneren Organe und Gewebe; zudem bietet es dem Fisch gelenkig verbundene Ansatzstellen für seine Muskulatur und ermöglicht ihm damit, sich zu bewegen.

Bei einigen Teleosteern, so auch bei Koi, sind Teile der ersten vier Wirbel der Wirbelsäule zu Weberschen Knöchelchen umgewandelt, einem System kleiner Knochen, die die Schwimmblase mit dem Innenohr des Fisches verbinden. Schallwellen, die durch das Wasser wandern, versetzen die Schwimmblase in Schwingungen. Die Knöchelchen verstärken diese Vibrationen und leiten sie zu den empfindlichen Haarzellen in den flüssigkeitsgefüllten Bogengängen des Innenohrs weiter. Mit einem solchen Apparat zur Übertragung von Schallwellen und den dazugehörigen Sinneszellen können Koi ohne Zweifel sehr gut hören.

Zähne Wie bei allen Mitgliedern der Karpfenfamilie weist der Kiefer von Koi keine Zähne auf. Man findet lediglich einige wenige Schlundzähne, die ein kräftiges Mahlwerk bilden.

Muskulatur Die Masse des Rumpfes wird von vier großen Muskelpartien gebildet, zwei auf jeder Körperseite. Diese Muskelblöcke sind in V-förmige Segmente unterteilt, die wie Tüten ineinandergeschoben sind. Die Schlund- und Kiemenbogenmuskulatur ist gut entwickelt, denn sie kontrolliert die Atembewegungen. Die Wangenpartien werden hauptsächlich von der Kiefermuskulatur eingenommen, die das Maul öffnet und kraftvoll schließt. Die Muskulatur der paarigen Flossen ist einfach gebaut; diejenigen Muskeln, die die Brustflossen bewegen, sind besonders mächtig entwickelt.

Herz Das Herz, das direkt hinter und unter den Kiemenbögen liegt, ist nichts anderes als ein großer, muskulöser Schlauch, der aus vier aufeinanderfolgenden Abschnitten besteht. Die erste Kammer wird von einem einfachen, dünnwandigen Sack mit nur wenigen Muskeln gebildet. Die zweite Kammer, das Atrium, ist genauso dünnwandig und sehr dehnbar. Die dritte Kammer, das Ventrikel, besitzt dicke, muskulöse Wände und übernimmt den größten Teil der Pumparbeit. Die vierte, ebenfalls dickwandige Kammer ist mit speziellen Rückschlagventilen ausgerüstet, so daß das Blut nicht in die vorhergehende Kammer zurückfließen kann.

Das Skelett eines Koi

Das Skelett bildet einen Rahmen, der den Körper des Fisches stützt und ihm Halt verleiht, ihm aber gleichzeitig durch seine gelenkige Wirbelsäule ein hohes Maß an Beweglichkeit garantiert. Die Wirbelsäule stellt die zentrale Achse des Skeletts dar. Sie liefert Ansatzstellen für die Rumpfmuskulatur, die es dem Fisch ermöglichen, kraftvoll und gewandt zu schwimmen.

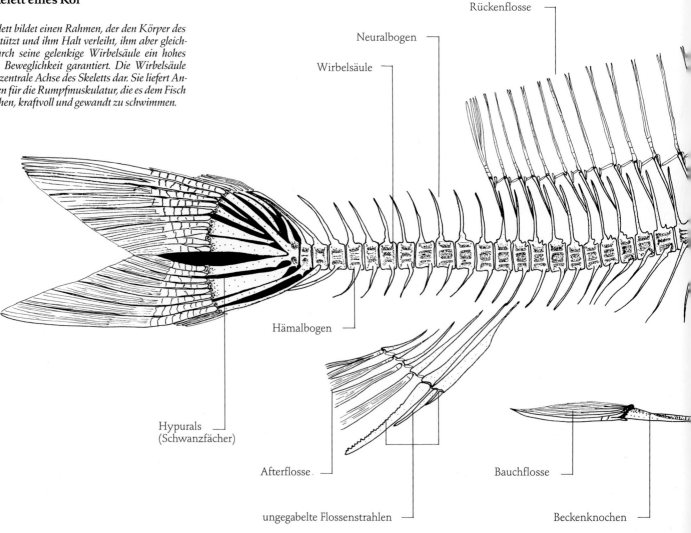

Das Kreislaufsystem

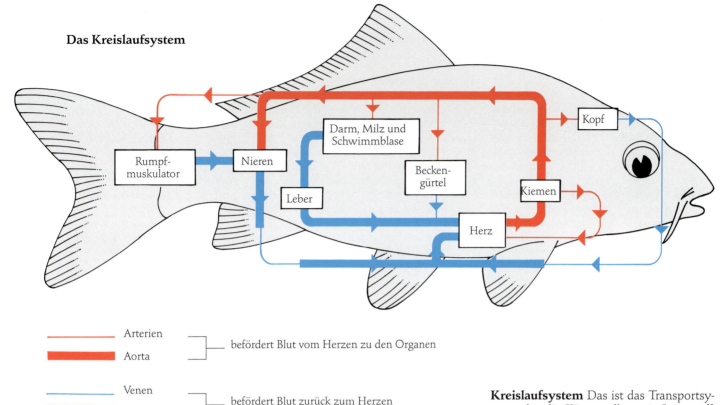

- —— Arterien
- ━━ Aorta } befördert Blut vom Herzen zu den Organen
- —— Venen
- ━━ Hauptvenen } befördert Blut zurück zum Herzen

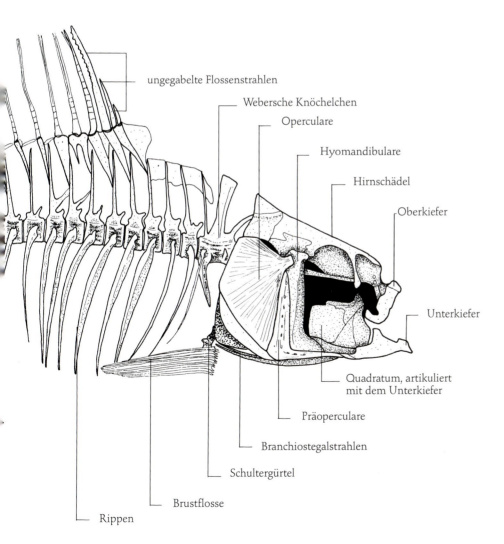

- ungegabelte Flossenstrahlen
- Webersche Knöchelchen
- Operculare
- Hyomandibulare
- Hirnschädel
- Oberkiefer
- Unterkiefer
- Quadratum, artikuliert mit dem Unterkiefer
- Präoperculare
- Branchiostegalstrahlen
- Schultergürtel
- Brustflosse
- Rippen

Kreislaufsystem Das ist das Transportsystem, das die Körperzellen mit Sauerstoff und Nährstoffen versorgt und gleichzeitig Abfallstoffe entfernt. Zum Kreislaufsystem gehören Blutzellen und Blutplasma sowie die Gefäße, durch die diese Körperflüssigkeiten strömen. Das Herz pumpt das Blut durch die Gefäße, zuerst zu den Kiemen, dann zum Gehirn und den übrigen Organsystemen und schließlich zurück zum Herzen. Die Gefäße, die Blut vom Herzen weg zu den Kiemen, dem Gehirn usw. leiten, heißen Arterien, diejenigen, die es zurück zum Herzen führen, nennt man Venen (s. Diagramm).

Die wichtigste Aufgabe des Kreislaufsystems ist der Transport von Sauerstoff von den Kiemen zu den Geweben; dort nimmt das Blut gleichzeitig Kohlendioxid auf und entfernt es via Kiemen aus dem Körper. Zudem verteilt das Kreislaufsystem ständig Nährstoffe aus dem Darm oder der Leber in den Geweben. Beim Verarbeiten der Nährstoffe im Gewebe entstehen giftige stickstoffhaltige Abfallprodukte, von denen einige zusammen mit überschüssigem Wasser mit dem Blutstrom in die Nieren gelangen. Dort werden einige dieser Stoffe herausgefiltert und mit dem Urin ausgeschieden, doch die meisten stickstoffhaltigen Abfallprodukte diffundieren, wie für Knochenfische typisch, in der Form von Ammoniak über die Kiemen ins Wasser.

Blut Blut setzt sich aus drei Hauptelementen zusammen: dem Plasma, den roten und den weißen Blutkörperchen. Plasma ist eine wässrige Flüssigkeit von komplexer Zusammensetzung. Die roten Blutkörperchen enthalten den Blutfarbstoff Hämoglobin, an den sich der Sauerstoff anlagert; diejenigen roten Blutkörperchen, die von den Kiemen ins Gewebe strömen, laden ihren Sauerstoff

鯉の解剖学

ANATOMISCHE GRUNDLAGEN

dort ab und tauschen ihn gegen Kohlendioxid aus, einem Abfallprodukt, das im Stoffwechsel bei der Atmung anfällt.

Die weißen Blutkörperchen spielen eine ebenso wichtige Rolle; sie schützen den Fisch vor Infektionen. Es gibt verschiedene Typen von weißen Blutkörperchen mit unterschiedlichen Aufgaben. Alle sammeln sich in verletzten, entzündeten oder infizierten Gewebestellen an und wehren das Eindringen von Bakterien oder Viren ab, verdauen tote oder geschädigte Zellen und helfen dabei, geschädigtes Gewebe wieder aufzubauen.

Blutzellen haben eine nur kurze Lebensdauer; neue Blutzellen werden vorwiegend in der Kopfniere produziert.

Kiemen Die Kiemen entsprechen in ihrer Funktion unseren Lungen; sie bieten eine große Oberfläche, an der Kohlendioxid gegen Sauerstoff ausgetauscht wird. Zusätzlich zu diesem Gasaustausch spielen sie eine wichtige Rolle bei der Osmoregulation (d. h. beim Wasser-/Salzhaushalt) und bei der Exkretion.

Dem bloßen Auge erscheinen die Kiemen als Doppelreihen sehr feiner, fingerartiger Ausstülpungen (Kiemenfilamente), die V-förmig auf einer Reihe von Bögen angeordnet sind. Die Oberfläche der Kiemenfilamente ist stark gefaltet und gewinnt dadurch enorm an Größe; zudem ist die Haut extrem dünn, so daß Wasser und Blut hier in engem Kontakt stehen. Wenn Wasser über die Kiemenfilamente strömt, diffundiert Sauerstoff ins Blut hinein und Kohlendioxid aus dem Blut heraus – das nennt man „Äußere Atmung".

Nicht allein wegen ihrer großen Oberfläche spielen die Kiemen auch eine wichtige Rolle bei der Osmoregulation; sie besitzen zudem eine Schicht aus spezialisierten Zellen, die Salze aus dem Wasser absorbieren. (Der Ausdruck „Salze" wird hier im chemischen Sinn benutzt; also nicht nur Kochsalz). Da Körpergewebe und Körperflüssigkeiten eines Koi eine höhere Salzkonzentration als das umgebende Süßwasser aufweisen, nimmt der Fisch ständig Wasser auf und verliert gleichzeitig Salz. Die biophysikalischen Vorgänge, die dabei wirken, nennt man Osmose und Diffusion. Bei der Osmose tritt Wasser durch eine semipermeable Membran (z. B. die Kiemenmembran) aus der weniger konzentrierten Lösung (Süßwasser) zur konzentrierteren Lösung (Blut) über. Der Wassereinstrom hört auf, wenn die Lösungen auf beiden Seiten der Membran die gleiche Konzentration aufweisen. Das überschüssige Wasser, das z. B. durch die Kiemen aufgenommen wird, wird mit großen Mengen von verdünntem Harn durch die Nieren wieder ausgeschieden. Zudem reabsorbieren spezielle Zellen in den Kiemen Salz aus dem umgebenden Wasser und helfen dadurch, die richtige Salzkonzentration in Blut und Körpergeweben eines Koi aufrechtzuerhalten.

Verdauungstrakt Der Verdauungstrakt erfüllt drei Hauptaufgaben: mechanische Zerkleinerung und Vermischung der Nahrung (durch die Zähne), chemischer Abbau (durch Verdauungsenzyme) und Aufnahme der verwertbaren Bestandteile (durch die resorbierende Oberfläche des Darmes). Dem Verdauungstrakt von Koi fehlt ein typischer Magen; die Nahrung wird im sehr langen Dünndarm verdaut. Nachdem alle verwertbaren Nahrungsbestandteile in den Blutstrom übergetreten sind, wird der feste, unverdauliche Rest durch den After ausgeschieden.

Milz Die Milz, ein kompaktes, purpurrotes Organ, liegt eng an Darm und Leber geschmiegt. Sie erfüllt eine wichtige Funktion bei Bildung, Abbau und Speicherung von roten und weißen Blutkörperchen.

Leber Die Leber ist bei Koi sehr groß und besteht aus mehreren Lappen. Ihre Hauptfunktion besteht in der Speicherung von Glykogen – eine Speicherform des Zuckers Glukose – und in geringerem Ausmaß auch von anderen Nahrungsbestandteilen. Bei Bedarf entläßt die Leber das gespeicherte Glykogen, das zu Glukose zerlegt und in den arbeitenden Zellen als Brennstoff „verfeuert" wird.

Die Leber baut auch alte und beschädigte rote Blutkörperchen ab. Der dabei entstehende Farbstoff, das Bilirubin, wird in der Gallenblase gespeichert und verleiht der Gallenflüssigkeit ihre typische Farbe. Von der Gallenblase gelangt die Gallenflüssigkeit durch die Gallengänge in den Dünndarm und hilft bei der Fettverdauung, indem sie wie ein Spülmittel die Oberflächenspannung der Fetttröpfchen herabsetzt, so daß die Enzyme besser angreifen können.

Pankreas Das Pankreas besteht bei Koi aus einem Strang weichen Gewebes, das u.a. eine Reihe von Verdauungsenzymen produziert. Sie gelangen durch Gänge in den Dünndarm und zerlegen dort enzymatisch die Nahrung.

Nieren Die Nieren sind paarige Organe, die beiderseits der Wirbelsäule verlaufen. Jede Niere besteht grundsätzlich aus einer Ansammlung von Röhrchen (Tubuli), die eng von einem Netzwerk feiner Blutgefäße umgeben sind, den Kapillaren. Die Röhrchen sind mit einem System von Gängen verbunden, die schließlich zu einem einzigen Harnleiter verschmelzen. Dieser Harnleiter oder Ureter verläuft von der Niere zu einer Öffnung, die direkt vor der Afterflosse mündet. Dort wird der Harn ausgeschieden.

Der enge Kontakt zwischen Kapillaren und Nierentubuli erlaubt Abfallstoffen durch ständig ablaufende Filtrationsprozesse aus dem Blut in die Tubuli überzutreten. Die Nieren regulieren auch den Wassergehalt des Blutes – Harn besteht größtenteils aus Wasser – und kontrollieren Art und Menge der Salze, die im Körper eines Koi zurückgehalten werden. Die Kopfniere spielt eine wichtige Rolle bei der Blutzellbildung.

Fortpflanzungsorgane Bei Männchen sind das die Hoden, bei Weibchen die Eierstöcke.

Die Hoden sind im allgemeinen kompakter und regelmäßiger geformt als die Eierstöcke und zeigen, obwohl es jahreszeitliche Veränderungen gibt, keine deutlich erkennbaren Unterschiede zwischen inaktivem und aktivem Zustand. Die Hoden produzieren Millionen Samenzellen, die in der Brutzeit direkt ins Wasser abgegeben werden.

Die Eierstöcke sind bei geschlechtsreifen Koi-Weibchen recht groß und unregelmäßig geformt. Man kann das ganze Jahr über Eizellen darin finden, doch die Anzahl der reifen Eier ist außerhalb der Brutsaison sehr niedrig. Wenn das Weibchen fortpflanzungsbereit ist, brechen die Eizellen in die zentrale Höhle der Eierstöcke durch und gelangen dann durch den Eileiter zur Geschlechtsöffnung, wo sie ins Wasser abgegeben werden.

Der innere Aufbau eines Koi

Dieser schematische Überblick zeigt die Lage der wichtigsten Organsysteme in der Körperhöhle. Beachten Sie die langgestreckten Nieren, die über der Schwimmblase nahe an der Wirbelsäule liegen.

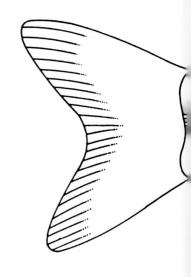

Schwimmblase Wie ihr Name schon andeutet, hilft dieses Organ dem Koi beim Schwimmen, denn es verleiht ihm Auftrieb. Die Schwimmblase ist ein langgestreckter, ovaler Sack, der direkt unter der Wirbelsäule und den Nieren liegt. Sie ist durch eine enge Einschnürung fast vollständig in zwei Abschnitte unterteilt; von dieser Verbindungsstelle führt ein Gang zum Darm. (Während der Embryonalentwicklung eines Koi kann man sehen, wie sich die Schwimmblase als Ausstülpung der Darmwand entwickelt.) Die Gasmischung in der Schwimmblase entspricht in etwa der in der Luft.

Gehirn Das Gehirn ist ein recht weiches, rosafarbenes Organ, das geschützt im knöchernen Hirnschädel liegt. Während der Embryonalentwicklung eines Koi entstehen Gehirn und Rückenmark aus einer röhrenförmigen Auffaltung. Der Vorderteil dieser Röhre vergrößert sich im Lauf des Wachstums ständig und bildet schließlich das Gehirn; das Lumen innerhalb der Röhre bleibt als flüssigkeitsgefüllter Hohlraum erhalten und bildet die Hirnkammern oder Ventrikel. Das Gehirn eines Koi besteht wie bei allen Wirbeltieren aus fünf Abschnitten: Vorderhirn, Zwischenhirn, Mittelhirn Kleinhirn, Nachhirn.

Das Vorderhirn ist der Sitz des Geruchssinns; hier entspringen die beiden Riechkolben (Bulbus olfactorius), die zu den beiden Nasenöffnungen beidseits der Schnauze führen. Am Zwischenhirn finden sich das Pinealorgan und die Hypophyse. Das Pinealorgan ist lichtempfindlich, und man nimmt an, daß es das Überbleibsel eines zweiten Paares von Augen oben auf dem Kopf eines entfernten Vorfahren der Wirbeltiere darstellt. Bei Koi nimmt das Pinealorgan Wechsel der Tageslänge wahr und stimuliert die Ausschüttung von Geschlechtshormonen in der Brutsaison. Die Hypophyse erzeugt Hormone, die sowohl das Wachstum und die Fortpflanzung steuern, als auch andere Drüsen aktivieren (z. B. die Schilddrüse.)

Das Kleinhirn ist wohl als Zentrum für die Koordination von Bewegungsabläufen zu sehen, doch auch das Mittelhirn spielt dabei eine wichtige Rolle. Einige Autoren sehen das Mittelhirn zudem als Sitz des Gedächtnisses an, das für Lernen und Intelligenz zuständig ist. Auf dem Dach des Mittelhirns befinden sich zwei ovale optische Lappen, die Informationen von den Augen auswerten. Im Nachhirn entspringen die meisten Gehirnnerven. Von dort aus wird das Seitenlinienorgan innerviert, und es werden auch bestimmte einfache Bewegungsabläufe gesteuert.

Rückenmark Das Rückenmark stellt eine Verlängerung des Gehirns dar, führt fast über die gesamte Länge des Körpers und steht mit vielen wichtigen Nervensträngen in Verbindung. Wie bei anderen Wirbeltieren arbeitet es als „Durchgangsstraße" für Nervenimpulse zwischen Körper und Gehirn (s. auch unten).

Nervensystem Neben dem Gehirn und dem Rückenmark, die man als Zentralnervensystem (ZNS) zusammenfassen kann, ist der gesamte Körper eines Koi von einem komplexen Netzwerk von Nerven durchzogen, die man als das periphere Nervensystem bezeichnet. Dabei senden Sinnesorgane über sensorische Nervenfasern Informationen über Sinneseindrücke (wie Berührung, Geschmack/Geruch oder auch den Spannungszustand von Muskeln) zum Gehirn. Das Gehirn aktiviert dann über motorische Nervenfasern Muskeln oder Drüsen, um auf Umweltreize oder Signale aus dem Körperinneren zu antworten. Geschieht das bewußt und willkürlich (z. B. Muskelkontraktionen, um einem Feind zu entfliehen), so unterliegt diese Antwort der Kontrolle des somatischen Nervensystems. Handelt es sich hingegen um unbewußte „automatische" Funktionen (wie Verdauung, Atmung, Ausscheidungen), so tritt das vegetative Nervensystem in Aktion. Natürlich sind diese beiden peripheren Nervensysteme miteinander verzahnt und arbeiten unter Kontrolle des ZNS eng zusammen.

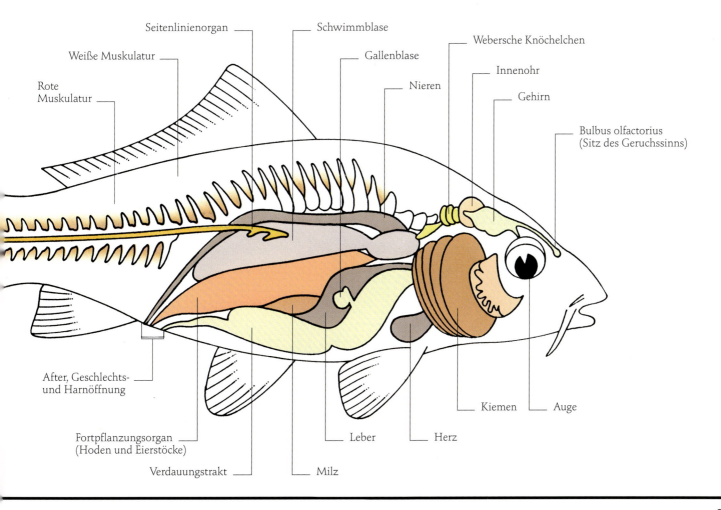

池と濾過装置

TEICH UND FILTERANLAGE

WENN SIE SICH dafür entschieden haben, einen Koi-Teich anzulegen, besteht Ihre erste Aufgabe darin, sich genau zu überlegen, welche Bedingungen die Anlage erfüllen sollte – sowohl von Ihrem eigenen Standpunkt aus als auch von dem seiner zukünftigen Bewohner. Die Anlage eines Teiches, der gut aussieht, leicht zu warten ist und nicht zuletzt eine sichere, dauerhafte Unterkunft für Ihre Zierkarpfen bietet, erfordert einiges an Überlegungen und sollte, wenn Sie die Arbeiten selbst durchführen wollen, nicht leichtfertig in Angriff genommen werden. Die Anlage eines Koi-Teiches, der aus einem tiefen rechteckigen Loch im Boden besteht und von Felsbrocken, einem Steinwall oder einer Ziegelmauer eingefaßt wird, setzt dieselbe Sorgfalt bei Planung und Durchführung voraus wie die eines naturnahen Teiches, der sich harmonisch in das Gesamtbild des Gartens einfügen soll. In diesem Abschnitt beschäftigen wir uns zuerst mit dem Entwurf und den logistischen Entscheidungen, die getroffen werden müssen, wenn man einen Koi-Teich samt Filteranlage plant. Anschließend wenden wir uns ausführlich den grundlegenden Konstruktionstechniken zu, die man für den Bau eines Teiches und einer vernünftigen Filteranlage benötigt.

Teichbau mit Augenmaß – hier werden Steine rund um einen großen Koi-Teich in Position gebracht.

TEICH UND FILTERANLAGE

Erste Planungen

Der Entwurf des Koi-Teiches ist wahrscheinlich der wichtigste Schritt des ganzen Vorhabens. Wenn Sie dabei Fehler machen oder wichtige Einzelheiten vergessen, kann aus der Verwirklichung Ihrer Ideen, die ja eigentlich Freude machen sollte, ein teurer Alptraum werden. Um ein solches Desaster zu vermeiden, sollten Sie Ihre Pläne im Entwurf und bei der eigentlichen Durchführung sorgfältig Schritt für Schritt überprüfen – und sich vielleicht auch von einem Fachmann beraten lassen!

Bevor Sie sich in Details Ihres Entwurfs verlieren, sollten Sie sich zuerst einmal überlegen, wieviel Platz Ihnen zur Verfügung steht und wieviel Geld Sie für Teich und Filtersystem anlegen wollen. Nehmen Sie sich nicht zuviel vor – solche Projekte entwickeln leicht eine Eigendynamik und werden im Endeffekt größer und damit natürlich auch teurer als vielleicht ursprünglich geplant. Denken Sie immer daran, daß Ihnen die Zeit, die Sie am Anfang für die Planung und einen detaillierteren Entwurf aufwenden, später beim Bau von Teich- und Filtersystem (und der Wartung der fertigen Anlage) viel Zeit und Geld sparen kann.

Eine Kostenabschätzung

Wenn Sie finanziell in der Lage sind, sich Ihren Teich von einem Fachbetrieb anlegen zu lassen, sollten Sie einen schriftlichen Kostenvoranschlag verlangen und dann etwa 10 % Aufschlag für Unvorhergesehenes bzw. Extrawünsche veranschlagen. Fragen Sie Ihre Baufirma auch nach anderen Koi-Teichen, die sie bereits fertiggestellt hat, und vergessen Sie nicht, daß der Bau von Koi-Teichen ein relativ neuer Industriezweig ist. Maurer oder selbst Landschaftsgärtner sind nicht unbedingt professionelle Koi-Teichbauer.

Wenn Sie Ihren Teich im Do-it-yourself-Verfahren anlegen wollen, ist es recht leicht, sich einen Überblick über die Kosten zu verschaffen, wenn das Ergebnis auch oft erschreckend ist! Jeder Hersteller kann Ihnen z. B. die Kosten für die benötigte Folie (genaue Maße angeben!) nennen, und in Baumärkten erfahren Sie die Preise von Betonsteinen, Ziegeln, Zement, Sand etc. Meist sind es die „Nebenkosten", mit denen die Probleme beginnen! Das Verlegen der Rohrleitungen kann z.B. viel Geld verschlingen; hier haben Sie die schwierige Wahl zwischen normalen KG-Rohrleitungen und Hochdruck-PVC-Rohrleitungen für die Bodenabflüsse und das Filtersystem (s. S. 31). Der Kostenunterschied kann beträchtlich sein.

Wenn Sie die Kosten für Ihren Teich überschlagen, sollten Sie auch solche Dinge wie das Mieten eines Zementmischers o. ä. mit einberechnen. Manchmal ist es preisgünstiger, einen kleinen elektrischen Zementmischer zu kaufen; wenn Sie das Gerät gut pflegen und während der Bauarbeiten regelmäßig säubern, können Sie es später wiederverkaufen und verlieren dann oft weniger als beim Mieten.

Rechnen Sie auch die Kosten für die Zeichnung der Pläne mit ein. Wenn Sie keinerlei Erfahrung darin haben, Ihre Ideen zeichnerisch zu Papier zu bringen, sollte sich nach einem Fachmann mit mehrjähriger Teichbauerfahrung umsehen, der das Projekt im Prinzip und im Detail versteht und für Sie in Zeichnungen umsetzt, nach denen Sie arbeiten können. Geld, das Sie in diesem Stadium ausgeben, wird Ihnen auf Dauer gesehen eine Menge Mehrkosten einsparen. Mit dem Bau eines neuen Teiches ohne einen vollständigen Satz von Plänen zu beginnen kann sich als kostspieliger Fehler erweisen.

Stil

Zu Beginn müssen Sie sich über Typ und Stil des Teiches klarwerden, den Sie anlegen möchten, und bereits an dieser Stelle treffen viele Koi-Halter auf die erste Hürde. Wenn man Koi in einfachen, schmucklosen Teichen oder Ausstellungsbecken beim Händler sieht, konzentriert sich natürlich alles auf die herrlichen Farben und Muster der Fische, und man schenkt der Umgebung wenig Aufmerksamkeit. Die erste Frage, die Sie sich stellen, muß daher lauten: Paßt ein solcher tankartiger Teich in meinen Garten, oder wünsche ich mir einen naturnäheren und dekorativeren Stil?

Die Wahl des Stils, in dem Ihr Teich gehalten werden soll, ist wohl eine der wichtigsten und gleichzeitig schwierigsten Entscheidungen, die Sie treffen müssen. Bevor Sie sich endgültig auf einen klassisch-geometrischen, einen semi-formalen oder einen eher naturnahen Entwurf festlegen, überlegen Sie, wie die Anlage in Ihrem Garten aussehen wird. Auch wenn der fertige Teich später sicherlich den Mittelpunkt Ihres Gartens bildet, sollten Sie darauf achten, daß er sich in das Gesamtbild einfügt. Ziehen Sie dabei so viele Aspekte wie möglich in Betracht, und nehmen sich Zeit, so viele Bücher und Magazine über Gärten bzw. Landschaftsgärtnerei wie möglich zu studieren, bevor Sie den Stil Ihres Teiches zu planen beginnen. Das wird Ihnen neue Ideen vermitteln, die Sie mit Ihren eigenen Vorstellungen kombinieren können.

Oben: *Ein rechteckiger Teich ist recht einfach zu entwerfen, zu bauen und zu warten. Er bringt ein geometrisch-formales Element in die Gartengestaltung, doch harte Kanten sollten durch Steine und eine geeignete Bepflanzung abgemildert werden.*

Unten: *Ein schönes Beispiel für einen naturnahen, japanisch inspirierten Koi-Teich mit einer Holzabdeckung über dem Filter, bepflanzter Randzone, Kiesufer und japanischer Steinlaterne.*

Wählen Sie Materialien aus, die mit dem Steingarten, den Mauern oder Wegen in Ihrem Garten harmonieren. Denken Sie auch daran, daß sehr ornamentale Anlagen schwer zu verwirklichen, extrem kostspielig und schwierig zu warten sind. Halten Sie daher Ihren Entwurf so einfach wie möglich – „einfach ist schön", wie man in Japan sagt.

Wenn es Ihnen lediglich darum geht, eine Kollektion wertvoller Koi aufzubauen und sich an den wundervollen Fischen zu erfreuen, dann ist ein schmuckloser Teich vom Typ „Loch im Boden" wahrscheinlich das richtige für Sie. Aber wie wohl werden sich die Fische darin fühlen? Entspricht es ihrer Natur, Stunde um Stunde in glasklarem Wasser zu schwimmen, ohne andere Lebensformen im Teich, ohne Schutz vor der Sonne, ohne die Möglichkeit, eine Weile im Schatten eines Seerosenblattes zu verweilen und ohne zwischen den Stengeln von Iris und anderen Uferpflanzen zu gründeln? Bevor Sie sich endgültig entscheiden, vergleichen Sie dieses Szenario mit dem natürlichen Lebensraum der Karpfenfamilie, zu der Koi gehören. Ihrer Idee vom Himmel würde wohl ein schlammiger, dicht bepflanzter Teich am nächsten kommen, in dem sie eifrig nach saftigen Pflanzenteilen, Kleinkrebsen und Insekten stöbern können, die in einem solchen aquatischen Lebensraum so reichlich vorkommen!

Für den Liebhaber ist ein solcher Naturteich aus vielen Gründen meist nicht akzeptabel, doch ein semi-formaler, bepflanzter Teich mit klarem Wasser ist ein guter Mittelweg; er erfreut den Betrachter und bietet den Koi adäquate Lebensbedingungen. Viele Leute sind der Ansicht, daß Koi und Pflanzen nicht gut zusammenpassen, aber das ist nur bedingt richtig. So können Pflanzen in einem separaten Teil des Teiches, zu dem Fische keinen Zugang haben, durchaus zur Verbesserung der Wasserqualität beitragen. Stehen die Pflanzen aber für die Fische erreichbar in der Uferzone, erhöht sich die Verletzungsgefahr für die Koi, besonders während der Laichperiode. Außerdem werden die Koi in einem solchen Fall vermehrt in der Uferregion nach Kleinlebewesen gründeln und können dort leicht Katzen oder Reihern zum Opfer fallen.

Form und Oberfläche des Teiches

Wenn Sie sich für einen bestimmten Stil entschieden haben, ist die nächste Frage: Welche Form soll der Teich haben?

Dabei hängt natürlich viel von dem verfügbaren Platz und der Umgebung ab, die einen Hintergrund für den fertigen Teich bilden wird. Auch das Baumaterial schränkt ihre Wahlfreiheit in gewisser Weise ein.

Grundsätzlich ist es besser, einen schmalen, länglichen Teich mit möglichst senkrechten Wänden anzulegen als einen Teich mit großem Durchmesser, der trichterförmig zuläuft.

Ein länglicher Teich läßt sich leichter schattieren und aufgrund seiner geringeren Oberfläche mit weniger Wärmeverlust heizen als ein Teich mit großem Durchmesser.

Zusätzlich kann man einen schmalen Teich im Winter recht einfach mit Schilfmatten, Styropor, Luftpolsterfolie etc. abdecken und dadurch gegen Frost isolieren.

Auch wenn die Fische einmal gefangen werden müssen, z. B. zur Gesundheitskontrolle, ist das in einem schmalen Teich problemlos möglich – bei einem Teich mit ca. 5 m Durchmesser kann so etwas schon zu einer frustrierenden Jagd werden.

Bei senkrechten Wänden erhalten Sie auch bei einer relativ kleinen Wasseroberfläche ein enormes Wasservolumen. Natürlich spielt dabei auch die Teichtiefe eine wichtige Rolle (s. u.).

Tiefe eines Teiches

Es gibt sehr unterschiedliche Ansichten darüber, wie tief ein Koi-Teich sein sollte, die alle auf verschiedenen Erfahrungen basieren. Einige Koi-Halter erzielen erstaunliche Erfolge mit Koi-Teichen, die nur 1 m tief sind, doch das ist eher die Ausnahme, bei der oft klimatische Bedingungen und pures Glück eine Rolle spielen, als die Regel. Die meisten Liebhaber verfügen über Teiche von ca. 1,5 m, in einigen Fällen sogar 3 m Tiefe. Um ein gesundes Wachstum durch körperliche Bewegung zu fördern, benötigen Koi auf jeden Fall tiefes Wasser – aber wie tief muß es sein?

Generell können Sie 1,5 m Tiefe als Minimum und 2,5 m als Maximum für einen Koi-Teich betrachten. (Wenn es in Ihrer Gegend nicht kälter als 5 °C wird, braucht der Teich nicht unbedingt so tief zu sein.)

Geeignete Teichformen

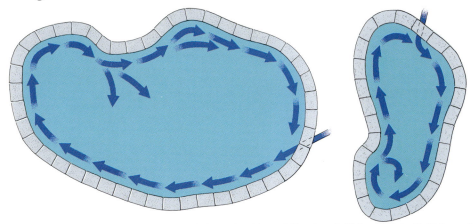

Oben: *Großflächige, offene Entwürfe wie dieser und stärker formal geprägte quadratische bzw. rechteckige Formen sind für einen Koi-Teich geeignet. Hier ließe sich auch noch eine Insel einplanen, wenn man darauf achtet, daß keine Zonen mit stagnierendem Wasser entstehen.*

Oben: *Selbst ein recht kleiner Teich ist für Koi ausreichend, wenn er tief genug ist und das Wasser ungehindert strömen kann. Auch in rechteckigen Teichen empfiehlt es sich aus diesem Grund, die Ecken abzurunden.*

Ungeeignete Teichformen

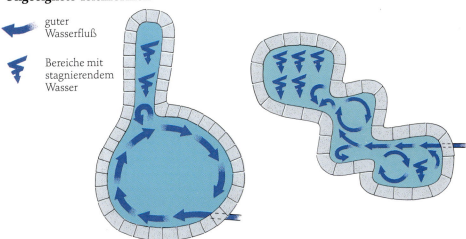

⬅ guter Wasserfluß

↯ Bereiche mit stagnierendem Wasser

Oben: *In dem engen Flaschenhals dieses ansonsten geeigneten Entwurfs entstehen tote Winkel, die von der Zirkulation im übrigen Teich ausgeschlossen bleiben. Das senkt die Lebensqualität im ganzen Teich.*

Oben: *Komplizierte Formen wie diese sehen in einer Gartenanlage eindrucksvoll aus, müssen dann aber mit entsprechend plazierten Bodenabläufen ausgestattet sein, die einen guten Strömungsverlauf garantieren.*

TEICH UND FILTERANLAGE

Jede Tiefe zwischen 1,5 m und 2 m stellt wohl in den meisten Fällen einen akzeptablen Kompromiß dar; tiefere Teiche machen einem beim Ausheben nur das Leben schwer, und später nach der Fertigstellung kann es zu Problemen bei der Teichpflege und/oder beim Einfangen von Fischen kommen.

Ein weiterer wichtiger Punkt, den man in diesem Zusammenhang berücksichtigen muß, sind die Temperaturschwankungen. Wenn es etwas gibt, das Koi nicht vertragen, dann sind es rasche Fluktuationen der Wassertemperatur. Je tiefer Ihr Teich bei gegebener Oberfläche ist, desto langsamer ändert sich die Wassertemperatur. Denken Sie daran, daß die Temperaturen selbst in warmen Klimazonen über Nacht dramatisch fallen und flache Teiche dabei stark auskühlen können – gefolgt von einem starken Temperaturanstieg am nächsten Tag. Koi sollten keinen Temperaturschwankungen von mehr als 1–3 °C innerhalb von 24 Stunden ausgesetzt werden. Je größer das Wasservolumen ist, desto länger wird eine gegebene Temperatur konstant gehalten; Wärmeverluste erfolgen vorwiegend über die Oberfläche, aber natürlich auch an das umgebende Erdreich. Daher kühlt ein 1 m tiefer Teich etwa doppelt so schnell aus wie ein 2 m tiefer Teich, selbst dann, wenn beide das gleiche Wasservolumen aufweisen. Bei einem Teich von 1,5 m Tiefe und mehr sind die im Wasser auftretenden Temperaturfluktuationen unabhängig von der Lufttemperatur nur noch gering. Während einer Hitzeperiode im Sommer steigen die Wassertemperaturen im Teich natürlich an, jedoch so langsam, daß dies für die Fische keine Belastung bedeutet. Bei kaltem Wetter ist es umgekehrt, aber wiederum ohne Probleme für die Fische.

In sehr tiefem Wasser, wie man es in natürlichen Seen findet, entwickelt sich ein Phänomen, das man „Sprungschicht" oder „Thermokline" nennt. Das ist die Stufe, unterhalb derer keine Temperaturschwankungen mehr stattfinden, welche Temperaturen an der Oberfläche auch immer herrschen mögen. In geringerem Ausmaß findet man dieses Phänomen auch in Gartenteichen; auch dort verringern sich die Temperaturschwankungen mit zunehmender Tiefe. (Das gilt natürlich nicht, wenn Wasser, wie in Koi-Teichen üblich, vom Teichboden zum Filter abgezogen wird; dann gleicht sich das Temperaturgefälle zwischen Boden und Oberfläche fast völlig aus.) Eine

Rechts: Um das Volumen (und damit die Wassermenge) Ihres Teiches im Entwurfsstadium abzuschätzen, führen Sie ihn auf einfache Formen zurück, und folgen Sie den nebenstehenden Richtlinien.

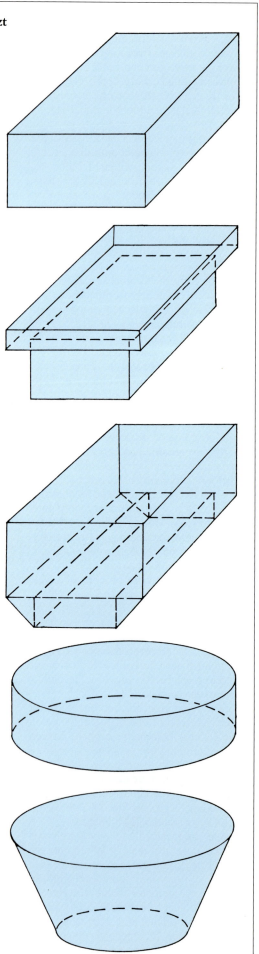

Wie man den Teichinhalt abschätzt

Einfache rechteckige Formen
Den Inhalt eines quadratischen oder rechteckigen Teiches berechnet man einfach, indem man Länge, Breite und Tiefe (jeweils in Metern) miteinander multipliziert. Man erhält dann das Volumen in Kubikmetern, welches dem Gewicht des Wassers in Tonnen entspricht. Um das Volumen in Liter umzurechnen, müssen Sie das Ergebnis mit 1000 multiplizieren.

Teiche mit einer Randzone
Die einfachste Art, den Inhalt eines Teiches mit einer Randzone zu berechnen, besteht darin, die Randzone und den übrigen Teichbereich als zwei separate Teile zu behandeln. Dann können Sie die oben angegebene Formel benutzen, um die Volumina beider rechteckigen Teilstücke zu kalkulieren, und müssen beide Ergebnisse nur noch zusammenrechnen.

Formen mit eingesenktem Boden
Hier betrachten wir Teiche mit abgewinkelten Seiten in der Bodenregion. Lassen Sie uns zur Vereinfachung annehmen, daß der Winkel 45° beträgt. Berechnen Sie das Volumen des rechtwinkligen Hauptkörpers nach der Formel aus dem ersten Beispiel. Als nächstes berechnen Sie den flachen rechteckigen Körper am Boden nach der gleichen Formel. Dann addieren Sie die beiden einander gegenüberliegenden dreieckigen Teilstücke zusammen und betrachten sie als langen, schmalen, ebenfalls rechteckigen Körper. Das Ergebnis addieren Sie zu den Volumina der beiden vorher berechneten Körper. Verfahren Sie mit den beiden dreieckigen Teilstücken auf der Breitseite des Teiches, die hier aus Gründen der Übersichtlichkeit nicht abgebildet sind, genauso. Dabei berücksichtigen wir einfachheitshalber die kleinen Dreieckskörper in jeder Bodenecke nicht.

Runde Formen mit senkrechten Wänden
Hier benötigen wir eine neue Formel, um die Oberfläche zu berechnen. Dazu müssen wir den Radius (d. h. den halben Durchmesser) quadrieren und mit 3,14 (das ist ungefähr der Wert von Pi) multiplizieren. Wenn der Teich senkrechte Wände hat und überall gleich tief ist, brauchen Sie die Oberfläche nur noch mit der Tiefe zu multiplizieren, um das Volumen zu erhalten.

Konische Formen
Abgeschrägte Seiten findet man bei vielen Koi-Teichen, daher kann es vorkommen, daß man das Volumen eines kegelförmigen Körpers ausrechnen muß. Nun ist der hier abgebildete Körper kein vollständiger Kegel, sondern ein Kegelstumpf; seine Bodenfläche ist kleiner als seine Oberfläche. In diesem Fall berechnen Sie den mittleren Radius der beiden Kreise, indem Sie beide Radien zusammenzählen und das Ergebnis durch zwei dividieren. Setzen Sie diesen Wert dann in die obige Berechnung ein.

einfache Art und Weise, sich den Einfluß der Umgebungstemperatur auf einen Teich vor Augen zu führen, liegt darin, sich den Teich als gigantischen Wärmespeicher vorzustellen, der als Antwort auf äußere Einflüsse langsam Wärme aufnimmt oder abgibt.

Flache Teiche sind nicht nur raschen Temperaturschwankungen ausgesetzt, sondern sie beeinträchtigen auch die Sicherheit der Koi, indem sie die Fische hindern, sich einer potentiellen Gefahr durch Flucht zu entziehen. Wie oft kann man erleben, daß ausgelassene Koi in einem flachen Teich hin- und herschießen und springen und sich dabei verletzen! Flache Teiche, besonders solche mit einem breiten Ufersims, stellen zudem einen perfekten Fischplatz für den größten Raubfeind von domestizierten Karpfen dar – den Reiher. Vermeiden Sie so einladende Jagdreviere; wenn man es ihnen derart leicht macht, besuchen Reiher und andere Fischräuber diese verlockende Nahrungsquelle so lange, bis es dort nichts mehr zu holen gibt. Wenn solche Räuber jedoch nur mit Schwierigkeiten an ihre Beute kommen können, werden sie sich nach anderen, leichter zugänglichen Fischgründen umsehen und Sie und Ihre Koi in Frieden lassen.

Koi benötigen wie fast alle Tiere körperliche Bewegung, um ihren Muskeltonus und eine gute Form zu halten. Sie erreichen das, indem sie gegen die Strömung schwimmen. In Teichen ohne Strömung neigen Koi ähnlich wie europäische Karpfen dazu, fett und hochrückig zu werden. Mit einer entsprechenden Strömung kann auch der anfallende Schmutz und Kot problemlos zu den Bodenabläufen geleitet werden.

Teich und Filterkapazität

Oberfläche und Volumen Ihres Teiches spielen sowohl bei der Wahl des Filters als auch bei der Besatzdichte und der Dosierung von Medikamenten eine entscheidende Rolle. Formeln und überschlagsmäßige Berechnungen, die Sie auf der gegenüberliegenden Seite finden, sollen Ihnen helfen, diese Größen möglichst genau abzuschätzen, bevor Sie mit dem eigentlichen Teichbau beginnen. Natürlich werden sich im Verlauf der Bauarbeiten Abweichungen ergeben, die das ursprüngliche Ergebnis verändern, doch so gewinnen Sie wenigstens eine gute Vorstellung von der Kapazität des Filtersystems, das Sie benötigen.

Wir werden uns später in diesem Kapitel noch ausführlicher mit dem Thema „Filtersysteme" beschäftigen.

In diesem Stadium des Planungsprozesses sollte man sich an die Regel halten, für das Filtersystem etwa so viel Platz einzuplanen, wie es einem Drittel der geplanten Teichoberfläche entspricht. Anders gesagt: Ein Teich mit einer Oberfläche von 15 m^2 erfordert einen Filter mit einer Oberfläche von ca. 5 m^2. Diese Daumenregel gilt sowohl für Außen- als auch für Innenfilter und sollte als Minimalforderung betrachtet werden. In Japan gehen Liebhaber soweit, Filtersysteme zu installieren, die so groß wie der Teich sind, den sie versorgen sollen. Sie brauchen sich keine Gedanken darüber zu machen, daß Ihr Filter vielleicht zu groß werden könnte; ganz im Gegenteil, wenn es um Filter für Koi-Teiche geht, gilt stets die Regel: Im Zweifelsfall größer bauen!

Wollen Sie genau wissen, wieviel Wasser Ihr Teich und die daran angeschlossenen Systeme nach Fertigstellung fassen, so kontrollieren Sie die einlaufende Wassermenge bei der ersten Teichfüllung über Ihre Wasseruhr.

Standortwahl

Als nächstes müssen Sie einen geeigneten Standort für Ihren Teich wählen. Dabei sind verschiedene Faktoren zu berücksichtigen, z. B. die Sonneneinstrahlung, aber auch die vorgesehene Größe und der Stil des Teiches. Richten Sie sich auf einen Kompromiß ein, denn es ist sehr selten, daß das, was Sie wünschen, und das, was sich verwirklichen läßt, übereinstimmen. Wenn Sie mit dem Aushub anfangen, entdecken Sie vielleicht, daß der Erbauer Ihres Hause gerade an dieser Stelle seinen Bauschutt vergraben hat...

Berücksichtigen Sie auch Sicherheitsaspekte bei der Standortwahl, besonders dann, wenn kleine Kinder betroffen sind. Sie benötigen vielleicht einen Zaun samt Törchen und Schloß, um abenteuerlustige Kinder fernzuhalten (s. Abb. S. 27). Und denken Sie daran, daß ein seichter Teich nicht unbedingt sicherer ist als ein tiefer, da Kinder hineinfallen und sich an dem harten Boden so den Kopf stoßen können, daß sie die Besinnung verlieren. Selbst kleine Kinder, die bereits schwimmen können, geraten, wenn sie ins Wasser fallen, leicht in Panik.

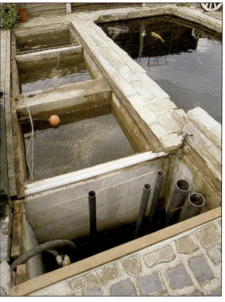

Rechts: Bei abgehobener Abdeckung erkennt man, daß die Größe des Filters mindestens einem Drittel der Größe des Teiches entspricht, den er versorgt. Kleiner als 1:3 sollte ein Filter im Verhältnis zum Teich nicht sein – das gilt sowohl für Innen- als auch für Außenfilter –, zu groß hingegen kann er gar nicht sein!

Unten: Derselbe Teich, aus einem anderen Winkel fotografiert, das Filtersystem mit einem Holzdeck abgedeckt. Der rechteckige Koi-Teich mißt 5,2 × 2,4 × 1,5 m (Länge mal Breite mal Tiefe) und enthält etwa 30 Koi verschiedener Größe. Sein Inhalt beträgt ca. 19 m^3 (ohne Filter).

TEICH UND FILTERANLAGE

Gebäude, Mauern und Zäune
Der Teich sollte vom Haus aus gut sichtbar sein, aber aus Sicherheitsgründen (Wasserschaden!) nicht näher als 3 m am Gebäude liegen. Wenn Sie diesen Abstand unterschreiten wollen, sollten Sie Fachleute zu Rate ziehen. Dieser Sicherheitsabstand gilt in der Praxis für jede Mauer oder jeden Zaun in Teichnähe. Er erlaubt es Ihnen, den Teich von allen Seiten zu erreichen, sei es zu Wartungszwecken oder aus anderen Gründen, ein Punkt, der oft übersehen wird, bis es zu spät ist.

Wenn es nicht zu vermeiden ist, den Teich so zu plazieren, daß er voll in der vorherrschenden Windrichtung liegt, dann sollten Sie einen Windschutz anbringen, sei es ein Spalierzaun, eine durchbrochene Mauer oder eine Reihe von langsam wachsenden Nadelbäumen (windaufwärts und nicht zu nahe am Teich). Eine solide Barriere ohne Lücken wäre nutzlos, denn dort würden an der windabgewandten Seite lediglich Turbulenzen entstehen, ohne daß sich die Windgeschwindigkeit verringerte, wie es bei einer durchbrochenen Mauer oder einer Hecke der Fall ist.

Bäume
Überlegen Sie gut, bevor Sie einen Teich in der Nähe von Bäumen anlegen, denn ein Standort neben Bäumen führt leicht zu beträchtlichen Problemen. Die klassische, anmutige Trauerweide z. B. wird von Wasser geradezu magisch angezogen, und ihr Wurzelsystem kann 20 m und weiter wandern und dann mit Leichtigkeit durch die Wand Ihres Teiches brechen! (Notfalls muß man von außen auf die Teichwand eine Dichtebeschichtung aufbringen.) Wurzeln können nicht nur den fertigen Teich beschädigen, sondern wenn Sie bei den Bauarbeiten das Wurzelwerk eines Baumes verletzen, kann es passieren, daß der Baum seinen Halt verliert und in Ihren neuen Teich, auf Ihr Haus oder das angrenzende Grundstück fällt. Wenn Sie also in der Nähe eines größeren Baumes bauen, stellen Sie fest, welches Wurzelwerk er besitzt, bevor Sie zu graben beginnen.

Wenn Sie Ihren Teich auf einem unbepflanzten Gelände anlegen, ist es ratsam, keine Laubbäume in der Nähe des Teiches zu pflanzen. Jeder stellt sich in seinen Träumen einen Gartenteich inmitten einer Rasenfläche mit ein bis zwei Bäumen vor, deren Äste sich sanft über der Wasserfläche neigen. Nachdem man ein paarmal Blätter, Früchte oder Zweige und dazu das Gras nach jedem Rasenschnitt aus dem Wasser gefischt hat, verliert dieses Bild ein wenig an Attraktivität. Es gilt, Kompromisse zu schließen; Sie werden mit einigen Sträuchern und Nadelgehölzen genauso zufrieden sein und weit weniger Rückenschmerzen verspüren! Natürlich läßt sich Laubfall nicht immer vermeiden – wenn Ihr Nachbar z. B. Bäume hat, deren Blätter in Ihren Garten geweht werden. In diesem Fall sollte man gute Miene zum bösen Spiel machen, anstatt einen Kleinkrieg vom Zaune zu brechen und das Entfernen der störenden Objekte zu verlangen.

Das Vermessen des Standortes
Wenn Sie sich für einen bestimmten Standort entschieden haben, müssen Sie das Gelände für den Teich und die Filterkammern samt Zubehör genau vermessen.

Während das Markieren von bestimmten Positionen recht einfach ist, ist das Nivellieren (Bestimmen der Höhen) für die meisten Leute eine oft weniger geläufige und mühsame Arbeit. Wenn Sie sich dabei unsicher fühlen, nehmen Sie professionellen Rat in Anspruch, um später Schwierigkeiten zu vermeiden. Ein Unternehmen, das Teiche anlegt, wird alle nötigen Geräte haben, um Vermessungen durchzuführen. Wenn Sie diese Arbeit selbst erledigen wollen, sollten Sie sich eine Schlauchwaage oder ein Nivelliergerät mieten; bei kleinen Teichen kann man auch mit einer Wasserwaage und einer Richtlatte arbeiten.

Welche Nivellierungstechnik Sie auch immer anwenden, Sie benötigen ein exaktes, langes Maßband, einen Zimmermannshammer und einen Vorrat von Holzpflöcken (ca. 4 cm x 4 cm) verschiedener Länge (zwischen 30 cm und 1 m). Markieren und vermessen Sie den Umriß des Teiches mit den Holzpflöcken; möglicherweise müssen Sie das ein paarmal wiederholen, bis es stimmt. Wiederholen Sie dann die ganze Operation für externe Geräte, wie Filtersysteme und Zubehör. Wenn Sie damit fertig sind, treten Sie zurück und versichern Sie sich, daß es das ist, was Sie wollten. Falls Sie einen semi-formalen oder einen naturnahen Teich planen, lohnt es sich, sich den Umriß des Teiches mit einem Gartenschlauch zu verdeutlichen.

Als nächsten Schritt legt man das Niveau des Bodens fest. Wenn Sie über ein ausgedehntes Anwesen verfügen und einen großen Teich anlegen wollen, sollten Sie ein Nivelliergerät mieten. Um die Vermessung durchzuführen, bringen Sie erst einen Ständer in eine geeignete Position, von der aus Sie den Standort des Teiches samt aller zugehörigen Geräte überblicken können, und befestigen Sie das Fernrohr obendrauf. Benutzen Sie eine Wasserwaage, um es exakt waagerecht auszurichten. Als erstes stellen Sie die Höhe eines Fixpunktes fest. Das kann die erste Markierung sein, doch ein festes Objekt, wie eine Mauer, ist besser, nur für den Fall, daß ein Pflock versehentlich bewegt oder umgestoßen wird. Sehen Sie durch das Rohr auf die Meßlatte (die von einem Helfer senkrecht gehalten wird), und lesen Sie die Höhe Ihres Fixpunktes ab. Markieren Sie diese Höhe für späteren Gebrauch mit Kreide auf der Meßlatte, und notieren Sie sich den Wert. Achten Sie darauf, daß die Meßlatte senkrecht steht, während Sie ablesen, sonst erhalten Sie ein falsches Ergebnis. Sie können anschließend fortfahren, die Höhen bei allen Ihren Holzpflöcken festzuhalten und die Unterschiede im Vergleich zu Ihrem Fixpunkt aufzuschreiben. Legen Sie dieses Datenblatt gut weg – Sie werden es brauchen, wenn Sie den detaillierten Entwurf Ihres Teichsystems aufzeichnen und um die Niveaus während der Konstruktion festzulegen.

Eine einfachere Methode, um über eine lange Distanz Höhenlinien festzulegen, besteht darin, einen Schlauch zu benutzen, an dessen beiden Enden sich ein Trichter befindet (Schlauchwaage). Füllen Sie den Schlauch mit Wasser und justieren Sie die zwei Trichter so aus, daß das Wasser in beiden bis zum Rand steht; dadurch wird angezeigt, daß sie sich in der Waage miteinander befinden (Prinzip der kommunizierenden Röhren). Messen Sie dann den Abstand von jedem Trichter zum Boden. Befestigen Sie einen Trichter so, daß er sich nicht verschiebt und als Fixpunkt dienen kann, und bewegen Sie nur den anderen Trichter, sonst erhalten Sie ein falsches Ergebnis. (Statt dessen können Sie auch einen durchsichtigen Plastikschlauch verwenden, so daß Sie den Wasserstand innen erkennen, und den Meniskus mit einem Zeichen markieren.)

Bei der im Sinne des Wortes am stärksten „erdverbundenen" Methode zur Nivellierung, die zudem im Baustadium ideal ist, benutzt man eine exakte Wasserwaage und ein gerades Brett (Richtlatte). Damit über-

Oben: *Dieser Teich liegt weitgehend offen und stößt an einer Seite an die Grenzhecke. Die Bepflanzung mit niedrig wachsenden Nadelhölzern erlaubt leichten Zugang zum Teich und einen uneingeschränkten Blick. Gleichzeitig lassen sich kaum Probleme mit Blättern erwarten; dadurch wird die Pflege einfacher.*

prüft man, ob sich die Spitzen der in kurzem Abstand voneinander in den Boden getriebenen Pflöcke auf gleicher Höhe befinden. Wir werden auf S. 38 sehen, wie diese Methode in der Praxis arbeitet (vergl. *Vorbereitungen für den Bau*).

Das Grundprinzip aller oben skizzierten Vermessungsprozesse ist unten auf der Seite abgebildet. Wir haben hier eine sehr kurze Darstellung verschiedener Verfahren gegeben, die beim Entwurf bzw. der Verwirklichung eine außerordentlich wichtige Rolle spielen. Wenn Sie irgendwelche Zweifel an Ihren diesbezüglichen Fähigkeiten hegen, suchen Sie fachmännischen Rat, bevor Sie folgenschwere Fehler begehen.

Die Bodenverhältnisse

Bevor Sie sich endgültig für eine bestimmte Bauweise entscheiden, müssen Sie die Bodenverhältnisse überprüfen. Diese können beträchtlich variieren; der Boden kann aus Lehm, Kieseln, Sand, Felsen oder aus einer Kombination von zweien oder mehreren dieser natürlichen Substrate bestehen.

Auch ein hoher Grundwasserspiegel schafft oft Probleme – Sie graben nur ein paar Zentimeter tief und treffen dann auf Wasser. Das kann zu einem fast unüberwindlichen Hindernis werden. Wenn Sie einen Bach oder einen natürlichen Teich in Ihrem Garten oder in der Nähe haben, können Sie darauf schließen, daß der Grundwasserspiegel recht hoch liegt (d.h. nahe unter der Bodenoberfläche), obwohl dies im Lauf der Jahreszeiten schwanken kann. Wenn Sie allerdings auf einem Hügel wohnen, wird Grundwasser wohl kaum zu einem Problem werden. In jedem Fall ist es am besten, nichts vorauszusetzen, bevor man die Bodenverhältnisse überprüft hat und sicher ist, daß man mit den Ausschachtungsarbeiten beginnen kann.

Am besten benutzt man, um die Bodenverhältnisse festzustellen, einen Handsammler oder Bohrer; das ist grundsätzlich nichts anderes als ein großer „Korkenzieher", mit dem man eine Bodenprobe entnimmt. Statt dessen kann man auch eine Probeausschachtung in der Mitte der geplanten Ausschachtung machen. Wenn man zwei bis drei Spaten tief gräbt, erhält man einen guten Überblick über die herrschenden Bodenverhältnisse; am besten ist es natürlich, wenn man bis zur geplanten Tiefe des Teiches gräbt, doch das läßt sich nicht immer durchführen.

Wenn Sie einen hohen Grundwasserspiegel feststellen, dann kann es teuer werden, da Sie möglicherweise eine Spezialausrüstung brauchen, um zu verhindern, daß die Ausschachtung sich ständig mit Wasser

Vermessen mit Nivelliergeräten

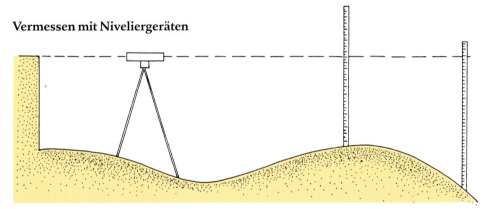

Nivellier-Geräte zu verwenden, um Höhen zu bestimmen, mag kompliziert erscheinen, doch die grundlegenden Prinzipien dabei sind sehr einfach. Mit einem Präzisionsinstrument (Zielfernrohr mit Libelle) auf einem Dreibein wird ein bestimmter Punkt an einem festen Objekt, z. B. einer Mauer, fixiert, indem man eine Meßlatte setzt und durch das Fernrohr sieht. Markieren Sie diesen Fixpunkt auf der Meßlatte mit Kreide. Bitten Sie anschließend jemanden, die Meßlatte senkrecht an verschiedene Stellen zu halten, und markieren Sie die Meßlatte in Höhe der Sichtlinie. Die Differenz zwischen der Höhe des Fixpunktes und der Höhe jeder Örtlichkeit zeigt an, wie stark das Niveau schwankt. Notieren Sie die Ergebnisse sorgfältig.

Vermessen mit einem gefüllten Wasserschlauch

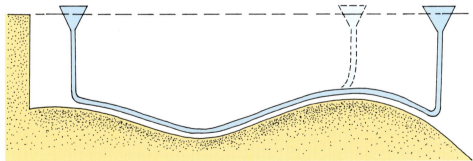

Diese Methode basiert auf der physikalischen Eigenschaft von Flüssigkeiten, sich in kommunizierenden Röhren auf gleiche Höhe einzustellen. Sie können einen durchsichtigen Plastikschlauch verwenden und die Niveaus gegen eine Markierung am Schlauch vermessen oder, wie hier, einen Trichter an jedem Ende anbringen und darauf achten, daß sie bis zum Rand gefüllt sind. Auch bei dieser Methode sucht man sich einen Fixpunkt und setzt ein Ende des Schlauches in einer bestimmten Position fest, während man mit dem anderen Ende verschiedene Niveaus vermißt. Wenn man den Abstand des Trichterrandes zum Boden mißt, erhält man eine Reihe von vergleichbaren Meßdaten über die Niveaus rundum.

Vermessen mit Pflöcken, Wasserwaage und geraden Brettern

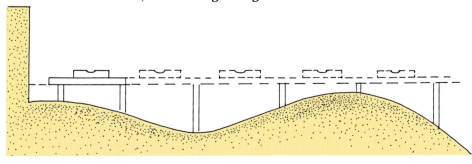

Die gebräuchlichste Methode, Niveaus zu vermessen, basiert auf dem Einsatz einer Wasserwaage. Kaufen oder leihen Sie sich eine (oder besser noch zwei) hochwertige, lange Wasserwaagen des Typs, den Zimmerleute benutzen, und bewaffnen Sie sich mit einem Arm voll kräftiger Holzpflöcke verschiedener Länge plus einiger gerader Hartholzbretter. Treiben Sie den ersten Pflock so weit in den Boden, bis seine Oberkante auf der gewünschten Höhe liegt, und errichten Sie mit Hilfe der Bretter und der Wasserwaage eine Reihe von Pflöcken, deren Oberkanten sich alle auf derselben Höhe wie der erste Pflock befinden. Dabei sollte der Abstand der Pflöcke aus Gründen der Meßgenauigkeit nicht mehr als ca. 30 cm betragen.

TEICH UND FILTERANLAGE

füllt. Die billigste und einfachste Methode, um mit Grundwasser fertigzuwerden, besteht darin, eine große mechanische Pumpe zu mieten, mit der man den Matsch fortschafft. Verbinden Sie die Pumpe mit einem Rohr, und leiten Sie das Wasser so weit weg von der Ausschachtung wie möglich. Diese Methode hat jedoch einen Nachteil. Wenn der Wasserfluß recht schnell ist und der Boden aus einem leichten Material, wie Sand bzw. Kies, oder aus sehr schwerem, wie Lehm, besteht, können die Seitenwände der Grube kollabieren. Das führt zu weiteren Problemen und kann sogar gefährlich sein. Eine zweite, wenn auch weitaus kostspieligere Methode besteht darin, den Grund zu gefrieren. Das geschieht mit einem Kompressor und Sonden, die rund um den Teich in den Boden getrieben werden. (Das ganze System arbeitet ähnlich einem Kühlschrank.) Wenn der Boden einmal gefroren ist, so hat sich eine Barriere gebildet, die einen weiteren Wassereinstrom in die Baugrube verhindert.

Rohrleitungen und Elektroinstallationen

Vergessen Sie in Ihrem Entwurf Rohre bzw. Kabel für Elektrizität, Leitungswasser und Drainage samt der entsprechenden Anschlüsse nicht. (Natürlich müssen Sie sich auch vergewissern, wo vielleicht bereits bestehende Rohre/Kabel verlaufen, bevor Sie mit den Ausschachtungen beginnen.) Während Sie bei dem Verlauf der Elektrokabel und der Wasserzuleitungen flexibel planen können, muß sich die Lage der Teich- und Filter-Abflüsse (Drainagesystem) nach dem nächstgelegenen Gullyzugang richten. Um sicherzustellen, daß die Teichbodenabflüsse mit maximaler Leistung arbeiten, sollten die Abflüsse am niedrigsten Punkt, d.h. am Grund eines Gullys, in die Kanalisation geleitet werden. Sollte sich kein Gully oder Kanal in der Nähe Ihres geplanten Teiches befinden, dann haben Sie ein Problem. Verlassen Sie sich in diesem Fall nicht darauf, daß eine kiesgefüllte Grube schon ausreichen wird – sie tut es nicht! Eine erstaunlich große Menge Unrat wird jedesmal aus dem Teich gewaschen, wenn ein Bodenabfluß geöffnet wird, und würde eine Grube bald verstopfen. In einem solchen Fall wird der grobe Schmutz in eine Entsorgungskammer geleitet und von dort mit einer Hebeanlage, wie sie im Sanitärbereich üblich ist, zum Kanal gepumpt.

Nichts stört mehr beim Betrachten eines Teiches als ein Gewirr von Kabeln und Rohrleitungen. Bei einem fachgerecht entworfenen Teich sollten weder Kabel noch Rohrleitungen zu sehen sein (außer dem Vertikalrohr einer Saugdüse und/oder einem Oberflächenabsauger).

Wenn Sie einen Leitungswasseranschluß zum Säubern und Auffüllen des Teiches legen wollen, ist es am besten, einen separaten Daueranschluß zu installieren; gewöhnlich genügt es, dazu ein T-Stück an einem Außenanschluß zu befestigen und eine feste Leitung zum Teich zu installieren. Vorteilhaft ist ein separater Vorratsbehälter, den man ein bis zwei Tage, bevor man das Wasser benötigt, füllt und belüftet. Solch ein System ist viel einfacher zu bedienen und viel praktischer, als jedesmal einen langen Schlauch heranzuschleppen. Falls Sie eine automatische Frischwasserdosierung installieren wollen, erkundigen Sie sich zuvor bei Ihrem Wasserwerk nach den gesetzlichen Bestimmungen.

Elektrische Leitungen müssen unbedingt von einem Elektro-Fachmann verlegt werden, sonst kann es zu Unfällen kommen. Beauftragen Sie auf jeden Fall einen Elektriker damit, denn Wasser und Elektrizität bilden eine gefährliche Kombination. Wichtig ist es, in jedem Sicherungskasten bzw. zwischen Stromquelle und elektrischem Gerät einen Fehlerstrom-Schutzschalter (FI-Schalter) anzubringen, der den Stromkreis im Gefahrenfall innerhalb von Millisekunden unterbricht. (Wir werden auf dieses Thema später im eigentlichen Baustadium noch einmal zurückkommen.)

Baumaterialien auswählen

Die vielleicht wichtigste Entscheidung, die Sie im Planungsstadium treffen müssen, betrifft die Wahl des Baumaterials. Jedes Material hat je nach Standpunkt Vor- und Nachteile. Wenn möglich, lassen Sie sich nicht von der Kostenfrage beeinflussen. Es ist weitaus besser, etwas mehr auszugeben und sich für den Bau etwas länger Zeit zu nehmen, damit der fertige Teich dann auch wirklich Ihren Vorstellungen entspricht, als am falschen Ende zu sparen! Was die verschiedenen Materialien betrifft – lesen Sie die folgenden Beschreibungen, vergleichen Sie, wägen Sie Für und Wider ab, und treffen Sie Ihre eigene Entscheidung.

Fertigteiche

Die wohl einfachste, wenn auch nicht unbedingt billigste Methode, um an einen Teich zu kommen, besteht darin, sich einen Fertigteich aus glasfaserverstärktem Kunststoff zuzulegen. Solche Teichschalen sind in einer Reihe von Größen und Formen erhältlich und können vollständig oder auch nur teilweise in den Boden eingelassen bzw. ganz oberirdisch errichtet werden. Sie müssen dann nur noch für die nötigen Rohrleitungen und elektrische Installationen sorgen. Fertigteiche sind aber in der Regel für Koi ungeeignet, da sie nicht tief genug sind und ihr Wasservolumen meist auch zu gering ist. Zur Haltung kleiner Koi im Haus oder im Wintergarten kann man sie jedoch verwenden.

Folien

Folien stellen wohl das beliebteste Material für Gartenteiche dar. Für Koi-Teiche eignen sie sich jedoch nur dann, wenn der Bodengrund aus festem Lehm besteht, so daß Sie den Teich ähnlich einem Betonteich mit annähernd senkrechten Wänden anlegen können (s.o.).

Welche Folientypen eignen sich für den Teichbau? Polyäthylen ist vollkommen ungeeignet, wie viele Teichbauer zu ihrem Leidwesen herausgefunden haben. Dieser Kunststoff bekommt nicht nur leicht Löcher, sondern wird auch rasch spröde und löst sich auf, wenn er dem Sonnenlicht ausgesetzt ist. Man kann Polyäthylen als Unterlage benutzen, aber für nichts anderes. Eine Reihe von handelsüblichen Folien basiert auf PVC (Polyvenylchlorid), darunter einige mit eingewobenen Nylonverstärkungen; sie werden in verschiedenen Farben angeboten. Die Lebensspanne solcher Folien beträgt je nach Sonneneinstrahlung zwischen fünf und zwanzig Jahren Haltbarkeit.

ECB-Folien gelten als die besten Folien für einen Gartenteich, sind aber natürlich viel teurer. Für einen quadratischen oder rechteckigen Teich können Sie ECB-Folien Ihrer Teichform entsprechend anfertigen lassen. Stärkere ECB-Folien haben nach Herstellerangaben eine Lebensdauer von bis zu 50 Jahren, und selbst die Standardstärken bringen es noch auf 20 Jahre.

Oben: *Das ist ein Stück ECB-Folie, wie sie in Folienteichen häufig verwendet wird. In unserem Beispiel ist die Folie 0,75mm dick; ihre Haltbarkeit beträgt mehr als 20 Jahre. Schwarz ist als Farbe für einen Koi-Teich ideal.*

Oben: *Hier wird Kunstharz in einem großen, professionell errichteten Koi-Teich auf eine Lage Glasfasermatten aufgetragen. Die daraus resultierende Schicht aus gebundenen Glasfasern bildet eine hervorragende, wenn auch teure Auskleidung. Die Abschlußschicht sollte schwarz oder dunkelgrün sein.*

Beton

Für den normalen Hobby-Teichbauer ohne das nötige Kleingeld für ausgefallene Materialien ist Beton noch immer die beste Wahl. In der Vergangenheit sind Betonteiche durch Lecks und Risse in Verruf geraten. Heutzutage sind diese Probleme dank einer verbesserten Technologie glücklicherweise gelöst; durch die Zugabe einer bestimmten Verbindung wird der Beton wasserdicht. (Im Winter müssen Betonteiche jedoch stets abgedeckt oder beheizt werden, damit sich keine Eisdecke bildet.)

Heute braucht man, um einen Betonteich zu bauen, nur einen Boden aus Zement zu gießen, die Wände aus Betonsteinen hochzuziehen und das Ganze mit einem 5 mm dicken Putz aus zwei Teilen Sand und einem Teil Zement zu überziehen. Anschließend wird der Teich mit einer dauerelastischen Bitumen-Latex-Emulsion oder Epoxidharzen gestrichen – lassen Sie sich von Ihrem Koi-Händler beraten. Der fertige Teich ist dauerhaft und weist im Vergleich zu anderen Methoden ein sehr gutes Preis/Leistungsverhältnis auf. Wenn man dann noch bedenkt, daß sich fast jede Form verwirklichen läßt, gehört der Betonteich sicherlich zu den besten Alternativen!

Wahl der Rohrleitungen

Für den privaten Teichbauer kommen prinzipiell zwei Typen von Rohrleitungen in Frage, die man ohne Probleme selbst verlegen kann: erstens das einfache KG-Rohr mit Gummidichtung, das nur zusammengesteckt wird, zweitens das PVC-Druckrohr (dunkelgrau, s. S. 32), das geklebt wird und wesentlich haltbarer ist.

Für die Leitungen, die vom Filter zur Pumpe bzw. von der Pumpe zum Teich führen und immer unter Druck stehen, *müssen* PVC-Druckrohre verwendet werden. Selbst winzige Lecks, an denen Luft in das Rohrsystem eingesaugt werden kann, führen nämlich zu einer Gasübersättigung des Teichwassers (erkennbar an winzigen Luftbläschen, die mit dem Zulaufwasser in den Teich gepumpt werden). Eine solche Gasübersättigung führt bei Koi zu chronischen Kiemenschäden und auf Dauer zum Tod.

Auch die Rohrleitungen, die von den Bodenabläufen zum mechanischen Filter bzw. zur Entsorgungskammer führen, müssen bei Betonteichen aus PVC-Druckrohren bestehen; bei Folienteichen kann man auch das einfache KG-Rohr mit Gummidichtung verwenden. Sollte die Rohrleitung nämlich nicht 100 % dicht sein (z. B. wegen einer verrutschten Gummidichtung), so läßt sich dieser Schaden beim Folienteich relativ leicht beheben, beim Betonteich jedoch nicht ohne großen Aufwand. Im Abschnitt über den Bau erklären wir Ihnen ausführlich, wie beide Typen verlegt werden.

Dieses Material ist ideal für Koi-Halter, die ihren Teich weder bepflanzen wollen noch an einem besonders ausgefallenen Umriß interessiert sind. Man kann ECB-Folie bei naturnahen Teichen verwenden, doch sie hat den Nachteil, daß sich geschwungene Formen bzw. Bögen nicht ohne Falten und Fältchen auskleiden lassen. Das ist nicht nur lästig, weil sich an diesen Stellen viel Schmutz und Mulm festsetzen kann, sondern sieht auch nicht besonders schön aus. Anschlüsse für Drainagerohre und Flansche etc. anzubringen ist hingegen recht einfach, obwohl man genau darauf achten muß, daß die verschiedenen Löcher an der richtigen Stelle sitzen.

Einmal gefüllt, reagiert ein ECB-Folienteich empfindlich auf Belastungen, die das Gewicht des Wassers auf das Material rund um einen ungenau positionierten Rohrflansch ausübt. Außerordentlich ärgerlich, wenn man feststellen muß, daß die Folie aus diesem Grund gerissen ist! Es ist auch schon vorgekommen, daß der Haushund in den Teich gefallen ist und die Folie bei seinen verzweifelten Bemühungen, wieder herauszukommen, buchstäblich zerfetzt hat. Ein weiterer Nachteil von Folienteichen besteht darin, daß man den Bewuchs von Grünalgen und Fadenalgen, der sich unweigerlich einstellt, nicht einfach abkratzen kann. Auch Absaugen ist problematisch, da die Folie dabei leicht in die Mündung des Gerätes hineingezogen wird. Doch trotz all dieser Bedenken gehört ECB-Folie zu den Teichbaumaterialien, die man in die engere Wahl ziehen sollte.

Glasfaser-Beschichtungen

Bei Boots- und Yachtliebhabern schon seit langem bekannt, gewinnen glasfaserverstärkte Kunststoffe als abschließender Überzug in Betonteichen zunehmend an Bedeutung. Leider ist das Auftragen eine sehr unangenehme und schmutzige Angelegenheit, die man am besten einer Spezialfirma überläßt. Dabei werden aufeinanderfolgende Schichten von Glasfasermatten und Kunstharzen aufgetragen, so daß sich schließlich eine etwa 5 mm dicke Schicht ergibt; schließlich wird das Ganze mit einem (meist schwarz gefärbten) Gel überzogen. Fachmännisch durchgeführt, ist der glasfaser-beschichtete Betonteich wahrscheinlich die beste Lösung; er zeichnet sich durch äußerst große Haltbarkeit und Festigkeit aus und läßt sich, falls einmal Risse im Beton auftreten, mit „Glasfaserflicken" leicht reparieren.

Wenn dieses Modell so gut ist, warum benutzen wir es dann nicht alle? Die kurze Antwort lautet, daß eine solche Beschichtung sehr teuer ist, mehr als doppelt so teuer wie der Betonteich, auf den sie aufgetragen wird! Doch man sollte den Glasfaserteich in seine Überlegungen miteinbeziehen.

TEICH UND FILTERANLAGE

Planung rund ums Wasser
In diesem Abschnitt wollen wir uns mit den planerischen Aspekten rund ums Wasser befassen und beginnen bei den Bodenabflüssen.

Bodenabflüsse
Filterung via Bodenabfluß ist wahrscheinlich die am meisten unterschätzte, aber beste Form der Teichreinigung. Denken Sie daran, daß Ihr Teich ein großes Absetzbecken ist, in dem sich eine beträchtliche Menge Schmutz und Abfallstoffe am Boden ansammeln, darunter Blätter von umstehenden Bäumen, Staub, Fischkot und Futterreste.

In den Anfängen der Koi-Haltung wurden die Bodenabflußleitungen meist in eine separate, vom Filter unabhängige Entsorgungskammer geführt, die mit der Kanalisation verbunden war. Das zur biologischen Filterung bestimmte Wasser wurde dagegen in halber Höhe der Teichwand angesaugt. Die Entleerung der Bodenabläufe in die Entsorgungskammer geschah via Standrohr oder Klappenschieber – je nach Fischbesatz einmal oder sogar mehrmals täglich. Diese Art der Bodenreinigung war nicht sehr effizient, da der am Boden liegende Schmutz oftmals, bevor er entfernt werden konnte, von den Fischen wieder aufgewirbelt wurde. Zudem benötigt man bei dieser Methode sehr viele Bodenabläufe, was den Teichbau unnötig verteuert.

Am besten ist es, die Bodenablaufleitungen direkt zu einem mechanischen Filter zu führen und das gesamte Teichwasser über die Bodenabläufe abzusaugen. Das vom Filter zurückströmende Wasser muß über jedem Bodenablauf eine Kreisströmung bilden, so daß der gesamte Schmutz zum Bodenablauf hin zirkuliert und direkt abgesaugt wird.

Die Anzahl der Bodenabläufe wird einerseits durch die Teichform, andererseits und vor allem aber vom Wasservolumen und der entsprechenden Pumpe bestimmt.

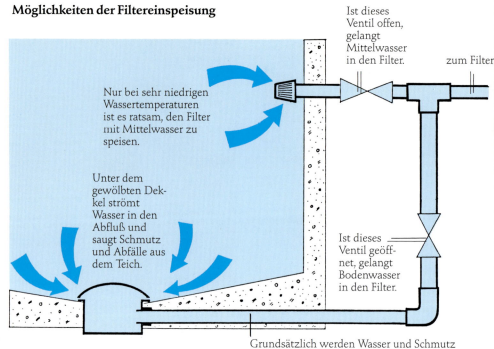

Grundsätzlich werden Wasser und Schmutz über den Bodenablauf kontinuierlich abgesaugt.

So rechnet man bei Teichen von 8–15 m³ einen Ablauf, bei Teichen bis zu 25 m³ zwei Abläufe und bei Teichen bis 40 m³ drei Abläufe.

Wenn Sie keine Bodenabflüsse installiert haben, müssen Sie den Teichboden von Zeit zu Zeit absaugen, um zu vermeiden, daß sich Schmutz ansammelt. Verwenden Sie dazu einen Handsaugheber oder eine elektrische Pumpe mit einer Saugvorrichtung. Sie sollten auch regelmäßige Teilwasserwechsel durchführen – in der Praxis eine mühselige und zeitaufwendige Arbeit.

Förderung der Wasserzirkulation
Wenn Sie sich Gedanken über die Form Ihres Teiches machen, müssen Sie sich über die Wasserzirkulation klarwerden. Wasser fließt geradeaus, bis es entweder an Impuls und Geschwindigkeit verliert und schließlich zum Stehen kommt oder bis seine Richtung durch andere Einflüsse – z.B. andere Wasserströme oder feste Hindernisse wie die Teichwand – geändert wird. Wenn eine Strömumg senkrecht, d.h. in einem Winkel von 90°, auf eine Wand trifft, verteilt sich das Wasser nach allen Seiten. Wenn der Wasserstrom jedoch unter einem viel flacheren Winkel auf die Teichwand trifft, dann wird das Wasser in derselben Richtung wie die Strömung abgelenkt, allerdings mit einer geringeren Geschwindigkeit als zuvor. Wenn also alle Ecken im Teich abgerundet sind, verlaufen die Srömungen günstiger.(Es kommt natürlich zu Reibungsverlusten, wenn das Wasser an den Wänden entlangströmt und wenn Scherkräfte zwischen schneller und langsamer strömenden Wasserschichten auftreten, doch das wollen wir ignorieren.) Denken Sie also stets daran, die Ecken in Ihrem Teich abzurunden.

Oben: *Die Abbildung zeigt, wie man mit einem System von Ventilen entweder Boden- oder Mittelwasser in den Filter lenken kann. In der Regel wird das Wasser ständig über die Bodenabläufe abgesaugt; lediglich im Winter kann es günstiger sein, nur Mittelwasser abzusaugen.*

Unten: *Diese Bodenabläufe werden für einen geplanten Betonteich mit PVC-Druckrohren verklebt. Jeder Bodenablauf führt mit einer eigenen Rohrleitung zum mechanischen Filter.*

Vertikalbewegungen und Rückfluß in den Teich
Wie wir bereits gesehen haben, sind Teiche mit engen Hälsen ungeeignet, da sie den Wasserfluß behindern, Strudel hervorrufen und Bereiche mit stagnierendem Wasser entstehen lassen. Auch die Vertikalbewegung des Wassers ist wichtig. Bei den meisten Teichen wird das Wasser flach (d.h. 20–40 cm unter der Oberfläche) zurückgeführt. Das Wasser sollte nicht in tiefere Schichten oder kurz über dem Teichgrund eingeleitet werden, da der Schmutz dann keine Gelegenheit hat, sich abzusetzen. Sicherlich kann man auch einen Teil des

Oben: *Beispiel eines Bodenabflusses für einen Beton- oder einen Fertigteich. Der Abfluß wird entweder einbetoniert oder mit dem Kunststoffteich verklebt. Der nebenliegende gewölbte Deckel paßt in die Aussparung am Boden, wobei rundum eine Öffnung (Durchmesser ca. 1–2 cm) bleibt.*

Oben: *Die abgerundeten Ecken in diesem Koi-Teich fördern einen guten Wasserfluß – ein wichtiger Faktor, der sich auszahlt, wenn der Teich voll bestückt ist. Runde Konturen spiegeln die natürlichen Verhältnisse in einem Gewässer wider.*

Rechts: *In den Seitenwänden dieses Koi-Teiches erkennt man drei Filterzuflüsse, die sich auf verschiedenen Höhen befinden. Diese Art der Filterung wird aber heute kaum noch praktiziert.*

Wassers über einen kleinen Bach in den Teich zurückführen, doch nur, wenn die Lufttemperatur entsprechend hoch ist, sonst kühlt der Teich zu sehr aus.

Die Anzahl der Rückflüsse zum Teich sollte sich nach dem Volumen und der Oberfläche richten. Ein Teich, der 3 × 1,5 × 1,5 m (Länge mal Breite mal Tiefe) mißt und ein Volumen von 6,75 m³ hat, braucht in der Regel bei einem einfach runden oder nierenförmigen Umriß nur einen Rückfluß, wohingegen ein Teich von 9 × 4,5 × 2,4 m mit einem Volumen von 97,2 m³ und unregelmäßiger Form mindestens zwei bis drei Rückflüsse benötigt. Alle Rückflußleitungen müssen über Kugelhähne unabhängig voneinander zu bedienen sein, damit eine optimale Zirkulation erreicht werden kann. In der kalten Jahreszeit sollte die Pumpe gedrosselt und das Wasser nur noch über *eine* Rohrleitung in den Teich geleitet werden, so daß ruhige Zonen entstehen, in die die Koi sich zurückziehen können (s. dazu auch S. 78).

Filterspeisung

Die Filterspeisung muß bereits im Entwurfstadium mit eingeplant werden, da man, je nachdem, welchen Filtertyp man wählt, den Verlauf der Leitungen vorher festlegen muß. Es hat lange Diskussionen darüber gegeben, ob es besser sei, einen Filter mit Wasser aus der mittleren Teichzone (Mittelwasserbereich) oder vom Teichboden zu speisen.

Wie bereits erwähnt, hat sich das Absaugen des Wassers über die Bodenabläufe am besten bewährt. Vielleicht überlegen Sie, als erstes Glied in Ihrer Filterkette einen Strudelfilter (oder „Vortex") einzusetzen. Wenn man Wasser aus dem Bodenablauf in den mittleren Teil eines solchen Vortex leitet, wird das Wasser mittels Fliehkraft von allen Partikeln befreit. Schmutz und Kot sammeln sich am Boden des Filters, wo sie über einen Schmutzablauf entsorgt werden. Das sauberere Wasser in den obersten Schichten hingegen wird dem biologischen Filter zugeführt. Solche Strudelfilter sind nicht billig, können aber auch leicht selbst gebaut werden. Gegenüber der alleinigen Reinigung mit Filterbürsten ist der Wartungsaufwand sehr gering; lediglich einmal pro Woche muß in der Regel das Ablaufventil zur Kanalisation geöffnet werden. Da ein Koi-Teich mit Filtersystem im Winter sowieso mit einer Abdeckung oder Heizung auf mindestens 4 °C gehalten werden muß, erübrigt sich eigentlich ein Absaugen des Wassers aus dem mittleren Bereich.

Wasserläufe und Wasserfälle

Zu den schönsten Eindrücken bei einem gut entworfenen Koi-Teich gehören zweifellos Anblick und Geräusch von bewegtem Wasser. Wenn es der Platz erlaubt, überlegen Sie, ob Sie nicht einen Wasserlauf anlegen wollen, über den ein Teil des gefilterten Wassers in den Teich zurückkehrt. Zusätzlich zu dem optischen Reiz eines kleinen Baches sind die ökologischen Vorteile für das natürliche Gleichgewicht des Teiches beträchtlich. Bepflanzt mit den richtigen Gewächsen – Binsen, Schwertlilien etc. – wird der Bach zu einem „verlängerten Arm" des Filtersystems, in dem der Reinigungsprozeß, der im Filter abläuft, vollendet wird. Auch ein Wasserfall ist ein wichtiger Faktor in jedem aquatischen Ökosystem, denn er trägt wesentlich dazu bei, das Wasser mit dem nötigen Sauerstoff anzureichern. Aber hüten Sie sich davor, dabei zuviel Lärm zu erzeugen; denn der Nachbar kann sich dadurch gestört fühlen. Nachts sollte der Bachlauf abgestellt werden, da der Teich sonst zu sehr auskühlen kann. Eine ausreichende Sauerstoffversorgung läßt sich leicht über einen Luftausströmer im Teich sicherstellen (s. S. 51).

Filtermodelle

Viele Neulinge in der Koi-Haltung nehmen an, daß die Funktion des Filters im Teich nur darin besteht, das Wasser klar zu halten, damit man die Fische besser sehen kann. Tatsächlich kommt die Klarheit des Wassers erst an zweiter Stelle. Die wichtigste Aufgabe eines Filters ist es, durch Abbau der giftigen Fischausscheidungen eine sicherere Fischhaltung im Teich zu ermöglichen, als es bei ungefiltertem Wasser der Fall wäre. Schon ein Dutzend große Koi, die einen relativ kleinen Teich bewohnen, produzieren innerhalb von 24 Stunden eine beträchtliche Menge an Abfallstoffen. Ammoniak und andere giftige Substanzen reichern sich rasch im Wasser an, so daß die Fische über kurz oder lang in ihren eigenen

Oben: *In einer kleinen Ecke innerhalb einer größeren Wassergartenanlage bildet ein Wasserfall nicht nur einen Blickfang, sondern fördert auch die Sauerstoffsättigung des Wassers. Wo Platz genug ist, sollte ein so hübsches und nützliches Wasserspiel nicht fehlen.*

TEICH UND FILTERANLAGE

Ausscheidungen ersticken, wenn diese Toxine nicht ständig in weniger giftige Stoffe umgewandelt werden.

Wir diskutieren die Filterung vom biochemischen Standpunkt aus im Kapitel *Wasserqualität und Filterung*, beginnend auf S. 48. In diesem Abschnitt wollen wir uns nur mit den technischen Aspekten von Filtersystemen beschäftigen, darunter sowohl Fertigmodelle als auch Do-it-yourself-Alternativen.

Innenfilter (Bodenfilter)

Obwohl noch vor einiger Zeit sehr populär, gelten Bodenfilter heutzutage nicht mehr als effektive Filtersysteme und sollten nur dann, wenn Platzmangel die Installation von Außenfiltern verbietet, als letzte Möglichkeit in Betracht gezogen werden – und dies auch nur bei sehr geringem Fischbesatz. In seiner einfachsten Form besteht ein solcher Innenfilter aus einem Gitterwerk von Rohrleitungen (Drainagesystem) am Boden des Teiches, das mit einer 25–50 cm starken Kiesschicht bedeckt ist. (Als Faustregel gilt: Benutzen Sie 25 cm Kies der Körnung 6 mm oder 50 cm Kies der Körnung 15 mm.) Eine Unterwasserpumpe an einem Ende des Gitterwerks saugt Wasser durch die Kiesschicht; dort werden Schmutzpartikel eingefangen und Gifte von Filterbakterien biologisch abgebaut. Anschließend wird das Wasser vom Drainagesystem aufgenommen und durch die Pumpe in den Teich zurückgeleitet.

Anfangs arbeitet ein ausgereifter Bodenfilter zweifellos sehr effektiv, doch auf Dauer verstopfen ganze Bereiche durch eine Ansammlung von größeren, festen Abfallstoffen, und es bilden sich Kolonien von anaeroben Bakterien. Harken der Kiesschicht bringt nur kurzfristig Erfolg, da sich die aufgewirbelten Feststoffe nur anderswo ablagern, und der ganze Prozeß beginnt von vorne. Nach einigen Monaten ist es dann soweit, daß das Wasser ständig trüb erscheint, weil die stark gründelnden Koi die Feststoffe immer wieder aufwühlen. In den meisten Fällen bleibt Ihnen dann nichts anderes übrig, als die Fische in ein separates Becken zu setzen und einige Tonnen extrem schmutzigen Kies aus dem Teich zu schippen und zu waschen – eine mühsame und lästige Arbeit, die wegen des ganzen Umstandes weder Ihnen noch Ihren Koi viel Freude bereiten wird.

Wenn kein Weg an einem Bodenfilter vorbeigeht, dann planen Sie Ihren Teich mit einem flachen Boden, oder, was noch besser wäre, setzen Sie den Filter in einen separaten, durch eine Mauer abgetrennten Teil des Teiches. In beiden Fällen sollte die Filterfläche etwa ein Drittel der Teichoberfläche betragen.

Aus PVC-Rohren (Mindestdurchmesser 38 mm) und T-Stücken usw. wird ein großes Gitter konstruiert, in das in bestimmten Abständen Löcher von 5 mm Durchmesser gebohrt werden. In der Nähe der Pumpe betragen die Abstände ca. 20 cm, weiter entfernt nur noch ca. 10 cm; das garantiert einen gleichförmigen Wasserfluß über das gesamte Gitterwerk. Am besten setzen Sie jeweils zwei Löcher in einem Winkel von 45° an der Unterseite der Rohrleitungen. Installieren Sie das Gitterwerk, und bedecken Sie es mit einem Plastiknetz (Maschenweite ca. 12 mm) – das verlangsamt das Zusetzen – und schichten Sie dann möglichst gleichmäßig Kies über die gesamte Filterfläche. Sie können scharfkantigen oder runden Kies verwenden, aber achten Sie darauf, daß die Partikelgröße 15 mm nicht überschreitet.

Speziell für den Bodenfilter gilt: Schalten Sie das System nicht länger als 12 Stunden aus, sonst beginnen die sauerstoffabhängigen nitrifizierenden Bakterien abzusterben, und Sie stehen bald vor ernsten Problemen mit der Wasserqualität.

Außenfilter

Wenn Außenfiltersysteme auch viel kostspieliger zu bauen und komplizierter zu installieren sind, arbeiten sie doch weitaus effektiver und sind leichter zu warten als Innenfilter. Obwohl verschiedene Filtermaterialien sich ebenfalls zusetzen können, ist der Zeitaufwand, den man benötigt, um sie durch Rückspülen zu reinigen, vergleichsweise gering. Schmutzpartikel abzulassen ist einfach, ebenso das Überprüfen der Wasserqualität. Wenn man alle Faktoren mit einbezieht, ist ein Außenfilter bei weitem die beste Lösung. Selbst dann, wenn man, um den ursprünglich gesetzten finanziellen Rahmen nicht zu sprengen, mit einem kleineren Teich vorlieb nehmen muß, sollte man sich für einen Außenfilter entscheiden.

Oben: *Das selbstgebaute Gitterwerk in einem Kiesbett im Folienteich. Es ist wichtig, daß das Wasser gleichmäßig durch den gesamten Filterbereich von oben nach unten strömt. Dadurch vermeidet man, daß im Kiesbett Kanäle entstehen.*

Ein typischer Bodenfilter

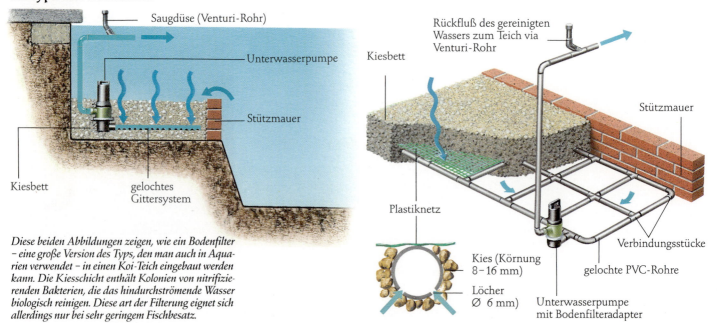

Diese beiden Abbildungen zeigen, wie ein Bodenfilter – eine große Version des Typs, den man auch in Aquarien verwendet – in einen Koi-Teich eingebaut werden kann. Die Kiesschicht enthält Kolonien von nitrifizierenden Bakterien, die das hindurchströmende Wasser biologisch reinigen. Diese art der Filterung eignet sich allerdings nur bei sehr geringem Fischbesatz.

Rechts: *Arbeitsweise eines typischen einkammerigen Außenfilters, der von einer Unterwasserpumpe gespeist wird. Auch diese Art der Filterung ist nur bei geringem Fischbesatz empfehlenswert.*

Ein pumpengespeister Außenfilter

Man unterscheidet zwei Typen von Außenfiltern:
1) Filter, die über dem Wasserspiegel des Teiches aufgestellt werden: Die Pumpe saugt das Wasser aus dem Teich und drückt es in den höher stehenden Filterbehälter, von wo es selbständig wieder in den Teich zurückfließt. Es ist eine Reihe von kleinen Einzelkammerfiltern im Handel, die auf verschiedene Weise und mit unterschiedlichen Filtermaterialien dasselbe Ziel anstreben: sauberes Wasser zu erzeugen. Sie sollten sich von vornherein damit abfinden, daß die Reinigung eines großen Wasservolumens durch einen kleinen Filtertank niemals zufriedenstellend gelingen wird, ganz gleichgültig, mit welchem Filtermaterial er auch gefüllt sein mag. Man kann zwar eine Reihe solcher kleinen Filterbehälter zu einem Filtersystem kombinieren, aber anstatt die Filtration derart „scheibchenweise" anzugehen, ist es besser, sich einen großen Rieselfilter selbst zu bauen, sofern das den Gesamteindruck des Gartens nicht stört. Wer nur über einen kleinen Garten verfügt, sollte lieber den im folgenden beschriebenen Filtertyp wählen.
2) Filter, die auf Höhe des Teichniveaus installiert werden.

Ohne Zweifel gehört dieser Typ Filter zu den beliebtesten und zuverlässigsten Filtersystemen überhaupt. Bei diesem System wird der Filterbehälter so aufgestellt, daß sich seine Oberkante auf Teichniveau befindet, d.h., die Wasserspiegel in Teich und Filter liegen auf der gleichen Höhe. Wenn daher Wasser von einem Ende des Filters abgepumpt wird, strömt aufgrund der Schwerkraft sofort wieder Wasser aus dem Teich in die Filterkammer nach. Unabhängig davon, wie viele Kammern hintereinandergeschaltet sind, läuft das Wasser von Kammer zu Kammer und passiert dabei die verschiedenen Filterelemente bzw. -materialien. (Deshalb ist es so wichtig, bei der Installation auf eine exakte Justierung des Filtersystems zu achten.)

Das Wasser gelangt durch Öffnungen, die groß genug sein müssen, um den Wasserfluß nicht zu behindern, von einer Kammer zur nächsten. Die größeren kommerziellen Modulfiltersysteme besitzen Durchlässe, die über die ganze Breite der Filterkammer gehen und viel besser sind als Modelle mit 10-cm-Rohrdurchführungen. Diese größeren Filtersysteme haben gewöhnlich ein glasfaserverstärktes Kunststoffgehäuse und arbeiten wirklich vorzüglich; jede Kammer ist mit einem Bodenablauf und Standardanschlüssen für Wasserzufuhr und -austritt ausgestattet. Leider spiegelt sich ihre hohe Leistungsfähigkeit auch in ihrem relativ hohen Preis wider. Eigenbau hilft auch in diesem Fall, viel Geld zu sparen; jeder, der in der Lage ist, Betonziegel akkurat zu verlegen, kann ein ebenso effektives Filtersystem für einen Bruchteil der Kosten entwerfen und bauen, wie wir auf S. 46 ausführlich darlegen werden.

Unten: *Teil eines ausgedehnten Mehrkammerfilter-Systems für einen großen Koi-Teich. Es handelt sich um Einheiten, die sich auf verschiedene Weise zusammenstellen lassen, so daß sie zu Koi-Teichen jeden Typs und jeder Größe passen. Sie sind teuer, aber ihr Geld wert.*

Unten: *Dieser schematische Querschnitt zeigt die Arbeitsweise eines Mehrkammerfiltersystems aus zwei Absetzkammern und vier Kammern mit Filtermaterialien. Grundsätzlich läßt sich ein solches System im Eigenbau herstellen (siehe Seite 46).*

Mehrkammerfilter (Prinzip)

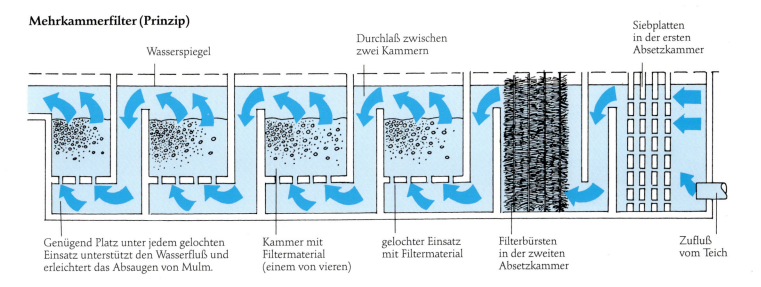

TEICH UND FILTERANLAGE

Anforderungen an einen Filter
Wenn Sie daran denken, Ihren eigenen mehrkammerigen Außenfilter zu bauen, beachten Sie die folgenden Punkte, und passen Sie sie an Ihre Erfordernisse an.

Das Verhältnis von Teich- und Filteroberfläche
Es ist offensichtlich wichtig, daß Ihr Filter groß genug ist, um mit den Anforderungen Ihres Teiches fertigzuwerden. Es gibt viele verschiedene Formeln, um das Verhältnis Teich/Filter zu berechnen, doch die gebräuchlichste bezieht sich auf die Oberfläche des Teiches und des Filtersystems und auf die Rate, mit der das Wasser den Filter passiert – letzteres ist eine Funktion von Verweildauer und Umwälzrate.

Oberfläche
Wie wir bereits gesehen haben, sollte die Oberfläche des Filters in der Regel ein Drittel der Teichoberfläche betragen. Sie können dies als Minimalwert ansehen, denn es gibt keine Obergrenze für die Größe eines Filters. Der Filter könnte sogar so groß wie der Teich sein – das ist nur eine Frage des Platzes und der Finanzen!

Verweildauer
Das ist die Zeit, die ein bestimmtes Wasservolumen benötigt, um das Filtersystem vom Eingang bis zum Ausgang zu passieren. Die Verweildauer des Filterwassers sollte zwischen 10 und 15 Minuten liegen.

Umwälzrate
Das ist die Anzahl der Male, die der gesamte Teichinhalt pro Tag durch den Filter läuft. Der gesamte Teichinhalt sollte 8–12mal am Tag umgewälzt werden. Denken Sie dabei daran, daß die Pumpleistung durch die Länge der Rohrleitungen, durch Knicke in den Rohren und durch die Höhe, bei der das Wasser die Rohre verläßt, beeinflußt wird. Auch die Anzahl der Venturi-Rohre kann dabei eine Rolle spielen. Wenn Sie sich über die Auswirkungen dieser Faktoren auf Ihren Entwurf nicht im klaren sind, sollten Sie Fachleute um Rat fragen.

Wasserfluß durch den Filter
Wenn Sie an den Wasserfluß durch Ihren Filter denken, sollte es Ihr vorrangiges Ziel sein, eine ungehinderte Strömung zu garantieren. Dabei spielt die Größe der Durchlässe zwischen den einzelnen Kammern

Unten: Grundsätzlicher Aufbau eines Koi-Teiches mit einem Außenfilter. Das Schema ist vereinfacht und soll lediglich zeigen, wie die verschiedenen Elemente zusammenwirken (rechts in der Aufsicht, links Querschnitte durch die Kammer mit dem Wasserstandsrohr, die Pumpenkammer und die Absetzkammer des Filters).

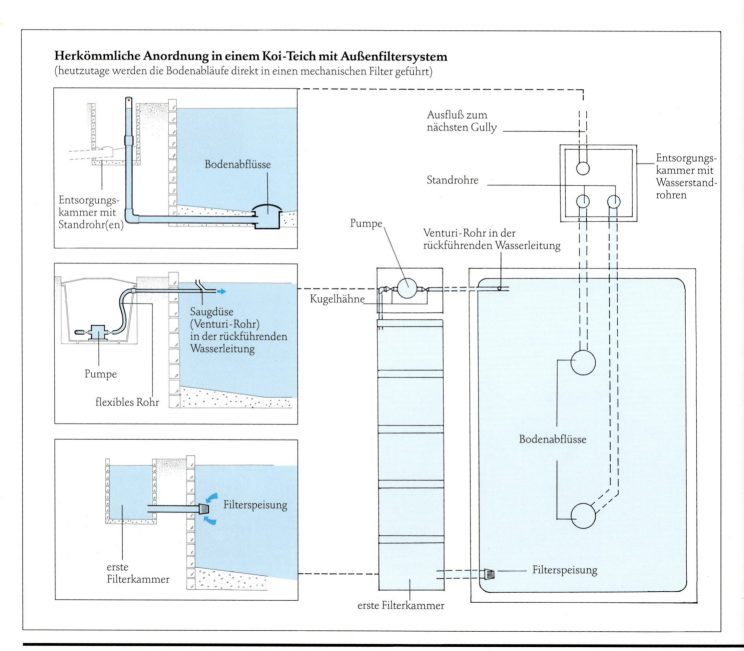

Herkömmliche Anordnung in einem Koi-Teich mit Außenfiltersystem
(heutzutage werden die Bodenabläufe direkt in einen mechanischen Filter geführt)

eine wichtige Rolle; sie sollte etwa ein Fünftel der Kammervolumens betragen. Ein anderer Weg, eine ungehinderte Strömung zu erzeugen, besteht darin, Filtermaterialien zu verwenden, die durchlässig sind und wenig Widerstand bieten, wie z. B. japanische PVC-Filtermatten. Materialien wie Kies usw. sind ungeeignet, da sie sehr schnell verstopfen.

Für welchen Typ Filtermedium Sie sich auch entscheiden, Sie werden irgendeine Art von Träger oder Stütze in der Kammer benötigen. Auch hier garantiert die richtige Wahl des Trägers die Freiheit der Strömung. Die wohl einfachsten Träger sind perforierte PVC- oder Edelstahlsiebe, wie sie im Handel erhältlich sind. Befestigen Sie den Träger so in der Kammer, daß unter dem Filtermaterial mindestens noch eine Lücke von 20 cm bleibt, um einen freien Wasserfluß zu fördern und um zu verhindern, daß sich Ansammlungen von Schmutzpartikeln bilden, auf denen sich unerwünschte anaerobe Bakterien ansiedeln könnten.

Wasserspiegel

Bei einem Filtersystem, in das Wasser aufgrund der Schwerkraft nachströmt, muß die Höhe des Wasserspiegels im Filter derjenigen im Teich entsprechen. In der Praxis erfordert das sorgfältige Planung beim Entwurf und kritische Überwachung bei der Durchführung.

Wartung

Sie müssen die Durchlässe in Ihrem Filter regelmäßig säubern, besonders dann, wenn Sie keine Bodenabläufe eingeplant haben. In diesem Fall ist es wahrscheinlich am einfachsten, den Schlauch eines Saughebers durch die Durchlässe und Lücken zu schieben – ein weiterer guter Grund, dort genug Platz zu lassen.

Absetzkammern

Falls Sie keine Möglichkeit haben, einen Strudelfilter zu installieren, kann ein Teil des groben Schmutzes auch über eine große Absetzkammer vom biologischen Filter ferngehalten werden. Eine mit Filterbürsten bestückte Kammer arbeitet aber wesentlich effizienter.

Pflanzenfilter

Wenn bei Ihrem Teichentwurf kein kleiner Bachlauf mit Binsen oder ähnlichen Pflanzen eingeplant ist, denken Sie vielleicht daran, eine Kammer am Ende Ihrer Filterkette anzulegen, die den gleichen Zweck erfüllt. Das gefilterte Wasser ist sehr reich an Nitraten, und eine Gesellschaft „hungriger" Wasserpflanzen kann einen großen Teil davon konsumieren, bevor das Wasser in den Teich zurückkehrt.

Pumpentypen

Man sollte sich bereits im Frühstadium der Planung überlegen, welchen Pumpentyp man verwenden möchte. Dabei hat man die Wahl zwischen Unterwasserpumpen und Außenpumpen. (Praktische Aspekte der Installation von Pumpen werden auf S. 43 besprochen.)

Unterwasserpumpen

sind, obwohl leichter zu installieren, gewöhnlich sowohl in der Anschaffung als auch im Verbrauch teurer und auf Dauer nicht so zuverlässig wie Außenpumpen.

Oben: *Ein Blick von der letzten Kammer eines Außenfilters (im Bild unten) über die labyrinthartigen Kanäle eines Pflanzenfilters, durch die das gereinigte Wasser schließlich wieder in den Teich zurückgeführt wird. Die Wasserpflanzen, die in den Kanälen gedeihen, absorbieren überschüssiges Nitrat.*

Rechts: *Ein Mehrkammerfiltersystem neben einem Koi-Teich mit der Pumpenkammer im Vordergrund deutlich sichtbar. Beachten Sie die Schieber an beiden Seiten der Pumpe, mit deren Hilfe man die Pumpe ohne Schwierigkeiten warten oder ersetzen kann. PVC-Kugelhähne haben sich in der Praxis als die bessere Lösung erwiesen. (Die Verwendung solcher Heizungspumpen ist in Deutschland nicht zulässig!)*

TEICH UND FILTERANLAGE

Wenn Sie eine Unterwasserpumpe in einen mehrkammerigen Außenfilter einsetzen wollen, sollten Sie sie in der letzten Kammer des Filtersystems installieren und die Rohrleitung, mit der das Wasser in den Teich zurückgeführt wird, kaschieren. Bei dieser Anordnung zieht die Pumpe Wasser durch das Filtersystem nach, da sie ständig Wasser aus der letzten Kammer in den Teich pumpt.

Kreiselpumpen

werden außerhalb von Teich und Filter montiert und sollten möglichst unter dem Wasserniveau stehen. Dadurch wird sichergestellt, daß ständig ein positiver Druck zur Verfügung steht (gegeben durch die Höhe der Wassersäule über dem Eingang zur Pumpe). Man benötigt zur Unterbringung einer Außenpumpe eine trockene, gut belüftete Kammer. Die Belüftung ist notwendig, um das Kondenswasser zu vertreiben, das sich wegen der Wärme, die der Motor abgibt (sonst würde er bald durchbrennen), niederschlägt. Lassen Sie in der Pumpenkammer auch Platz für Ventile, so daß Sie den Wasserfluß durch das System abstellen können, wenn Sie die Pumpe einmal warten oder austauschen müssen.

Vorbereitungen für den Bau

Unabhängig davon, für welches Teichmodell Sie sich entschieden haben, benötigen Sie eine Grundausstattung an Werkzeugen und Geräten, um Ihr Vorhaben durchzuführen. Achten Sie darauf, daß alles griffbereit liegt, bevor Sie zu arbeiten anfangen; es gibt nichts Lästigeres, als mittendrin aufzuhören, um noch schnell ein wichtiges Gerät zu beschaffen. Machen Sie sich daher eine Liste der Dinge, die Sie benötigen, und besorgen Sie alles rechtzeitig! Wenn Sie es sich leisten können, eine Baufirma zu beauftragen, brauchen Sie sich um solche Dinge natürlich nicht zu kümmern, denn diese Leute werden alles Nötige mitbringen. Für einen Do-it-yourself-Teichbauer hingegen gilt es, eine lange Liste von Ausrüstungsgegenständen zu beschaffen.

In den meisten Fällen müssen Sie einen Großteil des Aushubs wegschaffen, und dazu benötigen Sie einen Förderkorb. Glauben Sie nicht, daß der Steingarten oder andere Landschaftselemente, die Sie planen, die gesamte ausgehobene Erde schon aufnehmen werden; Erdreich hat die geradezu magische Eigenschaft, sich auf die doppelte Größe aufzublähen, wenn es erst einmal aus der Grube herausgeschaufelt worden ist. Um die Erde in den Förderkorb zu schaffen, werden Sie auch einen guten Schubkarren brauchen, für den man wiederum eine sehr stabile Rampe vom Boden zum Rand der Grube benötigt. Machen Sie die Rampe so lang wie möglich; eine Ladung Erde kann außerordentlich unhandlich sein, wenn man sie zum oberen Ende der Rampe ziehen und auskippen will. Besorgen Sie sich, falls möglich, einen Helfer, der die Erde aus der Grube schafft, während Sie graben und den Schubkarren beladen; nach einer Weile können Sie einander dann ablösen, damit die Arbeit nicht zu eintönig wird.

Das einzige größere Gerät, das Sie besorgen müssen, ist eine Zementmischmaschine. Man kann sie leihen, oder Sie kaufen sich einen elektrischen Zementmischer und verkaufen ihn nach getaner Arbeit weiter, wie wir auf S. 24 vorgeschlagen haben.

Absolut unverzichtbar sind mehrere Meißel zum Bearbeiten von Steinen und Ziegeln, denn Sie werden beim Bau feststellen, daß Ziegel und Blocksteine regelmäßig „zurechtgestutzt" werden müssen, bevor sie passen. Auch eine Trennscheibe (so etwas wie eine handliche elektrische Rundsäge mit einer steinschneidenden Scheibe) kann dabei sehr hilfreich sein. Eine Scheibe mit einem Durchmesser von 12,5 cm ist für die meisten Arbeiten gut geeignet. Ziehen Sie auf jeden Fall eine Schutzbrille auf, wenn Sie eine Trennscheibe benutzen! Kein Teich, sei er noch so eindrucksvoll, ist es wert, daß Sie Ihre Augen verletzen.

Das vielleicht wichtigste Gerät, das Sie benötigen, ist eine Wasserwaage – oder besser noch zwei, von 30 cm und 120 cm Länge – plus einer Reihe von geraden Brettern. Zur Höhenbestimmung über einen großen Bereich können Sie auch einen durchsichtigen, wassergefüllten Kunststoffschlauch benutzen, wie wir auf S. 29 beschrieben haben. Je nach Größe des geplanten Teiches benötigen Sie auch eine Reihe von Holzpflöcken unterschiedlicher Länge (4 × 4 cm im Querschnitt, unten zugespitzt) zur Nivellierung des Terrains. Wählen Sie die Abstände zwischen den Pflöcken aus Gründen der Meßgenauigkeit nicht weiter als 30 cm. Die ideale Länge dieser Pflöcke hängt vom Bodentyp ab; bei solidem Lehm reichen 30 cm völlig aus, wohingegen man bei krümeligem, lockerem Boden die doppelte Länge benötigt.

Wenn Sie das Pech haben, bei Ihren Ausschachtungen auf eine Gesteinsschicht zu stoßen, benötigen Sie einen elektrischen Drillbohrer (kann man in Fachgeschäften mieten), aber vergessen Sie auch in diesem Fall nicht, Ihre Schutzbrille aufzusetzen.

Wie man einen Folienteich baut

In diesem Abschnitt beschäftigen wir uns im Detail und Schritt für Schritt mit dem Bau eines Folienteiches. Diese Art des Teichbaus ist aber nur möglich, wenn der Boden aus festem Lehm besteht. Später (ab S. 45) behandeln wir die grundsätzlichen bautechnischen Unterschiede, die sich bei der Anlage eines Betonteiches ergeben.

Wie man einen Betonkragen anlegt

Der erste Schritt besteht darin, einen Betonkragen oder Ring zu errichten, der das „Skelett" Ihres Teiches bilden wird. Am besten stellt man sich diesen Kragen als großen „Dichtungsring" aus Beton im Boden vor, dessen Innendurchmesser gleichzeitig den

Rechts: Das erste Stadium beim Bau eines Betonkragens, um rund um den Teich einen stabilen Rand zu errichten. Hier hat man damit begonnen, den Graben auszuheben, der den Beton aufnehmen soll.

Durchmesser Ihres Teiches vorgibt. Sehen Sie nochmals in Ihre Pläne!

Sie können den Umriß Ihres Teiches mit einem Gartenschlauch markieren, den Sie mit Drahthaken am Boden feststecken. Heben Sie rundum auf der Außenseite dieses abgegrenzten Bereichs einen Graben von ca. 45 cm Tiefe und 30 cm Breite aus, und schaffen Sie dabei laufend das ausgehobene Erdreich weg, sonst arbeiten Sie bald in einer Sumpflandschaft! Ihr Graben sollte senkrechte Seitenwände und einen sauberen, glatten Boden aufweisen. Es ist übrigens besser, das Niveau des Grabenbodens beim Fortschreiten der Arbeiten laufend zu überprüfen und gegebenenfalls zu korrigieren, statt damit zu warten, bis man fertig ist.

Bevor Sie die Betonmasse einfüllen, sollten Sie Streifen von Preßspanplatten mit der glatten Seite nach außen ringsum an der Innenseite des Grabens anbringen; so wird garantiert, daß die Folie später auf einer glatten Oberfläche ruht. Fixieren Sie diese Preßspanstreifen mit querlaufenden Holzstücken an Ort und Stelle, und ziehen Sie diese Hölzer wieder heraus, wenn die Betonmasse eingefüllt ist.

Treiben Sie eine Reihe von Pflöcken in 30-cm-Abständen längs der Mittellinie des Grabenbodens in die Erde. Setzen Sie den ersten Pflock so ein, daß seine Oberkante die Höhe des fertigen Betonkragens angibt, und verfahren Sie so auch reihum mit den übrigen Pflöcken. Nehmen Sie sich Zeit; ein Fehler oder eine kleine Unaufmerksamkeit in diesem Stadium kann die gesamte Arbeit ruinieren! Wenn Sie die Pflöcke auf der richtigen Höhe justiert haben, wird Ihr fertiger Kragen, und infolgedessen auch der Teich, vollkommen waagerecht liegen. (Sie können diese Pflöcke an Ort und Stelle lassen, wenn Sie den Beton eingießen, oder sie in den Boden treiben, sobald sich der Beton gesetzt hat, und die Löcher mit noch nassem Beton füllen.)

Wenn der Graben soweit vorbereitet ist, können Sie mit dem eigentlichen Bau anfangen. Beginnen Sie mit dem Mischen des Betons am frühen Morgen, so daß Sie den Graben vor Einbruch der Dunkelheit gefüllt haben. Wenn Sie diese Prozedur auf zwei Tage verteilen, wird der Kragen nicht so stabil, denn neuer und alter Beton verbinden sich nicht besonders gut. Verwenden Sie eine Mischung aus einem Teil Zement und vier Teilen gemischter Zuschlagstoffe (Sand und Kies). Geben Sie vorsichtig Wasser hinzu. Die ideale Mischung ist „zäh", d. h. sie ist weder klumpig noch zu flüssig; in einer zu nassen Mischung entstehen später leicht Risse. Schaufeln Sie die Mischung in den Graben, und arbeiten Sie sie gut in den Boden und die Seiten ein. Mit schweren Stiefeln feststampfen ist eine recht wirksame Methode – die Idee dabei ist, soviel Luft wie möglich aus der Mischung auszutreiben –, oder Sie verwenden statt dessen einen Preßlufthammer.

Links: *Die Oberfläche des feuchten Betonkragens wird mit einem Glätteisen geglättet. Man sollte den Betonkragen möglichst an einem einzigen Tag fertigstellen; frischer und älterer Beton verbinden sich nicht besonders gut. Lassen Sie den Beton mindestens 48 Stunden trocknen, bevor Sie die Teichgrube ausheben.*

Unten: *Die Erde innerhalb des Betonkragens wird ausgehoben. Beginnen Sie in der Mitte, graben Sie in geraden Linien, und heben Sie eine Schicht nach der anderen aus. Achten Sie darauf, daß die Seiten der Grube senkrecht verlaufen, und vermeiden Sie Unterschneidungen, die zum Abrutschen des Erdreiches führen könnten.*

Wenn Sie den Graben gefüllt und die Masse festgestampft haben, können Sie damit beginnen, eine glatte, waagerechte Oberfläche zu schaffen, wobei Ihnen die Oberkanten der Holzpflöcke als Markierungen dienen. Ein großflächiges Glätteisen ist dafür ausgezeichnet geeignet. Wenn das geschafft ist, vergessen Sie Ihren Teich am besten für mindestens 48 Stunden, damit der Beton abbindet und sich setzt. (Es kann bis zu einem Monat dauern, bis der Beton vollständig getrocknet ist; seien Sie also während der folgenden Arbeiten vorsichtig!) Wenn der Beton die richtige Konsistenz hatte und nicht zuviel Wasser enthalten hat, ist jetzt der Zeitpunkt gekommen, wo Sie die scharfen Kanten vom Innenrand des Betonkragens entfernen können, damit die Teichfolie später nicht beschädigt wird. Dazu führt man die Spitze einer Maurerkelle am Rand der Preßspanstreifen entlang und nimmt etwas Zement ab. Dadurch entsteht ringsum am Rand eine leichte Auskehlung.

Das Ausheben der Teichgrube

Nachdem sich der Beton 48 Stunden lang gesetzt hat, können Sie anfangen, die Teichgrube auszuheben. Das kann man richtig oder falsch machen; die folgenden Empfehlungen verlangen etwas logisches Denken, aber mehr noch Muskelarbeit! Beginnen Sie in der Mitte, und graben Sie in geraden Linien von jeweils einer Spatenbreite; lassen Sie dabei aber eine Spatenbreite rund um den Rand stehen. Wenn Sie die erste Erdschicht abgetragen und irgendwo abgelagert haben, entfernen Sie die letzte Spatenbreite aus der Randzone. Gehen Sie dabei vorsichtig zu Werke, und vermeiden Sie, den Betonkragen zu unterhöhlen, d. h., achten Sie darauf, daß die Seiten der Ausschachtung senkrecht verlaufen. Fahren Sie so fort, bis Sie die gewünschte Teichtiefe erreicht haben. (Erinnern Sie sich an die diesbezüglichen Empfehlungen auf S. 26.) Schließlich kommen Sie an einen Punkt, an dem es praktisch unmöglich ist, die ausgehobene Erde per Spatenwurf aus der Grube zu schaffen. Dann brauchen Sie einen Helfer mit Eimern und einem festen Seil – das geht langsamer, ist aber sehr wirksam.

An dieser Stelle sollten einige Worte zur Sicherheit beim Graben gesagt werden. Wenn der Boden locker und krümelig ist, müssen Sie darauf achten, daß die Erde nicht abrutscht; die Seiten der Grube können ohne Vorwarnung zusammenbrechen, und das kann schlimme Folgen haben. Wenn Sie den Eindruck gewinnen, daß so etwas beim Weitergraben passieren könnte, müssen Sie Ihre Pläne ändern, nicht nur um

TEICH UND FILTERANLAGE

Ihrer Sicherheit willen, sondern auch, um die Stabilität des fertigen Teiches zu erhalten. Der beste Weg, mit diesem Problem fertigzuwerden, besteht darin, Ziegel- oder Betonsteinwände zu installieren. Sobald die Folie erst einmal liegt und mit Wasser gefüllt ist, ist es dazu zu spät. Wenn die Seiten eines instabilen Teiches nicht derart abgestützt werden, kann es während einer sehr feuchten Wetterperiode passieren, daß das Erdreich nachgibt und abrutscht – unter Umständen sogar noch nach Jahren!

Der Einbau von Bodenabflüssen

Wenn Sie die Grube soweit wie geplant ausgehoben haben, ist es an der Zeit, den Bodenabfluß bzw. die Bodenabflüsse zu installieren. Obwohl es möglich ist – und in der Praxis auch häufig so gehandhabt wird –, diese Abflüsse direkt im Boden zu verlegen, sollten Sie überlegen, ob Sie nicht besser ein Betonfundament legen, das die Abflüsse umschließt. Das ist nicht nur viel fachmännischer, sondern hat den Vorteil, daß Sie, falls Sie sich eines Tages doch gegen einen Folien- und für einen Betonteich entscheiden sollten (wie es viele andere vor Ihnen getan haben), bereits ein Fundament haben, auf das Sie aufbauen können (s.S. 45). Die eigentliche Installation der Bodenabflüsse wird dadurch – abgesehen von der Höhenverschiebung, die beim Auslegen eines Betonfundaments zu bedenken ist – jedoch nicht weiter tangiert.

Mitsamt den nötigen Rohrleitungen ist ein Bodenabfluß eine sehr teure Angelegenheit, und Fehler, die man bei der Installation macht, sind später nicht mehr zu korrigieren. Daher sollte man einen „Probelauf" machen, bevor man die Teile unwiderruflich zusammenfügt. Die hochwertigsten Leitungsrohre werden im Spritzgußverfahren aus PVC geformt und mit einem Kleber auf Lösungsmittel-Basis aneinandergeschweißt. Dabei überzieht man die beiden Oberflächen, die zusammengefügt werden sollen, mit diesem Spezialkleber und steckt dann die Teile ineinander. Der Kleber schweißt nun die beiden Oberflächen zusammen – und das praktisch sofort. Theoretisch haben Sie vielleicht einen Spielraum von fünf Sekunden, um Korrekturen durchzuführen, aber Sie sollten lieber davon ausgehen, daß Ihnen nach dem Verkleben dazu keine Zeit mehr bleibt.

Schneiden Sie alle Leitungen und Verbindungsstücke genau zurecht, fügen Sie sie probeweise zusammen, und markieren Sie sie, um sicherzustellen, daß sie nach Applikation des Klebers exakt zusammenpassen. Der einfachste Weg, die Teile zu markieren, besteht darin, dort eine Reihe von Linien in jedes Teil zu kratzen, wo es auf seinen Partner trifft. Tun Sie das, wenn Sie alle Teile probeweise zusammengefügt und überprüft haben, daß alle Rohrleitungen wirklich exakt waagerecht bzw. senkrecht verlaufen. Aufgrund des Herstellungsprozesses kann es passieren, daß sich einige Teile beim probeweisen Zusammenstecken als zu eng erweisen. Um nach dem Auftragen des Klebers Probleme beim Zusammenfügen zu vermeiden, sollten Sie vorher überprüfen, ob alle Teile auch wirklich passen, und bearbeiten Sie die Oberflächen im Notfall mit feinstem Schmirgelpapier, bis sie sich leicht zusammenfügen lassen.

Wenn alles zurechtgeschnitten ist und die Teile probeweise in Position gebracht und zusammengefügt worden sind, können Sie beginnen, den Boden aufzugraben, um die Leitungen zu verlegen. In diesem Stadium sollten Sie bereits genau wissen, wo die Bodenablaufleitung enden und die Entsorgungskammer oder der mechanische Filter angelegt werden soll. Graben Sie, von der Entsorgungskammer, der Bürstenkammer oder dem Strudelfilter ausgehend, einen Kanal, der bis auf 30 cm an die Teichwand heranreicht. Den eigentlichen Durchstich machen Sie dann vom Teichinneren aus, um das Erdreich unter dem Betonkragen möglichst wenig zu stören. Denken Sie dort bei Krümmungen an die größeren Durchmesser von gebogenen Verbindungsstücken. Vergessen Sie beim Graben auch den senkrechten Rohrabschnitt vom Bodenlauf nicht.

Wenn der Graben fertig ausgehoben ist, fügen Sie Bodenablauf und Rohrleitungen probeweise an Ort und Stelle zusammen, um alles ein letztes Mal zu überprüfen. Unterstützen Sie das Rohrsystem dort, wo es nötig ist, mit Holzblöckchen, um eine stabile Auflage zu schaffen. Wenn alles stimmt, können Sie mit dem endgültigen Zusammenfügen beginnen. Um diese Arbeit korrekt und ohne zuviel Streß auszuführen, benötigt man wirklich zwei bis drei Paar Hände. Fangen Sie daher nicht allein an, wie sehr Sie mit dem Teichbau auch vorankommen möchten. Ein dummer Fehler, und der Schaden ist da! Wenn man Systeme, die mit Kleber auf Lösungsmittelbasis verschweißt werden, aneinanderfügt, muß man die zu verbindenden Teile vorher sorgfältig mit einem Spezialreiniger entfetten, dann dort Kleber auftragen und beide Teile entsprechend der vorher angebrachten Markierungen kräftig ineinanderschieben. Wenn Sie reichlich Kleber aufgetragen haben, gibt es keinen Grund, sie mit einer Drehbewegung zusammenzufügen; das könnte bei Leuten, die zum ersten Mal mit dieser Technologie zu tun haben, zu Problemen bei der exakten Ausrichtung der Rohre führen. Wenn Sie die Verbindung hergestellt haben, sollten Sie mit dem Finger einmal außen um die Schweißnaht fahren, um überschüssigen Kleber so zu verstreichen, daß sich ringsum ein schmales Band bildet. Innerhalb von ca. fünf Minuten ist die Verbindung so fest, daß Sie das Teil vorsichtig bewegen können, während Sie die nächste Verbindung schaffen.

Wenn die Montage komplett ist, können Sie das System in seine Endposition im Teich bringen. (Zeitweilig müssen Sie es

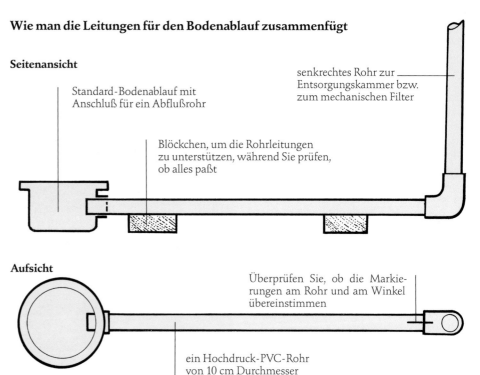

Oben: *Es ist wichtig, die verschiedenen Leitungsteile probeweise zusammenzufügen, bevor man sie mit einem Spezialkleber auf Lösungsmittelbasis zusammenschweißt. Später lassen sich Fehler meist nicht mehr korrigieren! Unterstützen Sie die Rohrleitungen mit Holzblöckchen o. ä.*

wahrscheinlich mit Ziegeln, Holzblöckchen o. ä. unterstützen.) Dann fixieren Sie das Ganze dauerhaft, indem Sie den Graben rund um das Rohrleitungssystem mit Beton füllen und alles ein paar Tage lang ruhen lassen. Wenn Sie einen separaten Filtereingang – z. B. für Mittelwasser – anlegen wollen, müssen Sie die ganze Prozedur wiederholen, um die entsprechenden Leitungen zu verlegen, doch jetzt sollten Sie sich bereits als Experte fühlen.

Das Betonfundament

Als nächstes wird das Betonfundament für den Teichboden installiert. Zuerst legen Sie mit Hilfe der Holzpflöcke (Abstand voneinander ca. 30 cm) die Ebene möglichst genau fest. Das Betonfundament sollte überall mindestens 15 cm stark und rund um die Bodenabflüsse schüsselförmig vertieft sein.

Für das Fundament benötigen Sie in jedem Fall eine beträchtliche Menge Beton, der am besten an ein- und demselben Tag verarbeitet werden sollte. Wenn Sie Zweifel daran haben, ob Sie diesen Zeitplan einhalten können, überlegen Sie, ob Sie nicht eine Lieferung Fertigbeton bestellen wollen. Das bringt einige Vorteile; Sie können, wenn Sie Ihre Bestellung aufgeben, z. B. eine Mischung mit „Verzögerer" verlangen. Das Hauptproblem bei der Anlieferung einer größeren Ladung Beton ist nämlich der Zeitfaktor. Die meisten Anlieferer möchten ihre Fuhre am liebsten schnell abladen und sofort wieder wegfahren. Einige sind aber bereit, die Betonmischung in Schubkarren zu verladen, solange genug (zwei bis drei) Helfer samt Karren bereitstehen, so daß es zügig vorangeht. Da Beton besonders bei warmem Wetter recht schnell abbindet und dann nicht mehr verarbeitet werden kann, werden Sie auch bei Auslegen des Fundaments Hilfe benötigen – das Ganze erfordert also einiges an Organisationstalent.

Benutzen Sie dieselbe Technik wie beim Anlegen des Betonkragens, wenn auch in größerem Maßstab. Arbeiten Sie die Betonmasse gut mit der Schaufel ein, besonders im Bereich um die Rohrleitungen, treten Sie das Ganze dann gründlich fest, und glätten Sie schließlich alles mit einem Glätteisen. Natürlich gelangen Sie irgendwann einmal in das Stadium, in dem Sie in der Grube gefangen sind und nur die Stelle unter Ihren Füßen noch nicht betoniert ist. Verlassen Sie die Grube mit Hilfe einer kleinen Leiter o. ä., und vervollständigen Sie das Betonfundament von außerhalb des Teiches – falls nötig, indem Sie sich an den Füßen über den Rand halten lassen.

Die Folie auslegen

Der Moment ist nun da, in dem die Folie in der Teichgrube ausgelegt werden kann – das ist der Augenblick der Wahrheit! Selbst bei einem nicht besonders großen Teich kann die gefaltete Folie unglaublich schwer sein. Versuchen Sie daher nicht, allein damit fertig zu werden; Sie riskieren nicht nur Rückenschmerzen, sondern auch, daß die Folie beim Zerren über den Boden einreißt.

Je nach Größe der betreffenden Folie sollten Sie mindestens vier Leute bitten, Ihnen zu helfen, die Folie auszulegen. Wenn Sie eine auf Form geschweißte Folie installieren, achten Sie darauf, daß Sie sie richtig herum halten; falls Sie Innen- und Außenfläche vertauschen, kann es sehr schwierig werden, die Folie wieder aus der Grube zu heben und umzudrehen. Üblicher sind jedoch Folienbahnen: Legen Sie die Bahn über die Teichgrube, und achten Sie darauf, daß ringsum ein gleichmäßig breiter Rand übersteht. Die einfachste Methode, die Folie in die Grube zu senken, besteht darin, Wasser einzufüllen. Sobald das Gewicht des Wassers die Folie nach unten drückt, müssen Sie darauf achten, daß der Überhang ringsum gleichmäßig nachrutscht und nicht alles „auf die schiefe Bahn" gerät.

Irgendwann drückt das Wasser die Folie auf den Boden der Teichgrube. Der nächste Schritt ist für auf Form geschweißte und Bahnen-ausgekleidete Folienteiche identisch. Man benötigt einen Freiwilligen, der – am besten barfüßig, um das Risiko von Folienschäden zu vermeiden – in die Teichgrube steigt. Welchen Folientyp man auch benutzt, das Material wird beim Auslegen gedehnt, aber nicht so stark, daß sich keine Falten und Verwerfungen bilden. Alles, was man dagegen tun kann, ist, die Folie, so gut es geht, mit den Händen zu glätten. Da das nur während des Füllens geschehen kann, muß irgend jemand „baden gehen". Je mehr Wasser Sie in die Grube füllen, desto besser liegt die Folie, auch wenn Sie den Teich

Wie man eine Folie an einem Bodenablauf befestigt

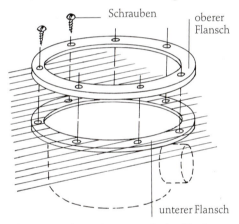

Oben: *Die Folie rund um einen Bodenablauf anzupassen verlangt viel Sorgfalt. Markieren Sie die Lage der Öffnung und der Flanschschrauben mit Kreide. Schneiden Sie den Kreis heraus, perforieren Sie Folie für die Schraubenlöcher, und ziehen Sie die Schrauben gleichmäßig, aber nicht zu fest an.*

Oben: *Die Folie in der Teichgrube auszubreiten ist eine knifflige Angelegenheit, für die man unbedingt Helfer braucht – bei einer großen Folie mindestens vier Leute. Versuchen Sie die Folie so auszulegen, daß rundum ein gleichmäßiger, genügend großer Rand übersteht.*

Rechts: *Wasser in die Teichgrube einzulassen ist der beste Weg, um die Folie anzupassen. Falls nötig, müssen Sie in die Grube steigen und Falten und Verwerfungen mit der Hand glätten.*

池と濾過装置

TEICH UND FILTERANLAGE

nochmals leeren müssen, um die verschiedenen Rohrleitungen anzuschließen.

Wenn der Teich voll ist, legen Sie den Folienüberhang flach rund um den Rand aus, und fixieren Sie ihn mit schweren Steinen, die Sie an Ort und Stelle lassen, bis Sie die Installationsarbeiten abgeschlossen haben. Vermeiden Sie es, die Teile der Folie, die noch exponiert liegen, unter Spannung zu setzen, denn das könnte später zu Problemen (Einreißen!) führen. Die meisten Falten werden nach Fertigstellung der Teichanlage nicht mehr zu sehen sein. Lassen Sie das Wasser über Nacht im Teich stehen, damit sich die Folie der Teichform optimal anpaßt und für den nächsten Arbeitsgang bereit ist.

Links: *Holzpfähle liefern eine natürlich wirkende Umrandung eines Koi-Teiches. Achten Sie aber darauf, daß das Imprägnierungsmittel nicht fischgiftig ist!*

Wie man Bodenabflüsse und Rohre in einem Folienteich installiert

Wir kommen nun zur vielleicht riskantesten Operation bei der Anlage eines Folienteiches, nämlich dem Anpassen der Folie an die verschiedenen Bodenablauf- und Rohrflansche. Das ist deshalb riskant, weil der Wasserdruck bei schlechter Anpassung dazu führen kann, daß die Folie aufgrund von Scherkräften einreißt.

Pumpen Sie das Wasser im Teich bis auf etwa 30 cm ab, und plazieren Sie drei bis vier Betonsteine (mit der Breitseite nach unten) rund um die Stelle, an der der Bodenabfluß entstehen soll. So verhindern Sie, daß sich die Folie verschiebt, während Sie die Anpassung vornehmen. Wenn Sie die Folie derart fixiert haben, pumpen Sie das restliche Wasser ab, bevor Sie mit der eigentlichen Arbeit beginnen.

Sie fragen sich jetzt, wie Sie die Folie exakt zurechtschneiden sollen, so daß das Loch in der Mitte und alle Schraubenlöcher genau passen? Hier zeigen die Betonsteine ihren Wert! Wenn der Bereich um den Bodenabfluß vollständig trocken ist, nehmen Sie ein Stück Kreide, am besten Schneiderkreide, und rubbeln kräftig über die Oberfläche des Bodenablaufflansches, den Sie unter der Folie fühlen können. Dadurch entsteht auf der dunklen Folie ein weißer Abdruck des Mittelloches und der Schraubenlöcher. Schneiden Sie das runde Mittelstück mit einem scharfen Messer heraus, und legen Sie so die Wanne des Bodenablaufs frei. Um diese Arbeit zu erleichtern, drücken Sie die Folie flach gegen den Flansch, und nutzen Sie die Innenkante der Wanne als Leitlinie bei der Schnittführung. Entfernen Sie das kreisförmige Folienstück, und perforieren Sie die Schraubenlöcher mit einem Locheisen, aber seien Sie vorsichtig dabei!

Säubern Sie alle aufeinandergehörigen Oberflächen gründlich, und kleben Sie den Flansch mit dem beigegebenen Kleber auf, falls das bei Ihrem Bodenablauf-Modell vorgesehen ist. Nun ziehen Sie die Schrauben gleichmäßig an. Vielleicht sollten Sie es für diesen Tag genug sein lassen, etwas Wasser in den Teich einfüllen, den Wasserstand markieren und am nächsten Morgen nach

Möglichkeiten zur Randgestaltung bei einem Folienteich

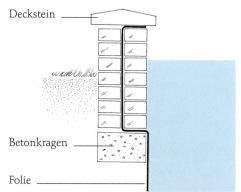

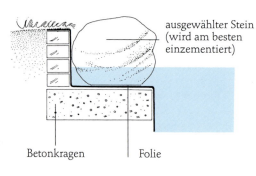

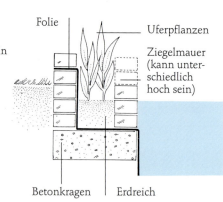

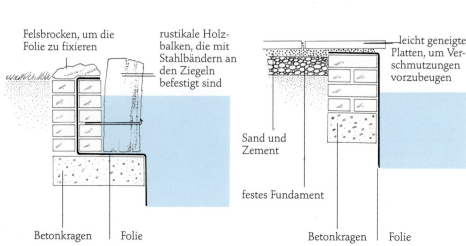

Hier finden Sie einige Ideen, wie man den Rand eines Folienteiches gestalten kann. Das Ziel ist es, die Folie oberhalb des Wasserspiegels sicher zu fixieren und gleichzeitig zu kaschieren. Holzbalken passen gut zu einem naturnahen Teich. Wenn Sie eine Randzone für Uferpflanzen schaffen wollen, halten Sie den Teichrand entweder so niedrig, daß das Erdreich durch Spritzwasser feucht gehalten wird, oder – was für Koi besser ist – ziehen Sie den Rand hoch, lassen aber gelegentlich senkrechte Aussparungen offen, so daß die Wurzeln bewässert werden. Platten oder Rasenflächen sollten ein leichtes Gefälle weg vom Teich aufweisen, um Verschmutzungen von der Gartenseite her fernzuhalten.

Lecks suchen. Wenn Sie unseren Instruktionen genau gefolgt sind, sollte es allerdings keine geben!

Bei der Anpassung eines Filterzuflusses gehen Sie genauso vor. Achten Sie auch hier genauestens darauf, daß die Folie nicht durch den Wasserdruck an den Anschlußstellen falsch belastet wird. Sonst riskieren Sie, daß die Folie reißt.

Wie ungeduldig Sie auch sein mögen fertigzuwerden, legen Sie an dieser Stelle eine Pause ein. Füllen Sie den Teich wieder, und suchen Sie am nächsten Morgen nochmals nach undichten Stellen.

Befestigung des Teichrandes

Kommen wir nun zur Befestigung des Teichrandes. Ob Sie eine kleine Mauer rund um den Teich planen oder ringsum nur einige große Findlinge plazieren wollen, die Anforderungen an die Befestigung der Teichfolie bleiben dieselben. Einfach gesagt: Legen Sie den Folienüberhang möglichst flach rund um den Teichrand aus, setzen Sie Ihre Mauer oder die Felsblöcke darauf, und zementieren Sie sie fest. Das Gewicht allein hält die Folie an Ort und Stelle, doch lassen Sie den Mörtel abbinden, bevor Sie weiterarbeiten.

Die Idee besteht darin, die Folie hinter der Mauer oder dem Felsbrocken so hochzuführen, daß sie über dem anzunehmenden höchsten Wasserstand einen wasserdichten Abschluß nach außen schafft. Um die Folienränder zu kaschieren, sollte der Wasserstand über die Stelle reichen, an der die Folie von der waagerechten in die senkrechte Position übergeht.

Wenn Sie eine Mauer bauen wollen, machen Sie die Wand zwei Ziegel breit, und führen Sie die Folie zwischen beiden Lagen hoch. Dasselbe mit einem Felsbrocken zu erreichen kann sich als etwas schwieriger entpuppen. Bei sehr großen Findlingen können Sie die Folie hinter dem Stein hochführen, einzementieren und das Ende unter einem Kiesweg oder Trittsteinen verbergen. Wenn Sie eine ausgefallenere Lösung suchen, überlegen Sie, ob Sie den Rand nicht mit rustikalen Holzstämmen befestigen wollen. Vermeiden Sie aber mit Holzschutzmitteln behandelte Balken, denn diese Chemikalien sind für Fische höchst giftig! Vielleicht möchten Sie eine Zone für Uferpflanzen anlegen, doch achten Sie darauf, daß dabei keine scharfen Kanten und Ecken entstehen, an denen sich Koi besonders in der Laichzeit verletzen können. Alles, was Ihnen jetzt noch zu tun bleibt, ist, die noch überstehende Folie mit einen scharfem Messer abzuschneiden und den Teich noch ca. vier Wochen gefüllt zu lassen, damit aller Zement, der im Kontakt mit dem Wasser steht, seinen basischen Charakter verliert und vollständig aushärtet. Danach wird dieses für Fische giftige Wasser herausgepumpt, die Folie sauber abgewaschen und der Teich neu gefüllt.

Der Bau der Entsorgungskammer

Falls Sie keinen mechanischen Filter benutzen wollen, benötigen Sie eine Entsorgungskammer, in die die Bodenablaufleitungen geführt wird. In diese Kammer wird der anfallende Schmutz täglich ein- und in den Kanal weitergeleitet. Mit einem Standrohr, das gewöhnlich aus einem Rohr und einer Muffe mit einem Dichtungsring besteht, wird die Entsorgung geregelt. Das Standrohr – es muß so lang sein, daß sein oberes Ende höher reicht als der Wasserspiegel im Teich – wird in die Muffe der Bodenablaufleitung gesteckt. Wenn das Standrohr an seinem Platz steht, stellt sich sein Wasserspiegel nach dem Prinzip kommunizierender Röhren auf dieselbe Höhe wie im Teich ein. Zieht man das Standrohr aber heraus (oder betätigt einen entsprechenden Schieber), so entsteht zwischen der Entsorgungskammer und dem Teich ein Druckgefälle, und Wasser strömt aus dem Teich in die Kammer. Dieses Wasser wird vom Bodenablauf eingesaugt und enthält all den Schmutz, der sich in dem Bereich rund um den Abfluß abgelagert hat. Das Wasser strömt so lange, wie ein Druckgefälle zwischen Teich und Kammer besteht, d.h., bis das Standrohr wieder eingesetzt wird oder der Wasserspiegel im Teich auf das Niveau der Standrohrmuffe abgesunken ist.

Man kann eine Entsorgungskammer aus Betonsteinen errichten und später streichen oder aus hochwertigen, wasserfesten Spezialziegeln. (Nehmen Sie keine normalen Ziegel, wie man sie bei Hausbauten verwendet, denn die halten im Erdreich nicht sehr lange.) Neben dem Zugang vom Bodenabfluß muß die Entsorgungskammer einen Ausgang zum nächstgelegenen Gully aufweisen. Führen Sie diesen Ausgang an einem möglichst tief liegenden Punkt in den Gully, um ein maximales Gefälle zwischen Teich und Kanalisation zu erreichen.

Technisch gesehen, sind Standrohre eine ziemlich primitive Einrichtung. Eine dauerhaftere Methode, um Schmutzwasser aus dem Teich abzulassen, besteht darin, einen Klappenschieber vom Durchmesser des Bodenablaufrohrs zu benutzen. Es versteht sich fast von selbst, daß Schieber dieser Größe sehr teuer sind.

Den Zulauf zum Filter anpassen

Das Anpassen des Filterzulaufs dürfte Ihnen kaum noch Schwierigkeiten bereiten. Wenn Sie denselben Typ Rohre wie beim Bodenablauf verwenden, brauchen Sie eine Rohrdurchführung für Folie, die dann ca. 50 cm unter dem Wasserspiegel des Teiches an der Folie festgeschraubt wird (genauso wie der Bodenablauf). Je nach Stärke der Pumpe benötigen Sie dabei ein bis zwei Zuleitungen der Stärke d:110 mm. Fragen Sie am besten Ihren Koi-Händler.

Falls Sie sich dafür entschieden haben sollten, Ihren eigenen Filter aus zementverputzten Betonsteinen zu bauen (s. S. 46), könnten Sie bei der Einführung des Rohres in die Filterkammer Schwierigkeiten mit der Wasserdichtigkeit bekommen, da Zement nicht gut auf Plastik haftet, selbst wenn man die Oberfläche aufrauht. Man hat auf verschiedenen Wegen versucht, dieses Problem in den Griff zu bekommen; der Erfolg hängt dabei im allgemeinen vom Geschick und der Ausdauer des einzelnen ab. Eine Methode besteht darin, ein Loch im Mauerwerk zu lassen, das groß genug ist, um den Zulauf vom Teich aufzunehmen und das Rohr richtig einzubetonieren. (Das Rohr sollte ca. 5–10 cm in die Filterkammer hineinragen.) Sobald die Filterkammer von innen verputzt ist, wird sie samt Rohrstück mit einer Bitumen-Latex-Emulsion oder Epoxidharz ausgestrichen. Dadurch ist eine sichere Abdichtung garantiert.

Ein warnendes Wort zum Gebrauch von Elektrizität

Sie benötigen für Ihren Teich eine Stromversorgung, um elektrische Geräte, wie Pumpen etc., zu betreiben. Strom und Wasser bilden eine extrem gefährliche Kombination, und elektrische Installationen sollten auf jeden Fall von einem Fachmann durchgeführt werden, der auch alle diesbezüglichen gesetzlichen Bestimmungen kennt!

Sie werden mit einem einzigen elektrischen Anschluß kaum auskommen – meist müssen mehrere Pumpen und Belüfter versorgt werden, und vielleicht möchten Sie im Winter eine kleine Teichfläche mit einem Heizgerät eisfrei halten. Sie sollten daher mindestens einen oder besser noch zwei Doppel-Außenanschlüsse planen (aus Sicherheitsgründen am besten in einer abschließbaren Kammer).

Im folgenden einige Hinweise zum Thema Strom und Wasser:

Verwenden Sie ausschließlich Geräte, die zum Gebrauch am bzw. im Wasser ausgewiesen sind (VDE- oder GS-Zeichen).

Im Sicherungskasten oder zwischen Stromquelle und Gerät muß ein Fehlerstrom-Schutzschalter (FI-Schalter) angebracht werden.

Oben: *Eine typische Pumpenkammer nahe an einem Koi-Teich mit den dazugehörigen Rohrleitungen. Wenn sie in einer geeigneten trockenen und gut belüfteten Kammer untergebracht sind, sind Außenpumpen wegen ihrer großen Haltbarkeit und ihrer einfachen Wartung Unterwasserpumpen vorzuziehen.*

池と濾過装置

TEICH UND FILTERANLAGE

Elektrische Leitungen müssen als Erdkabel verlegt und gegen Beschädigung geschützt werden. (Die Verwendung dünner Verlängerungskabel ist verboten.) Am Ende eines solchen Kabels kann man eine oder mehrere Feuchtraum-Steckdosen anbringen.

Und bevor Sie irgendein Gerät aus dem Teich oder Filter nehmen: Ziehen Sie den Stecker heraus!

Die Installation der Pumpen

Das Herzstück jedes Koi-Teiches bildet die Pumpe. Im Handel wird eine verwirrende Vielfalt von Modellen angeboten, und wenn man die falsche Pumpe kauft, so ist das sowohl ärgerlich als auch teuer. Wie wir auf S. 37 gesehen haben, kann man die Pumpen, die für Sie in Frage kommen, in zwei Gruppen unterteilen: Unterwasserpumpen, die direkt in das Wasser gestellt werden, das sie pumpen sollen, und Außenpumpen, die man neben dem Teich oder auch weiter entfernt installieren kann. Dabei muß man zwischen echten Unterwasserpumpen und Tauchpumpen (z.B. zur Kellerentwässerung) unterscheiden. Letztere sind zwar in der Anschaffung sehr günstig, in der Regel für Teiche aber ungeeignet, da sie relativ zum Stromverbrauch wenig Wasser fördern. Unterwasserpumpen sind dagegen teurer als Außenpumpen, im Verbrauch aber in etwa vergleichbar. Der höhere Anschaffungspreis erklärt sich daraus, daß die elektrischen und mechanischen Bestandteile vollkommen wassergeschützt sein müssen. Deshalb sind die Motorwicklung, die Lager und die Verbindungselemente in einem versiegelten Behälter untergebracht, der gewöhnlich mit Öl gefüllt ist, um den Motor zu kühlen und zu schmieren. Ein Nachteil dieser Pumpen besteht darin, daß der perforierte Vorfilter, der verhindern soll, daß sich der Antrieb (der Teil, der eigentlich das Wasser bewegt) zusetzt, rasch von Fadenalgen etc. bewachsen wird. Deshalb muß man die Pumpe häufig zum Säubern herausnehmen – und das kann auf die Dauer recht lästig werden! Ästhetisch unbefriedigender ist es, daß man die nötigen Kabel und Rohre kaum kaschieren kann, worunter der visuelle Gesamteindruck der Anlage leidet.

Vorteilhaft läßt sich eine Unterwasserpumpe jedoch in der letzten Kammer einer Filterkette einsetzen, wo sie natürlich samt Zubehör unsichtbar ist. Wenn man eine solche Pumpe in einer Filterkammer verwendet, setzt man sie häufig einfach oben auf das Filtermaterial. Falls Sie Kies verwenden, müssen Sie Vorsichtsmaßnahmen ergreifen, um zu verhindern, daß feine Kiespartikel in die Pumpe gesaugt werden; sie würden die Lager ruinieren. Die Unterwasserpumpe sollte mit einem automatischen Schwimmer-Schalter ausgestattet sein, der die Pumpe im Fall eines Fehlers im System, der zum Trockenlegen des Teiches führen könnte, abschaltet. (Ein Beispiel dafür wäre ein Bruch in der Leitung, die das Wasser vom Filter zum Teich zurückführt. Eine „automatische" Pumpe besitzt einen Sensor, der sie abschaltet, sobald der Wasserspiegel um einen bestimmten Wert fällt, und verhindert dadurch, daß der Teich leergepumpt wird – mit allen tragischen Folgen für die Fische.)

Außenpumpen haben gegenüber Unterwasserpumpen den Vorteil, daß sie preisgünstiger sind. Zudem können sie einen hohen Druck aufbauen, was für den Betrieb eines Sandfilters unerläßlich ist. Nachteilig bei Außenpumpen ist der höhere Geräuschpegel, und die Gleitlaufdichtung muß etwa alle zwei Jahre ausgetauscht werden. Außenpumpen benötigen zudem ein trockenes, gut belüftetes Gehäuse, wenn man Probleme mit Kondenswasser vermeiden möchte. Wenn eine solche Pumpe aber gut untergebracht ist, können Sie mit jahrelangem, problemlosem Gebrauch rechnen.

Man kann einen Außenfilter auch relativ einfach in einem Kunststoff-Wassertank im Boden installieren. Verwenden Sie Kunststoffrohre mit einem Durchmesser von 50 mm für Ihren Pumpenkreislauf. Verbinden Sie die zu- und abführenden Rohrleitungen mit Muffen. Auch Pumpenverbindungsstücke, die geschraubt werden, sind für diese Rohrgröße und Typ im Handel. Wenn Sie sich für einen bestimmten Rohrdurchmesser entscheiden, denken Sie daran, daß selbst eine kleine Verringerung des Durchmessers die Pumpenleistung erheblich beeinträchtigt – und zwar viel stärker, als man vermuten möchte.

Die geeignete Pumpengröße auszuwählen kann schwierig sein, denn die Informationen, die man den Datenblättern entnimmt, sind oft irreführend. So geben die Zahlen, die sich auf die Pumpleistung eines bestimmten Pumpenmodells beziehen, die Leistung der Einheit bei „offenem Ende" (d.h. ohne Widerstand) an; Faktoren wie Rohrdurchmesser und Rohrkrümmungen, die den Widerstand beeinflussen, werden nicht berücksichtigt. Eine Pumpe, die beispielsweise nach Tabelle 4500 Liter pro Stunde fördert, leistet vielleicht nur noch 80 % dessen, sobald sie an ein Rohrsystem

Oben: *Der kleinere von zwei Koi-Teichen einer ausgedehnten Wassergartenanlage. Gerade werden die Wände aus Betonsteinen hochgemauert. Beachten Sie die drei Standrohre für die Bodenabläufe.*

Oben: *Derselbe Teich, nachdem die Wände mit einem Kunstharzüberzug versehen und die Ecken abgerundet worden sind. Rund um die Abflüsse ist der Boden eingesenkt, damit der Schmutz besser abfließt.*

Oben: *Teil eines im Bau befindlichen Mehrkammerfiltersystems, das sowohl diesen relativ kleinen als auch den größeren, semi-formalen Koi-Teich versorgen wird, der auf der gegenüberliegenden Seite abgebildet ist.*

Rechts: *Der kleine Teich ist fertig und mit Fischen besetzt. Ziegel, Steine und Holz ergänzen einander bei der Getaltung der Randzone und passen sich harmonisch in die gesamte Gartenanlage ein.*

angeschlossen wird. Wenn Sie daher Ihre Pumpe auswählen, denken Sie sowohl an den Rohrdurchmesser als auch an die Zahl der Krümmungen im System. Vermeiden Sie zu viele Krümmungen zwischen Pumpe und Teich durch gute Planung (s. Schema auf S. 36); verwenden Sie anstelle von 90°-Winkeln lieber 90°-Bögen.

Grundsätzlich sollten Sie von einer Förderhöhe von 2-3 m ausgehen - wenn Sie einen Sandfilter verwenden wollen, sogar von 6 m. Seien Sie vorsichtig, wenn Sie die laufenden Kosten verschiedener Pumpenmodelle vergleichen, denn die genannten Zahlen beziehen sich, in Watt oder PS angegeben, meist auf die Leistungsabgabe. Sie benötigen aber den Wert für die Leistungsaufnahme in Watt, denn die müssen Sie bezahlen. Daher kann eine Pumpe, für die eine Leistungsabgabe von z.B. 60 Watt angegeben wird, bis zum doppelten dieses Wertes an elektrischer Energie verbrauchen. Wenn Sie ihre Pumpe(n) installieren, erinnern Sie sich an den Rat, den wir auf S. 37 für den Einbau von Kugelhähnen gegeben haben, damit Sie die Pumpe zum Säubern oder Ersetzen problemlos herausnehmen können. Denken Sie auch daran, daß Pumpen eher Wasser vorwärtsdrücken als ansaugen; daher sollte man eine Pumpe möglichst unterhalb des Wasserspiegels installieren. Dadurch erreicht man einen ständigen, positiven Wasserdruck am Saugstutzen der Pumpe. Selbstansaugende Kreiselpumpen kann man aber auch bis zu 1 m über dem Wasserspiegel aufstellen.

Wie man einen Betonteich anlegt

Da Betonteiche in der Regel größer angelegt werden als Folienteiche, sollte man für den Aushub einen Bagger einsetzen. Die Grube sollte ca. 20 cm tiefer als der geplante Teich werden. Auf der Linie, die den Verlauf der Teichwand kennzeichnet, schlägt man im Abstand von ca. 50 cm Baustahlstäbe ein, die mit in die Bodenplatte einbetoniert werden. Diese Stäbe legen den endgültigen Verlauf der Teichwand fest, und die Seiten erhalten gleichzeitig eine feste Verbindung zur Bodenplatte. Danach wird eine erste Eisenmatte der Stärke Q 31 auf Abstandhaltern auf den Boden aufgebracht. Anschließend verlegt man die Bodenabläufe, und zwar so, daß von jedem Bodenablauf eine separate Rohrleitung zum mechanischen Filter führt. Auf die Ablaufleitungen kommt nun eine zweite Eisenmatte, damit die Bodenplatte eine sehr gute Stabilität erhält. Anschließend gießt man die Bodenplatte aus wasserdichtem Fertigbeton. Führt man diese Arbeit an einem sonnigen Tag aus, muß der abbindende Beton immer wieder befeuchtet werden, damit keine Risse entstehen.

Nach drei bis vier Tagen kann man dann die Wand mauern. Sie können dafür 25er Betonsteine oder aber Silosteine bzw. Betonsteine zum Ausgießen verwenden.

Oben: *Ein frühes Stadium beim Bau eines großen, semi-formalen Koi-Teiches. In die Bodenplatte, die gerade verlegt wird, werden Baustahlstäbe einbetoniert, um die Betonsteinwände zu verstärken.*

Oben: *Bodenabläufe und die dazugehörigen PVC-Rohre müssen verlegt werden, bevor der Boden gegossen wird. Jeder Bodenablauf wird mit einer separaten Rohrleitung zum Filter geführt.*

Oben: *Um die schüsselförmigen Einsenkungen rund um jeden Bodenablauf zu schaffen, muß man den Zement mit Ringen in Form bringen. Dadurch soll vermieden werden, daß das Wasser nicht richtig abläuft.*

Oben: *Die Betonsteinmauer ist nun fertig, und der Boden ist ausgeformt und verputzt. Die geschwungenen Wände fördern die Wasserzirkulation im Teich.*

Oben: *Der Teich ist mit einem glasfaserhaltigen Kunstharz-Überzug versehen und angestrichen worden. Dunkelgrün oder Schwarz ist für einen Koi-Teich ideal, da sich die Farben der Koi gut davon abheben.*

Oben: *Nun geht es darum, den Rand des Teiches mit Ziegeln, Steinen und einem flachen Kiesufer im Vordergrund zu gestalten.*

Oben: *Der gerade fertiggestellte Teich, bei dem sich die Uferbepflanzung erst noch entwickeln muß. Es wird noch mehrere Monate dauern, bevor der Teich in jeder Beziehung „ausgereift" ist.*

TEICH UND FILTERANLAGE

Wichtig ist, daß zwischen jeder Steinlage ein Baustahlstab von 5–8 mm Durchmesser mit eingearbeitet wird; das gibt der Mauer zusätzlich Festigkeit. Falls der Teich im Grundwasser steht, muß man von außen mit der Kelle noch eine Dichtbeschichtung auf das Mauerwerk ausbringen. Schließlich wird der Raum zwischen Mauer und Erdreich mit Rollkies der Stärke 16–32 mm aufgefüllt.

Auf keinen Fall Erde zum Auffüllen verwenden, da sie sich auf die Dauer setzt und nachgibt!

Jetzt trägt man von allen Seiten zu den Bodenabläufen hin mit einem Gefälle von ca. 10 % noch einen Estrich auf. Zum Schluß wird der Teich möglichst glatt verputzt und mit ungiftiger (!) Bitumen-Latex-Emulsion (fragen Sie Ihren Händler) oder Epoxidharz ausgestrichen. Ein Überzug aus Polyesterharz und Glasfasermatten ist noch dauerhafter, allerdings nicht billig, und sollte nur von einer Spezialfirma durchgeführt werden.

Anstrich

Die beliebteste Methode, um einem Betonteich den „letzten Schliff" zu geben und ihn gleichzeitig gegen das Auswaschen alkalischer Stoffe zu schützen, besteht darin, ihn anzustreichen. Die Wahl des Anstrichs hängt wiederum davon ab, was Sie anlegen wollen. Die beste und teuerste Lösung bieten Farben auf Epoxidharzbasis. Sie sind nach dem Aushärten vollkommen ungiftig, besitzen eine Emulsionsfarben ähnliche Textur und wurden ursprünglich entwickelt, um Trinkwasserreservoire wasserdicht zu versiegeln. Diese Farbe trocknet zu einer dauerhaften und mattglänzenden Oberfläche, die bis zu einem gewissen Grad Algenwachstum verhindert. Wenn man zuerst einen Versiegler und dann zwei dickere Hauptanstriche aufbringt, erhält man einen äußerst widerstandsfähigen Überzug, dem selbst Kratzen und Schrubben beim Säubern nichts anhaben werden! Statt dessen kann man auch, was viel billiger ist, eine geeignete Farbe auf Bitumenbasis, z. B. einer Bitumen-Latex-Emulsion, verwenden. Sie ist nicht ganz so haltbar, bleibt dafür aber lange Zeit flexibel und überbrückt ebenfalls Haarrisse. Auf keinen Fall sollten Sie auf Farben zurückgreifen, wie sie für Dachreparaturen o. ä. angeboten werden; sie sind meistens für Fische hochgiftig. Überlegen Sie sich gründlich, welche Farbe Sie für den Teichanstrich wählen!

Achten Sie darauf, daß der Anstrich hoch genug heraufreicht, und vergessen Sie auch den Mörtel nicht, mit dem Sie Felsbrocken o. ä. rund um den Teich fixiert haben.

Welche Farbe sollte man für den Anstrich wählen? Am besten ist Schwarz. Vermeiden Sie einen hellen Untergrund; die Farben der Koi heben sich dann nicht so gut ab. Bei Epoxid-Farben gibt es eine breite Palette von Tönungen, die bestens dazu geeignet sind, Zementarbeiten zu streichen, die über Wasser liegen und für den Betrachter sichtbar sind. Das ist eine nützliche Vorsichtsmaßnahme gegen das Auswaschen von alkalischen Verbindungen aus Steinen, Skulpturen etc.

Wie man einen Außenfilter im Eigenbau herstellt

Wenn Sie ein fertiges Filterelement einbauen wollen, so ist dies höchst einfach: Heben Sie die Grube aus, installieren Sie die Rohrleitungen, und setzen Sie den Filterbehälter an seinen Platz. Falls Sie sich einen solchen „Luxus" nicht leisten möchten, besteht auch die Möglichkeit, sich einen einfachen Mehrkammerfilter aus Beton selbst zu bauen. Im folgenden beschreiben wir kurz die wichtigsten Schritte.

Der Bau des Behälters

Für den Bau des Filterbehälters verwendet man dieselben Materialien wie beim Betonteich. Heben Sie die Grube mit möglichst senkrechten Wänden aus, und legen Sie einen flachen, waagerechten Boden an. Denken Sie an die nötigen Öffnungen für Zu- und Abfluß, und vergessen Sie nicht, die Stärke des Bodens und der Wände mit einzubeziehen.

Mit Hilfe von Pflöcken (s. o.) legen Sie ein 15 cm starkes Betonfundament aus (4 Teile Zuschlagstoffe / 1 Teil Zement) und lassen es sich setzen. Wenn das Fundament nach drei bis vier Tagen fest ist, mauern Sie mit Betonsteinen die Wände hoch. Benutzen Sie dabei ständig Ihre Wasserwaage, damit auch alles wirklich gerade wird. Lassen Sie im Mauerwerk Lücken für die Rohrleitungen, und verstreichen Sie sie nach dem Verlegen gut mit der Betonmasse. Versichern Sie sich, daß die Wände des Filterbehälters 10–15 cm über den geplanten Wasserhöchststand im Teich ragen.

Verputzen Sie die Innenseite des Filters in einem Arbeitsgang gleichmäßig, und dichten Sie auch den Bereich rund um die Rohre sorgfältig ab.

Das Herstellen und Anpassen der Trennwände

Ventile für Rückspülung und Bodenablauf in einem Betonfilter anzubringen ist so schwierig, daß man es am besten läßt und statt dessen besonders weite Durchlässe einplant. Dann kann man den angesammelten Schmutz unter den Trägern mit den Filtermaterialien regelmäßig mit einem Saugheber entfernen. (Leichte Materialien, wie Lockenwickler, lassen sich auch ohne Schwierigkeiten herausnehmen und säubern.)

Die Trennwände im Filterbehälter werden in einer Gußform aus einer glasfaserverstärkten Sand/Zement-Mischung (1:1) hergestellt. Der höhere Zementanteil ist notwendig, da die flachen Platten, die Sie gießen, nur eine Stärke von 12 mm haben.

Oben: *Ein anderer Blick auf den 32 000-Liter-Teich von S. 86, diesmal ohne Abdeckung über dem Filtersystem, das geschickt neben dem Pavillon plaziert wurde. Zu diesem Mehrkammerfiltersystem gehört auch ein Sandfilter (ganz links).*

Diese Betonplatten dienen dazu, zwei Arten von Trennwänden im Filter zu bilden: solche, die so hoch angebracht werden, daß das Wasser darunter hindurchströmen kann, und andere, die „stromaufwärts" davon am Boden fixiert sind, so daß das Wasser über sie hinwegströmen muß. Lassen Sie uns, um Irrtümer zu vermeiden, den ersten Typ als „Trennwandplatte" und den zweiten Typ als „Durchlaßplatte" bezeichnen. (Das nebenstehende Diagramm zeigt deutlich, wie die Platten angeordnet werden.)

Gießen Sie diese Teile in eine einfache, nach oben offene, flache Form aus einem Sperrholzbrett (für den Außenbereich) mit einem aufgeschraubten Rahmen aus Holzleisten (12 mm × 12 mm im Durchmesser). Die Innenabmessungen dieses verstellbaren Rahmens entsprechen dann der Größe der gegossenen Platte. Sie haben dabei ein wenig Spielraum, aber wählen Sie die Abmessungen lieber etwas zu klein als zu groß; ersteres läßt sich beim Einbau in den Filterkörper ausgleichen.

Bei der Herstellung der Platten gibt man eine bestimmte Menge der Zementmischung in die Form, füllt die Ecken sorgfältig und nimmt überstehende Masse mit einer Maurerkelle ab, um eine möglichst glatte Oberfläche zu erzielen. Am besten legt man die Form auf eine harte, ebene Unterlage (wie einen Garagenboden) und stellt ein oder zwei Betonsteine auf die Ecken des Rahmens, während der Zement abbindet. Dann wellt sich die Form nicht. Nach drei Tagen können Sie den Rahmen auseinanderschrauben und die Zementplatte vorsichtig von der Sperrholzunterlage lösen. Stellen Sie die Platte hochkant, und lassen Sie sie gründlich trocknen. Je nach Größe und Anzahl der Kammern in Ihrem Filter kann das Herstellen der Platten offensichtlich zu einer langwierigen Angelegenheit

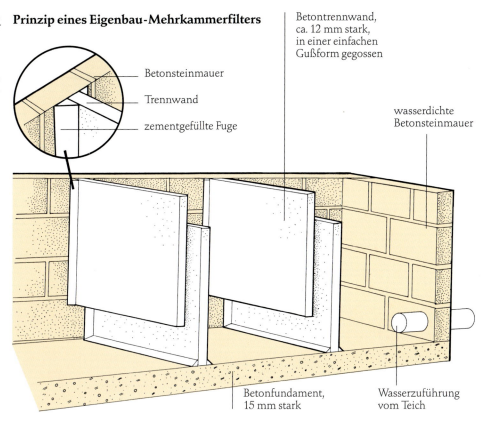

Rechts: *Ein Schnitt durch das Eigenbau-Mehrkammerfiltersystem, das im Text beschrieben wird und auf S. 35 in einem schematischen Querschnitt dargestellt ist. In diesem Stadium werden die Trennwand- und die Durchlaßplatten installiert. Geben Sie dem Beton in jedem Stadium genug Zeit, um zu trocknen. Installieren Sie das Filtersystem so, daß die Höhe des Wasserspiegels im Filter derjenigen im Teich entspricht.*

werden; daher ist es vielleicht empfehlenswert, gleich mehrere Formen zu bauen, um schneller vorwärtszukommen. Das Sperrholz, das Sie dabei verwenden, können Sie später für andere Arbeiten weiterverwenden.

Die Trennwände im Filterbehälter anzubringen ist nicht weiter schwierig, erfordert aber den sorgfältigen Einsatz einer Wasserwaage. Stellen Sie zuerst fest, wie hoch über dem Boden die Unterkante der Trennwand fixiert werden soll; etwa 15 cm sind ideal. Die Oberkante sollte mit dem oberen Rand des Filters abschließen (bzw. etwas darunter). Legen Sie einen Holzblock oder einen Betonstein als zeitweilige Unterstützung auf den Boden des Filters, und senken Sie die Trennwand ab, bis sie auf der Abstützung ruht. Achten Sie darauf, daß alles im Lot ist, und korrigieren Sie die Lage, falls nötig, durch Unterschieben von Füllmaterial.

Nun treiben Sie kleine Holzkeile seitlich zwischen die Platte und die Wand des Filters; diese halten die Platte in Position, während sie weiterarbeiten. Mischen Sie etwas Zementmörtel mit wenig Wasser an, so daß eine recht trockene Masse entsteht, und streichen Sie diese Füllung in die Fugen zwischen Trennwand und Filterwand (rechts und links, auf der Vorder- und der Rückseite). Dabei können Sie die Keile an ihrem Platz lassen und mit einzementieren. Verfahren Sie so bei allen Trennwänden im Filter. Nach etwa drei Tagen können Sie die unterstützenden Betonziegel vorsichtig entfernen.

Da die Durchlaßplatten auf dem Filterboden aufsitzen, benötigt man keine Unterstützung, doch manchmal ist etwas seitliche Abstützung notwendig, damit sie senkrecht stehen. Vergessen Sie nicht, daß diese Platten stromaufwärts von den Trennwänden, die Sie zuvor eingebaut haben, installiert werden müssen (d.h. auf der Seite, auf der sich auch der Zufluß vom Teich befindet). Lassen Sie einen Abstand von 15 cm zur Trennwand, fixieren Sie die Durchlaßplatte mit Holzkeilen, und füllen Sie die seitlichen Fugen wie zuvor mit Zement. In diesem Fall sollten Sie auch die Bodenfugen abdichten, um Lecks zwischen den einzelnen Kammern vorzubeugen. Eine etwas teurere, aber wesentlich einfachere Möglichkeit besteht in der Verwendung von abgewinkelten Edelstahlblechen (V2A), die einfach in die Filterkammer eingeschraubt werden (Bohrlöcher mit Sikaflex-Dichtmasse auffüllen).

Stützen für die Träger mit dem Filtermaterial

Wenn alles soweit trocken ist, müssen Sie irgendeine Art von Träger für das Filtermaterial einbauen. Am einfachsten ist es wohl, zwei Reihen wasserfester Ziegel U-förmig an drei Seiten jeder Kammer hochzuziehen, das offene Ende zur Durchlaßplatte gerichtet. Man kann die Ziegel ohne Mörtel aufeinanderschichten, besser ist es jedoch, wenn man etwas Mörtel verwendet. Wenn Sie ein festes „Tablett" für das Filtermaterial verwenden, bedeutet die fehlende Abstützung an der offenen Seite des U kein Problem, besonders dann nicht, wenn Sie leichte Kunststoffringe benutzen. Wenn Sie jedoch stärker flexible Träger und vielleicht Kies als Filtermedium gebrauchen wollen, müssen Sie auch die vierte Seite unterstützen – eine Reihe aufrecht stehender Ziegel sollte genügen.

Siebplatten

Wenn Sie sich dafür entscheiden, einige Siebplatten in der/den Absetzkammer/n zu installieren, verwenden Sie am besten vorgefertigte Siebe aus Edelstahl.

Anstrich

Das letzte Stadium bei der Konstruktion besteht darin, den Filter zu streichen; dabei verwendet man dasselbe Material und geht genauso vor, wie beim Teich beschrieben.

Obwohl der Eigenbau eines Filters zeitaufwendig und mühselig erscheinen mag, erhalten Sie im Endeffekt einen vorzüglichen Filter, der den Vergleich mit einem kommerziellen Gerät nicht zu scheuen braucht – und das zur Hälfte der Kosten!

水質と濾過

WASSERQUALITÄT UND FILTERUNG

FISCHE GEHÖREN sicher zu den anspruchsvollsten Haustieren; sie müssen nicht nur gefüttert und gepflegt werden, sondern wir müssen auch die Umwelt, in der sie leben, sorgfältig kontrollieren. Wasser ist für uns ein fremdes Element, und es ist daher nicht immer leicht zu entscheiden, ob die Qualität des Teichwassers ausreicht, die Koi auf Dauer bei bester Gesundheit zu erhalten. Klares Wasser kann gelöste farblose Verunreinigungen, wie Ammoniak und Nitrit, enthalten, die für Fische schädlich, wenn nicht gar tödlich sind. Im folgenden Abschnitt wollen wir uns mit Wasserqualität und Filterung beschäftigen und dabei besonderen Wert auf den Stickstoffzyklus und die Grundprinzipien der biologischen Filtration legen. Wir geben Ihnen dabei eine Übersicht über die gebräuchlichsten Filtermaterialien für Koi-Teiche, einschließlich solcher, die das Wasser chemisch beeinflussen bzw. verändern.

Eiweißreiche Abbauprodukte können zu Schaumbildung auf der Wasseroberfläche führen, doch selbst klares Wasser ist nicht unbedingt frei von Schadstoffen.

水質と濾過

WASSERQUALITÄT UND FILTERUNG

Wasserqualität

Wasser gehört zu den Verbindungen, die auf der Erde am häufigsten vorkommen. Mehr als zwei Drittel der gesamten Erdoberfläche sind von Wasser bedeckt, und ohne Wasser gäbe es auf unserem Planeten kein Leben. Koi sind wie ihre wilden Vorfahren Süßwasserbewohner, und wir müssen die Eigenschaften ihres natürlichen Lebenselementes kennen, wenn wir es so perfekt wie möglich im Teich nachahmen wollen.

Wasserqualität – dieser Begriff umfaßt eine Reihe von Parametern, wie z. B. Temperatur, pH-Wert, Härte (und Salzgehalt), Sauerstoffkonzentration und den Gehalt an Ammoniak, Nitrit, Nitrat, Chlor und Chloramin. Wasser kann zudem durch Algen und/oder gelöste Schadstoffe, z. B. Pestizide und Herbizide, belastet sein.

Temperatur

Koi sind im Grunde genommen sehr robuste Fische; sie können in einem Temperaturbereich zwischen 2 °C und 30 °C überleben. In ihrer Heimat Japan sind die Winter kalt, aber relativ kurz. In Nordeuropa und Nordamerika führen die harten Witterungsbedingungen in sehr langen Wintern manchmal zu Problemen. Die Außentemperaturen sind leider nur schwer vom Koi-Halter zu kontrollieren, wenn sich die Wassertemperatur im Winter auch leichter als im Sommer beeinflussen läßt. Mit Hilfe von Heizsystemen können die Filter im Winter weiterlaufen, und die Fische überwintern sicherer.

Der pH-Wert des Wassers

Die pH-Skala dient dazu, den Säure- bzw. Basengehalt im Wasser festzulegen. Sie reicht von 0 (extrem sauer) bis 14 (extrem alkalisch) und basiert auf dem Konzentrationsverhältnis von Wasserstoffionen (H^+) zu Hydroxylionen (OH^-). (Ganz genau: Der pH-Wert entspricht dem negativen Zehner-Logarithmus der H-Ionen-Konzentration.) Je mehr Wasserstoffionen sich im Wasser befinden, desto saurer ist das Wasser und desto niedriger ist der pH-Wert. Am Neutralpunkt, bei pH 7, ist die Konzentration von Wasserstoff- und Hydroxylionen gleich groß. Wenn die Anzahl der Hydroxylionen diejenige der Wasserstoffionen überschreitet, wird das Wasser alkalischer, und der pH-Wert steigt. Dabei ist es äußerst wichtig, sich zu vergegenwärtigen, daß die pH-Skala logarithmisch ist, d. h., jeder Schritt stellt eine Veränderung um eine Zehnerpotenz dar. Ein pH-Wert von 6 ist also zehnmal saurer als pH 7 und pH 5 sogar 100mal saurer als pH 7. Sie können den pH-Wert mit einfachen Testkits (s. Abbildung auf dieser Seite) oder mit elektronischen pH-Metern bestimmen.

Der ideale pH-Wert für Koi liegt zwischen 7 und 7,5, d. h. zwischen neutral und leicht alkalisch. In den meisten Koi-Teichen sinkt der pH-Wert selten unter 7 (d. h., er wird sauer), es sei denn, es kommt zu einer versehentlichen Verschmutzung des Teiches. Leichte Schwankungen des pH-Wertes sind völlig normal und sollten keine Probleme verursachen. In Teichen mit „grünem Wasser" (d. h. mit einer Algenblüte) steigt der pH-Wert gewöhnlich stark an. Kurzfristig können pH-Werte bis 9 toleriert werden, dann darf man die Fische aber nicht füttern. pH-Werte über 10 sind für Koi jedoch lebensgefährlich.

Wasserhärte

Natürliches Süßwasser enthält eine ganze Reihe gelöster Substanzen, darunter organische und anorganische Verbindungen, die es aus dem Boden und dem Gestein aufgenommen hat, über das es fließt. Dazu kommen Stoffe, die vom Regen aus den Uferzonen von Bächen und Flüssen ausgewaschen werden. Das Leitungswasser, mit dem Sie Ihren Koi-Teich füllen, ist weder steril noch destilliert und enthält diese natürliche Mischung von gelösten Stoffen, die so wichtig für das Leben sind (plus aller Chemikalien, die die Wasserwerke beifügen!). Viele dieser gelösten Substanzen liegen nur in winzigen Mengen vor – es sind wirklich „Spurenelemente" –, während einige wenige mehr als 95 % der Gesamtkonzentration ausmachen. Diese Hauptbestandteile sind Chloride, Sulphate, Karbonate, Bikarbonate, Kalzium, Magnesium, Natrium und Kalium. Sie entscheiden u. a. über die Wasserhärte und den Salzgehalt (Salinität).

Im Süßwasser ist die Salinität (d. h. die Gesamtmenge an gelösten Salzen) im Vergleich zum Meerwasser stets relativ niedrig, während die Wasserhärte deutlich schwanken kann. Sie hängt hauptsächlich vom Gehalt an Kalzium- und Magnesiumsalzen ab. Koi werden mit einem großen Härtebereich fertig; hartes Wasser aus Kalkgebieten hat den Vorteil, daß die darin enthaltenen Kalziumverbindungen giftige Schwermetalle (wie Blei) im Wasser binden helfen.

Die Wasserhärte prägt das Leben im Wasser in mehrfacher Hinsicht; zwei Faktoren sind besonders wichtig für Koi. Zum ersten beeinflußt sie die Osmoregulation (den Wasser-/Salzhaushalt) der Fische. Hartes Wasser entlastet das Osmoregulationssystem, während Koi in weichem Wasser ein

Links: *Der pH-Wert im Wasser läßt sich mit einem Testkit leicht bestimmen: Man füllt lediglich eine abgemessene Menge Teichwasser in einen beiliegenden Behälter und gibt ein paar Tropfen Indikatorflüssigkeit dazu. Dann sanft schütteln, damit sich beide Flüssigkeiten gut mischen!*

Unten: *Durch die Zugabe des Indikators verfärbt sich die Wasserprobe. Sie brauchen das Ergebnis dann nur noch mit einer geeichten Farbskala zu vergleichen, um den pH-Wert direkt abzulesen. Alle Testkits basieren auf diesem Prinzip. Aber lassen Sie die Farbskalen nicht in der Sonne liegen, dann bleichen sie aus, und Sie erhalten möglicherweise ein falsches Ergebnis! Am besten führt man Tests immer zur selben Tageszeit und bei derselben Wassertemperatur durch.*

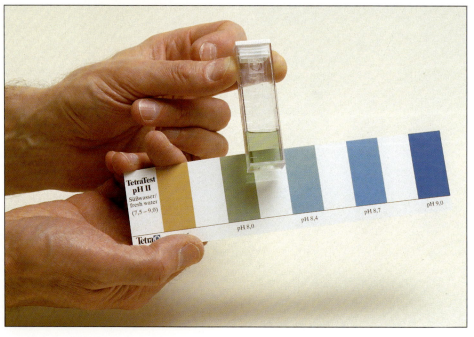

effizienteres Regulationssystem benötigen, um ihr internes Wasser-/Salz-Gleichgewicht aufrechtzuerhalten. Eine Zugabe von Salz zum Teichwasser hilft kränkelnden oder gestreßten Koi, sich zu erholen, weil ihr Osmoregulationssystem dadurch entlastet wird.

Zum zweiten beeinflußt die Wasserhärte den pH-Wert; er wird durch ein hohes Maß an sogenannter „temporärer Härte" (hervorgerufen von Bikarbonationen) stärker ins Basische verschoben. Daher ist es wichtig, pH-Wert und Wasserhärte bei der Beurteilung der Wasserqualität in Zusammenhang miteinander zu sehen. Um die Wasserhärte zu bestimmen, benutzt man einfache Testkits oder elektronische Meßinstrumente.

Der Sauerstoffgehalt

Die Menge an Sauerstoff, die sich im Wasser löst, ist temperaturabhängig. Wenn die Wassertemperatur steigt, verringert sich die maximal im Wasser lösliche Menge von Sauerstoff. Ein Koi-Halter sollte diese physikalische Beziehung kennen und wissen, wie steigende Temperaturen die Löslichkeit von Gasen im Wasser beeinflussen und infolgedessen zu Sauerstoffmangel und Streß bei den Koi führen können.

Koi benötigen wenigstens 6 mg Sauerstoff pro Liter Wasser im Teich. Um diesen Wert zu garantieren, sollte das Wasser im Teich 24 Stunden am Tag und 365 Tage im Jahr ständig zirkulieren. Es ist erstaunlich, wie viele Leute ihre Pumpen nachts oder in den Wintermonaten abstellen (vergl. *Pflege rund ums Jahr*, S. 78–79).

Da sich in warmem Wasser weniger Sauerstoff lösen kann als in kaltem Wasser, ist die Gefahr von Sauerstoffmangel besonders in den Sommermonaten groß – und am größten ist sie nachts. Tagsüber nehmen die Wasserpflanzen im Verlauf ihrer Photosynthese Kohlendioxid auf und setzen Sauerstoff frei. Nachts kehrt sich dieser Prozeß um; die Pflanzen verbrauchen wie die Tiere bei der Atmung Sauerstoff und geben Kohlendioxid ab. Es ist daher nicht verwunderlich, daß der Sauerstoffgehalt des Wassers in warmen Sommernächten gefährlich stark absinken kann. Diese Situation verschlimmert sich bei feuchtem, schwülwarmem Wetter, weil sich dann die Menge an atmosphärischem Sauerstoff, die pro Einheit Teichoberfläche zur Verfügung steht, wegen des niedrigen Luftdrucks weiter verringert. Zusätzlich reduzieren organische Abfallstoffe, ob übriggebliebenes Futter oder Ausscheidungsprodukte, den Sauerstoffgehalt des Wassers. Daher ist es außerordentlich wichtig, diese Stoffe ständig aus dem Teich zu entfernen, bevor sich eine organische Ablagerung am Boden bildet.

Während der Sommermonate sollten Sie die Sauerstoffkonzentration im Teichwasser regelmäßig überprüfen, sei es mit Testkits oder elektronischen Geräten. Die beste

Oben: *Ein Venturi-Rohr in voller Aktion in einem Koi-Teich. Links ist das Vertikalrohr (mit Kappe) zu sehen, und in der Mitte scheinen die Luftblasen direkt unter der Wasseroberfläche förmlich zu „kochen".*

Unten: *Das Schema eines Venturi-Rohres – das ist eine einfache Konstruktion, um Luft in das Wasser einzuleiten, das aus dem Filter in den Teich zurückströmt. Diese Art der Belüftung wird in England viel praktiziert, kann aber zu einer Gasübersättigung des Wassers führen!*

Zeit, um das Wasser zu testen, ist zwischen 6 und 7 Uhr morgens, wenn der Sauerstoffgehalt am niedrigsten ist.

Ammoniak, Nitrit und Nitrat

Die Konzentrationen dieser drei stickstoffhaltigen Verbindungen sind kritische Indikatoren für die Wasserqualität. Ammoniak (NH_3) ist ein hochgiftiges Gas, das beim Abbau von organischen Stoffen (Futterresten, Blättern etc.) anfällt und zudem von den Koi als Abfallprodukt (vorwiegend über die Kiemen) ausgeschieden wird. Es wirkt bereits in sehr niedriger Konzentration tödlich; je nach Art und Wasserqualität sterben Fische schon bei 0,2–0,5 mg/l nach kurzer Zeit. Über einen längeren Zeitraum kann schon ein Zehntel dieser Konzentration die Krankheitsanfälligkeit erhöhen und ein Hundertstel zu Kiemenirritationen führen. Andere Faktoren, die für die Wasserqualität eine Rolle spielen, können die Giftigkeit von Ammoniak steigern; dazu gehört eine Zunahme der Temperatur oder auch des pH-Wertes, während ein erhöhter Salzgehalt die toxische Wirkung des Ammoniaks senkt.

Um die Koi gesund zu erhalten, sollte man den Ammoniumspiegel im Wasser regelmäßig untersuchen. Über eine Tabelle kann man dann den Ammoniakgehalt errechnen. Es sind verschiedene Testkits im Handel, die diese Aufgabe erleichtern; bei den meisten mischt man eine bestimmte Menge einer Indikatorlösung mit einer kleinen Menge Teichwasser und vergleicht die dabei entstehende Färbung mit einer Skala; dort kann man den Ammoniumgehalt des Teichwassers (in mg pro Liter) ablesen. Wenn der Ammoniakgehalt zu hoch ist, sollten Sie einen Teilwasserwechsel von bis zu 20 % des Teichwassers durchführen, um den Schadstoff zu verdünnen. Bis der Gehalt wieder absinkt, müssen Sie solche Teilwasserwechsel unter Umständen täglich durchführen. Außerdem muß die Fütterung eingestellt werden.

Nitrit (NO_2^-) entsteht beim Abbau von Ammoniak als Teil einer Folge von biochemischen Reaktionen, die man den „Stickstoffzyklus" nennt. (Der „Motor" dieses Kreislaufs sind verschiedene Typen von Bakterien, mit denen wir uns im Abschnitt über *Biologische Filterung* genauer beschäf-

WASSERQUALITÄT UND FILTERUNG

Oben: *Dies ist der erste von drei Schritten um den Nitritgehalt im Wasser mit Hilfe eines Testkits zu bestimmen. Geben Sie zuerst sieben Tropfen von Reagenz 1 zu einer Probe von 5 ml Teichwasser, und schütteln Sie den Behälter vorsichtig, um den Inhalt zu mischen. Es ist wichtig, genau zu arbeiten!*

Oben: *Geben Sie dann sieben Tropfen von Reagenz 2 zu der Probe, und warten Sie fünf Minuten, bis die Farbumwandlung abgeschlossen ist. Die dabei entstehende Färbung kann von Gelb über Orange bis Tiefrot variieren.*

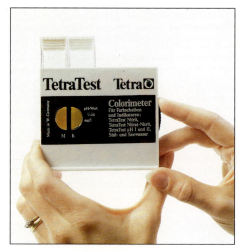

Oben: *Stecken Sie Ihren Testbehälter in ein sogenanntes Colorimeter, und drehen Sie so lange an der Farbscheibe, bis die Färbung im Fenster derjenigen Ihrer Probe entspricht. Den Nitritgehalt können Sie dann direkt daneben ablesen.*

tigen werden.) Nitrit ist hochgiftig; es zerstört das Hämoglobin in den roten Blutkörperchen und erzeugt dadurch Lethargie und Sauerstoffhunger. Ein erhöhter Nitritspiegel kann für Koi mit einer Körperlänge von weniger als 15 cm tödlich sein. Größere Koi werden lethargisch und legen sich oft seitlich auf den Teichboden, kommen aber gewöhnlich noch zur Oberfläche, um Futter aufzunehmen. Wie wir später sehen werden, verursacht Nitrit besonders in neu angelegten Teichen Probleme; daher ist es wichtig, seine Konzentration mit Hilfe eines geeigneten Testkits zu überwachen. Wenn der Nitritgehalt mehr als 0,15 mg/l beträgt, sollten Sie regelmäßig Teilwasserwechsel von 20 % des Teichwassers durchführen.

Wie beim Ammoniak nimmt auch die Giftwirkung von Nitrit bei einer Zunahme der Salzkonzentration ab. (Man nehme 1-2 g Kochsalz auf 1 l Wasser, um eine 0,1-0,2 %ige Lösung herzustellen.)

Die dritte stickstoffhaltige Verbindung in diesem Zyklus ist das Nitrat (NO_3^-), das für Koi und andere Wasserbewohner weitaus weniger schädlich ist als die beiden vorher besprochenen Substanzen. Koi vertragen noch Nitratkonzentrationen von 150-200 mg/l, die jedoch nicht die Regel sein sollten. Eier und Fischbrut reagieren jedoch empfindlicher auf Nitrat. Da Nitrat Algen und anderen Pflanzen als Dünger dient, fördern hohe Konzentrationen eine Algenblüte („grünes Wasser"), besonders im Sommer, wenn die Wärme ein rasches Pflanzenwachstum ermöglicht.

Chlor und Chloramin

Neben gelösten Mineralien und organischen Molekülen enthält natürliches Süßwasser auch eine ganze Reihe von Klein- und Kleinstlebewesen, von winzigen Larven über Einzeller bis zu Bakterien und Viren. Die Mehrzahl ist für den Menschen ungefährlich, doch einige Formen können bei Mensch und Tier Krankheiten auslösen. Um Wasser für den menschlichen Genuß aufzubereiten, versetzen es die Wasserwerke mit geeigneten Desinfektionsmitteln, üblicherweise mit Chlor. Chlor wird dem Wasser als Gas beigemengt und bildet dort u.a. Unterchlorige Säure, die desinfizierend wirkt. Ein kleiner Teil des Chlors bleibt als freies Chlor zurück; es ist in Wasser relativ instabil und diffundiert rasch in die Luft. Obwohl die Chlormengen, die dem Leitungswasser beigemengt werden, für Menschen unschädlich sind, können sie für Koi und andere Fische hoch toxisch sein; als erste Symptome treten Atemprobleme auf. Die Giftwirkung hängt nicht allein von der Gesamtmenge des Chlors ab, sondern auch von der Temperatur, dem pH-Wert, dem Sauerstoffgehalt und der Verschmutzung bzw. der organischen Belastung des Teichwassers.

Es ist daher ratsam, den Chlorgehalt in Ihrem Leitungswasser mit einem geeigneten Testkit festzustellen. Denken Sie dabei daran, daß die Chlorkonzentration unter Umständen im Sommer ansteigt, nämlich dann, wenn die Wasserwerke die Chlorierung des Wassers verstärken, um mit dem zu erwartenden saisonalen Anstieg von pathogenen Bakterien im Wasser fertigzuwerden. Zu dieser Jahreszeit kann es besonders gefährlich sein, den Teich direkt mit Leitungswasser aufzufüllen.

Da freies Chlor rasch aus dem Wasser verdunstet, ist es relativ einfach, es bei einem Wasserwechsel auszutreiben, indem man das frische Wasser in den Teich sprüht oder es aus einer gewissen Höhe hineinströmen läßt, so daß eine große Kontaktfläche zwischen Wasser und Luft entsteht. Wenn Sie einen neu angelegten Teich mit Leitungswasser füllen, füllen Sie ihn am besten völlig und lassen das Wasser ca. eine Woche über den belüfteten Filter laufen, damit das Chlor austritt und das Wasser insgesamt fischgerechter wird.

Schwieriger als Chlor ist Chloramin aus dem Wasser zu vertreiben. Chloramin ist eine komplexe organische Chlorverbindung, die sich aus Chlor und Ammoniak bildet. Es ist im Wasser stabiler als Chlor und setzt über einen längeren Zeitraum doppelt so viel Unterchlorige Säure frei wie Chlor. Chloramine können im Teichwasser in größeren Mengen entstehen, wenn chloriertes Wasser mit stickstoffhaltigen Verbindungen, wie Nitrat-Dünger, in Kontakt kommt. Wenn Sie befürchten, daß so etwas geschehen ist, sollten Sie den Teich vorm Einsetzen der Koi 10-14 Tage lang belüften.

Filterung

Wie die meisten Tiere scheiden Koi Harn und festen Kot aus. Der Harn besteht überwiegend aus Wasser und zum geringen Teil aus Harnstoff; das wichtigste stickstoffhaltige Abfallprodukt aus dem Abbau von Eiweißen ist Ammoniak, der über die Kiemenmembranen abgegeben wird. Der Kot besteht größtenteils aus unverdauter Nahrung. Im Freiland werden solche Ausscheidungen und die Stoffe, die bei ihrem Abbau entstehen, durch das relativ große, bewegte Wasservolumen verdünnt. In dem geschlossenen Lebensraum „Teich" ist es die Aufgabe des Filtersystems, diese natürliche Reinigungsfunktion zu übernehmen.

Welches Filtersystem Sie auch wählen, der grundsätzliche Filtervorgang läßt sich in einen mechanischen, einen biologischen und einen chemischen Anteil unterteilen. Diese Prozesse laufen oft gleichzeitig ab, aber diese Einteilung erlaubt einen Blick in ein komplexes System.

Mechanische Filterung

Die meisten Filtermaterialien erfüllen eine mechanische Funktion (s. Überblick auf S. 54–55). Im Prinzip basiert ihre Wirkung auf der Schwerkraft, durch die feinverteilte Feststoffe aus einer Aufschwemmung sich absetzen, sobald sich der Wasserstrom durch den Widerstand im Filter verlangsamt. Solche Absetzbecken bilden stets den ersten Teil des Filtersystems; sie verhindern, daß die zweite und alle folgenden Kammern mit festen Partikeln verstopfen und sich dort Sedimente ansammeln. Das würde im Endeffekt den Wasserstrom durch den Filter blockieren und das Teichwasser faul werden lassen. Wenn das passiert, müssen Sie die Filtermaterialien herausnehmen und die Sedimentschicht entfernen, bevor Sie alles in die Kammern zurückgeben. Einige Filter verfügen über einen Abfluß am Boden jeder Kammer, so daß Sie das Sediment ablassen können, ohne die Filtermaterialien vorher zu entfernen.

Zusätzlich zu Schaumstoffmatten, die den Wasserstrom verlangsamen, verwenden Koi-Halter eine Vielzahl von mechanischen Materialien, um das einströmende Wasser zu „filtern", darunter Bürsten, Filterwatte, Scheuerschwämme (ohne Seife oder Spülmittel) und selbst Lockenwickler.

Biologische Filterung

Die biologische Filterung basiert auf der Aktivität von bestimmten Bakterienkulturen im Filter, die giftige Abfallprodukte in weniger schädliche Substanzen umwandeln. Diese Bakterien kommen auch in freier Natur vor, und man setzt sie in Kläranlagen zum Reinigen von Haushaltsabwässern ein. Wasser aus diesen Kläranlagen ist so sauber, daß man es wieder im Haushalt gebrauchen kann. Ein biologischer Filter für einen Koi-Teich ist, genau besehen, nichts anderes als eine Kläranlage im kleinen, die auf denselben biochemischen Reaktionen basiert, wie sie im natürlichen Stickstoffzyklus ablaufen.

Bei der Umwandlung von Ammoniak in einem biologischen Filtersystem lassen sich zwei Stadien unterscheiden; an jedem dieser beiden „Entgiftungsschritte" sind andere Bakterien beteiligt. In einem ersten Schritt wird Ammoniak von einer Reihe verschiedener nitrifizierender Bakterienarten, deren wichtigste *Nitrosomas* ist, zu Nitrit oxidiert. Eine zweite Gruppe nitrifizierender Bakterien, hauptsächlich *Nitrobacter*, oxidiert das Nitrit weiter zu Nitrat. (Diese beiden Schritte und ihre Wechselwirkung mit anderen Reaktionen im Stickstoffzyklus sind in nebenstehendem Diagramm abgebildet.)

Beide eben erwähnten Bakteriengruppen sind aerob, d.h., sie brauchen Sauerstoff, um zu gedeihen und das Wasser zu reinigen. Nitrifizierende Bakterien benötigen im Wasser, das den Filter durchströmt, eine möglichst hohe Sauerstoffkonzentration. Eine Sedimentbildung am Boden des Filters kann den Sauerstoffgehalt im Wasser verringern und zusätzlich Ammoniak freisetzen; dadurch sinkt die Filterleistung. Es ist daher wichtig, Sedimentansammlungen im Filter möglichst zu vermeiden.

Nach der mechanischen Filterkammer dienen die zweite und alle weiteren Kammern in einem Filtersystem als biologische Filter und enthalten deshalb ein Filtermaterial mit einer möglichst großen Oberfläche, auf der die nitrifizierenden Bakterien gut gedeihen. Auch hier kann man unter einer Vielzahl verschiedener Materialien wählen. Sehr gut bewährt haben sich japanische Fil-

Der Stickstoffkreislauf

Oben: *Dieses Diagramm zeigt die wichtigsten Schritte im Stickstoffzyklus – eine Folge von biochemischen Reaktionen, wie sie in der Natur ständig ablaufen. Die aeroben nitrifizierenden Bakterien spielen dabei eine entscheidende Rolle.*

WASSERQUALITÄT UND FILTERUNG

termatten, die aus einem PVC-Geflecht bestehen. Für Rieselfilter, in denen das Wasser von oben nach unten tropft, ist grobporiger Schaumstoff, wie man ihn in der Aquaristik verwendet, bestens geeignet.

Die Installation eines biologischen Filtersystems in einem Teich garantiert keine sofortige Verbesserung der Wasserqualität. Oftmals schwanken Ammoniak- und Nitritkonzentrationen in dem neuen Filter, und es kann je nach Wassertemperatur sechs Monate bis ein Jahr dauern, bis der Filter endgültig ausgereift ist. Wenn Sie Koi in einen neuen Teich einsetzen, steigt der Ammoniak- und Nitritspiegel im Wasser manchmal dramatisch an, gelegentlich sogar bis auf eine gefährliche Höhe. Im Sommer dauert es vielleicht nur einige Wochen, bis die hohen Nitritkonzentrationen wieder fallen, im Winter jedoch können es mehrere Monate sein. Die Leistungsfähigkeit eines biologisch aktiven Filters hängt schließlich von verschiedenen Faktoren, wie Wetter, Temperatur und pH-Wert und der Besatzdichte, ab. Das Wachstum und die Vermehrung von Bakterien werden beispielsweise durch Kälte verzögert und bei Temperaturen unter 5 °C völlig eingestellt. Da es also zu Schwankungen kommen kann, sollten Sie das Teichwasser regelmäßig überprüfen, besonders dann, wenn Sie ein neues Filtersystem installiert haben. Am besten wäre es, wenn Sie sich angewöhnen würden, einmal pro Woche den Ammoniak- und Nitritspiegel sowie den pH-Wert zu bestimmen und das Ergebnis aufzuschreiben. Falls Ihre Koi dann einmal Krankheitssymptome zeigen, helfen Ihnen Ihre Aufzeichnungen über frühere Probleme mit der Wasserqualität möglicherweise weiter.

Gefriergetrocknete und frische Kulturen von nitrifizierenden Bakterien sind im Handel erhältlich; wenn Sie einen biologischen Filter in einem neuen Teich oder einem etablierten Teich im Frühjahr damit impfen, so fördert das den Reifungsprozeß. Auch ein Erdaufguß mit ungedüngter Muttererde ist möglich.

Chemische Filterung

Bei der chemischen Filterung werden Verunreinigungen im Wasser durch chemische Mittel entfernt. In der Praxis findet man chemische Filtermaterialien oft in der zweiten Kammer eines nicht-biologischen Filtersystems; die erste Kammer enthält gewöhnlich rein mechanisches Material, um Schwebeteilchen herauszufiltern. Eine typische Kombination stellen Filterwatte als mechanisches Medium und Aktivkohle als chemisches Medium dar. Aktivkohle entfernt Ammoniak und andere organische Abfallprodukte aus dem Wasser, indem sie diese Substanzen lose an ihre Oberfläche bindet (absorbiert).

Bei Aktivierung des Kohlegranulats durch starkes Erhitzen öffnen sich Millionen von Poren, die eine große Oberfläche für chemische Absorption bieten. Wenn die Oberfläche „gesättigt" ist, müssen Sie die Aktivkohle ersetzen. Wegen ihrer begrenzten Lebensspanne sind Filterwatte und Aktivkohle eigentlich nur für kleine Teiche geeignet (d. h. für Teiche mit einem Volumen von höchstens 500 l).

Für größere Teiche ist es praktischer, Zeolith zu benutzen, ein Mineral, das Ammoniak und Nitrit durch Absorption aus dem Wasser entfernt. Zeolith besteht aus hydratisiertem Kalzium- und Aluminiumsilikat, gelegentlich mit Natrium- und Kaliumeinschlüssen. Es ist weißlich bis beige gefärbt und ist in verschiedenen Größen im Han-

Verschiedene Filtermaterialien

Filterbürsten sind gut dazu geeignet, Sediment und größere Partikel aus dem Teichwasser zu entfernen. Die einzelnen Bürsten lassen sich aus dem Filter nehmen und leicht mit einem Wasserstrahl reinigen.

Topfschwämme aus Nylon werden sowohl bei der mechanischen als auch bei der biologischen Filterung verwendet, denn sie bieten Bakterien eine große Oberfläche zum Besiedeln. Zudem sind sie robust und leicht zu säubern.

Filterwatte (gewöhnlich aus Kunstfasern, wie Nylon o. ä.) ist als mechanischer Filter bestens geeignet, aber nur für kleinere Systeme, denn sie setzt sich sehr schnell zu. Außerdem ist sie nicht leicht zu reinigen.

Diese handelsüblichen Plastikröhrchen ähneln den Lockenwicklern, haben aber weniger Perforationen. Wie bei den Lockenwicklern benötigen Sie für Ihren Filter eine ganze Menge davon.

Dieser Kies stammt von natürlichen Kieselsteinen, die so hoch erhitzt wurden, daß sie in scharfkantige Steinchen mit zahlreichen Rissen zersprungen sind. Sie wirken als mechanische Filter und bieten nitrifizierenden Bakterien zudem eine große Oberfläche, verstopfen aber leicht.

Dieses rundliche Granulat aus gebranntem Lehm bietet Bakterien ebenfalls Löcher und Spalten, in denen sie sich ansiedeln können, aber es ist viel leichter als die entsprechende Menge an Kies. Derartiges Granulat wird auch bei der Hydrokultur von Pflanzen verwendet, schwimmt aber auf.

del. Wie bei den meisten Filtermaterialien gilt auch für Zeolith: Je größer die Oberfläche, die dem Teichwasser ausgesetzt ist, desto effektiver entfernt es Schadstoffe. Während kleine Stücke theoretisch eine relativ größere Oberfläche bieten, arbeiten sie in der Praxis weniger effizient, weil sie leicht „zusammenbacken". Ideal sind Brokken mit einem Durchmesser von ca. 10 cm. Auf jeden Fall benötigen Sie eine größere Menge; bei Filtersystemen, die ausschließlich mit Zeolith betrieben werden, rechnet man ungefähr 1 kg Zeolith auf 5 l Teichwasser.

Einer der Vorteile von Zeolith gegenüber Aktivkohle besteht darin, daß dieses Mineral gesäubert und wiederverwendet werden kann. Die chemische Bindung zwischen Ammoniak und Zeolith ist sehr schwach und läßt sich lösen, indem man Salzwasser auf die „verbrauchten" Stücke gibt. Sobald der Ammoniak freigesetzt ist, ist das Zeolith wieder einsatzfähig. Dazu müssen Sie das Zeolith aus dem Filter nehmen und es durch neues oder wiederaufbereitetes Material ersetzen. Geben Sie das benutzte Zeolith in einen Behälter, und fügen Sie eine Salzlösung (6 g Kochsalz pro l Wasser) hinzu, die Sie 24 Stunden darauf stehen lassen. Waschen Sie das Zeolith gründlich in Süßwasser aus, bevor Sie es erneut verwenden.

Leider hat der Gebrauch von Zeolith als alleiniges Filtermaterial schwere Nachteile. Zunächst einmal benötigt man große Mengen; das macht die Anschaffung bei Teichen mit einem Volumen von mehr als 2500 l zu einer teuren Angelegenheit. Auch die Wiederaufbereitung von Zeolith kann zu einer mühsamen und zeitaufwendigen Arbeit ausarten; während der Sommermonate, wenn die Koi besonders aktiv sind, muß das Mineral jede Woche gereinigt werden. Und schließlich können Sie, wenn Sie Zeolith als Filtermaterial benutzen, keine Salzbehandlung im Teich durchführen, denn dann werden Ammoniak und andere Gifte wieder ins Wasser freigesetzt. Die Folge ist eine schlechtere Wasserqualität, die etwaige Gesundheitsprobleme bei Ihren Fischen noch verschlimmert.

Viele Koi-Halter benutzen Zeolith in Verbindung mit einem biologischen Filter; sie geben das Mineral in die letzte Kammer eines Mehrkammersystems. Das wirkt sich bei einem neuen Teich und im Frühjahr besonders günstig aus, wenn die Zahl der Filterbakterien noch relativ gering ist und die Verwendung von Zeolith die Konzentration von Ammoniak und ähnlichen Verbindungen im Teichwasser möglichst niedrig hält.

Oben: *Eine Filterkammer mit einem Venturi-Rohr auf der Wasserzuführung, sechs Bürstenreihen in der Hauptkammer und Zeolithstückchen in der letzten Kammer. Solche kleinen Filter sind jedoch nur für sehr kleine Koi-Teiche (bis ca. 15 m²) oder Quarantänebekken geeignet.*

Filtermatten wie diese bestehen aus beschichteten Kunstfasern, sind leicht zu handhaben und zu säubern und müssen, wenn sie regelmäßig gewartet werden, nicht ausgewechselt werden. Die grobe Struktur der Matten bietet nitrifizierenden Bakterien eine große Oberfläche.

Schaumstoff wird gewöhnlich dreilagig in die Filterkammer eingebracht. Aufgrund seiner Struktur läßt sich dieses Material leicht reinigen; zudem ist es recht haltbar. Schaumstoff hält Schwebeteilchen zurück und fördert die Ansiedlung von nitrifizierenden Bakterien.

Gewöhnliche Lockenwickler aus Plastik können ein sehr wirksames Filtermaterial abgeben. Sie sind leicht zu säubern und weisen eine große Oberfläche auf, die von nitrifizierenden Bakterien besiedelt werden kann. Man benötigt allerdings eine große Anzahl.

Sie können diese gefriergetrockneten Bakterienkulturen verwenden, um Ihr Filtersystem zu impfen. Mischen Sie das Pulver mit warmem Wasser, und lassen Sie es eine Weile stehen, um die Bakterien zu reaktivieren. Es sind auch Präparate mit lebenden Bakterienkulturen für den sofortigen Gebrauch im Handel.

Zeolith ist ein Aluminium-Silikat, das man verwenden kann, um Ammoniak aus dem Teichwasser zu entfernen. Dieses Mineral gibt es in drei Größen: klein, mittel und groß. Die großen Stücke sind die besten, denn sie lassen sich leichter handhaben und verdichten bzw. verklumpen nicht.

Dieses Aktivkohle-Granulat saugt Schadstoffe auf, indem es deren Moleküle an seiner ausgedehnten Oberfläche bindet. Aktivkohle läßt sich, wenn sie einmal „gesättigt" ist, nicht wieder säubern und muß ersetzt werden. Das macht dieses Material recht kostspielig.

水質と濾過

WASSERQUALITÄT UND FILTERUNG

**Filterung
mit kontinuierlichem Wasserdurchfluß**

Bei einem System mit kontinuierlichem Durchfluß zirkuliert das Wasser nicht, sondern der Teich ist nur „Durchgangsstation". Die Speisung des Teiches erfolgt in diesem Fall aus einer Quelle oder einem Bach, der durch den Teich fließt, bevor er in sein Bett zurückkehrt. Obwohl Forellenzüchter diese Art der Wasserversorgung bevorzugen, ist sie für die Mehrzahl aller Koi-Halter nicht praktikabel. Brunnen- oder Quellwasser ist oftmals mit verschiedenen Gasen übersättigt und schädigt Kiemen und Schleimhäute der Koi. Zudem können mit Bachwasser Pathogene und/oder Parasiten, wie Fischegel (*Pisciola geometra*) oder Schnecken, die als Zwischenwirte für Kratzer (*Acantocephala*) dienen, in den Teich gelangen und der Gesundheit der Koi schaden. Schließlich, und das ist der wichtigste Punkt, werden praktisch alle Koi importiert. Wenn sie mit Krankheiten oder Parasiten infiziert sein sollten, besteht die Gefahr, daß diese mit dem Quell- oder Bachwasser auf freilebende Fische übertragen werden. Solche eingeschleppten Infektionen können ernste, vielleicht sogar bedrohliche Folgen für die natürliche Fischpopulation in diesen Gewässern haben.

Sandfilter

Einige Koi-Halter verwenden als letztes Filterstufe für ihr Teichwasser einen Sandfilter. Das Wasser wird unter hohem Druck durch die Sandschicht im Druckkessel gepreßt. Der Sandfilter entfernt selbst kleinste Schwebeteilchen aus dem Wasser, so daß es kristallklar in den Teich zurückkehrt. Vieles weist darauf hin, daß auch bakterielle Aktivität im Sandfilter stattfindet und giftige Ausscheidungsprodukte der Koi weiter abgebaut werden. Ohne Zweifel sind Sandfilter eine echte Bereicherung eines jeden Teichfilter-Systems.

Außerordentlich selten kann es jedoch einmal geschehen, daß die Pumpe mit dem Teichwasser auch Luft einsaugt. Wenn das geschieht, geht die Luft durch den hohen Druck in der Pumpe und im Sandfilter im Wasser in Lösung; das führt zu einer Übersättigung des Wassers mit Luft. Das übersättigte Wasser sammelt sich im Teich an – der dann manchmal wie mit Sprudel gefüllt erscheint – und überzieht alles im Teich mit einer feinen Schicht aus Luftblasen. Das führt zu einem Krankheitsbild, das man als „Gasblasenkrankheit" bezeichnet (s. auch *Gesundheitspflege*, S. 111). Dabei bilden sich Gasblasen in den Kiemen, den Flossen und unter den Flossenansätzen sowie im Blut und zwischen den inneren Organen. Wenn eine solche Situation einmal eintreten

Rechts: Ein Sandfilter samt Zu- und Ableitungen. Das große Sechswege-Steuerventil ist deutlich erkennbar (links). Es kann zum Reinigen einfach auf „Rückspülen" gestellt werden.

Wie ein Sandfilter arbeitet

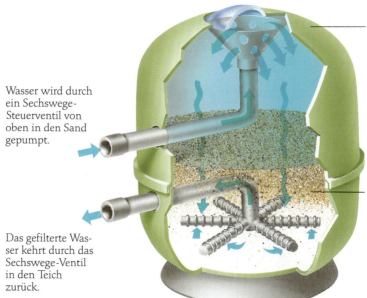

Wasser wird durch ein Sechswege-Steuerventil von oben in den Sand gepumpt.

Das gefilterte Wasser kehrt durch das Sechswege-Ventil in den Teich zurück.

Das Filtermaterial besteht aus grobem bis feinem Quarzsand, der alle Schwebteilchen abfängt.

Der versiegelte Kessel ist kuppelförmig, um dem Innendruck besser zu widerstehen.

Links: *Das Diagramm zeigt, was im Inneren eines typischen Sandfilters vor sich geht. Wichtig ist es, die richtige Filtergröße und eine passende Pumpe zu wählen, um eine optimale Durchflußrate zu erzielen.*

sollte, müssen Sie die Stelle finden, an der die Luft mit eingesaugt wird und sie abdichten. Die überschüssige gelöste Luft im Teich geht, wenn das Wasser weiter zirkuliert, innerhalb weniger Stunden wieder in die Gasform über und entweicht aus dem Wasser. Koi, die unter der Gasblasenkrankheit leiden, benötigen unter Umständen mehrere Wochen, um sich zu erholen.

Wie man Algenwachstum kontrollieren kann

Grünes Wasser wird von einer Blüte mikroskopisch kleiner Algen hervorgerufen, die das grüne Photosynthesepigment Chlorophyll enthalten. Teichwasser, das diese Algen enthält, ist gewöhnlich frei von Ammoniak und Nitrit, weil diese Mikroorganismen sich von den Zwischenprodukten des Stickstoffkreislaufes, besonders von Nitrat, ernähren. Nitrat ist ein wirksamer Pflanzendünger, und wenn der Nitratgehalt im Teich anwächst, weil ein Filter eingefahren wird, gedeihen die Algen in diesem Überschuß aus Nährstoffen prächtig.

Grünes Wasser schadet den Koi gewöhnlich nicht, denn die Fische fressen die Organismen, die sich von den winzigen Algen ernähren, und grünes Wasser ist einer der besten Farbverstärker für Koi, die man sich wünschen kann. In Japan halten viele Koi-Liebhaber ihre Koi während der Wintermonate zu Hause im eigenen Teich, geben sie aber im Sommer auf die Farm zurück, damit die Fische mehrere Monate lang von der Algenblüte profitieren können. Der Nachteil von grünem Wasser liegt darin, daß man die Koi kaum mehr sieht; dadurch bleiben Verletzungen und parasiten häufig unentdeckt. Zudem steigt der pH-Wert in der Regel stark an, was auf Dauer zu Kiemenschäden führt.

Grünes Wasser kann sehr hartnäckig sein, und es dauert vielleicht mehrere Monate, bis es aus einem neuen Teich verschwindet. Auch in einem etablierten Teich kommt es je nach Lage und Witterung gelegentlich zu einer Algenblüte. Oftmals schafft dann nur die Zugabe chemischer Algenvernichtungsmittel rasche Abhilfe. Bei schwülwarmem Wetter brauchen Algen nachts unter Umständen den lebenswichtigen Sauerstoff auf; es lohnt sich daher, eine Außenpumpe (z. B. eine einfache Aquarienpumpe) mit Luftausströmern im Teich laufen zu lassen, um sicherzugehen, daß das Wasser optimal belüftet wird.

Einige Koi-Halter benutzen ultraviolettes Licht (UV-Licht), um das Algenwachstum zu kontrollieren. (UV-Licht ist sehr gefährlich; nehmen Sie niemals eine Lampe aus ihrem Schutzbehälter, solange das Licht eingeschaltet ist!) UV-Licht schädigt die Zellwände der Algen und tötet sie dadurch ab. Die UV-Sterilisatoren werden gewöhnlich ganz am Ende eines Filtersystems installiert, kurz bevor das Wasser in den Teich zurückkehrt.

Es wird immer wieder behauptet, UV-Licht würde Bakterien abtöten und das Teichwasser dadurch sterilisieren. Das stimmt aber nur rein theoretisch: Um den größten Teil der Bakterien im Teichwasser zu vernichten, müßte das Wasser, das durch den UV-Sterilisator strömt, praktisch stehen. In der Praxis ist die Durchflußgeschwindigkeit viel zu hoch, um die Zahl der Bakterien im Teichwasser ernsthaft zu verringern. Wenn Sie das Gerät ständig in Betrieb haben, sollten Sie die UV-Röhren alle sechs bis neun Monate auswechseln, denn nach diesem Zeitraum sind sie praktisch wirkungslos, obwohl das Licht ungeschwächt erscheint.

Man kann eine Algenblüte auch mit Hilfe von Ozon bekämpfen. Ozon (O_3) ist eine äußerst instabile Form des Sauerstoffs (O_2) mit stark desinfizierender Wirkung. (Ozon kommt natürlicherweise in den oberen Schichten unserer Atmosphäre vor, wo es die sogenannte „Ozonschicht" bildet.) Eine Ozonierung findet bisher hauptsächlich in der Meerwasseraquaristik Anwendung. In einem „Ozonisator" wird trockene Luft durch elektrische Entladungen oxidiert, so daß jedes normale Sauerstoffmolekül eine Verbindung mit einem weiteren Sauerstoffatom eingeht. Da Ozon für alle

Oben: *Der Sommer bringt dem Teich Licht und Wärme, die zusammen mit einem Überschuß an Nitrat eine Algenblüte hervorrufen können – besonders in neu angelegten Teichen. Es ist nicht einfach, grünes Wasser unter Kontrolle zu bringen.*

Lebensformen hochgiftig ist, ist es sehr wichtig, beim Einsatz korrekt und sorgfältig vorzugehen. Ozon-Sterilisationseinheiten werden gewöhnlich in den rückführenden Wasserrohrleitungen installiert. Dort bricht das aggressive Ozongas Algenzellen auf und tötet sie dadurch ab. Wichtig ist es, daß das Ozon nicht bis zu den Fischen und Pflanzen im Teich gelangt. (Eine kräftige Belüftung oder Filterung über Aktivkohle entfernt das Ozon aus dem damit behandelten Wasser.) Die Wirksamkeit einer Ozondosis wird von hohen Konzentrationen an organischem Material im Wasser verringert.

Es ist auch eine ganze Reihe von Chemikalien im Handel (s.o.), mit denen man Algenblüten bekämpfen kann. Wenn Sie diese Algizide benutzen, halten Sie sich genau an die Anweisungen des Herstellers, und erhöhen Sie niemals von sich aus die vorgeschriebene Dosierung oder die Anzahl der Behandlungen. Es besteht immer die Möglichkeit, daß Chemikalien bei unsachgemäßer Verwendung Fische und Wasserpflanzen schädigen. Und vergessen Sie auch nicht, daß ein plötzliches Absterben von großen Algenmengen zu Problemen mit der Wasserqualität führen kann.

鯉の購入

DER KAUF VON KOI

KOI ZU ERWERBEN macht Freude, doch Koi zu halten erfordert eine Verantwortung, die man nicht auf die leichte Schulter nehmen sollte. Kaufen Sie Koi niemals aus einer Laune heraus; versichern Sie sich zuvor, ob Sie die Möglichkeiten haben, die Fische in Ihrem Teich zu pflegen. Wenn Sie sich zum Kauf entschlossen haben, gibt es verschiedene Dinge zu bedenken. Der Zeitpunkt Ihres Kaufs wird zumeist vom Kalender diktiert – die meisten Händler importieren ihre Koi im November/Dezember, und Liebhaber stocken ihren Teich gewöhnlich im Frühjahr auf. Überlegen Sie sich gründlich, wo Sie Ihre Koi kaufen. Wenn Sie einen zuverlässigen Händler gefunden haben, nehmen Sie sich Zeit, alles sorgfältig zu beobachten. Die Checkliste auf S. 63 sagt Ihnen auf was Sie achten sollten. In der zweiten Hälfte dieses Abschnitts beschäftigen wir uns damit, wie man Streß und Verletzungen beim Transport von Koi vermeidet, und diskutieren schließlich das Für und Wider einer Quarantäne für neu erworbene Koi.

Suchen Sie Ihre Koi sorgfältig aus; Ihr Händler wird Sie gern dabei beraten.

DER KAUF VON KOI

Bezugsquellen für Koi
Die wichtigsten Länder, die heute Koi exportieren, sind Japan, Israel, Singapur und die Vereinigten Staaten von Amerika.

Japan ist die Heimat des Koi, und die dort gezüchteten Fische sind in bezug auf Färbung und Musterung von höchster Qualität; außerdem bietet sich dem Kunden eine sehr große Auswahl an verschiedenen Zuchtformen und Größen. Wenn Sie mit Ihren Fischen gerne an Ausstellungen teilnehmen wollen, dann sollten Sie japanische Koi kaufen, obwohl diese wesentlich teurer sind als Koi aus anderen Ländern.

Bei Koi aus Amerika und Singapur läßt sich die Zuchtform häufig nicht eindeutig festlegen, und die Farben erscheinen verwaschen. Wenn diese Koi älter werden, verlieren sie zudem oft ihre gute Körperform und werden fett und plump.

In Israel werden hübsche, kleine Koi gezüchtet, die aber mit zunehmender Größe an Farbqualität verlieren. Während der letzten zwei Jahre hat die Zahl der aus Israel exportierten Koi stark zugenommen, und es ist zu erwarten, daß die Qualität der dort gezüchteten Koi kontinuierlich steigt, das japanische Niveau aber noch lange nicht erreichen dürfte.

Der richtige Zeitpunkt für einen Kauf
Die hochwertigsten Koi werden meist im November/Dezember aus Japan exportiert. Das hat zwei Gründe: erstens werden die Teiche, in denen die Koi heranwachsen, in Japan im Oktober „abgeerntet". Zweitens ist die Wassertemperatur um diese Zeit niedriger; das Wasser enthält daher mehr gelösten Sauerstoff, und gleichzeitig sind die Koi weniger aktiv. Beides senkt das

Oben: *Diese Fische warten darauf, bei einer Auktion verkauft zu werden. In Japan finden solche Verkaufsveranstaltungen von April bis Oktober regelmäßig zweimal pro Monat statt. Hier kaufen viele Händler* junge *Koi von Züchtern und lassen sie anschließend in ihren eigenen Teichen heranwachsen, bis die Fische im folgenden Jahr verkauft werden.*

Transportrisiko. Koi werden auch im März, April und Mai exportiert, doch später im Jahr sind gewöhnlich keine Spitzen-Fische mehr im Angebot zu finden, denn sie werden bis Oktober zum Wachsen in die Teiche zurückgesetzt. „Durchschnitts-Koi" stehen jedoch in den meisten Ländern das ganze Jahr über zum Verkauf.

Die meisten Liebhaber erwerben die Koi für ihren Teich im Frühjahr, wenn das Wasser sich langsam erwärmt und die Fische wieder aktiver werden. Nur die wenigsten Koi-Halter verfügen über Innenteiche, in denen sie ihre Fische, die gerade aus Japan angekommen sind, für den Winter unterbringen können. Sie werden jedoch finden, daß die meisten Händler die von Ihnen ausgesuchten Koi gern bis zum Frühjahr bei sich versorgen. Es ist auf jeden Fall ratsam, Koi so früh zu kaufen, daß sie genügend Zeit haben, sich für ihren ersten Winter einzugewöhnen.

Die richtige Adresse für einen Kauf
Wenn Sie sich für das Herkunftsland und den richtigen Zeitpunkt klargeworden sind, müssen Sie entscheiden, wo Sie Ihre Koi kaufen wollen. Am besten suchen Sie einen zuverlässigen Händler mit ausgewiesenem Fachwissen über Koi und ihre Bedürfnisse auf. Ein verantwortungsbewußter Händler wird seine Tiere nur in gute Hände abgeben wollen und Ihnen daher gern alles erklären, das Ihnen hilft, Ihre neuen Pfleglinge bei bester Gesundheit zu erhalten.

Links: *Wenn Sie Ihren Teich zum ersten Mal mit Koi besetzen wollen, sollten Sie dafür junge Tiere, wie die abgebildeten, wählen. Kleine Fische von 10–12 cm Länge sind für einen neuen Koi-Halter ideal.*

Wenn Sie beim Händler angekommen sind, werfen Sie zuerst einen Blick in die Teiche und Becken. Das Wasser sollte gut gefiltert und klar sein, nicht nur, damit Sie die Fische besser beobachten können, sondern auch, weil Koi, die bei schlechter Wasserqualität gehalten werden, eher zu Krankheiten und Infektionen neigen. Denken Sie daran, daß klares Wasser nicht unbedingt „gutes" Wasser bedeutet – Ihre Nase ist beim Prüfen der Wasserqualität genauso wichtig wie Ihre Augen. Doch selbst der Geruch ist nicht unbedingt ein Beweis für die Sauberkeit des Wassers – vielleicht hat der Händler gerade Schmutzwasser abgelassen –, gibt er ihnen dennoch einen wichtigen Hinweis. Wenn rund um den Teich ein starker, „fischiger" Geruch herrscht und die Koi gestreßt erscheinen, sollten Sie um diesen Händler vielleicht einen Bogen machen.

Die Auswahl Ihres Koi
Nehmen Sie sich Zeit, einen Koi, den Sie vielleicht kaufen möchten, beim Schwimmen zu beobachten. Ein gesunder Fisch ist lebhaft und neugierig, und seine Bewegungen wirken flüssig, nicht ruckhaft. Achten Sie auch auf die Kiemenbewegungen, die beidseitig langsam und regelmäßig sein sollten. Die Kiemendeckel liegen beim gesunden Fisch eng am Körper an; kaufen Sie keinen Fisch, dessen Kiemendeckel vom Kopf abstehen, der Schwierigkeiten bei der Atmung zu haben scheint oder der ständig nahe an der Wasseroberfläche hängt. Achten Sie auf einen weißlichen oder nebligen Belag auf der Haut des Fisches (ähnlich wie Mehltau auf Trauben), der ein Hinweis auf *Ichthyobodo/Costia, Trichobodina, Chilodonella* oder andere Hautparasiten sein könnte. Halten Sie auch nach gesträubten Schuppen oder Löchern und Geschwüren Ausschau, denn sie sind, obwohl nicht selten, manchmal schwierig zu behandeln. Kaufen Sie keine Fische mit trüben Augen, Flossenfäule oder Beulen auf den Kiemendeckeln bzw. am Kopf. Die Ursache solcher Beulen ist bisher unbekannt, doch sie können aufbrechen und hinterlassen dann Löcher in den Kiemendeckeln, die manchmal erst nach Monaten, wenn nicht Jahren, zuheilen (s. auch *Gesundheitspflege*, S. 98ff).

Wenn Sie einen Koi gefunden haben, der Ihnen gesund erscheint, bitten Sie den Händler darum, den Fisch in eine Wanne zu setzen („bowling"), damit Sie ihn genauer betrachten können. Achten Sie darauf, wie der Händler dabei vorgeht – bei zu rauher Behandlung können Fische sich verletzen. Der Händler sollte einen flachen Kescher nehmen, um den Fisch zu fangen, und ihn dann dazu bringen, in eine schräg gehaltene Wanne zu schwimmen. Am besten sollte der Koi dabei gar nicht aus dem Wasser gehoben werden.

Wenn der Fisch in der Wanne schwimmt, können Sie ihn nach Rötungen an Körper und Flossen absuchen. Solche Zeichen sind

Oben: *Bitten Sie den Händler stets, den Koi, der Sie interessiert, in eine Wanne zu bugsieren, damit Sie ihn genau betrachten können, bevor Sie sich entscheiden. Beachten Sie, wie der Händler die Ecke des Keschers dazu benutzt, die Seite der Wanne zu senken, so daß der Fisch hineinschwimmen kann.*

oft ein Hinweis darauf, daß der Fisch gerade erst importiert wurde, möglicherweise aber auch auf das Vorstadium einer inneren Erkrankung. Achten Sie gleichzeitig auf Parasiten an den Flossen, wie z.B. Karpfenläuse *(Argulus)*, oder Stäbchenkrebse *(Lernea)* in der Rücken- bzw. Schwanzregion. Beide schaffen keine großen Probleme, dennoch sollten Sie den Händler auffordern, alle Parasiten zu entfernen. Auch in Ihrem eigenen Teich ist es ratsam, Vorbeugemaßnahmen gegen Parasitenbefall zu treffen.

Bitten Sie den Händler, alle Vorzüge und Nachteile des Fisches aufzuzählen, den Sie ausgewählt haben, und Ihnen den Namen der Zuchtform zu nennen; das erleichtert Ihnen zukünftige Kaufentscheidungen. Lassen Sie sich nicht von snobistischen Gesichtspunkten leiten; sehen Sie sich den Fisch genau an, und fragen Sie sich, wie seine Gesamterscheinung auf Sie wirkt. Zu viele Liebhaber, die neu im Hobby sind, verbringen zuviel Zeit damit, alle negativen Seiten eines insgesamt sehr eindrucksvollen Koi herauszustreichen. Hören Sie auf den Rat des Händlers, aber scheuen Sie sich nicht, zu Ihrem eigenen Urteil zu stehen, wenn es um persönliche Vorlieben geht.

Der Transport von Koi
Wenn Sie einen Fisch ausgewählt und sorgfältig betrachtet haben und ihn zu kaufen wünschen, setzt ihn der Händler zum Transport in einen Plastikbeutel. Machen Sie den Händler darauf aufmerksam, wenn Sie einen besonders langen Heimweg haben. Er kann Ihnen dann vielleicht mit zusätzlichen Plastikbeuteln bzw. einer Spezialbox helfen oder bei heißem Wetter Eis um den Beutel packen. Gewöhnlich setzt man die Fische in einen Beutel mit einem Teil Wasser und zwei Teilen Sauerstoff. Das Wasser muß so hoch stehen, daß die Kiemen des Fisches bedeckt sind; Sauerstoff ist für den Fisch viel wichtiger als Wasser, besonders bei langen Reisen und warmem Wetter. Meiden Sie Händler, die ihre Fischbeutel nur mit Luft und nicht mit Sauerstoff

鯉の購入

DER KAUF VON KOI

Oben: *Es ist wichtig, daß Sie Ihren Koi richtig anfassen, um Verletzungen und unnötigen Streß zu vermeiden. Halten Sie den Fisch mit dem Kopf zu Ihnen gewandt; dabei liegt eine Hand unter dem Kiefer, die andere hinter den Bauchflossen. Das ermöglicht einen sicheren Griff ohne Behinderung der Bewegung.*

versorgen – es sei denn, Sie wohnen gleich nebenan.

Wenn Sie einen größeren Koi kaufen, achten Sie darauf, daß der Beutel geräumig genug ist, so daß nicht das Risiko eines abgebogenen Schwanzes oder zerschlissener Flossen besteht. Große Koi werden gewöhnlich in zwei oder auch drei Beuteln verpackt, um Unfälle oder undichte Stellen zu vermeiden. Größere Fische sollten am besten in Schachteln/Kartons transportiert werden, mit möglichst wenig Spielraum zwischen Beutel und Schachtel. Da jedes Umsetzen für den Fisch eine traumatische Erfahrung sein kann, ist es sehr wichtig, währenddessen unnötigen Streß zu vermeiden. Der Fisch sollte während des Transports weder plötzlichen Temperatursprüngen noch grellem Licht oder lauten Geräuschen ausgesetzt werden.

Sie werden Ihren Koi wahrscheinlich mit dem Auto nach Hause bringen. Transportieren Sie den Fisch nicht auf Ihrem Schoß, denn durch Ihre Körperwärme erhöht sich die Wassertemperatur im Beutel rasch. Aus demselben Grund sollten Sie den Beutel nicht vorn auf die Fußmatte setzen, wo die warme Heizungsluft ausströmt. Am besten legen Sie den Beutel mit dem Fisch hinten in den Kofferraum. Umwickeln Sie den Beutel mit einer Decke, damit er nicht wegrollt, oder verkeilen Sie ihn (auf scharfe Kanten achten!). Wenn Ihr Wagen keinen Kofferraum hat, ist der beste Platz auf den Boden vor den hinteren Sitzen, aber so, daß niemand darauftritt. Legen Sie eine Decke über den Plastikbeutel, um den Fisch gegen Licht abzuschirmen. Fahren Sie gleichmäßig, vermeiden Sie Unebenheiten auf der Straße, und nehmen Sie die Ecken nicht zu schnell. Das hilft, angeschlagene Nasen und geplissene Flossen zu vermeiden.

Zu Hause angekommen, lassen Sie den geschlossenen Beutel im Wasser des Teiches oder des Quarantänebeckens (s.u.) ein bis zwei Stunden lang schwimmen. Wenn genügend Sauerstoff im Beutel ist, macht diese Verzögerung nichts aus. So gleicht sich die Temperatur des Wassers im Beutel derjenigen des umgebenden Wassers an. Nun wird ca. $1/3$ Teich- bzw. Aquarienwasser zugegeben. Nach etwa 10 Minuten nochmals die gleiche Menge Wasser zugeben, und erst nach weiteren 10 Minuten wird der Koi freigesetzt. Grundsätzlich bedeutet es für den Fisch weniger Streß, vom kalten ins warme Wasser zu kommen als umgekehrt.

Quarantäne

Frisch importierte Tiere werden normalerweise vom Händler in ein Quarantänebecken gesetzt, nicht deshalb, weil sie bei ihrer Ankunft wahrscheinlich krank sind, sondern damit sie sich ausruhen können. Sie sind durch den Transport belastet worden und neigen daher eher zu Krankheiten oder Parasitenbefall.

Bei ihrer Ankunft badet der Händler die neuen Koi meist kurz in einer Salzlösung und läßt sie anschließend in einem separaten Tank oder einem Quarantänebecken ausruhen. Dem Wasser wird dann ein leichtes Antiseptikum zugegeben, um die Fische

Unten: *Wenn Sie sich für einen bestimmten Koi entschieden haben, bereitet der Händler den Fisch für den Heimtransport vor. Gewöhnlich setzt er den Fisch in eine doppelte oder dreifache Lage aus Plastikbeuteln, die zu einem Drittel mit Wasser – gerade genug, um die Kiemen zu bedecken – und zu zwei Dritteln mit Sauerstoff gefüllt werden.*

vor Infektionen zu schützen. Hier bleiben sie mindestens eine Woche, ohne daß sie gestört werden. Koi, die stark gestreßt worden sind, können auch länger dort verweilen; Ruhe und Erholung sind für die meisten Fische die beste Medizin. Wenn der Händler in dieser Zeit Anzeichen einer Krankheit bemerkt, kann er mit dem Befall fertigwerden, bevor die Neuzugänge zu dem übrigen Bestand gesetzt werden.

Viele private Koi-Halter halten es für überflüssig, ihre neu erworbenen Fische nochmals in Quarantäne zu setzen. Sie argumentieren, daß der Streß für die Fische dadurch eher erhöht als verringert wird, weil der Fisch dann zweimal „umziehen" muß – erst in das Behandlungsbecken und dann in den Teich.

Es ist wichtig zu wissen, daß sich Streßfolgen manchmal erst nach einigen Wochen zeigen und die Inkubationszeit einiger Krankheiten mehrere Wochen, wenn nicht Monate, betragen kann. Viele Fischkrankheiten und Probleme resultieren aus Ereignissen, die bereits einige Zeit zurückliegen; die Symptome von Kiemenfäule zeigen sich z. B. manchmal erst nach mehreren Wochen. Gewöhnlich können neu gekaufte Koi direkt in den Teich eingesetzt werden; da es aber manchmal zu Problemen kommt, ist es empfehlenswert, Neuzugänge einige Wochen lang in einem Quarantänebecken unterzubringen und genau zu beobachten.

Wenn Sie so vorgehen wollen, dann achten Sie darauf, daß das Becken groß genug und mit einem guten Filter ausgestattet ist. Nur wenige Koi-Liebhaber verfügen über adäquate Quarantänemöglichkeiten; viele halten ihre Fische dabei in viel zu kleinen, überbelegten Becken mit ungenügend gefiltertem Wasser. Wenn Sie diese Streß-induzierenden Faktoren zusammennehmen, können Sie sich leicht vorstellen, daß den Fischen unter diesen Umständen der Teich allemal lieber wäre.

Sie sollten die Neuzugänge während der ersten sechs Wochen sorgfältig im Auge behalten, besonders vor und nach der Fütterung. Achten Sie darauf, daß jeder Fisch das Futter, das er aufnimmt, auch wirklich herunterschluckt. Viele Koi-Halter haben die Erfahrung gemacht, daß manche Fische „schmollen", nachdem sie in einen neuen Teich eingesetzt worden sind; sie halten dann Abstand von anderen Fischen, zeigen wenig Appetit und liegen häufig auf dem Grund des Teiches. Geraten Sie deshalb nicht in Panik – einige Fische vertragen ein Umsetzen besser als andere. Beobachten Sie einen Fisch, der sich „anders" verhält, eine Woche bis zehn Tage lang sorgfältig, fassen Sie ihn aber nicht an. Wenn er nach diesem Zeitraum immer noch kein Interesse an seiner Umgebung zeigt, ist eine Zugabe von Kochsalz (1–2 kg auf 1000 l) angezeigt; das wirkt konditionsfördernd und appetitanregend. Eine solche Behandlung reicht meist aus, um den Koi munter werden zu lassen.

Einen Koi zum Transport verpacken

Gewöhnlich transportiert man kleine Koi in Plastikbeuteln; größere Fische gehören zusätzlich in eine Schachtel oder einen Karton. Die Beutel müssen groß genug sein und mit ausreichend Sauerstoff versehen werden; Sauerstoff ist in diesem Fall wichtiger für den Fisch als Wasser.

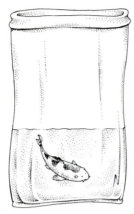

Setzen Sie den Koi in einen Beutel, in dem genug Wasser ist, um mindestens die Kiemen zu bedecken.

Halten Sie den Beutel oben zu, und drücken Sie soviel Luft wie möglich heraus.

Füllen Sie den Beutel mit Sauerstoff auf, wobei Sie den Beutelrand fest gegen den Schlauch pressen.

Wenn genug Sauerstoff im Beutel ist, drehen Sie den überstehenden Teil des Beutels fest zusammen.

Sichern Sie den Verschluß mit einem Gummiband.

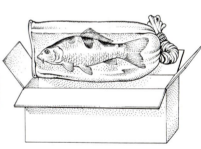

Die Beutel sollten zusätzlich in einen Karton gesetzt werden, da die koi im Dunklen ruhiger sind.

Worauf Sie achten sollten, wenn Sie einen Koi kaufen

Wahl Ihres Händlers
- Wie haben Sie von dem Händler gehört?
- In welchem Zustand befinden sich dessen Teiche und Becken? Scheint das Wasser gut gefiltert und sauber zu sein? Oder riecht es streng „nach Fisch"? Wirken die Koi angeschlagen und gestreßt?
- Wie geht der Händler mit den Fischen um?
- Gibt der Händler Sauerstoff in die Tranportbeutel?
- Welche Quarantänemöglichkeiten sind vorhanden?

Wahl Ihres Koi
- Wie schwimmt der Fisch? Bewegt er sich gewandt oder ruckartig?
- Wie stark interessiert er sich für seine Umgebung?
- Wie sind die Kiemendeckelbewegungen? (Sie sollten langsam, regelmäßig und kaum sichtbar sein.)
- Bewegt der Koi beide Kiemendeckel gleichmäßig?
- *Mögen* Sie den Fisch? (Lassen Sie sich nicht von einem aufdringlichen Händler überreden!)

Koi, die man besser nicht kaufen sollte

Kaufen Sie keine Fische mit folgenden Mängeln:
- Parasiten (wie Karpfenläusen an den Flossen oder Stäbchenkrebsen an Rücken bzw. Schwanz)
- abstehende Kiemendeckel
- Beulen auf den Kiemendeckeln oder am Kopf
- Rötungen an Kopf oder Flossen
- ein weißlicher Belag auf der Haut
- abstehende Schuppen oder Löcher
- trübe Augen
- Flossenfäule
- Meiden Sie auch Koi, die Schwierigkeiten mit der Atmung zu haben scheinen und sich ständig nahe an der Wasseroberfläche aufhalten.

鯉の餌

FÜTTERUNG VON KOI

EINE GUTE KÖRPERFORM gehört zu den Qualitätsmerkmalen, nach denen Züchter und Preisrichter einen Koi beurteilen. Auch der private Koi-Halter sollte sich bemühen, seinen Koi eine ausgewogene Ernährung zu bieten, die die Muskulatur und nicht die Fettpolster aufbaut und die Farben verstärkt. Die Japaner sagen, ein gesunder Koi sei stets ein hungriger Koi, selbst nach der Fütterung. Das ist sicherlich richtig; bei einem Überangebot an Nahrung neigen Koi dazu, mehr zu fressen, als gut für sie ist, und werden dann oft zu fett – mit allen Folgen, die sich daraus ergeben. Überfütterung führt zu einer Zunahme an Ausscheidungsprodukten, die von den Koi ins Wasser abgegeben werden. Zusammen mit Nahrungsresten ergibt sich daraus ein neues Problem: schlechte Wasserqualität, d. h. ein hoher Ammoniak- und Nitritspiegel. „Wenig, aber mehrmals" ist eine Regel, an die man sich beim Füttern halten sollte. Dadurch bleiben die Koi hungrig, obwohl sie genug Nahrung erhalten, und fressen außerdem leichter aus der Hand.

Koi haben eine Vorliebe für Salat, und große Fische, wie die hier abgebildeten, können mühelos Blätter von einem unzerteilten Kopf abreißen.

FÜTTERUNG VON KOI

Ernährung und Wachstumsrate

Das Ernährungsmuster und daher auch die Wachstumsrate von Koi hängen von vielen Faktoren ab, z. B. von Wassertemperatur und -qualität, Besatzdichte und genetischer Veranlagung. Koi fressen am aktivsten bei Temperaturen über 20 °C; Tiere, die noch nicht geschlechtsreif sind, können während der Sommermonate, wenn es warm ist, sehr rasch wachsen (s. u.). Nach Erreichen der Geschlechtsreife nimmt die Wachstumsgeschwindigkeit deutlich ab; bei geschlechtsreifen Koi dient ein Großteil der Nahrung zur Produktion von Eiern und Spermien für die Laichzeit. Anders als andere Wirbeltiere wachsen Fische jedoch ihr ganzes Leben lang, und Koi in menschlicher Obhut fällt es wegen des reichlichen Nahrungsangebotes nicht schwer, sich fortzupflanzen und dennoch zu wachsen. Der Zyklus von raschem Wachstum im Sommer und geringem Wachstum im Winter hinterläßt auf den Schuppen der Fische Ringe (ähnlich den Wachstumsringen von Bäumen), aus denen sich das Alter eines Tieres ermitteln läßt. Einige Koi-Halter, die ihren Teich im Winter beheizen, füttern ihre Koi das ganze Jahr über, auch im Winter. In diesem Fall sind die Schuppenringe nicht klar definiert, und das Alter eines Koi ist daher nur schwer zu bestimmen.

Die Wasserqualität beeinflußt die Wachstumsrate, weil Koi bei ungünstigen Umweltbedingungen den Appetit verlieren und sogar ganz zu fressen aufhören. Eine schlechte Wasserqualität kann den Stoffwechsel eines Fisches beeinflussen und die Verdauung der Nahrung behindern.

Unten: Koi können recht zahm werden. Füttern Sie die Fische aus der Hand, sei es mit Futtersticks oder auch mit speziellen Leckerbissen wie Graubrot, Salat und Garnelen.

Auch die Besatzdichte in einem Teich spielt oft eine bedeutende Rolle für die Wachstumsrate eines Koi. Wenn der Teich nur dünn besetzt ist, bekommt der einzelne Fisch durchschnittlich mehr Futter ab und wächst dadurch natürlich schneller. In einem dicht besetzten Teich hingegen verzögert der Wettstreit um Nahrung das Wachstum, und einige Koi können durch den „sozialen" Streß kümmern. Jeder Halter muß anhand dieser Informationen selbst entscheiden, was für seinen Teich eine optimale Besatzdichte ist. Für einen Koi-Liebhaber ist es sicherlich befriedigender, einen kleinen Schwarm guter Koi zu halten, als möglichst viele bunte Karpfen in wenig Wasser. Für Koi-Züchter spielt die Besatzdichte natürlich eine besonders wichtige Rolle.

Da die Abkömmlinge großer Eltern oft ebenfalls groß werden und die Nachkommen kleinwüchsiger Eltern häufig klein bleiben, wird auch bei Koi die Größe, die ein Tier erreichen kann, von seiner genetischen Veranlagung beeinflußt. Neben dieser genetischen Vorgabe nehmen Umweltfaktoren natürlich einen entscheidenden Einfluß auf das Wachstum eines Koi (s. o.).

Die Wassertemperatur wirkt sich stärker auf das Wachstum von Fischen aus als alle anderen Einzelfaktoren. Fische sind wechselwarm, d. h., ihre Körpertemperatur ändert sich entsprechend der Umgebungstemperatur, bleibt aber gewöhnlich etwa 1 °C höher (vergl. S. 72). Wenn die Umgebungstemperatur fällt, nimmt auch die Fähigkeit des Fisches ab, Nahrung aufzunehmen und zu verdauen. In den Wintermonaten, bei Temperaturen im Bereich von 8–12 °C, ist es daher ratsam, die Fische – wenn überhaupt – mit Getreidekeimen bzw. Futter auf Getreidekeimbasis zu füttern, die leicht und schnell verdaut werden und nicht zu lange im Darm verbleiben. Eine Nahrung, die reich an Proteinen (Eiweißen) ist, wird im Darm nicht rasch genug abgebaut und verursacht dann zuweilen große Probleme. Wenn die Wassertemperatur jedoch wieder steigt, benötigt der Koi viel Protein, um zu wachsen und sich fortzupflanzen. Im Sommer profitieren Koi von einer eiweißreichen Ernährung (s. auch *Pflege rund ums Jahr,* S. 70–79).

Essentielle Nahrungsbestandteile

Nahrung setzt sich aus verschiedenen Bestandteilen, wie Eiweißen, Fetten, Kohlehydraten, Vitaminen und Mineralstoffen, zusammen. Diese Komponenten sind für alle Tiere grundsätzlich unverzichtbar, um gesund zu bleiben, zu wachsen und sich fortzupflanzen. Im folgenden wollen wir erklären, was sich hinter diesen Bestandteilen verbirgt und warum sie so wichtig für eine ausgewogene Ernährung sind.

Eiweiße setzen sich aus Aminosäuren zusammen. Alle essentiellen Aminosäuren sollten in jedem Fischfutter enthalten sein. (In tierischen bzw. pflanzlichen Proteinen kommen insgesamt 20 essentielle Aminosäuren vor.) Eine ausgewogene Ernährung schließt eine genügend große Menge essentieller und nicht essentieller Aminosäuren ein, damit der Koi wachsen, beschädigtes Gewebe ersetzen und Eier bzw. Spermien produzieren kann. Eiweißmangel oder das Fehlen essentieller Aminosäuren führt zu einer Wachstumsverzögerung; beide Faktoren können sogar auf Dauer eine Verkrümmung der Wirbelsäule verursachen. (Skelettdeformationen können jedoch auch durch andere Faktoren, z. B. Krankheiten, Überdosierungen von Medikamenten, Vitaminmangel usw. verursacht werden.)

Fette sind die Energielieferanten des Koi; ihre wichtige Rolle besteht darin, Fettsäuren (s. u.) wie Triglyceride und Phospholipide zu liefern, die wichtige Bestandteile aller Zellmembranen sind. Koi können fast alle Fettsäuren, die sie benötigen, selbst herstellen, mit Ausnahme von Linolsäure und Linolensäure, die essentiell sind und daher mit der Nahrung aufgenommen werden müssen. Linolensäure fördert das Wachstum.

So, wie Eiweiße aus Aminosäuren bestehen, sind Fette aus Glycerol-gebundenen Fettsäuren aufgebaut. Wenn essentielle Fettsäuren in der Nahrung fehlen, können daraus Flossenschäden, Herz- und Leberprobleme resultieren. Man findet sie in Fisch-, Soja- und Maisölen und in besonders hoher Konzentration in Weizenkeimen. Fettsäuren werden an der Luft schnell ranzig – ein chemischer Prozeß, den man als Oxidation bezeichnet. Wenn Koi mit zu altem Futter gefüttert werden, kann das zu Krankheiten oder sogar zum Tode führen. Leider sieht man ranzigem Futter nicht an, daß es

Die Funktion einiger Vitamine im Koi-Futter

Vitamin	Funktion	Mangelerscheinungen	Wissenswertes
Fettlösliche Vitamine			
Vitamin A (Retinol)	wichtig für Haut und Augen	u. a. verzögertes Wachstum, Haemorrhagien (Blutungen), Augenprobleme	Ein Überschuß an Vitamin A kann zu Problemen mit Leber, Milz und Skelett führen
Vitamin E (Tocopherol)	verhindert die Oxidation (das Ranzigwerden) von Fetten	Skelettprobleme, Fettleber, Muskeldegeneration	Ein Überschuß von Vitamin E kann zu Haemorrhagien führen.
Vitamin K (Tocopherol)	unterstützt die Blutgerinnung	innere Blutungen in der Muskulatur und im Darm, sehr langsame Blutgerinnung, Blutarmut (Anaemie)	
Wasserlösliche Vitamine			
Vitamin-B-Komplex			
Thiamin (B1)	Nervenfunktion, Verdauung, Fortpflanzung	Appetitverlust, Muskeldegeneration, gestörtes Schwimmverhalten, Farbveränderungen, Blutungen an der Flossenbasis, Flossenlähmung	
Riboflavin (B2)	unterstützt die Sauerstoffaufnahme in Muskeln und Geweben mit unzureichender Blutversorgung	Ausbildung von Blutgefäßen in der Cornea, Star, Blutungen im Auge, Lichtempfindlichkeit; Blutungen der Nasenöffnungen und Kiemen, Appetitverlust, verzögertes Wachstum, Blutarmut (Anaemie)	
Nicotinsäureamid	wachstumsfördernd, (besonders wichtig für Koi-Brut und junge Koi)	Wachstumsverzögerungen	
Cholin	unterstützt den Fettstoffwechsel	Fettleber, schlechtes Wachstum, Blutungen, Anaemie	
Panthothensäure	unterstützt den Fett- und Kohlehydratstoffwechsel	Appetitverlust, abnorme Schleimproduktion, Kiemen- und Hautprobleme	
Pyridoxin (B6)	unterstützt den Eiweißstoffwechsel	schnelle Kiemenventilation, Unruhe, verzögertes Wachstum, innere Blutungen, „Glotzaugen"	Das Fehlen von Pyridoxin führt bei Koi zu einer erhöhten Sterblichkeit.
Inosit	Am Fetttransport beteiligt	Bei jungen Koi Geschwüre und Blutungen, starke Abmagerung, Wachstumsverzögerung und Blutarmut (Anaemie)	
Folsäure	wichtig für die Zellbildung	Blutarmut (Anaemie), Flossenschäden, schlechtes Wachstum	
Cobalamin (B12)	unterstützt die Bildung von Blutzellen	möglicherweise Appetitverlust, Störung der Blutbildung	
Vitamin C (Ascorbinsäure)	Wichtig für Knochenbildung, fördert Wandheilung, für vielfältige Stoffwechselprozesse unerläßlich	deformierte Wirbelsäule und Kiemen, innere Blutungen, Hautprobleme, Wachstumsstörungen	besonders wichtig bei der Ernährung von jungen Koi

FÜTTERUNG VON KOI

schlecht geworden ist. Man sollte daher nur markenfutter kaufen, auf das Haltbarkeitsdatum achten und das Futter kühl und trocken aufbewahren. Besonders bei erwachsenen Koi empfiehlt es sich, nicht zu fetthaltiges Futter zu verfüttern, da eine Verfettung der Organe zu schwerwiegenden Gesundheitsproblemen (z. B. lipoide Leberdegeneration) führen kann.

Kohlenhydrate sind ebenfalls Energielieferanten, aber Fische können sie nicht so leicht in ihren Stoffwechsel überführen (metabolisieren) wie allesfressende Vögel oder Säuger. Zuviel Kohlenhydrate schaden der Gesundheit von Koi und können zu pathogenen Organveränderungen – besonders der Leber – führen.

Vitamine sind für einen geregelten Stoffwechsel und für das Wachstum von Koi unverzichtbar; zudem steigt während des Ablaichens der Bedarf an bestimmten Vitaminen. Vitamine sind chemische Verbindungen, die nur in kleinen Mengen mit der Nahrung zugeführt werden müssen; Vitaminmangel führt fast immer zu gesundheitlichen Schäden.

Man teilt Vitamine in zwei Kategorien ein: fettlösliche und wasserlösliche. Fettlösliche Vitamine kommen in vielen Formen vor, werden langsam metabolisiert und können im Körperfett gespeichert werden. Ein Überschuß an fettlöslichen Vitaminen kann zu einer sogenannten Hypervitaminose führen, die je nach Vitamin gesundheitsschädlich ist. Wasserlösliche Vitamine sind leicht aufzunehmen und werden gewöhnlich nicht ausgeschieden.

Alle essentiellen Vitamine sind im Marken-Fertigfutter für Koi in genügend großen Mengen vorhanden; Vitamin-Mangelerscheinungen sind daher praktisch ausgeschlossen.

Mineralien sind ebenfalls für das Funktionieren des Stoffwechsels unverzichtbar; sie spielen eine wichtige Rolle beim Aufbau des Skelettsystems, bei der Osmoregulation, beim Funktionieren des Nervensystems und beim Gasaustausch zwischen Blut und Gewebe. Über Mineral-Mangelerscheinungen bei Fischen ist bisher wenig bekannt, da die meisten Mineralsalze aus dem umgebenden Wasser aufgenommen werden.

Nahrungsansprüche von Koi
Zusammensetzung und Menge des Futters, hängen von der Größe des Fisches ab. Wie beschrieben, ist eine ausgewogene Zusammensetzung des Futters aus allen Nähr- und Ballaststoffen sowie Spurenelementen eine der wichtigsten Grundvoraussetzungen für eine gesunde Koi-Haltung. Es lohnt sich nicht, durch den Kauf von „Billigfutter" zu sparen, denn bei solchem qualitativ minderwertigem Futter ist eine ausgewogene Zusammensetzung nicht garantiert. Wählen Sie eine Darreichungsgröße, die von dem kleinsten Fisch problemlos aufgenommen werden kann, sonst kümmert er möglicherweise. Wenn Sie sehr kleine Koi zusammen mit größeren halten, sollten Sie den Fischen eine Mischung aus kleinen und großen Futterpartikeln anbieten. Achten Sie sorgfältig darauf, daß die jungen Fische nicht zu kurz kommen.

Eine Auswahl für Koi geeigneter Nahrungsmittel

Koi-Sticks
Koi-Sticks sind speziell auf die Bedürfnisse von Koi abgestimmtes Spezialfutter und enthalten natürliche farbverstärkende Zusätze.

Farbverstärkendes Futter
Verfüttern Sie dieses Futter im Sommer. Wählen Sie eine Futtergröße, die noch vom kleinsten Fisch im Teich mühelos aufgenommen werden kann.

Medi-Sticks
Medi-Sticks ist ein Arzneimittel gegen einzellige Haut- und Kiemenparasiten.

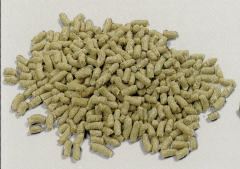

Teichfutter
Das ideale Hauptfutter für alle Fische im Gartenteich; ideal bei höheren Wassertemperaturen. Mit allen wichtigen Bestandteilen.

Stick-Mix
Eine Mischung aus mehreren ausgewählten Sticksorten. So wird eine optimale Ernährung erreicht.

Weizenkeim-Futter
Dieses Futter mit einem hohen Getreidegehalt kann besonders bei niedrigeren Temperaturen verfüttert werden.

Die meisten Koi-Markenfutter werden in zwei Formen angeboten: schwimmend oder sinkend. Obwohl alle Koi gern gründeln, d. h. Futter am Boden suchen, nehmen sie das angebotene Futter auch problemlos an der Oberfläche auf. Dadurch haben Sie Gelegenheit, gezielter zu füttern und die Tiere beim fressen zu beobachten. Koi lassen sich sogar so weit zähmen, daß sie Ihnen aus der Hand fressen! Die schwimmfähigen Sticks weisen Lufteinschlüsse auf, die dafür sorgen, daß das Futter schwimmt. Ein Vorteil dieses Schwimmfutters liegt darin, daß man leicht erkennen kann, wann die Fische genug gefressen haben. Seien Sie vorsichtig, wenn Sie Sinkfutter verfüttern; Futterreste bleiben – besonders bei trübem Wasser – leicht unentdeckt.

Geben Sie so viel Futter, daß nach wenigen Minuten alles aufgefressen ist. Auf Koi-Farmen bekommen kleinere Koi (unter 15 cm Körperlänge) im Sommer 5 % ihres Körpergewichts pro Tag an Futter, große geschlechtsreife Koi (über 35 cm) nur 2 %. Der Nährstoffgehalt des Futters wird nach Gewicht, nicht nach Volumen, berechnet.

Im Winter sollten Sie nur soviel füttern, wie die Koi zur Aufrechterhaltung ihrer Körperfunktionen benötigen, denn dann ist es für den Fisch zu kalt, um zu wachsen. Bei Temperaturen von 8–10 °C sollte höchstens noch etwas leicht verdauliches Futter, unter 6 °C gar nicht mehr gefüttert werden.

Futter als Farbverstärker
Farbe spielt bei Koi eine sehr wichtige Rolle, und bestimmte Naturstoffe im Futter können dabei helfen, die natürliche Färbung des Fisches zu erhalten und zu verstärken. Carotine unterstützen die rote Pigmentierung eines Koi, doch wenn sie in zu hoher Konzentration verfüttert werden, erhält das Weiß ebenfalls einen gelblichen Schimmer. Auch *Spirulina platensis* verstärkt und fixiert die Rotfärbung, beeinflußt das Weiß aber weniger stark. Dabei handelt es sich um eine Algenart, die in Mexiko kultiviert und gegessen wird, da sie sehr proteinreich ist. Ursprünglich wurden diese Algen aufgrund ihres Nährstoffreichtums und nicht wegen ihres farbverstärkenden Effekts an Koi verfüttert. Seitdem man darüber Bescheid weiß, füttern Koi-Züchter kontinuierlich diesen Algenextrakt zu. Grundsätzlich kann man dieses Spezialfutter jederzeit, selbst bei kälterem Wetter, verabreichen (bis zu Temperaturen von 10 °C).

Eine gute Färbung hängt jedoch nicht nur von der Fütterung ab. Gesunde Fische sind naturgemäß viel kräftiger gefärbt als kranke. Um bei einem Koi leuchtende Farben, insbesondere ein reines Weiß, zu erzielen, müssen Sie den Fischen optimale Lebensumstände bieten.

Eine schwarze Pigmentation wird durch hartes Wasser und einen pH-Wert von 7,5–8,5 gefördert. Denken Sie jedoch daran, daß sich in Abhängigkeit vom pH-Wert und der Wasserhärte die Giftigkeit von Ammoniak und Nitrit im Wasser ändert.

Lebendfutter
Koi schätzen verschiedene Arten von Lebendfutter, darunter Herzmuscheln, Würmer und Garnelen. Das ganze Jahr hindurch kann man ab und zu Regenwürmer verfüttern; sie sind, wie Herzmuscheln und Garnelen, sehr eiweißreich und gelten bald als spezieller Leckerbissen – ein sicherer Weg, die Zuneigung Ihrer Koi zu gewinnen. Rote Mückenlarven und Stechmückenlarven sind eine beliebte Kost für kleine Fische; fragen Sie Ihren Fachhändler.

Wasserflöhe wie *Daphnia* stellen ein hervorragendes Futter für junge Koi-Brut dar, sind für erwachsene Tiere aber zu klein. Lebendfutter sollte keineswegs die Ernährungsgrundlage Ihrer Fische bilden, sondern lediglich als Zusatzkost zum Markenfutter dienen.

Wenn Koi nur mit Lebendfutter gefüttert werden, besteht die Gefahr von Ernährungsschäden (Mangel an Vitaminen und bestimmten Aminosäuren).

Man sollte auch niemals Lebendfutter, sogenanntes „Tümpelfutter", aus fischbesetzten Teichen verfüttern, denn die Gefahr, Krankheitserreger einzuschleppen, ist viel zu groß.

Andere Nahrung
Koi fressen vieles vom dem, was man ihnen in den Teich wirft, doch manches davon besitzt wenig oder gar keinen Nährwert oder kann den Fischen sogar schaden.

Graubrot darf man gelegentlich anbieten, doch Weißbrot bekommt den Koi schlecht. Verfüttern Sie weder Bohnen noch Erbsen oder Mais, da die feste Hülle dieser Gemüse für Koi unverdaulich ist.

Koi fressen gern Salatblätter, gelegentlich auch Wasserlinsen und andere Pflanzen, die im Teich oder in der Uferzone wachsen. Auch Fadenalgen werden gerne von den Teichwänden abgegrast.

Es kann nicht oft genug wiederholt werden: Für die Gesundheit und das Wohlergehen Ihrer Koi ist eine ausgewogene abwechslungsreiche Nahrung von elementarer Bedeutung.

Flockenfutter
Ideal für kleine Koi (kürzer als 15 cm) sind die schwimmenden und langsam absinkenden Futterflocken.

Graubrot
Graubrot sollte, wenn überhaupt, nur sehr selten verfüttert werden.

Garnelen
Garnelen sind ein hochgeschätzter, wenn auch kostspieliger Leckerbissen für Koi. Ganze Tiere sind am besten, da das rote Pigment im Panzer der Garnelen ein sehr guter Farbverstärker ist.

Salat
Salat kann gelegentlich zugefüttert werden. Achten Sie jedoch darauf, daß die nicht gefressenen Reste abgefischt werden.

季節ごとの世話

PFLEGE RUND UM'S JAHR

ANDERS ALS DIE MEISTEN Haustiere hält man Koi gewöhnlich außerhalb des Hauses. Obwohl manche Koi-Liebhaber über einen zusätzlichen Teich in Keller, Garage oder im Wintergarten verfügen, um ihre Fische zu überwintern, besitzt die Mehrheit nur einen einzigen Teich im Garten. Hier sind die Koi den wechselnden Jahreszeiten ausgesetzt, die oft starke Temperaturschwankungen sowie Blüten- und Laubfall mit sich bringen. Koi zu pflegen und für ihre Gesundheit zu sorgen erfordert daher ein gewisses Maß an routinemäßiger Wartung, was Pumpen, Filter und Teich angeht; dazu kommen jahreszeitliche Umstellungen bei der Ernährung. In diesem Kapitel folgen wir dem Jahreslauf vom Frühling über Sommer und Herbst bis zum Winter und erläutern Ihnen gleichzeitig, welche Vorkehrungen Sie treffen müssen, um eine gute Wasserqualität zu garantieren und Ihre Koi stets bei bester Gesundheit zu erhalten. Einfache Checklisten bieten Ihnen eine Übersicht über alles, woran Sie je nach Jahreszeit denken sollten.

Das rote Laub dieses Japanischen Zwergahorns bildet im Herbst einen farbenprächtigen Blickfang in diesem Koi-Teich.

PFLEGE RUND UM'S JAHR

Frühling

Im Frühling beginnt für den Koi-Halter eine aktive Zeit. Die Lufttemperaturen steigen langsam an, können aber noch stark schwanken; in den gemäßigten Breiten folgen auf warme, sonnige Tage gelegentlich noch kalte oder sogar frostige Nächte. Wasser erwärmt sich viel langsamer als Luft oder Land, hält eine einmal erreichte Temperatur aber auch konstanter als Luft.

Der Frühling ist für Koi wohl die gefährlichste Jahreszeit. Wie fast alle Fische sind Koi wechselwarm, d.h., es fehlt ihnen die Fähigkeit der eigenwarmen Säuger und Vögel, ihre Körpertemperatur unabhängig von der Umgebungstemperatur auf einem konstanten Niveau zu halten. Ihre Körpertemperatur liegt gewöhnlich aufgrund von Muskelarbeit und Stoffwechselaktivität, bei denen Wärme frei wird, etwas über der Wassertemperatur. Bei Temperaturen unter 10 °C ist das Immunsystem von Koi praktisch inaktiviert; es beginnt erst bei steigenden Temperaturen langsam zu arbeiten. Mit dem Anbruch wärmerer Tage setzt jedoch bei vielen Arten von Bakterien und Einzellern das Wachstum wieder ein, und sie beginnen sich, sobald sich die Temperaturen der 10 °C-Marke nähern, schnell zu vermehren. Es ist daher äußerst wichtig, daß Sie der routinemäßigen Wartung, wie dem Säubern des Teiches und dem Impfen des Filtersystems mit Filterbakterien, große Aufmerksamkeit schenken, damit Ihre Koi die gefährliche Frühjahrszeit ohne Schäden überstehen.

Fütterung

Wenn sich das Teichwasser allmählich erwärmt, beginnen die Koi nach Nahrung zu suchen. Sobald die Wassertemperatur zum ersten Mal 10 °C erreicht, sollten Sie anfangen, die Koi jeden Tag sehr sparsam zu füttern. Der Grund liegt darin, daß der Stoffwechsel der Fische (d.h. ihre gesamten Körperfunktionen) von der Temperatur des umgebenden Wassers abhängig ist. Nächtliche Fröste zu Beginn des Frühjahrs können das Wasser stark abkühlen, dann wird die Nahrung im Darm der Fische nur langsam abgebaut. Als Folge davon verdirbt Futter im Verdauungssystem und führt zu Problemen mit Bakterien (s. *Gesundheitspflege,* besonders S. 108–110). Um dieses Risiko zu verringern, verfüttern Sie zu Beginn des Frühjahrs keine sehr eiweißreiche Nahrung, bieten Sie Ihren Fischen leicht abbaubares, verdauungsförderndes Futter wie Sticks mit einem hohen Anteil an Weizenkeimen an.

Wenn sich die Wassertemperatur bei 10 °C oder mehr stabilisiert hat, können Sie mit einer Ernährung aus kohlehydratreichen Weizenkeimen, Eiweißen und Spurenelementen beginnen. Sobald sich die Wassertemperaturen über 15 °C einpegeln, darf auch Futter mit höherem Eiweißgehalt angeboten werden.

Widerstehen Sie der Versuchung, noch rasch die Futterreste vom Vorjahr aufzubrauchen, denn eine geöffnete Futterpackung kann bereits oxidiert und damit verdorben, oder, was noch schlimmer wäre, mit Schimmelpilzen infiziert sein, die für Koi hochgiftig sind.

Teichwartung

Wenn Sie nicht über Bodenabflüsse (s. S. 32) verfügen, ist es ratsam, den Teichgrund mit einer guten Unterdruckpumpe gründlich zu säubern, um Schlamm und alle Abfallstoffe, die sich während der Wintermonate angesammelt haben, zu entfernen. Auch die Filter profitieren von einer sorgfältigen Reinigung; da das Bakterienwachstum bei kalter Witterung stark eingeschränkt ist, besteht kaum Gefahr, die biologische Aktivität des Filters zu schädigen. Benutzen Sie jedoch zum Säubern des Filters kein Leitungswasser. Verwenden Sie Teichwasser, um den Filter zu durchspülen, und füllen Sie den Teich dann mit abgestandenem oder anderweitig

Oben: *Ein kleiner Koi-Teich im Frühjahr mit Kirschblütenblättern auf der Wasseroberfläche, doch es sind so wenige, daß sie wohl kaum Probleme verursachen dürften.*

aufbereitetem, chlorfreiem Leitungswasser auf.

Wenn die Koi aktiver werden, sollten Sie die Zirkulationsrate des Wassers im Teich erhöhen. Das Wasser wird dann effektiver gefiltert, und es kommt in Kontakt mit der wärmenden Luft und mit dem Belüftungssystem. Das im Winter abgekühlte Wasser hat das Wachstum der Bakterien in den Filterkammern bisher verzögert. Jetzt, da der Strom an Abfallprodukten, die Koi ausscheiden, zunimmt, muß der biologische Filter wieder zu voller Leistung auflaufen. Gefriergetrocknete Bakterien oder entsprechende Lebendkulturen sind im Frühjahr zur Kolonisierung neuer Filter bzw. zur Reaktivierung bereits eingefahrener Systeme besonders nützlich; sie können je nach Temperatur die Leistung des Filters

Oben: *Wenn das Wasser sich erwärmt, kann eine Algenblüte das Wasser manchmal grün färben. Hier schnappen kleine Koi an der Wasseroberfläche nach Luft.*

beträchtlich erhöhen. Wenn Wassertemperatur, Sauerstoff- und Nährstoffgehalt das Bakterienwachstum fördern, vermehren sich diese Mikroorganismen mit erstaunlicher Geschwindigkeit.

Wie man Algenwachstum kontrolliert

Im Frühjahr kommt es oft zu einer Algenblüte, dem sogenannten „grünen Wasser". Grünes Wasser ist für viele Fischhalter ein Ärgernis; sie greifen dann oft zu biologischen Filterstartern, um der Algenplage möglichst rasch Herr zu werden. Algen enthalten Chlorophyll, ein grünes Pigment, das tagsüber (d.h. bei Licht) im Lauf eines biochemischen Prozesses, der Photosynthese, Sauerstoff freisetzt. Nachts verbrauchen die Algen allerdings wieder einen Teil eben dieses Sauerstoffs, was dazu führen kann, daß die Filterbakterien vor Sonnenaufgang unter Sauerstoffmangel zu leiden beginnen. Vermutlich aus diesem Grund weisen einige Hersteller darauf hin, daß Filterstarter bei grünem Wasser nicht optimal funktionieren. Nichtsdestotrotz hat die Erfahrung gezeigt, daß eine kleinere Dosis von gefriergetrockneten oder lebenden Bakterienkulturen einen Teich innerhalb von 10–14 Tagen wieder klären kann, wenn sie jeden Morgen, sobald der Sauerstoffgehalt wieder steigt, zum Filtersystem zugegeben wird. Wenn man die Bakterien kontinuierlich während der Tagesstunden nach ein paar Stunden Wärme zusetzt, etablieren sie sich allmählich.

Interessanterweise ist grünes Wasser gerade ein Hinweis dafür, daß das Filtersystem zu funktionieren beginnt, denn die Algenblüte wird durch einen hohen Nitratspiegel verursacht, dem Endprodukt der Nitrifikation (s. unten und S. 53). Grünes Wasser ist in privaten Koi-teichen unerwünscht. Auf japanischen Koi-Farmen unterstützt man Algenblüten in Aufzuchtteichen allerdings sogar mit großen Mengen Dünger, da die Algen der frischgeschlüpften Brut wertvolle Nährstoffe liefern.

Der Stickstoffkreislauf

Erinnern Sie sich daran, daß der Vorgang der Nitrifikation, bei dem die Abfallprodukte der Fische im Zuge der biologischen Filterung recycelt werden, in zwei Stufen abläuft. Koi scheiden Ammoniak aus, und *Nitrosomonas* und andere Bakterien vermehren sich als Reaktion auf den zunehmenden Gehalt an Ammoniak, das sie in Nitrit umwandeln. Das wiederum fördert das Wachstum von weiteren Bakterien, besonders von *Nitrobacter,* die dieses giftige Zwischenprodukt zu Nitrat oxidieren. Alle biologischen Filter durchlaufen zu Beginn ihrer Entwicklung diese Stadien, und selbst ein ausgereifter Filter tut es im Frühling.

Eine Nitrit-Vergiftung ist wahrscheinlich für mehr mysteriöse Krankheiten und Todesfälle verantwortlich als irgendeine andere Störung. Symptome zeigen sich häufig erst mehrere Wochen, nachdem die Koi diesem Toxin ausgesetzt waren. Große Koi legen sich bei einem Überschuß an Nitrit meist auf die Seite und wirken insgesamt lethargisch, fahren aber fort zu fressen; kleine Koi sterben gewöhnlich.

Überprüfen Sie die Wasserqualität regelmäßig, wenn ein neuer Filter eingefahren wird, nach dem Winter, wenn ein ausgereifter Filter im Frühjahr auf seine alte Leistungsfähigkeit hochläuft oder nach anderen Unterbrechungen der Filteraktivität (z.B. durch Medikamente). So können Sie jeden potentiell gefährlichen Anstieg in der Nitritkonzentration feststellen und Gegenmaßnahmen einleiten. Ein Weg, den potentiellen Schaden einzudämmen, liegt darin, die Nahrungszufuhr der Koi zu reduzieren oder sogar völlig einzustellen und dadurch die Ammoniakproduktion zu unterbinden. Durch die Zugabe von Zeolith zum Filtersystem wird gleichzeitig überschüssiger Ammoniak gebunden.

Bei einem hohen Nitritspiegel müssen Sie möglicherweise täglich 30–40 % des Teichwassers austauschen und die Fütterung ganz einstellen. Wenn der Nitritgehalt sehr hoch ist, können Sie die Chemikalie bis zu einem gewissen Grad mit Kochsalz (3 g/l) neutralisieren. Das hemmt die Entwicklung vieler Parasiten und behindert das Bakterienwachstum, während es gleichzeitig die Produktion einer schützenden Schleimschicht beim Fisch unterstützt. (Geben Sie aber kein Salz ins Teichwasser, wenn Sie Zeolith im Filter haben, weil sonst der Ammoniak zurück ins Wasser entlassen wird.) Viele Koi-Halter behandeln das Teichwasser im späten Frühjahr routinemäßig gegen bakterielle und parasitäre Infektionen. (Informieren Sie sich in der Tabelle S. 112–113 über geeignete Heilmittel; folgen Sie den Anweisungen des Herstellers.)

Jahreszeitliche Checkliste:
Frühjahr

Wartung des Teiches

- Reinigen Sie den Teich gründlich mit einer Absaugpumpe, falls Sie keinen Bodenabfluß haben.
- Füllen Sie den Teich mit Leitungswasser auf; benutzen Sie dabei eine Sprühdüse, damit das Chlor aus dem Wasser verdunstet.
- Verstärken Sie die Wasserzirkulation im Teich, wenn die Koi aktiver werden.
- Spülen Sie die Filter gründlich durch (benutzen Sie kein Leitungswasser).

Wasserqualität

- Bringen Sie die biologischen Filter auf volle Leistung, und geben Sie handelsübliche gefriergetrocknete oder lebende Bakterienkulturen als Starter bzw. Rekultivatoren hinzu.
- Testen Sie die Wasserqualität, besonders den Ammoniak- und Nitritspiegel.
- Wenn der Nitritspiegel hoch ist, führen Sie täglich einen Teilwasserwechsel (30–40 % des Teichwassers) mit abgestandenem Wasser durch.

Fütterung

- Sobald die Wassertemperatur 6 °C erreicht, können Sie damit beginnen, die Koi sparsam zu füttern.
- Füttern Sie bei niedrigen Temperaturen leicht verdauliche Nahrung.
- Wenn sich die Temperaturen bei 10 °C und mehr stabilisieren, füttern Sie, Koifutter mit viel Eiweiß.
- Erst wenn die Temperaturen ständig bei 15 °C bzw. darüber liegen, sollten Sie überwiegend Futter mit einem hohen Eiweißanteil geben.
- Brauchen Sie kein altes Futter vom letzten Jahr auf; es ist möglicherweise bereits oxidiert oder, noch schlimmer, während der Lagerung verschimmelt.

Gesundheitspflege

- Behandeln Sie das Teichwasser im Spätfrühling nur dann gegen Parasiten, wenn Sie einen Befall entdecken. Befolgen Sie dabei alle Anweisungen des Herstellers.

季節ごとの世話

PFLEGE RUND UM'S JAHR

Sommer

Der Sommer, wenn die Fische lebhaft sind und sich vielleicht sogar fortpflanzen, ist die Jahreszeit, die von allen Koi-Haltern am meisten geschätzt wird. Im Lauf des Sommers können Sie Koi reichlich füttern, halten Sie sich aber an die Regel, den Fischen nur so viel anzubieten, wie sie in 5-10 Minuten auffressen.

Wasserwechsel

Die Frage, die sich Fischhaltern mit einem neu etablierten Filter im Sommer am häufigsten stellt, lautet: „Wie oft und in welchem Ausmaß muß ich das Wasser wechseln?" Die Erfahrung lehrt: Je länger ein Teich besteht, desto seltener wird das Wasser gewechselt – nicht etwa, weil der Teichbesitzer nachlässiger wird, sondern weil die Wasserqualität sich mit dem Reifen des Filters verbessert. Wo sich während der Filterreifung noch hohe Konzentrationen von Ammoniak und Nitrit im Wasser bilden, verdünnt ein Wasserwechsel diese Schadstoffe nicht unbedingt auf Dauer. Zudem besteht das Risiko, andere toxische Substanzen, insbesondere Chlor, einzuführen, und gleichzeitig senkt ein Wasserwechsel wahrscheinlich die Wassertemperatur. Ein guter Kompromiß ist es, gerade genug Wasser abzulassen, um die Abflüsse am Boden durchzuspülen, oder die Abfallstoffe vom Boden abzusaugen und gelegentlich das Filtersystem zu warten.

Wasserdurchfluß und Belüftung

Während Sie einerseits darauf achten sollten, die Durchflußgeschwindigkeit durch den Filter nicht zu hoch zu wählen, ist es andererseits sehr wichtig, das Wasser ständig gut durchlüftet zu halten. Das gilt besonders bei schwülem, gewittrigem Wetter bzw. nachts und dann, wenn Sie viele Pflanzen oder eine Algenblüte im Teich haben. Viele Wassergärtner erfreuen sich, bevor sie zu Fischliebhabern werden, tagsüber gern an Fontänen, Wasserfällen und Sprudlern. Nachts werden alle Pumpen dann abgestellt, um Energie zu sparen – und das geschieht aus Gewohnheit auch weiter, nachdem sich einige Koi im Teich tummeln. Die neuen Koi-Halter sind dann sehr betrübt, wenn ein Teil der Fische, die doch am Abend noch völlig gesund waren, am nächsten Morgen mit dem Bauch nach oben schwimmen. Diesen Todesfällen folgt wenige Wochen später oft ein Ausbruch von Pilzkrankheiten, Flossenfäule, Kiemenfäule und alle Arten von parasitischen Infektionen, denen das Immunsystem der gestreßten Fische, die unter Sauerstoffmangel und vielleicht auch an Kohlendioxidüberschuß zu leiden haben, keinen Widerstand entgegensetzen kann.

Chlorophyll – der Farbstoff, der Pflanzen grün erscheinen läßt – ist für die Photosynthese verantwortlich, einen Vorgang, bei dem Kohlendioxid und Wasser unter Ein-

Die Wasserzirkulation im Sommer

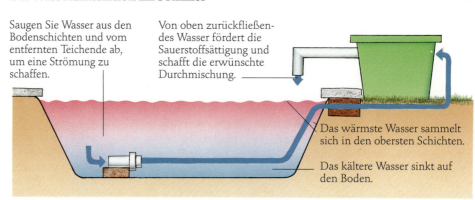

Saugen Sie Wasser aus den Bodenschichten und vom entfernten Teichende ab, um eine Strömung zu schaffen.

Von oben zurückfließendes Wasser fördert die Sauerstoffsättigung und schafft die erwünschte Durchmischung.

Das wärmste Wasser sammelt sich in den obersten Schichten.

Das kältere Wasser sinkt auf den Boden.

fluß des Sonnenlichts in Zucker umgewandelt werden. Der Zucker dient den Pflanzen zum Wachsen oder als Speicherstoff. Die Bildung des Zuckers läuft in zwei Stufen ab; der erste Schritt erfolgt bei Tage; dabei wird Kohlendioxid aufgenommen und gleichzeitig Sauerstoff freigesetzt. Wenn das Licht schwindet, atmen Pflanzen genauso wie Tiere, d.h., Kohlendioxid wird abgegeben und Sauerstoff aufgenommen; dadurch sinkt der Sauerstoffgehalt und erhöht sich der Kohlendioxidgehalt im Wasser. Nachts wettstreiten die Pflanzen also mit den Tieren um den verfügbaren Sauerstoff. Je mehr „Grünzeug" – seien es einzellige Algen oder höhere Pflanzen – sich im Wasser befindet, desto höher sind der Sauerstoffverbrauch und die Kohlendioxidproduktion, die dann über Nacht zum Ersticken der Koi führen kann.

Oben: *Der strahlende Sonnenschein und die Wärme des Sommers kündigen die produktivste Jahreszeit für den Koi-Teich an. Richtig plaziert, bieten die Blätter dieser Seerosen den Fischen willkommenen Schatten und Schutz vor den durchdringenden Sonnenstrahlen.*

Links: *Es ist sehr wichtig, die Wasserzirkulation und die Belüftung während der Sommermonate zu maximieren. Diese einfache Konstruktion mit einer Unterwasserpumpe und einem Außenfilter zeigt, wie man das Wasser am Boden des Teiches umwälzen kann.*

Dazu kommt, daß die Aufnahmekapazität des Wassers für gelösten Sauerstoff mit steigenden Temperaturen sinkt. Des weiteren führt warmes Wasser bei vielen Tieren, darunter auch bei Fischen, zu erhöhter Aktivität, d.h., die Tiere verbrauchen mehr Sauerstoff als gewöhnlich. Jede Wasserbewegung, jedes Kräuseln der Oberfläche erhöht natürlich die Kontaktfläche zwischen Wasser und Luft. Die Oberfläche des Teiches ist die Stelle, an der der Gasaustausch hauptsächlich stattfindet, d.h., hier verdunsten Kohlendioxid und andere flüchtige Gase, und Sauerstoff löst sich im Wasser. Dieser Vorgang kann jedoch durch einen Oberflächenfilm, wie unverdaute fetthaltige Produkte oder Staub, behindert werden.

Die meisten erfahrenen Koi-Halter verfügen über Vorrichtungen, um einen solchen Film von der Wasseroberfläche abzuschöpfen. Wenn Sie keinen Oberflächenabsauger besitzen, lohnt es sich, einen Überlauf am Teich anzubringen und ihn gelegentlich zu benutzen.

Ein weiterer Ratschlag für den Sommer: Wenn Sie eine Unterwasserpumpe verwenden, sollten Sie sie regelmäßig überprüfen und den Ansaugstutzen reinigen, der sich leicht mit Kleinteilen oder Schlamm zusetzt. Das Wasser sollte stets über die Bodenabläufe abgesaugt werden.

Laichen

Im späten Frühjahr bzw. im Frühsommer kann es sein, daß Koi mit einer Körperlänge von 30 cm oder mehr in Brutstimmung kommen und ablaichen. Die Eiablage und die anschließende Befruchtung finden gewöhnlich nach einigen warmen Tagen in den frühen Morgenstunden statt. Ein naturnaher Teich mit flachen Uferzonen und Uferpflanzen ist für Koi zum Laichen bestens geeignet. Im Sommer sollten Sie jeden Morgen rund um den Teich gehen und nachsehen, ob nicht vielleicht ein Weibchen von einem allzu aufdringlichen Männchen aus dem Teich getrieben worden ist, denn die Werbung ist bei Koi eine außerordentlich stürmische Angelegenheit. Gestrandete Fische können außerhalb des Wassers eine beträchtliche Zeit überleben, und es lohnt sich auf jeden Fall, solche Fische ins Wasser zurückzusetzen.

Koi sind sehr schlechte Eltern; sobald sie abgelaicht haben, beginnen sie auch schon damit, die eben erst gelegten Eier aufzufressen. Wenn Sie aus den Eiern Koibrut aufziehen möchten, sollten Sie die Laichschnüre nach dem Laichen sofort aus dem Teich nehmen. Selbst wenn Sie die Brut nicht aufziehen möchten, ist es ratsam, die Eier aus dem Teich zu entfernen, da die erwachsenen Fische sich beim Wühlen im Kies oder zwischen den Wasserpflanzen auf der Suche nach Eiern oft selbst verletzen. Abgestorbene Eier verpilzen schnell, und die Sporen können leicht ein Weibchen, das beim Laichen einige Blessuren davongetragen hat, befallen.

Nach dem Laichen sollten Sie etwa eine Woche lang den Ammoniak- und Nitritgehalt im Teich überprüfen, denn beide Schadstoffkonzentrationen steigen dann oft an. Während der Paarung produzieren die aufgeregten Koi mehr Urin als gewöhnlich, und dies, zusammen mit dem Zerfall von toten oder unbefruchteten Eiern, führt dazu, daß der Ammoniakspiegel ganz dramatisch ansteigt. Die Population von nitrifizierenden Bakterien im Filter ist dann vielleicht nicht in der Lage, den gesamten anfallenden Ammoniak in weniger gefährliche Stoffe umzuwandeln.

Jahreszeitliche Checkliste
Sommer

Wartung des Teiches

- Wenn sich wegen eines neuen Filters im Teich immer noch hohe Ammoniak- und Nitritkonzentrationen aufbauen, sollten Sie regelmäßig Wasser ablassen, um die Abflüsse durchzuspülen, oder Schlamm vom Boden absaugen.
- Entfernen Sie schwimmende Abfälle von der Teichoberfläche, oder installieren Sie einen Überlauf, und gebrauchen Sie ihn gelegentlich.
- Wenn Sie über eine Unterwasserpumpe verfügen, sollten Sie sie regelmäßig auf Verstopfen kontrollieren.
- Hängen Sie im späten Frühjahr/Frühsommer Laichschnüre in den Teich, überprüfen Sie sie regelmäßig, und nehmen Sie sie heraus, sobald die Koi abgelaicht haben – sonst fressen die Fische ihre eigenen Eier sofort wieder auf.
- Gehen Sie jeden Morgen rund um den Teich, und achten Sie auf Weibchen, die im Verlauf der Werbung aus dem Teich getrieben worden sind.

Wasserqualität

- Warten Sie das Filtersystem gelegentlich, um sicherzustellen, daß der Ammoniak- und der Nitritgehalt niedrig bleiben.
- Vermeiden Sie eine zu hohe Durchflußgeschwindigkeit im Filter, aber achten Sie darauf, daß das Wasser gut belüftet wird.
- Überprüfen Sie Ammoniak- und Nitritgehalt nach dem Laichen der Koi regelmäßig eine Woche lang; beide liegen dann gewöhnlich höher als normal.

Fütterung

- Bieten Sie Ihren Koi im Sommer mehr Futter an, geben Sie ihnen aber höchstens soviel, wie sie in fünf bis zehn Minuten auffressen können.
- Füttern Sie lieber wenig, dafür aber mehrmals am Tag; Futterreste führen zu Wasserverschmutzung.

Gesundheitspflege

- Achten Sie auf Infektionen und Parasiten; sie entwickeln sich in warmem Wasser schneller als sonst.

季節ごとの世話

PFLEGE RUND UM'S JAHR

Herbst

Der Herbst bringt in den gemäßigten Breiten oft starke Temperaturschwankungen mit sich; den einen Tag ist es vielleicht wärmer als im Sommer, die nächste Woche aber bereits empfindlich kühl. Was die Wassertemperaturen angeht, so sind die Verhältnisse im Herbst das genaue Gegenteil von denjenigen im Frühjahr. Das Wasser bleibt länger warm als die Luft und kühlt sich langsamer ab. Für die Koi ist das die letzte Gelegenheit, Fettvorräte für die Winterruhe anzulegen, und für Sie ist es Zeit, alle Vorbereitungen zu treffen, die es Ihren Koi ermöglichen, gesund über den Winter zu kommen.

Fütterung

Im Frühherbst fressen Koi in Vorbereitung auf den Winter genauso eifrig wie im Sommer. Wenn das Wasser kühler wird, werden die Koi träger, und ihr Appetit läßt nach. Beginnen Sie dann, etwas weizenkeimhaltiges Futter zuzufüttern, und steigern Sie diese Zugabe langsam bis zum frühen Winter, wobei Sie gleichzeitig Futter mit hohem Eiweißgehalt allmählich absetzen. Weizenkeimsticks, die einen hohen Getreideanteil besitzen, können Sie bei den meisten Koi-Händlern bzw. Zoo-Fachgeschäften kaufen.

Teichwartung

Den Sommer über ändern sich die Anforderungen an die Teichwartung kaum. Mit Beginn des Herbstes können fallende Blätter jedoch Probleme schaffen, und wenn Sie keinen geeigneten Oberflächenabsauger im Teich installiert haben, sollten Sie Netze zum Auffangen des Fallaubs über der Wasserfläche anbringen. Wenn die Blätter zu Boden sinken, werden sie schnell von Bakterien zersetzt. Die Bakterien, die organische Reste wie Blätter zersetzen, sind sogenannte „opportunistische" Mikroorganismen, die sich von totem oder sterbendem Gewebe ernähren. Wenn Koi beschädigte Schuppen oder tote Stäbchenkrebse am Körper tragen, machen sich diese Bakterien darüber her und dringen allmählich auch in lebendes Gewebe vor; das führt dann zu Geschwüren oder einer Blutvergiftung. Tote Blätter, die sich am Teichboden zersetzen, fördern das Wachstum dieser Bakterien, so daß sie zu einem potentiellen Risiko für Koi werden können. Einige Bäume produzieren zudem natürliche Insektizide, die aktiviert werden, sobald die Blätter beschädigt werden oder verrotten, und diese Substanzen können Koi sehr krank machen. Ein Netz über dem Teich wehrt auch Reiher, Katzen, Füchse und andere potentiell gefährliche Räuber ab.

Rechts: *Wenn die Herbsttage kürzer werden, kühlt sich das Wasser im Koi-Teich langsam ab. Achten Sie darauf, daß keine Blätter ins Wasser fallen, und überprüfen Sie Ihre Koi auf Krankheiten oder Parasiten.*

Der Spätherbst ist eine gute Zeit, um die Filter zu säubern. Wenn Sie über ein Mehrkammer-Filtersystem verfügen, sollten Sie erst eine Kammer reinigen und eine Woche später die nächste usw. Dadurch erhalten die nitrifizierenden Bakterien Gelegenheit, die bereits gereinigte Kammer wieder zu besiedeln, und negative Effekte für die Wasserqualität bleiben so gering wie möglich (s. S. 53). Schrubben Sie die Filter *niemals* mit irgendwelchen Reinigern oder Desinfektionsmitteln, die die Bakterien im Filter abtöten und die Koi in Gefahr bringen, weil sich die Wasserqualität verschlechtert.

Gesundheitspflege

Im Herbst sollte nochmals kontrolliert werden, ob die Koi nicht von Parasiten, wie Karpfenläusen und Stäbchenkrebsen (s. S. 104), befallen sind, besonders dann, wenn Sie im Sommer neue Fische eingesetzt haben. Stäbchenkrebse und Karpfenläuse können bei Koi Hautläsionen verursachen, die sich unbehandelt oft zu Geschwüren entwickeln. Bei einer Wassertemperatur unter 12°C heilen Wunden bei Koi sehr schlecht – wenn überhaupt. Da das Wasser im Herbst abkühlt, ist auch die Effektivität des Immunsystems der Fische verringert. Bei Temperaturen unter 10°C hört es fast ganz auf zu arbeiten, während viele Bakterienstämme bis zu einer Temperatur von 2–3°C aktiv bleiben. Daher ist es sehr wichtig, daß alle Koi, die an Wunden oder Abschürfungen leiden, sich im Herbst wieder vollständig erholen; es lohnt sich im Zweifelsfall, im Haus ein Behandlungsbecken für Koi mit unverheilten Wunden einzurichten. Am besten richten Sie ein solches Behandlungsbecken im voraus ein und benutzen gesunde Fische, um den Filter zu starten. Damit überwinden Sie das Problem des anfänglich hohen Ammoniak- bzw. Nitritspiegels, das bei jedem neu installierten Filtersystem auftritt (s. S. 51). Kranke Fische vertragen keine derartigen Schwankungen in der Wasserqualität und sterben. Wenn das Behandlungsbecken „eingefahren" ist, setzen Sie die kranken Koi ein. Die Wassertemperatur im Behandlungsbecken sollte mindestens 16°C betragen.

Es sind eine Reihe von Desinfektionsmitteln gegen Karpfenläuse und gegen die freischwimmenden Stadien des Stäbchenkrebses im Handel. (Sie müssen erwachsene Stäbchenkrebs-Weibchen mit einer Pinzette entfernen.) Aber obwohl diese Mittel für Koi unschädlich sind, stellen viele der handelsüblichen Präparate gegen Parasiten für viele andere Fischarten eine große Gefahr dar. (Es dauert etwa sieben Tage, bis diese Mittel die Karpfenläuse und die Stäbchenkrebs-Larven unschädlich gemacht haben.) Wenn Sie Fischarten wie Orfen, Schleien oder Rotfedern im Teich halten, müssen Sie sie aus dem Wasser nehmen, bevor Sie diese Mittel zugeben. Setzen Sie die Fische in einen geeigneten Behälter, am besten in einen anderen Teich, und denken Sie daran, das Wasser ausreichend zu belüften. Wenn der Behälter kein Filtersystem aufweist, testen Sie das Wasser mindestens einmal täglich auf Ammoniak. Wenn der Ammoniakgehalt im Wasser anzusteigen beginnt, geben Sie entweder Zeolith in die letzte Filterkammer, oder führen Sie täglich einen 20%igen Teilwasserwechsel durch, bis Sie die Fische in den Teich zurücksetzen können. Wenn Sie die Teichfische gegen Karpfenläuse behandeln, denken Sie daran, die anderen Kaltwasserfischarten ebenfalls zu überprüfen, um sicherzugehen, daß sie keine derartigen Parasiten beherbergen, bevor Sie sie in den Koi-Teich zurücksetzen.

Unten: Dieser einfache Wasserbehälter ist bestens dazu geeignet, Koi mit unverheilten Wunden oder anderen Gesundheitsproblemen zu behandeln.

Jahreszeitliche Checkliste
Herbst

Wartung des Teiches

- Benutzen Sie einen Oberflächenabsauger (Skimmer) oder ein Netz über dem Teich, um Fallaub aufzufangen. Ein Netz hindert auch Reiher daran, Ihren Teich zu benutzen, um sich einen Fettvorrat für den Winter anzulegen.
- Säubern Sie alle Filter gründlich. Lassen Sie zwischen der Reinigung der einzelnen Kammern eines Mehrkammersystems ca. eine Woche verstreichen, und verwenden Sie dabei niemals Haushaltsreiniger oder Desinfektionsmittel.

Wasserqualität

- Verwenden Sie einen thermostatisch kontrollierten Heizer um Schwankungen der Temperatur auszugleichen.

Fütterung

- Im Frühherbst sollten Sie die Koi weiterhin sparsam, aber öfter füttern.
- Wenn die Wassertemperatur sinkt und die Koi weniger aktiv werden, ist es ratsam, bis zum Frühwinter allmählich immer mehr Futter auf Weizenkeimbasis zu füttern und statt dessen proteinreiche Kost zu reduzieren.

Gesundheitspflege

- Halten Sie Ihren Teich von Fallaub frei; Blätter, die auf dem Boden des Teiches verrotten, können das Wachstum schädlicher Bakterien fördern.
- Überprüfen Sie Ihre Koi sorgfältig auf Parasitenbefall (z.B. Karpfenläuse und Stäbchenkrebse), besonders dann, wenn Sie im Sommer neue Fische eingesetzt haben.
- Richten Sie für alle Koi mit unverheilten Wunden ein Behandlungsbecken ein, in dem die Wassertemperatur 16°C nicht unterschreitet.
- Denken Sie daran, daß Fische wie Orfe, Schleie und Rotfeder durch Medikamente im Teichwasser getötet werden können.

PFLEGE RUND UM'S JAHR

Winter

Wenn die Temperaturen fallen, ziehen sich die Koi in die tieferen Regionen des Teiches zurück und fressen nicht mehr so gut; bei weniger als 6°C stellen sie die Nahrungsaufnahme ganz ein. Wenn das Wasser weiter abkühlt, liegen die Koi meist zusammengedrängt am Teichboden; alle Flossen außer der Schwanzflosse sind dann eng an den Körper gepreßt. Das hält ein wenig Wärme im Körper zurück, denn jede Flosse verfügt über ein weitverzweigtes System von Blutkapillaren, über das es bei ausgebreiteten Flossen zu einem Wärmeverlust kommen kann. Die wohl stärkste Auskühlung beim Fisch findet über die Kiemen statt; dort verliert das Blut einen Teil seiner Wärmeenergie an das kühlere Wasser, das über die Kiemenfilamente strömt. Sie haben vielleicht bemerkt, daß Koi im Winter langsamer zu atmen scheinen – das ist eine Methode, um Körperwärme zu sparen. Bei Temperaturen zwischen 3°C und 6°C verfallen Koi in einen Ruhezustand, „Torpitität" genannt. Ihre Sinne, wie Geruchs- und Geschmackssinn, arbeiten nicht, aber sie können noch sehen und auf äußere Reize, wie Berührung oder Wasserbewegung, reagieren.

Bei Temperaturen unter 3°C geraten Koi in eine kritische Lage, denn dann steigt die Gefahr, daß sich in den empfindlichen Kiemenmembranen Eiskristalle bilden. Da Wasser sich ausdehnt, wenn es gefriert, zerstören diese Kristalle die Kiemenzellen, und die Koi sterben.

Filtration und Belüftung im Winter

Wie viele andere Stoffe dehnt sich Wasser aus, wenn es warm wird, und zieht sich zusammen, wenn es abkühlt. Da warmes Wasser leichter ist als kälteres, steigt es nach oben. (Wenn Sie die Hände an Ihren Warmwasserboiler legen, werden Sie merken, daß er oben heißer als unten ist.) Man würde deshalb logischerweise erwarten, daß gefrorenes Wasser (Eis) sich auf dem Grund eines Teiches sammelt, aber das ist, wie wir alle wissen, nicht der Fall. Tatsächlich besitzt Wasser bei 4°C eine sogenannte „Dichteanomalie", d. h., Wasser von 3°C ist weniger dicht und daher auch leichter als Wasser von 5°C. Daher sammelt sich wärmeres Wasser am Boden und kälteres steigt nach oben. Das ist für Wasserbewohner lebenswichtig. Wasser ist ein schlechter Wärmeleiter, daher bilden das kalte Wasser und die Eisschicht an der Oberfläche einen Isolator, der die Wärme in den darunter liegenden Wasserschichten bewahrt. Wie wir im Abschnitt über Teich und Filteranlagen gesehen haben, sollte ein Teich mindestens 1,5 m tief sein. Bei einer solchen Wassertiefe stabilisiert sich das Temperaturgefälle zwischen Boden und Oberfläche; zudem nimmt die Bodenschicht Wärme aus dem umgebenden Erdreich auf.

Lassen Sie alle biologischen Filter den Winter hindurch laufen. Es ist wichtig, daß

Die Wasserzirkulation im Winter

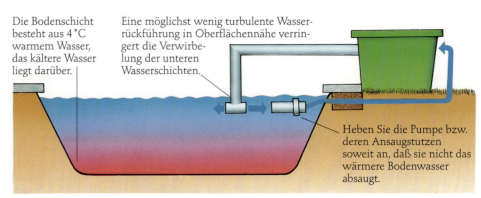

Die Bodenschicht besteht aus 4°C warmem Wasser, das kältere Wasser liegt darüber.

Eine möglichst wenig turbulente Wasserrückführung in Oberflächennähe verringert die Verwirbelung der unteren Wasserschichten.

Heben Sie die Pumpe bzw. deren Ansaugstutzen soweit an, daß sie nicht das wärmere Bodenwasser absaugt.

das Wasser ständig zirkuliert, damit Sauerstoff ins Wasser diffundieren kann und Kohlendioxid (das Nebenprodukt der Atmung) nicht durch eine durchgängige Eisschicht im Wasser zurückgehalten wird. Wenn die Pumpe abgestellt wird, leiden die Fische, und die Einzelteile der Pumpe korrodieren bzw. frieren im Wasser ein. Bei einer Unterwasserpumpe mit Durchflußregler sollten Sie die Leistung auf „Minimum" stellen.

Wenn Sie über zwei oder mehr Pumpen verfügen, genügt es um diese Jahreszeit, eine einzige Pumpe in Betrieb zu lassen; eine Ausnahme bilden nur sehr große Teiche. Das gibt Ihnen die Gelegenheit, alle Pumpen, die gerade nicht im Einsatz sind, gründlich zu überholen. (Die meisten Pumpen sind heutzutage versiegelt; sie müssen lediglich gesäubert und Filter, Kabel und Schalter überprüft werden.)

Oben: Diese Abbildung zeigt, wie man die einfache Anlage, die im Abschnitt über die Pflege im Sommer auf S. 74 besprochen worden ist, für den Winter herrichten kann. Die wichtigste Veränderung besteht darin, daß die Zirkulationsrate reduziert wird und das Wasser in Bodennähe daher ungestört bleibt.

Wenn die Wassertemperatur bis in die Nähe der kritischen 4°C fällt, sollten Sie Ihre Unterwasserpumpe bzw. den Ansaugstutzen bis auf 15–23 cm unter die Wasseroberfläche anheben. Dadurch verhindern Sie, daß die wärmeren Wasserschichten am Teichboden verwirbeln und abkühlen, und ermöglichen Ihren Koi eine ungestörte Winterruhe, während Sie gleichzeitig einer vollständigen Vereisung der Teichoberfläche vorbeugen.

Sie können sich jetzt auch dafür entscheiden, den Wasserrückfluß in den Teich zu drosseln. Vermindern Sie die Luftzufuhr durch Venturi-Rohre und Wasserfälle, und

Oben: Unter dem frischen Weiß dieser Winterszene verharren die Koi in Winterruhe. Es ist sehr wichtig, daß Sie einen Bereich auf dem Teich eisfrei halten und eine ständige, leichte Wasserzirkulation aufrechterhalten oder den Teich vollständig abzudecken.

Rechts: Dieser hübsche Koi-Teich liegt im Foyer eines öffentlichen Gebäudes; er zeigt, wie vorteilhaft man Koi auch im Haus zur Geltung bringen kann. Vielleicht wäre das während der kälteren Monaten für Sie ebenfalls eine Lösung.

stellen Sie Fontänen und Wasserspiele ab. All dies ist im Winter nicht nötig, da kaltes Wasser mehr gelösten Sauerstoff aufnehmen kann als wärmeres; wenn sie weiter in Betrieb bleiben, kühlen sie nur das Wasser empfindlich aus. Wenn das Wasser durch ein gerades Rohr aus einem Filter über dem Teichniveau in den Teich zurückgeführt wird, bringen Sie am Ausfluß ein T-Stück oder einen Winkel an, um zu verhindern, daß tiefere Wasserschichten verwirbelt werden.

Außenteiche heizen

Eine zunehmende Zahl von Koi-Liebhabern installiert Heizsysteme in ihren Außenteichen, damit die Koi das ganze Jahr hindurch aktiv bleiben, fressen und natürlich auch wachsen. Im Winter sollten die Temperaturen aber dennoch absinken; eine Heizung ist nur bei starkem Frost nötig. Ideal ist eine Abzweigung von der Zentralheizung des Wohnbereichs (über eine separate Heizungspumpe mit Wärmetauscher und Steueranlage). Sie können aber auch Durchlauferhitzer verwenden, die in das Rohrleitungssystem zwischen Pumpe und Teich eingebaut werden. Beides ist im Schwimmbadhandel erhältlich. Jede Heizeinheit sollte thermostatisch kontrolliert werden und in der Lage sein, die Wassertemperatur selbst im strengsten Winter auf mindestens 4 °C zu halten. Schnelle Temperaturschwankungen sind äußerst unerwünscht; Temperaturen, die hoch genug sind, die Koi zu aktivieren (6–8 °C), aber zu niedrig, um sie zu füttern, schwächen den Allgemeinzustand der Fische. Zudem arbeitet das Immunsystem der Koi bei Temperaturen unter 10 °C „auf Sparflamme", aber Bakterien im Wasser können noch immer aktiv sein. Das Heizsystem muß in Verbindung mit einer Abdeckung eine Wassertemperatur von mindestens 4 °C garantieren.

Innenteiche

Eine Alternative zum Beheizen von Außenteichen ist für einige Koi-Halter die Installation eines Teichsystems in der Garage, im Gewächshaus oder im Wintergarten; manche Liebhaber verfügen sogar über ständige Fischhäuser. Solche Teichsysteme sind im allgemeinen kleiner und werden in der warmen Jahreszeit zu Quarantänezwecken oder zur Aufzucht von Jungfischen benutzt – oder sie bleiben den Sommer über weitgehend ungenutzt und dienen lediglich in den kälteren Monaten dazu, die Koi vor den Unbilden des Wetters zu schützen.

Verwenden Sie zum Füllen von Innenteichen lieber ausgereiftes Teichwasser als Leitungswasser. Dadurch ersparen Sie Ihren Koi beim Umsetzen einen Wechsel von Wassertemperatur und -qualität. Zusätzlich sollten Sie einen kleinen transportablen Filter im oder am Innenteich installieren, den Sie mit Wasser aus dem Außenteich geimpft haben. Statt dessen können Sie das Ammoniak-/Nitritproblem bei neuen Filtern und Teichsystemen auch dadurch in den Griff bekommen, daß Sie etwas von dem Filtermedium aus dem etablierten Außenteich-System nach innen überführen (s. S. 54).

Jahreszeitliche Checkliste
Winter

Wartung des Teiches

- Wenn Sie über eine Pumpe mit Durchflußregler verfügen, stellen Sie sie auf minimale Leistung ein. Um diese Jahreszeit sollte eine Pumpe – außer bei sehr großen Teichen – genügen.
- Überprüfen Sie bei allen Pumpen Filter, Kabel und Schalter.
- Drosseln Sie den Luftstrom in Venturi-Rohren und Wasserfällen, und drehen Sie Fontänen im Teich ab.
- Heben Sie den Saugstutzen bis auf 15–23 cm unter die Wasseroberfläche an, wenn die Wassertemperatur fällt. Dadurch verhindern Sie eine Umwälzung des wärmeren Wassers in Bodennähe.
- Entfernen Sie alle Ausströmer vom Teichboden.
- Falls Sie über einen Innenteich verfügen, sollten Sie ihn jetzt mit „reifem" Teichwasser füllen und Ihre Koi hineinsetzen.

Wasserqualität

- Lassen Sie alle biologischen Filter das ganze Jahr hindurch laufen.
- Installieren Sie kleine, thermostatisch kontrollierte Heizer im Filtersystem, damit die Wassertemperaturen nicht unter 4 °C sinken kann.

Fütterung

- Je stärker die Wassertemperatur fällt, desto weniger sollten Sie füttern. Bei Temperaturen unter 6 °C stellt man das Füttern vollständig ein.

Gesundheitspflege

- Achten Sie darauf, daß die Wassertemperatur nicht unter 4 °C sinkt. Bei Wassertemperaturen unter 2 °C wird es kritisch für die Koi, weil sich in den Zellen der Kiemenmembranen Eiskristalle bilden können, die die Zellen zerstören.

造園と水のある庭

LANDSCHAFTSGESTALTUNG UND WASSERGÄRTEN

IHR TEICH sollte in erster Linie Ihren Koi einen optimalen Lebensraum bieten, doch Wasser ist daneben auch ein hervorragendes Gestaltungselement, und mit etwas Planung und Fingerspitzengefühl bereichert es jede Anlage. Wasser reflektiert das Licht und kann, ähnlich wie eine Spiegelwand, selbst auf begrenztem Raum eine Illusion von Weite und Tiefe erzeugen. Mit einem Wasserlauf und einem geschickt plazierten, harmonisch gestalteten Teich läßt sich auch ein kleiner Garten optisch vergrößern. Heutzutage bieten moderne Materialien bei der Gestaltung von Wasserflächen viel Spielraum für die Verwirklichung der eigenen Phantasie: Sie können Ihren Teich formal oder eher naturnah entwerfen oder einen ganzen Wassergarten mit einer Vielzahl verschiedener Wasserelemente (Kaskaden, Wasserspiele etc.) anlegen. Ihr Teich soll vor allem Ihre Koi möglichst vorteilhaft zur Geltung bringen, sich aber gleichzeitig optimal in den Garten einfügen. Dabei spielen nicht nur Lage und Form des Teiches eine wichtige Rolle, sondern auch das „Drumherum", wie Brücken oder Trittsteine und natürlich die Bepflanzung. So wird Ihr Wassergarten später eine harmonische Einheit bilden, und Sie können die Atmosphäre einfangen, die Ihnen vorschwebt.

In diesem Wassergarten bilden Wasser, Pflanzen und Gestein eine harmonische Einheit.

造園と水のある庭

LANDSCHAFTSGESTALTUNG UND WASSERGÄRTEN

Der Standort des Teiches

Wenn Sie den Standort Ihres Teiches planen, sind mehrere Punkte zu berücksichtigen (s. auch S. 24). Ein Teich sollte niemals in der Nähe von Laubbäumen oder großen Sträuchern angelegt werden. Dort verschmutzen fallende Blätter, manchmal auch Früchte, Samen und Insekten, das Wasser und machen das Abfischen zu einer mühsamen und regelmäßig anfallenden Arbeit. Fische und Pflanzen brauchen einen sonnigen Platz, um auf Dauer gesund zu bleiben, doch gerade im Sommer benötigen Ihre Koi auch etwas Schatten. Die Lage des Teiches sollte nicht zu schattig, aber auf jeden Fall geschützt sein; das dient sowohl Ihrem Komfort als auch dem Wohlbefinden der Fische. Eine immergrüne Hecke oder ein Zaun, der den Teich gegen die vorherrschende Windrichtung abschirmt, genügt im allgemeinen; ihr Nutzeffekt ist größer als derjenige einer soliden Barriere, wie einer Mauer. Bambushaine oder niedrige Gehölze dienen dem gleichen Zweck und verleihen dem Garten eine fernöstliche Atmosphäre.

Aus praktischen und finanziellen Gründen ist es ratsam, den Teich nahe an der Strom- und Wasserversorgung anzulegen; daher ist ein Standort in der Nähe des Hauses oft ideal. Ein Koi-Teich, sei er groß oder klein, wird in jedem Innenhof zum Blickfang und bietet reichlich Gelegenheit, die

Oben: *Eine kleine Mauer aus Bruchsteinen rund um einen Koi-Teich wirkt locker und schafft dennoch die nötige Sicherheit für Kinder.*

Koi aus nächster Nähe zu betrachten. Eine Lage nahe beim Haus ist auch beim Füttern oder bei Wartungsarbeiten praktisch. In Japan werden Koi-Teiche traditionellerweise in der Nähe des Hauses angelegt; in einigen Fällen erstreckt sich die Teichanlage sogar unter dem Fundament hindurch bis ins Hausinnere. Sie können diesen Effekt auf verschiedene Weise ohne große bauliche Veränderungen nachahmen: Ein Holzdeck, das bis über den Teich ragt, vermittelt den Eindruck, daß Wasser direkt darunter fließt. Dieser Effekt läßt sich dadurch verstärken, daß Sie einen kleineren Teich im Holzdeck selbst anlegen. Statt dessen können Sie den Teich auch bis ans Haus heranführen und einen entsprechend kleineren Teich z. B. im Wohnzimmer oder im Wintergarten installieren. Große Schiebetüren oder Fenster vom Boden bis zur Decke lassen genügend Licht für einen Innenteich herein; Sie können gleichzeitig Innen- und Außenteich genießen, die dann optisch ungeteilt erscheinen.

Wenn ein Standort in der Nähe des Hauses unpraktisch ist, heißt es umdenken. Nebenbei, Ihr Teich muß nicht unbedingt auf der Rückseite des Hauses liegen! Man kann z. B. den ganzen Vorgarten in einen großen, klassisch-geometrischen Teich verwandeln, mit einer Brücke, die zur Eingangstür führt – sicherlich eine ungewöhnliche, aber eindrucksvolle Lösung. Allgemein gesagt, ist jede Senke im Garten gut zur Anlage eines Teiches geeignet. Wenn Sie den natürlichen Konturen des Gartens folgen, erzielen Sie meist den besten Effekt und vermeiden gestalterische Brüche. Wandern Sie daher in Ruhe durch den Garten, und versuchen Sie, ein Gespür für den Verlauf des Geländes zu bekommen. Das hilft

Unten: *Teiche mit geschwungenem Umriß lassen sich leichter in die natürlichen Gegebenheiten eines Gartens einpassen als klassisch-geometrische Formen.* *Eine Eckposition (links) erfordert einen gut gestalteten Hintergrund; als Abschirmung dienen Grenzzaun bzw. Hecke. Oft ist ein Platz näher am Haus jedoch praktischer (Mitte und rechts). Denken Sie daran, Lage und Form des geplanten Teiches vom Garten als auch vom Inneren des Hauses aus zu prüfen.*

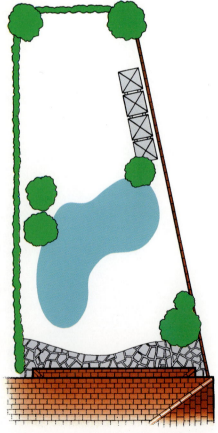
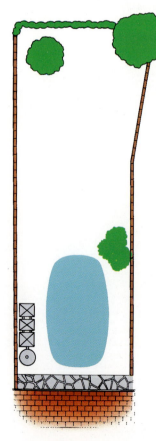

Ihnen auch dabei, sich vorzustellen, wie Ihr Wassergarten später aus verschiedenen Blickwinkeln aussehen wird – nicht nur von der Terrasse aus, sondern auch von nahegelegenen Wegen, vom Haus oder vom entgegengesetzten Ende des Gartens. Vielleicht finden Sie es hilfreich, eine grobe Vorstellung von Form und Lage Ihres Gartenteiches zu gewinnen, indem Sie den Umriß mit Stöcken und Seilen markieren. Das gibt Ihnen die Möglichkeit, das Ergebnis von allen Seiten zu betrachten, auch von oben (aus einem Fenster im oberen Stockwerk Ihres Hauses) bzw. abschätzen, wie sich der Teich in das Gesamtbild des Gartens einfügt.

Während sich ein klassisch-formaler Teich leicht in einen Innenhof integrieren läßt, paßt eine naturnahe Wasserfläche gut auf eine Wiese – auch eingebettet in eine sonnige Hanglage. Achten Sie darauf, daß Sie Ihre Koi jederzeit problemlos beobachten und füttern können: Der Zugang zum Teich muß problemlos und auch bei feuchtem Wetter fußtrocken sein, und bei gutem Wetter möchten Sie sicher gerne am Teichufer sitzen und sich entspannen können. Wenn Sie am hausfernen Ende des Gartens ein Sommerhaus haben, ist in Sichtweite der Veranda sicherlich der geeignete Platz für eine Wasserfläche.

Andere praktische Gesichtspunkte, die man bei der Planung und Verwirklichung eines Wassergartens berücksichtigen sollte, betreffen z.B. den Abstand zur Grundstücksgrenze. Legt man den Teich zu nahe daran an, kann das zu Schwierigkeiten mit den Nachbarn, z.B. bei Bau und Wartungsarbeiten, führen (s. S. 28). Es lohnt sich auch, am vorgesehenen Teichstandort ein wenig in die Tiefe zu graben. Wenn Sie nur wenige Zentimeter unter der aufliegenden Erdschicht auf soliden Felsen treffen oder das Grundwasser besonders hoch steht, müssen Sie sich überlegen, ob Sie nicht besser einen Teich mit hochliegendem Wasserspiegel bauen wollen. Denken Sie auch daran, wer den Garten nutzt. Ein nicht eingezäunter Teich stellt für Kinder unter fünf Jahren eine ständige Gefahrenquelle dar. (Das ist etwas, das Großeltern leicht vergessen!) Falls zu Ihrem Haushalt ein älteres oder behindertes Mitglied gehört, ist ein erhöht angelegter Teich mit Sitzgelegenheiten oder Buchten für einen Rollstuhl oft eine gute Lösung. So kann jedermann den Teich und seine Bewohner bequem genießen.

Links: *Hier ist ein klassisch-geometrischer, rechteckiger Koi-Teich direkt am Haus angelegt worden, abgerundet durch eine Hintergrundpflanzung aus Zwergkoniferen und interessanten Blattpflanzen zwischen Steinen und Felsen.*

Unten: *Zwei spiegelbildlich angelegte Teich, durch einen Pfad getrennt, bieten viel Gelegenheit, durch den Garten zu flanieren und die Fische aus der Nähe zu betrachten. Die zentrale Lage dieser beiden Teiche wird durch ihre unregelmäßige Form und ihre abwechslungsreiche Bepflanzung aufgelockert.*

Größe und Form
Größe und Form Ihres Gartenteiches müssen in Übereinstimmung mit dem übrigen Garten stehen, wenn es auch meist besser ist, eher zu groß als zu klein zu planen – der Teich soll schließlich ein Blickfang werden! Große, gut geplante und harmonisch in die Landschaft integrierte Wasserflächen wirken selbst in einem kleinen Garten sehr eindrucksvoll und bieten viel Raum für Fische. Ein zu kleiner Teich hingegen sieht leicht „nach gar nichts" aus.

Form und Stil hängen von Ihrem Geschmack und Ihrer Gartenanlage ab. Die Japaner lieben einen naturnahen Wassergarten, doch mit den richtigen Materialien und der passenden Umgebung ist es möglich, dieselbe Atmosphäre mit einem eher klassischen Koi-Teich zu erzielen. Das gilt besonders für einen einfach quadratischen oder rechteckigen Teich in einem kleinen Innenhofkomplex. Ganz allgemein lassen sich mit einfachen Formen oder auch Kombinationen von Quadraten, Rechtecken und Sechsecken die besten Effekte erzielen. Will man eine Reihe von Teichen anlegen – vielleicht auf verschiedenen Ebenen und durch Holz oder gepflasterte Flächen verbunden –, so bietet das die Gelegenheit, verschiedene Koi-Zuchtformen bzw. Altersklassen und Größen separat zu halten. Sehr beliebt, besonders für einen einfachen, im japanischen Stil gehaltenen Innen- oder Hinterhof, ist eine L-förmige Teichanlage, die den Eindruck der Abgeschiedenheit, weit weg von der täglichen Hektik außerhalb des Gartens, verstärkt. Das ist bei der fernöstlichen Philosophie des Gartenbaus ein ganz wichtiger Punkt.

Eher naturnahe Teiche, die mit Steinen oder Findlingen umrandet sind, sollten ebenfalls einfach oval, kreis- oder nierenförmig sein. Ein Teich mit einem zu komplizierten Grundriß – z.B. mit einem engen Durchlaß zwischen den einzelnen Teilen – ist schwierig zu konstruieren, behindert den Wasseraustausch und führt später zu Wartungsproblemen (s. S. 25). Wenn Sie einen naturnahen Teich anlegen wollen, ist es außerordentlich wichtig, ein Gefühl für die Konturen der Landschaft zu bekommen, so daß der Teich, wenn er fertig ist, auch wirklich so natürlich wie möglich aussieht.

LANDSCHAFTSGESTALTUNG UND WASSERGÄRTEN

Wenn Sie sich überlegen, welches Material Sie für Ihren Teich verwenden sollten (s. S. 30), bedenken Sie, daß Sie bei Fertigteichen auf einige bestimmte Größen und Formen festgelegt und meist nicht tief genug sind. Viele Koi-Halter ziehen deswegen ECB- bzw PVC-Folie oder Zement als Baumaterialien vor, denn sie lassen den eigenen Vorstellungen mehr Spielraum.

Allgemeine Landschaftsgestaltung

Wenn Sie Ihren Teich oder Wassergarten als Projekt zur Landschaftsgestaltung planen, müssen Sie sich auch Gedanken über den Hintergrund, die zu verwendenden Materialien und die Bepflanzung rundum machen. Am besten skizzieren Sie, nachdem Sie die Form des Teiches mit Stöcken und Kordel abgesteckt haben, alles maßstabgerecht auf einem Blatt Millimeterpapier. Jetzt können Sie beginnen, die anderen Elemente hinzuzufügen; planen Sie dabei „harte" – Steine, Findlinge und Pflaster – und „weiche" Materialien – Pflanzen und Holz – ein. Achten Sie auf eine abwechslungsreiche Mischung von Formen und Farben, und denken Sie daran, daß der Garten in allen vier Jahreszeiten einen erfreulichen Anblick bieten sollte. Dabei können Sie die von Ihnen gewünschte Stilrichtung herausarbeiten: Um eine authentische japanische Atmosphäre zu erzielen, verwenden Sie Natursteine und Kies, und wählen Sie Pflanzen mit kräftigen, großzügigen Silhouetten statt mit leuchtend bunten Blüten.

Als Hintergrund für Ihren Teich eignen sich sorgfältig ausgewählte Bäume, Sträucher oder Gräser, die nicht zu viel Blätter oder Nadeln ins Wasser werfen – vielleicht ein Bambushain oder ein Rhododendronbusch. Statt dessen können Sie den Teich auch sorgfältig einfassen; benutzen Sie dazu den Aushub aus der Teichgrube. Sie sollten den Hintergrund nicht zu aufwendig planen. Ein sanft geneigter Hang mit Steingartenpflanzen zwischen großen Steinblöcken oder mit einem kleinen Wasserfall bietet nicht nur Schutz und etwas Schatten, sondern wirft auch interessante Spiegelungen ins Wasser. Wenn Sie eine stärkere Abschirmung wünschen, pflanzen Sie Bäume oder Sträucher, aber nicht zu nah am Teich, damit es nicht zu schattig wird. Gehölze, die einen feuchten Standort lieben und locker belaubt sind, sind bestens geeignet; sie erzeugen nur einen leichten Schatten. Bäume, wie Sie sie neben Bächen und Teichen im Freiland wachsen sehen, sehen besonders natürlich aus. (Meiden Sie aber die sich stark ausbreitenden Trauerweiden!) Bei kleineren Gärten oder Innenhof-Teichen müssen Sie auf Bäume als Abschirmung meist verzichten: Bauen Sie Schirmwände nicht höher, als es für Ihre Privatsphäre notwendig ist, und verwenden Sie natürliche Materialien, wie Holz, Flechtwerk oder Bambus. Mit Kübelpflanzen kann man die Umrisse ein wenig kaschie-

Oben: „Harte" und „weiche" Gestaltungselemente schaffen einen Übergang zwischen Teich und Garten, besonders dann, wenn Sie eine geometrische Form wie dieses einfache Quadrat wählen.

ren. (Kübelpflanzen sind auch dann empfehlenswert, wenn man Erde und Pflanzenmaterial aus dem Wasser fernhalten will.) Hecken, Abschirmungen, Sträucher und Bäume verleihen Ihrem Wassergarten eine gewisse Abgeschlossenheit, und Blattpflanzen vermitteln ein Gefühl von Kühle und Üppigkeit – beides spielt sowohl in fernöstlichen als auch in westlichen Gartenanlagen eine wichtige Rolle.

Überlegen Sie, solange Ihr Wassergarten noch im Planungsstadium ist, ob Sie vielleicht noch andere Wasserelemente einbauen möchten, z. B. einen breiten, flachen Bach, der mehrere Teiche miteinander oder mit anderen Teilen des Gartens verbindet. Sie können auch eine einfache Brücke oder einige Trittsteine einplanen. Ein vorstehender Felsen bietet sich für einen kleinen Wasserfall an, der Ihren Garten mit dem angenehmen Klang von bewegtem Wasser erfüllt. Für Bäche und Wasserfälle benötigt man eine Pumpe, damit das Wasser zirkuliert; die Größe der Pumpe richtet sich nach dem Wasservolumen, das bewegt werden soll (s. S. 37). Mit Wasserläufen und Kaskaden lassen sich vergleichbare Effekte erzielen; beide werden ähnlich wie Teiche konstruiert und können passend zum Hauptteich mit Ziegeln, Steinen oder Holzbohlen umgeben werden. Solche Gestaltungselemente sind in naturnahen Wassergärten im japanischen Stil sehr beliebt. Die Japaner haben auch eine Form des Wassergartens ohne Wasser entwickelt: Ein trockener Bach, komplett mit Wehren an jeder Stufe, folgt in Lauf und Form dem natürlichen Bachbett und wird von niedrigen Holzbrücken oder großen flachen Trittsteinen überquert, ist aber nur mit Felsbrocken und Steinen gefüllt. Gesäumt von feuchtigkeitsliebenden Bachuferpflanzen, kann das Ergebnis sehr natürlich wirken, ohne daß man all die Mühen und Kosten für Folienauskleidung und Pumpen wie bei bewegtem Wasser aufwenden muß.

Der Stil eines Wassergartens

Bevor Sie darangehen, bestimmte Pflanzen und Steine auszusuchen, sollten Sie eine klare Vorstellung vom Stil und der Atmosphäre haben, die Sie in Ihrem Wassergarten verwirklichen möchten.

Koi-Halter nehmen sich oft japanische Wassergärten zum Vorbild, nicht nur, weil man Koi traditionellerweise mit Japan assoziiert, sondern weil die eher spartanische Architektur eines fernöstlichen Teiches, die stärker auf Formen als auf Farben basiert, die Fische am besten zur Geltung bringt. Ein zurückhaltendes Umfeld lenkt das Auge nicht ab, sondern unterstreicht Bewegung, Form und Farbe der Fische. Es ist ein strukturierter und durchgeplanter, aber dennoch grundsätzlich naturnaher Stil, der ideal für kleine Stadtgärten oder abgeschlossene Winkel in größeren Anwesen geeignet ist. Der japanische Garten bietet eine erholsame Rückzugsmöglichkeit aus der Hektik des Alltags und nutzt natürliche Materialien, wie Wasser, Felsen und Sand, um Berge, Seen und Meere nachzuahmen. Ein Gefühl von Harmonie entsteht eher durch Blattpflanzen als durch leuchtend bunte Blüten – dem Auge bietet sich ein Kaleidoskop aus fein abgestuften Grün- und Grautönen und verschieden geformten Blättern. Gewöhnlich findet man viele immergrüne Gewächse, die das ganze Jahr über ansehnlich bleiben, und eine Auswahl von üppig wuchernden waldbewohnenden Pflanzen, wie Rhododendronbüschen, sowie stärker formale, beschnittene Gehölze. Buchsbaum und Azaleen kontrastieren mit aufstrebenden Formen wie Bambus oder *Enkianthus*.

Ein japanischer Wassergarten bietet das ganze Jahr hindurch einen erfreulichen Anblick; besonders eindrucksvoll wirkt er jedoch während der Baumblüte im Frühjahr und im Herbst, wenn die Blätter sich umfärben und sich leuchtend bunt im Wasser spiegeln. Japanische Zuchtformen kleiner Bäume, wie *Acer* (Ahorn) und *Prunus* (Kirsche und Pflaume) werden oft wegen ihrer Blütenpracht im Frühjahr und ihrem Blattschmuck im Herbst angepflanzt; ein einzelner Baum wirkt dabei häufig als Blickfang.

Die Umgebung des Teiches spielt bei der Anlage eines japanischen Wassergartens ebenfalls eine bedeutende Rolle. Es sollte ein Ort der Ruhe und Entspannung sein, von dem aus man die eleganten Bewegungen der Fische beobachten kann – sei es von einer Steinbank am Ufer oder von einer niedrigen Brücke oder von Trittsteinen aus, die sich kaum über die Wasserfläche erheben. Der Teich selbst ist meist von Steinen oder Findlingen gesäumt; bei einem klassisch-geometrischen Teich verwendet man auch Ziegel oder Holzplanken (s. *Gestaltung der Flächen rund um den Teich,* S. 86). Solche Gestaltungselemente schaffen in Verbindung mit so typischen Pflanzen wie Bambus oder *Acer palmatum* (pflanzen Sie sie für einen kleinen Innenhof-Garten in Kübel oder chinesische Drachentöpfe) sofort eine fernöstliche Atmosphäre. Dieser Wassergarten-Typ läßt sich sowohl bei kleinen Innenhof-Teichen als auch bei großen naturnahen Teichen verwirklichen.

Da der stärker formalisierte Stil bei der Anlage eines fernöstlichen Wassergartens nicht nach jedermanns Geschmack ist, können Sie natürlich auch nur die Grundzüge einer japanischen Anlage übernehmen und das Modell so abwandeln, wie es Ihrer Idee von einem eher westlich geprägten Wassergarten entspricht. In einem solchen Garten findet man gewöhnlich mehr Pflanzen und buntere Farben, besonders rund um den Teich – etwas, das man in einem japanischen Wassergarten kaum sehen wird. Harte Materialien, wie Steine oder Ziegel, verschwinden meist zum Teil unter Blättern und einer Vielzahl von üppigen Blütenpflanzen, die kräftige Farbtupfer setzen.

Überlegen Sie jedoch, welche Pflanzen sich gut miteinander kombinieren lassen, sonst wirkt das Ergebnis im Endeffekt vielleicht zu bunt – feuchtigkeitsliebende Pflanzen können üppig rosa, purpurrot, leuchtend gelb oder kräftig blau blühen. In einem harmonischen und ausgewogeneren Wassergarten findet man eine breite Palette von interessanten Blattformen und einige sparsam gesetzte Farbtupfer. So lassen sich östliche und westliche Elemente harmonisch kombinieren.

Wenn Sie die sumpfige oder wassergesättigte Erde am Teichrand gern bepflanzen möchten, sollten Sie eine flache Uferzone (s. *Teich und Filteranlage,* S. 42) anlegen und die Pflanzen in Containern halten oder eine Stein- bzw. Ziegelmauer zu ihrem Schutz anlegen. Koi lieben es nämlich, Uferpflanzen auszubuddeln; darum sieht man sie in klassischen japanischen Koi-Teichen auch nicht sehr oft. Dasselbe Problem stellt sich, falls Sie Schwimmpflanzen (die auf der Wasseroberfläche treiben) in Ihren Teich setzen möchten, da sie ebenfalls von den Koi als willkommene Abwechslung auf dem Speiseplan angesehen werden. Sie sollten sich daher mit einer Auswahl interessanter Uferpflanzen zufriedengeben; wenn Sie auf Schwimmpflanzen nicht verzichten wollen, versuchen Sie es mit der einen oder anderen Seerosensorte. Es müssen natürlich Zuchtformen sein, die in tiefem Wasser wurzeln und so unterstützt werden, daß sich Blätter und Blüten gerade über der Wasseroberfläche befinden.

Oben: *In einem größeren Garten können Sie ehrgeizigere Pläne verwirklichen und Wasser zu einem zentralen Gestaltungselement machen. Hier verbindet ein Wasserfall über eine Reihe von Stufen zwei Teiche. Zur Anlage gehören noch eine rustikale Brücke und eine kleine Aussichtsplattform.*

造園と水のある庭

LANDSCHAFTSGESTALTUNG UND WASSERGÄRTEN

Gestaltung
der Flächen rund um den Teich

Es wäre unklug, an den Materialien für den Teichbau zu sparen, aber für die Flächen rundum kann man mit weniger teuren Werkstoffen gute Ergebnisse erzielen. Lokales Gestein (wie Basalt in der Eifel oder Schiefer im Sauerland) muß nicht weit angeliefert werden, kostet weniger als Steinplatten oder Fliesen, wirkt natürlicher und paßt zu den meisten Stilrichtungen. Man kann preisgünstiges Holz farbig lackieren, und es lohnt sich zuweilen, bei formalen Teichen nach Fliesen oder Ziegeln zweiter Wahl Ausschau zu halten – auch beim Sparen sind der Phantasie keine Grenzen gesetzt. Und wenn Sie neuen Steinen oder Ziegeln ein älteres Aussehen verleihen wollen, bestreichen Sie sie einfach mit Joghurt oder Buttermilch und impfen sie anschließend mit Moossporen.

Sie werden im allgemeinen irgendeine Form von Pflasterung oder Holzverkleidung benötigen, um die Teichränder zu kaschieren. Auch Steine und Felsen dienen zur Ufergestaltung oder als eindrucksvoller Hintergrund, und mit Kies bzw. Kieselsteinen läßt sich eine kleine „Strandzone" schaffen. Große Findlinge, die manchmal mehrere Tonnen wiegen können, spielen in Wassergärten im japanischen Stil eine besondere Rolle, denn sie stellen oft Bergzüge oder Hügel aus der Umgebung dar. Diese Findlinge sollten entweder eine urtümlich rauhe Oberfläche haben oder aber vom Wasser glattgeschliffen sein. Man kann solche Stücke bei Spezialhändlern

Oben: *Ein Kieselufer, das sich bis in die Flachwasserzone des Teiches erstreckt, bildet einen schönen Übergang zum Garten hin. Setzen Sie als Kontrast größere Steinblöcke und einige spitzblättrige Pflanzen ein.*

kaufen, doch sie sind nicht billig und schwierig zu transportieren und aufzustellen; überlegen Sie sich also vorher genau, was Sie wollen! Manchmal hilft es, sich ein einfaches Modell vom Wassergarten zu bauen und dann mit Steinchen und Kieseln herumzuexperimentieren, um zu sehen, welchen Effekt man damit erzielt und wie viele Steine welcher Größe man benötigt. Wichtig ist dabei ein ausgewogenes Größenverhältnis zwischen den einzelnen Elementen. Und nochmals: Verwenden Sie lokales Gestein, es wirkt stets am natürlichsten!

Gesteine unterscheiden sich je nach Typ beträchtlich in Farbe, Form und Gebrauchswert. Häufig findet man in fernöstlichen Wassergärten Kiesel; man benutzt sie für Uferzonen, zwischen Findlingen oder auch für trockene Bäche. Sie eignen sich bestens als Kontrastelement gegenüber anderen Oberflächen. Verwenden Sie Kieselsteine,

Oben: *Dieser hübsche Teichkomplex lockert einen anderweitig langweiligen Vorstadt-Kleingarten auf. An eine Holzplattform, die der Form des Teiches folgt, schließt sich eine kleine Brücke an, von der aus man die Fische ausgezeichnet beobachten und füttern kann.*

um die bloßliegende Erde unter Pflanzen abzudecken, besonders unter Bäumen, in deren Schatten nichts wächst, oder unter Kübelpflanzen. Das hält die Feuchtigkeit im Boden und verleiht dem Garten ein fernöstliches Flair.

Sand und Kies sind aus japanischen Gärten nicht wegzudenken. Man benutzt sie für Wege und Sitzplätze, unter Bäumen und Sträuchern, um Blätter und Blüten hervorzuheben oder um Spezialeffekte zu schaffen, so z. B. trockene Bäche oder Teiche, die eine Art Spiegelung der Wirklichkeit darstellen sollen. Die Japaner benutzen eine bestimmte Sorte Sand, die in vielen Farben und Körnungen (bis zu 2 mm Durchmesser) angeboten wird. Dieser Sand wird in Kreise und Wellen geharkt, um Wasser zu imitieren, umgeben von Findlingen und Zwerggehölzen, die Berge und Wälder symbolisieren. Überlegen Sie, ob Sie nicht auch solche Sand- oder Kiesflächen rund um Ihren Teich anlegen wollen; sie schaffen Abwechslung in der Oberflächenstruktur und erfordern, wie so viele japanische Gestaltungselemente, nur wenig Wartung.

Auch Holz wird im Wassergarten viel verwendet, muß aber vorbehandelt und gut gewartet werden. Harthölzer wie Redwood oder Rotzeder sind teuer, aber sehr haltbar; relativ preisgünstige Weichhölzer, wie Lärche oder Fichte, müssen jährlich gegen Fäulnis behandelt werden. Die Schönheit von Holz liegt in seiner angenehmen, warmen Ausstrahlung – eine willkommene Abwechslung von Steinen und Fliesen – und in seiner vielseitigen Verwendbarkeit: Man kann Holz zu Decks und Stegen, Terrassen und Sitzgelegenheiten und vielem anderen mehr verarbeiten. Zudem ist Holz bei großen Flächen billiger als eine Pflasterung und leichter zu installieren, besonders bei geschwungenen Formen. Und schließlich können Sie mit Holz viele dekorative Muster legen – einfach senkrecht/waagerecht, im Fischgrätenstil oder in noch komplizierterer Anordnung.

Mit Holzdecks lassen sich herrliche Erholungsflächen schaffen; sie können wie eine Mole über den Teichrand hinausragen und eignen sich dann vorzüglich zum Beobachten und Füttern der Fische. Sie können anstelle von Kieswegen auch Pfade aus Holzplanken anlegen, um ein Deck mit anderen Teilen des Gartens zu verbinden, oder über Bach und Teich niedrige Brücken bauen. Diese Brücken sollten möglichst dicht über der Wasserfläche liegen, so daß Sie Ihre Koi aus der Nähe betrachten können. Mit Hilfe von Holzdecks lassen sich Filter und andere Installationen mühelos verbergen; ein Deckel – abhebbar oder mit Scharnieren versehen – ermöglicht jederzeit Zugang.

Bereiche mit Pflanzen lassen sich ohne weiteres in solche Holzbauten wie Decks und Plattformen integrieren. Geeignet sind Bambus und üppig wachsende Blatt-

Oben: *Mit einem „Materialmix" rund um den Teich läßt sich oft eine erstaunliche Wirkung erzielen. Dieser Koi-Teich liegt eingebettet zwischen geschwungenen, mit Steinen eingefaßten Pflanzbeeten und einer hölzernen Plattform, die Abwechslung im Niveau und in der Oberflächenstruktur mit sich bringt.*

Oben: *Geharkter Sand oder Kies und rauhe Steine schaffen ein traditionelles fernöstliches Ambiente für einen Koi-Teich. Halten Sie sich mit der Bepflanzung zurück; hier bildet eine Reihe von Bonsai-Bäumen die perfekte Ergänzung. Mit Trittsteinen gelangt man über die Kiesfläche zum Teichrand.*

pflanzen – je nachdem kombiniert mit einer einfachen Kiesfläche –, die auf diese Weise gedeihen können, ohne daß die Gefahr einer Wasserverschmutzung besteht. Statt dessen können Sie auch Kübel oder Container für Ihre Pflanzen benutzen. Die Japaner schätzen Holz besonders als vielseitigen und gleichzeitig pflegeleichten Werkstoff. In Japan wird Holz einfach gegen Fäulnis behandelt und mit Lack überzogen oder, falls man einen besonders dramatischen Effekt erzielen möchte, tiefschwarz bzw. dunkelrot gestrichen. Farben und getönte Lacke für den Außenbereich sind überall im Handel; Weiß und Grau ergeben ein attraktives, verwittertes Aussehen, während Blau sowohl mit fernöstlichen als auch mit westlichen Stilelementen erstaunlich gut harmoniert. Je mehr Schichten Sie auftragen, desto kräftiger und tiefer wird die Farbe.

Scheuen Sie sich nicht, verschiedene Materialien miteinander zu kombinieren, um Abwechslung zu schaffen – Rasen mit Findlingen, Holz mit Pflastersteinen, Bereiche mit kleinen und mit großen Steinen. (Mischen Sie aber niemals unterschiedliche Felstypen, da ein zu starker Kontrast eher verwirrend wirkt.) Denken Sie auch daran, einen Sitzbereich am Teichrand einzuplanen – Koi können so zahm werden, daß sie an einer bestimmten Stelle ans Ufer kommen und Ihnen aus der Hand fressen.

造園と水のある庭

LANDSCHAFTSGESTALTUNG UND WASSERGÄRTEN

Die Bepflanzung

Wie wir gesehen haben, prägt die Bepflanzung Form, Aussehen und Charakter Ihres Wassergartens. Einige Gewächse, wie Bambus und Japanischer Ahorn, schaffen sofort eine fernöstliche Atmosphäre, während man sich durch üppig wuchernde *Lysimachia*, Farne und Primeln in eine lockere, mitteleuropäische Waldlandschaft versetzt fühlt. Feuchtigkeitsliebende Pflanzen wachsen meist recht schnell; setzen Sie daher nicht zu viele verschiedene Typen nebeneinander. Es ist im allgemeinen besser, sich auf eine reiche Auswahl an Blattformen zu konzentrieren, als das Hauptgewicht auf Blüten zu setzen. Sie können Uferpflanzen mit riesigen Blättern (wie das Mammutblatt, *Gunnera manicata*, oder *Petasites japonica*) mit hochaufragendem Bambus und anderen Gräsern, mit den stark geäderten Blättern von Funkien, mit Pfeilkraut (*Sagittaria*) oder Farnen und Astilben kombinieren. Die meisten Uferpflanzen besitzen kräftige, eindrucksvolle Silhouetten; suchen Sie also Formen aus, die zueinander passen. In japanischen Wassergärten bilden Immergrüne und besonders prägnante Blattpflanzen häufig die „Grundausstattung"; ein Gegengewicht bilden eher formal gestaltete Buchsbaumkissen oder Moospolster. Kombinieren Sie dieses Grün mit zahlreichen Steinen und Findlingen, und Sie werden den richtigen Gesamteffekt rund um Ihren Teich erzielen.

Unten: *Diese Illustration zeigt eine Reihe von Uferpflanzen und feuchtigkeitsliebenden Pflanzen, die in und um jeden Teich gedeihen.*

Oben: *Zwergkoniferen und Heidesträucher sind ideale Gewächse für den Teichrand. Man kann sie in vielen Formen und Farben kombinieren und mit ihrer Hilfe – wie hier – Wasserleitungen o.ä. mühelos kaschieren.*

Zwergahorn, insbesondere *Acer palmatum*, der Japanische Ahorn, bildet mit seinem schönen Laub und seiner herrlichen Herbstfärbung nahe am Wasser einen wundervollen Blickfang. Einige Formen weisen zudem eine interessante Rindenstruktur auf, die gerade im Winter gut zur Geltung kommt – *A. griseum* besitzt einen leuchtend orangerot gefärbten Stamm. Solche Bäume sind in japanischen Gärten häufig anzutreffen, besonders die Zwergformen.

Azaleen werden hauptsächlich wegen ihrer wunderbaren Frühlingsblüten angepflanzt, doch die Japaner haben auch immergrüne Varietäten gezüchtet, die sie zu geometrischen Formen beschneiden. Azaleen vertragen keinen Kalk; sie benötigen sauren Boden.

Bambus ist die Sammelbezeichnung für eine Gruppe eindrucksvoller, immergrüner Gräser von typisch fernöstlichem Flair. Sie bevorzugen einen nährstoffreichen Boden und viel Sonne und bilden dichte Horste aus hohen Stengeln mit langen, schmalen Blättern, die ständig in Bewegung scheinen. Die Stengel können leuchtend grün, gelb oder auch schwarz gestreift sein. *Sasa palmata* ist eine vielseitig verwendbare Form, *S. veitchii* wird nur etwa 1 m hoch und verträgt Schatten. Beide benötigen Winterschutz.

Farne bevorzugen einen kühlen, feuchten und schattigen Standort und eignen sich wunderbar für die Bepflanzung von Teich- und Bachufern. Ihre kräftig grünen, fedrigen Wedel sind allgemein bekannt und bilden einen willkommenen Kontrast zu den groß- oder schmalblättrigen Uferpflanzen. Es gibt eine breite Auswahl an verschiedenen Formen und Farbschattierungen, darunter der herrliche Königsfarn (*Osmunda regalis*), der winterhart ist und eine schöne Herbstfärbung aufweist, und die Hirschzunge (*Phyllitis scolopendrium*) mit ihren gebogenen, meist ungeteilten Wedeln.

Schwertlilien gehören zu den wenigen Blütenpflanzen, die man in einem japanischen Wassergarten antreffen kann. Sie werden aufgrund ihrer schwertförmigen Blätter und ihrer zarten, exotischen Blüten geschätzt. Die meisten Arten sind winterhart und blühen im Frühsommer.

Moose lieben schattige, feuchte Plätze und bilden dort eine dichte Matte oder kleine Polster; sie sind die bevorzugten Bodendecker in japanischen Gärten. Sie können das Wachstum von Moosen auf Steinen und Findlingen fördern, wie auf Seite 86 beschrieben.

Rhododendren (zu dieser Familie gehören auch die Azaleen) gibt es, was Formen und Farben betrifft, in großer Auswahl. Sie wer-

Rechts: *Viele üppige Uferpflanzen gedeihen in Töpfen und Kübeln am Teichrand; so kann man sie leichter pflegen und um klassisch-formale Teiche arrangieren.*

Zypergras
(*Cyperus alternifolius*)

Mammutblatt
(*Gunnera manicata*)

Japanische Wasserschwertlilie
(*Iris laevigata*)

Funkien sind kräftig belaubt

Seerose (*Nymphaea*)
„Gladstoniana"

Primeln als Farbtupfer

造園と水のある庭

LANDSCHAFTSGESTALTUNG UND WASSERGÄRTEN

Oben, links und rechts: *Eine Brücke im fernöstlichen Stil sieht am besten in größeren Gärten aus, wo sie einen Teich überspannen kann und ihre strenge Linienführung von Blattpflanzen und Sträuchern aufgelockert wird. Das kräftige Rot ist traditionell; suchen Sie die umstehenden Blatt- und Blütenpflanzen sorgfältig aus, um unharmonische Farbkombinationen zu vermeiden. Hier ergänzen ein weiches Violett und kräftige Grüntöne das Rot der Brücke.*

den in erster Linie wegen ihrer immergrünen Belaubung und ihrer atemberaubend schönen Frühlingsblüte angepflanzt. Ihre exotischen Formen und Farben machen sie zu einem der beliebtesten Sträucher in japanischen Gärten, wo ihre relativ kurz andauernde Blütenpracht im Frühjahr und ihre ausdauernde, glänzend grüne Belaubung einen wertvollen Hintergrund für einen Gartenteich abgeben.

Seerosen in einem Koi-Teich beschränken sich auf die kräftigen, in tiefem Wasser wurzelnden Formen der Gattung *Nymphaea*.

Dazu gehören die weißblühende ‚Gladstoniana', die rosafarbene *N. tuberosa* x ‚Rosea' und die gelbe *N. marliacea* x ‚Chromatella', bei der das Rhizom noch in einer Wassertiefe von bis zu 120 cm austreiben kann. Man pflanzt die Knolle am besten in solide Container (nicht in Gitterkörbe) und deckt sie mit nährstoffreicher Erde und grobem Kies ab (letzteres, um den Koi das Gründeln zu verleiden).

Zusätzliche Gestaltungselemente
Andere, eher architektonische Gestaltungselemente prägen ebenfalls den Charakter und den Stil Ihres Teiches, und Sie können sie entsprechend Ihrer bevorzugten Stilrichtung – eher westlich oder fernöstlich – auswählen. Aber tun Sie nicht des Guten zuviel, und achten Sie darauf, daß das Beiwerk nicht von der Hauptsache, dem Teich, ablenkt. Die meisten Zierelemente dienen – oder dienten zumindest ursprünglich – sowohl praktischen als auch ornamentalen Zwecken.

Brücken sind der Ort, an dem man ein Gewässer überquert, von dem aus man aber auch die Wasserfläche aus einer ungewöhnlichen Perspektive, nämlich von der Mitte her, überblicken kann. Große, geschwungene Brücken im fernöstlichen Stil, die gewöhnlich kräftig rot gestrichen sind, eignen sich nur für ausgedehnte Gartenanlagen. In kleineren Wassergärten begnügt man sich besser mit einem einfacheren, flachen Modell möglichst dicht über der Wasserfläche: Eine solche Brücke paßt ebenfalls ohne Schwierigkeiten zu einer fernöstlich geprägten Atmosphäre. Gleichermaßen beliebt sind einfache Holzstege ohne Geländer, die in gerader Linie oder im Zickzack über die Wasserfläche führen.

Oben: *Einfache Brücken sind oft die schönsten, und je näher sie sich an die Wasserfläche schmiegen, desto besser können Sie Ihre Koi beobachten. Dieser rustikale Pfad wird von ungeschälten Holzstämmen gehalten; er führt über den Teich und weiter in den Garten.*

Eine weitere Möglichkeit zur Überbrückung von Gewässern bieten Trittsteine. Große, flache, ausgewaschene Steine (gelegentlich auch Holzplatten) dienten ursprünglich dazu, trockenen Fußes über Rasen, Moos oder Kies durch den Garten ins Teehaus zu gelangen. Die Trittsteine sind so angeordnet, daß sie dem Besucher einen gemessenen, entspannten Schrittrhythmus auferlegen. Zudem laden breitere Steine zwischendurch zu einer Ruhepause ein, um einen besonders schönen Ausblick zu genießen. Mit Hilfe von überlegt plazierten Trittsteinen kann man auch einen größeren Wassergarten gelassen und gemächlich durchschreiten.

Andere Elemente aus dem traditionellen japanischen Teegarten haben ihre ursprüngliche Funktion weitgehend verloren, aber als Ziergegenstände überlebt: Das gilt für die Steinlaternen, mit denen der Garten einst beleuchtet wurde, so daß man sich auch bei Dunkelheit daran erfreuen konnte, für den steinernen Buddha auf seinem Podest zwischen Farnen und immergrünen Laubpflanzen und für das hübsche *Shishi-odoshi* – ein gelenkig aufgehängtes Bambusrohr. Wenn Wasser durch dieses Rohr rinnt,

Unten: *Das* Shishi-odoshi *ist ein traditionelles japanisches Wasserspiel, das ursprünglich dazu gedient hat, Tiere von den Pflanzen zu vertreiben. Wenn sich das Bambusrohr geleert hat, schlägt es beim Zurückkippen mit lautem Geräusch auf den Stein.*

Oben: *Sparsam eingesetzt, können fernöstliche Ziergegenstände neben einem Koi-Teich durchaus passend wirken. Solche Steinlaternen plaziert man am besten einzeln zwischen Steinen und Blattwerk.*

kippt es nach unten und entleert seinen Inhalt in einen kleinen Steintrog oder ein Bassin, bevor es zurückfällt und mit einem lauten „Doing" auf einen entsprechend plazierten Stein prallt. Dieses kleine Wasserspiel diente früher als „Vogelscheuche" – „Shishi-odoshi" sollte Rotwild fernhalten.

Wenn Sie einen Wassergarten mit mehr westlichen Elementen schaffen wollen, sollten Sie nach interessanten Statuen oder Skulpturen Ausschau halten. Pflanzgefäße und Container können eine gewisse Atmosphäre vermitteln: Töpfe a la Versailles sorgen für Eleganz, Faßhälften strahlen eher rustikalen Charme aus, Terrakotta-Gefäße schmücken ein mediterranes Ambiente, und glasierte fernöstliche Kübel sind ideal für Ihren Bambus und den Zwergahorn.

Die Beleuchtung Ihres Wassergartens

Wenn Sie die elektrischen Anschlüsse für Filter und Pumpen installieren, vergessen Sie die Beleuchtung nicht! Ein überlegter Einsatz von Außenleuchten verwandelt Ihren Wassergarten in eine Märchenlandschaft. Vergessen Sie grellbunte Unterwasser-Scheinwerfer, und benutzen Sie Punktstrahler und Lampen, um Bäume, Sträucher oder imposante Uferpflanzen in Licht zu tauchen; ihre Silhouetten spiegeln sich dann geheimnisvoll auf der Wasseroberfläche. Oder strahlen Sie einen Wasserfall, eine Skulptur, einen imposanten Findling mit einem Punktstrahler an! Es gibt auch Lampen, die man mit Farbfiltern ausrüsten kann. In den meisten Fällen ist weißes Licht am besten, obwohl man mit blauem oder grünem Licht bei Blattpflanzen eine weichere, subtilere Wirkung erzielen kann.

鯉の品種改良

Die Zucht von Koi

Ob Sie als erfahrener Koi-Halter gern möglichst effektive Zuchtmethoden verwirklichen möchten oder diese herrlichen Fische einfach in Ihrem Gartenteich bewundern wollen – die Paarung Ihrer Koi wird Sie in freudige Aufregung versetzen. Sich selbst überlassen, laichen Koi je nach Wassertemperatur im Mai oder Juni, und wenn auch nur ein Teil der Brut, die aus den Eiern schlüpft, überleben soll, müssen Sie wissen, was zu tun ist. Im folgenden Abschnitt beschäftigen wir uns damit, wie man die Geschlechter unterscheidet, wie man Koi-Eier einsammelt, ohne sie zu beschädigen, wie man sie erfolgreich inkubiert und wie man die Brut aufzieht. Anschließend stellen wir Ihnen einige Zuchtmethoden vor, wie sie auf großen Koi-Farmen angewandt werden – darunter solche, bei denen menschliche Eingriffe in die Biochemie des Koi das Wo und Wann der Eiablage bestimmen.

In solchen Schlammteichen werden Koi in Japan in großer Zahl für den internationalen Markt gezüchtet.

DIE ZUCHT VON KOI

Geschlechtsbestimmung bei Koi

Bei Koi unter 25 cm Körperlänge ist es unmöglich, das Geschlecht zu bestimmen, denn sie sind noch nicht geschlechtsreif. Bei einer Länge von mehr als 25 cm beginnt die Entwicklung der Geschlechtsorgane oder Gonaden: das sind beim Männchen die Hoden, auch Milch genannt, und beim Weibchen die Eierstöcke, Rogen genannt. Die Eierstöcke sind bedeutend größer als die Hoden (vergl. *Koi-Anatomie*, S. 20). Weibchen erkennt man an ihrem gerundeten, dicken Leib, wohingegen die Männchen eher stromlinienförmig sind.

Wenn die Männchen paarungsbereit sind, entwickeln sie einen Laichausschlag auf Kopf und Brustflossen, besonders entlang der Flossenstrahlen. Dieser Laichausschlag kann leicht mit der Pünktchenkrankheit (*Ichthyophthirius*, s. *Gesundheitspflege*, S. 102) verwechselt werden. Die Knötchen treten gehäuft auf den Brustflossen auf; sie fühlen sich bei Berührung rauh an und sind in fast regelmäßigen Reihen angeordnet. Sie werden im Verlauf der Paarung eingesetzt, wenn das Männchen das Weibchen mit Kopf und Brustflossen anstößt und zur Eiablage zu bringen versucht.

Laichen

Koi laichen gewöhnlich im Frühsommer. Eine Wassertemperatur von 20 °C ist optimal, obwohl die Fische ihren Laich gelegentlich auch schon bei einer Temperatur von 17 °C absetzen. Wenn das Teichwasser sich erwärmt, laichen fast alle Koi am gleichen Tag ab. Obwohl dabei sehr gesunde Nachkommen erzeugt werden können, ist die Qualität von Färbung und Muster im allgemeinen schlecht, da sich die verschiedenen Farbvarietäten untereinander kreuzen.

Das Koi-Weibchen legt seine Eier – etwa 100 000 pro Kilogramm Körpergewicht – an der Teichwand, am Grund oder an Pflanzen ab. Leider ist es recht schwierig, so zufällig verteilte Eier zu sammeln, um sie in einer Umgebung zu inkubieren, wo sie nicht von ihren Eltern gefressen oder von Parasiten befallen werden. Wenn die Eier sich selbst überlassen bleiben, werden aber auch einige Jungfische schlüpfen, die Sie einsammeln und im Aquarium großziehen können.

Wenn Sie das Überleben von mehr Eiern sichern wollen, sollten Sie künstliche Laichschnüre in den Teich hängen. Die Koi-Weibchen deponieren ihre Eier lieber an solchen Schnüren als an den harten Teichwänden. Um Laichschnüre herzustellen, schneiden Sie 10 cm von einer 10-15 mm dicken, gedrehten Nylonschnur ab und fädeln Sie diese Enden zwischen die Stränge einer 120 cm langen Nylonschnur der gleichen Sorte – oder Sie kaufen Sie bei Ihrem Koi-Händler.

Wenn die Koi in Brutstimmung sind, werden Sie beobachten, daß gewöhnlich mehrere Männchen ein Weibchen jagen und es mit dem Maul in die Seite stoßen. Das Weibchen hält gelegentlich an und saugt an der Teichwand, um ein Areal für die Eiablage zu säubern. Zu diesem Zeitpunkt sollten bereits Laichschnüre im Teich hängen. Breiten Sie die Schnüre fächerförmig aus, und befestigen Sie alles an der Teichwand.

Vermeiden Sie es, die Fische vor oder während des Laichvorgangs zu stören, behalten Sie sie aber sorgfältig im Auge, da die Männchen ein Weibchen manchmal aus dem Teich schubsen und es dort verendet, wenn es nicht aus eigener Kraft zurück ins Wasser gelangt. Koi laichen vorzugsweise in der Morgendämmerung ab, gelegentlich aber auch tagsüber. Wenn sie vollständig abgelaicht haben, hängen die Weibchen heftig ventilierend mit dem Kopf nach unten im Wasser, und die übrigen Fische beruhigen sich ebenfalls allmählich wieder. Entfernen Sie daraufhin vorsichtig die Laichschnüre, und überführen Sie sie zur Inkubation in einen geeigneten Behälter. Koi sind keine guten Eltern, und wenn Sie die Eier nicht schnell aus dem Teich nehmen, wer-

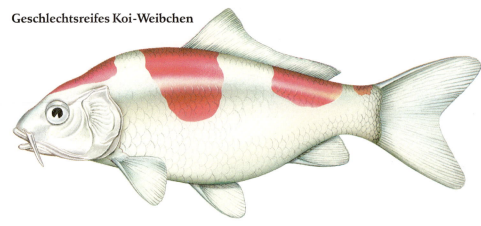

Geschlechtsreifes Koi-Weibchen

Oben: *Die Brustflossen von Koi-Weibchen sind meist kleiner als diejenigen von Männchen. Im zweiten Lebensjahr, von April bis Mai, reifen beim Weibchen die Eierstöcke (Ovarien) heran, und die sekundären Geschlechtsmerkmale entwickeln sich. Wenn die Eier in den Ovarien heranwachsen, rundet sich der Leib, die Region rund um die Geschlechtsöffnung rötet sich und schwillt leicht an.*

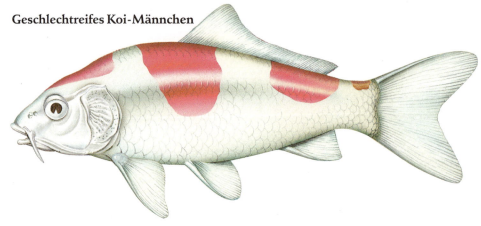

Geschlechtreifes Koi-Männchen

Oben: *Im zweiten Lebensjahr entwickeln sich auch beim Männchen die sekundären Geschlechtsmerkmale: längere Brustflossen und eine rauhe Kiemendeckel-Oberfläche. (Man darf diese „Pünktchen" keinesfalls mit den Symptomen der Pünktchenkrankheit verwechseln!) Die Entwicklung der Hoden im Fisch läßt sich äußerlich jedoch nicht erkennen.*

Oben: *Laichschnüre kann man leicht aus einer langen, gedrehten Nylonschnur (120 cm) und mehreren kürzeren (10 cm) Enden herstellen. Entwinden Sie die Stränge des langen Teils ein wenig, und fädeln Sie die kürzeren Stücke durch die entstandenen Löcher. Fransen Sie dabei die Enden aus, so daß eine möglichst große Oberfläche entsteht, an der sich Tausende von Eiern anheften können.*

den sie aufgefressen, sei es von den erwachsenen oder den noch jungen Fischen. Falls Sie also Koi-Brut aufziehen möchten, sollten Sie die laichbereiten Koi von den anderen Koi im Teich trennen.

Die Inkubation von Koi-Eiern

Der Brutkasten muß ein Fassungsvermögen von 400–1000 Litern haben und natürlich aus ungiftigen Materialien bestehen. Der Behälter sollte einen regelbaren Wasserzufluß und einen großen Ausfluß aufweisen, der von einem Plastiknetz oder einem feinen, 0,3–0,5 mm starken Gitter aus Edelstahl verschlossen wird. (Statt dessen kann man auch feine Nylonstrümpfe verwenden, doch sie sind weniger haltbar.)

Hängen Sie die Laichschnüre im Inkubator in eine Malachitgrün-Oxalat-Lösung (0,5 g auf 10 000 Liter), um zu verhindern, daß Pilze *(Saprolegnia)* abgestorbene Eier befallen und sich die Infektion auf das gesamte Gelege ausbreitet. Beschweren Sie die Laichschnüre so, daß sie ca. 5 cm unter dem Wasserspiegel hängen. Geben Sie in diesem Stadium kein frisches Wasser hinzu, sondern setzen Sie einen Ausströmer auf den Boden des Inkubators, um das Wasser vorsichtig, aber ständig zu belüften, denn Eier brauchen für ihre Entwicklung viel Sauerstoff. Wenn Sie nach ein bis zwei Tagen die Augen des sich entwickelnden Koi im Ei erkennen können, lassen Sie einen feinen Wasserstrahl in den Behälter rinnen. Am Tag vor dem Schlupf beginnen die Augen der jungen Fische zu glänzen. Bald darauf fangen sie an zu zappeln und befreien sich in den nächsten paar Stunden aus dem Ei. Bei Temperaturen von 20–22 °C dauert es

Ein Brutkasten für Koi-Eier

Unten: *Ein Kunststoffbehälter (mit einer Kapazität von 400–1000 l) läßt sich leicht in einen Inkubator für Koi-Eier verwandeln. Hängen Sie die Laichschnüre mit den anhaftenden Eiern sofort nach dem Ablaichen hinein, denn erwachsene Koi fressen oft ihre eigenen Eier.*

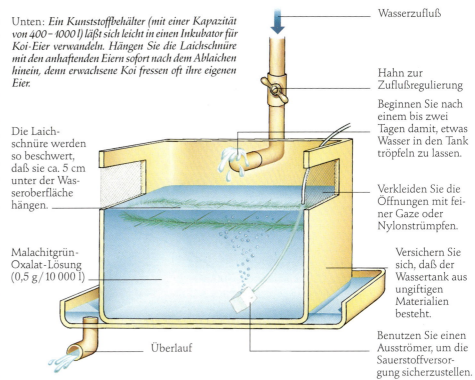

drei bis vier Tage, bis die Koi-Eier sich so weit entwickelt haben, daß die Jungen schlüpfen. Koi-Brut kann sich sogar noch bei Temperaturen von 17 °C entwickeln; in diesem Fall dauert es sechs bis sieben Tage bis zum Schlüpfen; bei sehr hohen Temperaturen (bis 25 °C) verkürzt sich die Entwicklungszeit hingegen. Bei solchen extremen Temperaturen besteht jedoch ein erhöhtes Mißbildungsrisiko.

Entwicklung und Wachstum der Brut

Wenn die Brut geschlüpft ist, suchen die Jungfische instinktiv Schutz und verstecken sich überall dort, wo sie Deckung finden. Die Laichschnüre sind dafür hervorragend geeignet. Mit Hilfe eines speziellen, klebrigen Polsters am Kopf heften sich die Jungfische an die Fransen der Laichschnüre oder an die Wand des Behälters. In diesem Entwicklungsstadium verfügen sie weder über eine Schwimmblase noch über Maul, After oder Harn- und Geschlechtsöffnung. Die Jungfische absorbieren Sauerstoff über die feinen Blutkapillaren, die ihren Dottersack umspannen, der noch mit dem Darm verbunden ist. Es ist von entscheidender Bedeutung, daß das Wasser in diesem Stadium sauerstoffgesättigt ist, da eine Verringerung der Menge an gelöstem Sauerstoff zu einem Massensterben führen kann.

Die jungen Koi weisen nur eine einzige Flosse auf, die den hinteren Teil des Körpers umspannt. Sie ernähren sich vom Dotter im Dottersack, solange der Vorrat reicht, wachsen und entwickeln nach und nach paarige Flossen, ein Maul und andere Organe. Nach zwei bis drei Tagen schwimmen die jungen Koi zur Oberfläche empor und schlucken etwas Luft, die sie in ihre Schwimmblase

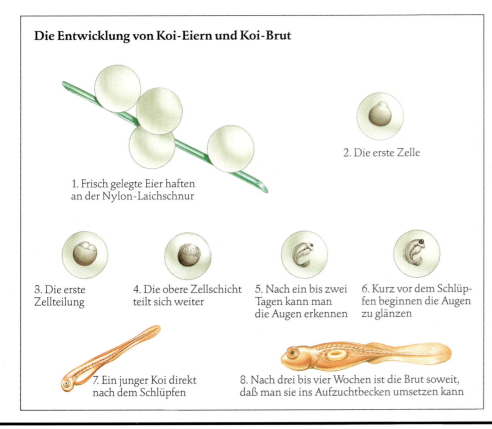

Links: *Diese Bilderfolge zeigt die Entwicklungsstadien, die ein Koi von der Eiablage bis zum drei- bis vierwöchigen Jungfisch durchläuft. In diesem Alter kann man die Fischbrut in Aufzuchtbecken überführen. Die Augen bilden sich nach ein bis zwei Tagen (5) heraus und beginnen etwa einen Tag später zu glänzen (6). Kurz darauf schlüpfen die Fische aus ihren Eiern und heften sich mit einem klebrigen Polster am Kopf an der Laichschnur fest.*

鯉の品種改良

DIE ZUCHT VON KOI

pressen. Sie beginnen dann frei im Wasser umherzuschwimmen und sammeln sich gewöhnlich bald um den Ausströmer – ein Zeichen, daß sie bereit sind, mit der Nahrungsaufnahme zu beginnen.

Erste Nahrungsaufnahme

Koi-Brut in diesem Stadium besitzt noch keine voll entwickelten Geschmacksknospen; die Fische müssen ihre Nahrung mit den Augen aufspüren. Daher sollte die Brut buchstäblich „in Futter schwimmen". Hartgekochtes Eigelb oder noch einfacher spezielles Aufzuchtfutter – mehrmals täglich verabreicht – stellt in den ersten Tagen eine optimale Ernährung dar. Nach spätestens vier Tagen füttert man frisch geschlüpfte Salinenkrebslarven *(Artemia salina)* zu; sie stellen für Koi-Brut eine sehr gute Nahrungsquelle dar (Wasserflöhe sind noch zu groß!). Nach einer weiteren Woche können die Jungfische bereits eine Kost aus zerriebenen Futterflocken und Wasserflöhen aufnehmen. Von diesem Zeitpunkt an sollten Sie Koi-Futter einer Größe verwenden, das noch vom kleinsten Fisch im Behälter problemlos aufgenommen werden kann.

Abfälle und Ausscheidungen müssen während dieses ersten Fütterungsstadiums regelmäßig entfernt werden. Mit einem Schlauchstück kann man abgesetzten und fein verteilten Abfall absaugen, und eine alte Zahnbürste leistet bei der Säuberung der Gitternetze am Wasserausfluß gute Dienste. Sie sollten jetzt auch regelmäßig frisches Wasser in den Behälter leiten, um Nitrit und Ammoniak zu entfernen. Leitungswasser, das z. T. stark gechlort ist, muß zuvor mit einem Wasseraufbereitungsmittel fischgerecht aufbereitet oder zumindest mehrere Stunden lang belüftet werden, so daß das Chlor ausgetrieben wird. Nach drei bis vier Wochen haben die Fische eine Länge von 5–10 mm erreicht und beginnen, auch größeres Futter aufzunehmen.

Weiteres Wachstum

Sie können die Koi nun zur Aufzucht in ein Aquarium oder einen Teich überführen. Beobachten Sie die jungen Fische sorgfältig, da es unter ihnen nicht selten zu Kannibalismus kommt. Wenn Sie so etwas vermuten, sollten Sie die größeren Jungfische in ein separates Becken setzen. Sie können dieses Becken bis auf 20–25 °C aufheizen, um das Wachstum zu beschleunigen, doch seien Sie vorsichtig, wenn Koi zu schnell wachsen, kann das die Färbung negativ beeinflussen. Koi, die einen Monat alt sind, benötigen täglich ca. 5 % ihres Körpergewichts an Nahrung; man sollte sie mäßig, aber mehrmals pro Tag füttern. Größere

Rechts: Obwohl in Japan allgemein nicht sehr beliebt, werden solche Teiche überall sonst auf der Welt zur Koi-Zucht eingesetzt. Sowohl bei der Dubisch- als auch bei der Hofer-Variante dient Gras, das im Zuchtteich kultiviert wird, als Laichmedium. Die Koi werden bei einer Wassertiefe von ca. 45 cm eingesetzt.

Tiere benötigen im Verhältnis gesehen weniger Futter als kleinere – bei einem Koi von 15 cm oder mehr reichen täglich ca. 2 % des Körpergewichts. Die Größe der Sticks, die Sie verfüttern, spielt eine wichtige Rolle; nicht alle Fische wachsen gleich schnell, und man darf sich auf keinen Fall nur nach den größeren Koi richten und die kleineren Fische vergessen. (Im Zweifelsfall zerkrümeln Sie einige Sticks.) Leider wachsen die Koi, die eher wie gewöhnliche Karpfen aussehen, oft schneller als die farbigeren Varianten. Der Grund liegt in starker Inzucht der Nishikigoi. Diese Zierkarpfen werden seit vielen Generationen mit nahe verwandten Koi gepaart, z.B. mit Eltern oder Geschwistern – und wie bei allen domestizierten Tieren sind Nishikigoi nicht so robust wie ihre wilden Artgenossen.

Zuchtteiche
nach Dubisch und nach Hofer

Diese kleinen Teiche mit einer Oberfläche von etwa 100 m² und einer Tiefe von 30–50 cm wurden im 19. Jahrhundert speziell für das Ablaichen und Aufziehen von Karpfen angelegt. Das Originalmodell von Dubisch wurde später von einem anderen Fischzüchter, Hofer, abgewandelt. Längs der Seitenwände eines Dubisch-Teiches verläuft ein Graben, der ca. 15 cm tiefer als der übrige Teich ist. Nach dem Laichen wird der Wasserstand im Teich kurz abgesenkt, und die Elternfische ziehen sich in den tiefen Graben zurück, aus dem sie leicht herausgefangen werden können. Beim Hofer-Teich gibt es nur an einer Seite einen Graben, von dem aus der Boden allmählich zur gegenüberliegenden Seite hin ansteigt. Beide Teich-Typen verfügen über einen „Mönch", eine Ablaßvorrichtung, die im Mittelalter von Mönchen im Kloster entwickelt wurde. Dieses Drainage-System besteht aus einer U-förmigen Box, die an einem Ende offen ist und am niedrigsten Punkt der mittleren Wand ein Rohr aufweist. Eine Reihe von Brettern am offenen Ende reguliert den Wasserstand, und senkrechte Metallstäbe vor den Brettern verhindern, daß die Fische aus dem Teich schwimmen.

In beiden Systemen dient Gras den Fischen als Laichsubstrat. Die Teiche werden erst zwei bis drei Tage vor dem Laichtermin mit Wasser gefüllt. Das Teichwasser, dessen Qualität laufend überprüft wird, wird ständig belüftet, um es mit Sauerstoff zu sättigen. Am Tag vor dem Ablaichen werden die erwachsenen Fische aus dem relativ kühlen Hauptteich in den wegen des niedrigen Wasserstandes wärmeren Dubisch-Teich gesetzt. Die Temperaturerhöhung von ca. 2–4 °C regt die Koi zum Ablaichen an. Der Wasserspiegel sollte die höchsten Grasbüschel gerade bedecken, und es empfiehlt sich, etwas Wasser ständig durch den Teich rinnen zu lassen.

Am nächsten Morgen beginnen die Koi mit der Eiablage, und wenn das Spektakel am Nachmittag vrüber ist, fängt man die Elterntiere wieder aus dem Teich, weil sie dann beginnen, ihre eigenen Eier aufzufressen. Unter günstigen Bedingungen schlüpfen aus etwa 50 % der Eier Jungfische. Bei einer Temperatur von 18–20 °C benötigen die Eier zwei bis drei Tage, bevor sich die Augen zeigen, und vier bis sechs Tage bis zum Schlupf. (Bei 21 °C sind es ein bis zwei Tage bzw. drei bis vier Tage.) Nach weiteren zwei bis vier Tagen kann man die Fischbrut in einen Aufzuchtteich oder ein -becken

Zuchtteich nach Dubisch

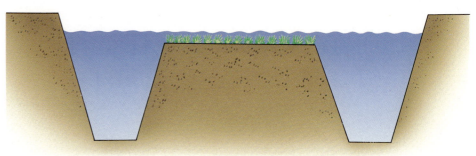

Zuchtteich nach Hofer

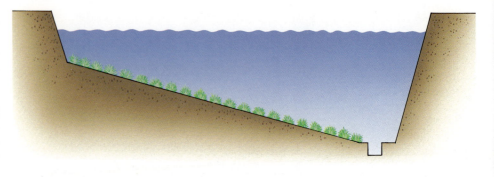

setzen. Dazu senkt man langsam den Wasserspiegel, so daß sich die Jungfische im Graben sammeln. Hier können sie leicht vom Züchter mit einem engmaschigen Netz einfangen werden.

Dubisch- und Hofer-Teiche erfreuen sich auf Koi-Farmen in Japan keiner großen Beliebtheit, wahrscheinlich wegen der höheren Wassertemperaturen, die dort herrschen.

Der Gebrauch von Laichschnüren
Diese Methode wird schon seit Jahren eingesetzt und stellt in Japan die Haupttechnik zur Fortpflanzung von Koi dar. In den Teich (ca. 30 m² Oberfläche, 90 cm tief), der 25–30 cm hoch mit Wasser gefüllt ist, werden Laichschnüre gehängt. Dabei sorgen Ausströmer für eine maximale Sauerstoffsättigung des Wassers. Ein Weibchen und zwei Männchen werden in den Teich eingesetzt. Gleichzeitig werden 10 (bei großen Fischen auch 15) Laichschnüre gleichmäßig im Teich verteilt.

Gewöhnlich beginnen die Fische gegen 4 Uhr morgens mit der Eiablage; manchmal laichen sie am nächsten Tag um dieselbe Zeit nochmals ab. Das Weibchen saugt gewöhnlich an den Schnüren, um sie für die Eiablage vorzubereiten; gleichzeitig stupsen die Männchen das Weibchen in den Bauch, um sie zur Abgabe der Eier zu veranlassen. Das Weibchen jagt dann durch den Teich, verfolgt von den Männchen, und läßt eine grüne Wolke aus Eiern hinter sich, die von den Männchen mit einer weißen Spermawolke befruchtet wird.

Wenn der Laichvorgang beendet ist, nimmt man die Schnüre heraus und überführt sie in einen Wasserbehälter mit einer Malachitgrün-Oxalat-Lösung (0,5 g auf 10 000 l). Anschließend setzt man die Elterntiere in ihren alten Teich zurück, gibt Malachitgrün-Oxalat-Lösung in einer Konzentration von 1 g auf 10 000 l zu, um Verpilzungen zu verhindern. Die Belüftung läuft anschließend weiter, doch die Wasserzufuhr wird eingestellt. Sobald die Augen in den Eiern sichtbar sind, wird ein wenig Wasser zugegeben, um Ammoniak und Nitrit fortzuschwemmen, die sich als Nebenprodukte bei der Entwicklung der Eier bilden.

Die Brut schlüpft nach drei bis vier Tagen aus den Eiern und sammelt sich um die Laichschnüre. Sobald alle Jungfische ihre Schwimmblase gefüllt haben – d. h. zwei bis drei Tage nach dem Schlüpfen –, drängen sie sich um den Ausströmer. Sie werden dann in ein Aufzuchtbecken überführt.

Injektionen mit Hypophysenhormonen
Diese moderne Methode ist unerfahrenen Koi-Liebhabern nicht zu empfehlen, denn sie wirkt sich auf den natürlichen Hormonspiegel des Fisches aus. Das Ablaichen wird durch Injektion eines Hormons namens Gonadotropin ausgelöst, das aus der Hypo-

Oben: *Laichschnüre werden von privaten Haltern wie auch von professionellen Koi-Züchtern verwendet. Hier abgebildet ist ein kommerzielles Produkt, doch solche Schnüre lassen sich auch selbst herstellen.*

physe, der Hirnanhangdrüse, eines Spenderfisches gewonnen wird. Die Hypophyse speichert Gonadotropin; dieses Hormon arbeitet als Botenstoff zwischen den Gonaden (Eierstöcken beim Weibchen und Hoden beim Männchen) und dem Gehirn. Eine Ausschüttung des Hormons wird durch zunehmende Tageslänge und ansteigende Temperatur ausgelöst. Beim Weibchen stimuliert das Hormon den Eisprung (Ovulation) und die Abgabe der reifen Eier. Im Wildzustand reguliert sich der Hormonspiegel bei Koi selbständig, und die Hormone werden zum richtigen Zeitpunkt ausgeschüttet. Für einen Koi-Züchter ist es hingegen sehr schwierig, den Zeitpunkt zum Ablaichen genau einzustellen, und der normale Zeitpunkt – gegen 4 Uhr morgens – ist aus manchen Gründen oft ungünstig. Durch hormoninduziertes Ablaichen ist es möglich, die Stunde zu bestimmen, in der die Eiablage erfolgt. Der Koi-Farmer muß die Eier und die Milch (Spermien) der Koi dann aber „abstreifen", wie weiter unten erklärt wird.

Die Koi werden aus dem Teich genommen und in ein Becken mit Wasser von gleicher Temperatur gesetzt. Die Temperatur wird dann täglich um 1 °C bis auf 22–25 °C erhöht. Die Fische verbleiben anschließend ca. 1000 Tagesgrade lang in diesem Wasser, d. h. bei 25 °C für 40 Tage. Danach wird den Weibchen und Männchen eine Lösung aus Hypophysenhormonen eingespritzt; die Dosis für jeden Fisch beträgt 0,3 mg Aceton-getrocknete Hypophyse pro Kilogramm Körpergewicht. (Eine Fischhypophyse wiegt im Mittel 2,5–3 mg.) Vierundzwanzig Stunden später spritzt man dem Weibchen nochmals eine Dosis von 3 mg/kg Körpergewicht; zehn Stunden später sind die Koi bereit zum Abstreifen.

Bevor man einen Fisch per Hand abstreift, sollte man ihn betäuben; das entspannt den Koi und erleichtert das Austreten der Eier bzw. Samen. Der Fisch wird in ein leicht feuchtes Tuch gewickelt, wobei die Region rund um die Geschlechtsöffnung frei bleibt. Man hält die Afterflosse gegen eine saubere, trockene Schale und übt einen leichten Druck auf den Bauch aus, so daß die Eier aus der Geschlechtsöffnung austreten. Keinesfalls darf man die Eier mit Gewalt herauspressen. Auf die gleiche Art und Weise sammelt man Sperma vom Männchen und gießt es zu den Eiern. Dann gibt man eine befruchtungsfördernde Lösung aus Harnstoff und Natriumchlorid (in destilliertem Wasser) hinzu und bewegt die Mischung vorsichtig mit einer Feder oder belüftet sie drei bis fünf Minuten lang. Etwa 40–45 Minuten nach dem Abstreifen gibt man Tannin in die Lösung, damit die Eier nicht zusammenkleben. Dann werden sie in einen Glasbehälter überführt, wo sie sich in 23 °C warmem Wasser entwickeln. Der Glasbehälter wird anschließend in ein Becken entleert. Wenn die Jungfische ihre Schwimmblase mit Luft gefüllt haben, kann man sie in Aufzuchtteiche setzen.

Oben: *Die Sommersaison ist zu Ende, und alle Koi aus diesem Aufzuchtteich sind mit Netzen eingefangen worden. Die besten Fische sind für die Teiche von Händlern bestimmt.*

健全な育成

GESUNDHEITSPFLEGE

IM LAUFE SEINES LEBENS kann sich ein Koi Verletzungen zuziehen, verschiedene Parasiten beherbergen oder an Infektionen erkranken. Ausgestattet mit einem Basiswissen über Anatomie und Gesundheitspflege, sollten Sie in der Lage sein, bei auftretenden Gesundheitsproblemen das Richtige zu tun (und sei es, den Tierarzt anzurufen). In diesem Kapitel wollen wir uns mit folgenden Bereichen befassen: Erste Hilfe bei Verletzungen, Parasiten, Infektionen und umweltbedingte Schäden, einschließlich Streß.

Bevor wir uns im einzelnen um die Gesundheitsfürsorge zu kümmern, möchten wir ein paar Worte der Warnung vorausschicken. Obwohl es keine festen und immer gültigen Regeln gibt, wann man einen Koi behandeln sollte oder wann man der Natur besser ihren Lauf läßt, schadet es sicher mehr als daß es nützt, wenn man Koi ständig aus dem Wasser fischt, um sie auf mögliche Gesundheitsprobleme hin zu untersuchen. Manchmal benötigen die Fische jedoch eine medizinische Behandlung. Wenn Sie im Zweifel sind, bitten Sie einen Tierarzt, sich Ihre Koi im Teich anzusehen. Es ist oft besser, den betroffenen Fisch in seiner natürlichen Umgebung zu beobachten, als zu versuchen festzustellen, „ob ein stark gestreßter Fisch in einer Plastiktüte Gesundheitsprobleme hat". Wenn man ihn häufig verfrachtet, wird er nur noch stärker gestreßt, und das senkt seine Widerstandskräfte. Und schließlich, sollten Sie die Wasserqualität im Teich überprüfen; viele Gesundheitsprobleme werden durch schlechte Umweltbedingungen hervorgerufen.

Ein Koi, der in einer Salzlösung gebadet wird, verliert seine Schwimmfähigkeit; in den Teich zurückgesetzt, sollte er sich schnell erholen.

GESUNDHEITSPFLEGE

Erste Hilfe bei Verletzungen

Um Verletzungen zu behandeln, wie sie bei Koi immer einmal vorkommen können, ist ein Erste-Hilfe-Kasten ist notwendig. Zur Ausstattung gehören eine scharfe Schere, eine Pinzette mit abgerundeten Spitzen, Wattetupfer und eine antiseptische Salbe oder Lotion sowie ein Handtuch, in das man den Koi während der Behandlung einschlagen kann. Wickeln Sie den Fisch bei der Behandlung stets sorgfältig in ein Handtuch, das mit Teichwasser angefeuchtet ist. Achten Sie auch darauf, daß Ihre Hände feucht sind, bevor Sie den Koi anfassen – trockene Hände haften an den Schuppen und reißen sie leicht heraus; zurück bleiben häßliche Narben, bis neue Schuppen wachsen.

Es gibt im Handel viele lokal antiseptisch wirkende Mittel, die alle recht wirksam bei der Behandlung von Wunden sind, aber es ist am besten, ein möglichst wasserunlösliches Mittel zu wählen. Da die handelsüblichen Präparate eigentlich nicht zur Behandlung von Fischen entwickelt wurden, sollten Sie sich vom Tierarzt oder Apotheker über die Anwendungsmöglichkeiten informieren lassen und die Anweisungen des Herstellers jeweils genau beachten. Tragen Sie Schutzhandschuhe bei der Behandlung, und waschen Sie Spritzer sofort mit viel Wasser aus.

Als ein verantwortungsvoller Koi-Halter sollten Sie darauf achten, daß es keine scharfen vorstehenden Ecken oder Kanten im Teich gibt, an denen sich die Fische verletzen können. Trotz aller Vorsichtsmaßnahmen kann es jedoch vorkommen, daß sich Fische Wunden zuziehen, denn sie scheuern sich von Zeit zu Zeit an untergetauchten Gegenständen. Dieses Verhalten tritt z. B. auf, wenn die Fische unter Hautreizungen leiden, wie sie z. B. von Parasiten verursacht werden, und führt leicht zu oberflächlichen Hautabschürfungen. Desgleichen springen Koi von Zeit zu Zeit aus dem Wasser, entweder aus reiner „Lebensfreude", aber auch bei Parasitenbefall. Solche ungezielten, blinden Sprünge enden gelegentlich fatal, denn der Koi kann sich dabei an Vorsprüngen, die über die Teichoberfläche ragen, verletzen oder sogar auf festem Boden landen.

Die daraus resultierenden Verletzungen sind gewöhnlich nur oberflächlich, doch es ist besser, man beugt mit einfachen Erste-Hilfe-Maßnahmen vor, um bakterielle Sekundärinfektionen zu vermeiden. Wenn sich die Wunde am Körper befindet, säubern Sie den Bereich mit einem Wattestäbchen, und geben Sie eine antiseptische Salbe oder Lotion darauf. Lotionen verabreicht man am besten, indem man ein Wattestäbchen in die Lösung taucht und es anschließend auf die Wunde tupft. Wenn sich die Wunde in der Nähe des Kopfes oder der Kiemen befindet, sollten Sie Salbe benutzen; antiseptische Lotionen verlaufen leicht und dringen dann in empfindliche Regionen wie Kiemen, Augen und Nasenöffnungen ein.

Wenn ein Koi sich eine Quetschung zugezogen hat, so zeigen sich blutunterlaufene Stellen unter den Schuppen, die dann oft abstehen. Ist es nur zu geringen Blutungen gekommen und liegen die Schuppen weiter glatt an, sollte man am besten gar nichts tun und die Verletzung abheilen lassen. Wenn die Blutungen jedoch stark genug waren, um die Schuppen anzuheben, sollten Sie den Fisch behandeln, denn solche Quetschungen können zu einem Infektionsherd werden. Quetschungen oder andere Verletzungen können auch auftreten, wenn die Fische ungeschickt aus dem Wasser gefischt oder grob gehandhabt werden.

Gelegentlich springen Koi aus dem Teich und landen auf dem Boden. Wenn der Fisch erst vor kurzem herausgesprungen ist und noch aktiv um sich schlägt, setzen Sie ihn einfach in den Teich zurück. Nach einem längeren Aufenthalt außerhalb des Wassers sollte man zunächst überprüfen, ob der Koi noch eigenständige Körper- und Atembewegungen zeigt. Wenn dies der Fall ist, setzen Sie ihn in einen separaten Behälter mit gut durchlüftetem, sauberem Teichwasser. Ist der Fisch nicht zu stark geschädigt, erholt er sich innerhalb von einigen Stunden und kann nach ein paar Tagen in den Teich zurückgesetzt werden. (Natürlich müssen Sie darauf achten, daß die Wasserqualität im Hälterungsbecken immer optimal ist.)

Auch wenn ein Koi nach längerem „Trockenliegen" bereits tot erscheint, sollten Sie versuchen, ihn wiederzubeleben. Suchen Sie nach der leichtesten Bewegung der Haut um den Kiemendeckel und nach dem sogenannten Augenreflex. Dazu dreht man den Fisch langsam aus der Normal- in die Seitenlage. Als Reaktion darauf dreht sich beim lebenden Fisch der Augapfel reflektorisch in der Augenhöhle, da das Auge versucht, in Normallage zu bleiben und die Körperdrehung zu kompensieren.

Bei einem weit aufgerissenen Maul, das keine Bewegung mehr zeigt, gibt es kaum noch Hoffnung, denn es deutet auf einen Erstickungstod hin. Im Wasser können die zarten Kiemen Sauerstoff absorbieren, weil jedes einzelne Kiemenblättchen von sauer-

Diese Fotografien zeigen die Behandlung eines Koi mit Erythrodermatitis. Eine derartige Behandlung sollte stets von einem Tierarzt durchgeführt werden! In der oberen Reihe sieht man den Koi, der in ein feuchtes Handtuch gewickelt wird. Dann wird sein Geschwür vorsichtig mit einem Wattestäbchen gesäubert und mit einem medizinischen Desinfektionsmittel, z. B. Jodophore, abgetupft. In der unteren Reihe wird ein wasserfestes medizinisches Wundverschlußmittel aufgetragen, um eine sofortige Neuinfektion mit Bakterien zu verhindern. Anschließend werden weitere Läsionen behandelt.

Oben: *Salzwasserbäder sind ein Mittel, um einige Ektoparasiten zu bekämpfen (Konzentrationen s. Tabelle auf S. 112–113). Beachten Sie den Ausströmer, der das Wasser im separaten Behandlungsbecken belüftet.*

stoffreichem Wasser umspült wird. Außerhalb des Wassers kleben die Kiemenfilamente zusammen und verkleinern dadurch sofort die respiratorische Oberfläche. Wenn sie auszutrocknen beginnen, verfestigt sich zusätzlich der Schleimüberzug.

Um einen Fisch wiederzubeleben, nehmen Sie den Schwanzstiel in die Hand und ziehen den Koi entschlossen, aber vorsichtig, rückwärts durchs Wasser. Dadurch wird Wasser unter die Kiemendeckel, über die Kiemen und durch die Mundöffnung geleitet. Dann schieben Sie den Fisch behutsam vorwärts, so daß der Wasserdruck die Kiemendeckel schließt. Am besten unternehmen Sie Ihre Wiederbelebungsversuche in einem separaten Behälter mit sauberem, gut belüftetem Teichwasser. Fahren Sie so lange mit Ihren Bemühungen fort, bis der Fisch wieder ohne Hilfe gleichmäßig atmet. Das kann, je nach Größe des Fisches, bis zu zwei Stunden in Anspruch nehmen. Auch das Aufrichten in die normale Körperlage dauert oft mehrere Stunden. Bevor Sie den Fisch in den Teich zurücksetzen, sollte er jedoch noch einige Tage separat gehalten werden. Eine optimale Wasserqualität und eine gute Durchlüftung sind wichtige Voraussetzungen für eine vollständige Genesung des Fisches, denn der Koi ist jetzt besonders krankheitsanfällig.

Narkosemittel und medizinische Eingriffe

Narkosemittel oder Anästhetika sind Chemikalien, die die Schmerz- und Berührungsempfindlichkeit herabsetzen. Der einzige Grund, einen Koi zu narkotisieren, kann darin liegen, ihn medizinisch zu behandeln (Spritzen setzen, chirurgische operative Eingriffe etc.). Das Narkotisieren sowie derartige medizinische Eingriffe sollten bzw. dürfen nur von einem Tierarzt ausgeführt werden. Setzen Sie das Leben des Fisches nicht aufs Spiel, denn es ist für einen Laien meist sehr schwierig, eine Narkose richtig durchzuführen und den Betäubungsgrad sicher zu bestimmen. Grundsätzlich ist bei allen Behandlungen dieser Art das Tierschutzgesetz zu beachten.

Parasiten

Ein Parasit ist ein Organismus, der auf oder in einem anderen Organismus, seinem Wirt, lebt und daraus Nutzen zieht – gewöhnlich dadurch, daß er sich vom Wirt ernährt. Der Wirt hat nichts von dieser Beziehung, im Gegenteil, er wird vom Parasiten geschädigt. Koi können eine Vielzahl von Parasiten beherbergen; die Palette reicht von winzigen einzelligen Organismen, sogenannten Urtierchen (Protozoen), bis zu größeren, leicht sichtbaren Formen, wie Karpfenläuse, Fischegel und „Würmer". Für die meisten Parasiten gilt, daß sie sich nur bei schlechten Umweltbedingungen für den Fisch – wie mangelhafter Ernährung, schlechter Wasserqualität, Überbesatz oder anderen Streßsituationen – massenhaft vermehren und erst dann zu Schäden führen. Auch hier gilt der Leitsatz: Ein gut gepflegter Fisch wird selten krank oder Vorbeugen ist besser als Heilen. Da es so viele Parasiten zu berücksichtigen gilt, wollen wir sie entsprechend ihrer systematischen Stellung behandeln und beginnen mit den Urtierchen.

Parasitische Einzeller oder Urtierchen (Protozoen)

Protozoen sind winzige, einzellige Organismen, deren größere Vertreter kaum einen Millimeter messen und mit bloßem Auge gerade noch sichtbar sind. Es gibt viele verschiedene Typen von Einzellern; die meisten von ihnen leben in feuchten Lebensräumen bzw. im Wasser, wo sie sich von gelösten Nährstoffen oder organischen Partikeln ernähren, darunter auch Bakterien. Parasitisch lebende Einzeller befallen eine Reihe von Wirten, darunter auch Fische, auf bzw. in denen sie sich gegebenenfalls rasch vermehren und große Populationen bilden können. Entweder verbleiben sie auf einem einzelnen Individuum, oder sie verbreiten sich über den gesamten Fischbesatz. Von den vielen Protozoen, die die Gesundheit von Fischen beeinträchtigen können, parasitieren einige nur eine oder wenige bestimmte Fischarten – sie sind wirtsspezifisch –, während andere, weniger wählerisch, zahlreiche Fischarten befallen. Im folgenden wollen wir einige Symptome beschreiben, die von einzelligen Parasiten bei Koi hervorgerufen werden können.

Schleimhautschäden

Auffälligstes Symptom von Schleimhautschäden ist ein dicker, grauweißer Schleimfilm, der Körper und Flossen überzieht. Das ist die Reaktion des Fisches auf die Anwesenheit einer Reihe von hautreizenden parasitischen Einzellern, wie *Ichthyobodo*, *Trichodina* und *Chilodonella*.

Ichthyobodo (früher auch unter dem Namen *Costia* bekannt) ist ein bohnenförmiger Einzeller, der sich mit Hilfe von langen Geißeln, Flagellen genannt, auf Körper und Kiemen seines Wirtsfisches bewegt und sich von dessen Hautzellen ernährt. Im Frühstadium einer Infektion dringt *Ichthyobodo* in die Hauttaschen an der Basis der Schuppen ein. Mit steigender Anzahl besiedeln die Parasiten den ganzen Körper, einschließlich der Kiemen. Zusätzlich zu dem weißlichen Körperüberzug scheuern sich die von *Ichthyobodo* befallenen Koi häufig und zeigen schießende Schwimmbewegungen; später hören sie auf zu fressen und werden lethargisch und träge. *Ichthyobodo* hat eine breite Temperaturtoleranz; der Parasit verträgt mindestens Temperaturen

Oben: *Die Koi wurden für eine Behandlung betäubt. Betäubungen und chirurgische Eingriffe sollten immer unter tierärztlicher Aufsicht durchgeführt werden.*

健全な育成

GESUNDHEITSPFLEGE

von 2–29 °C. Wie andere Protozoen ist *Ichthyobodo* besonders im Frühjahr aktiv und pflanzt sich bereits fort, wenn die Koi sich noch von ihrer Winterruhe erholen. Da die Parasiten die Hauttaschen befallen, ist es für die Koi schwierig, sie wieder loszuwerden. Das Hauptproblem bei einem *Ichthyobodo*-Befall sind Sekundärinfektionen durch Pilze und Bakterien, die sich wegen der Hautschäden leicht einstellen.

Trichodina und verwandte Formen gehören zu den Einzellern, die fast jeder Koi-Halter kennt. Diese untertassenförmigen Organismen verfügen über einen auffälligen Ring aus Wimpern (Cilien) rund um ihren Zellkörper, mit dessen Hilfe sie sich bewegen. (Diese Wimpern sind bei einer 100–200fachen mikroskopischen Vergrößerung deutlich zu erkennen.) Koi, die von *Trichodina* befallen sind, entwickeln als Antwort auf die Infektion einen grauen Körperfilm. Dieser überschüssige Schleim fördert die Entwicklung des Parasiten, der sich daraufhin noch schneller vermehrt. Man findet einzelne *Trichodina* und verwandte Formen selbst auf ganz gesunden Koi; wenn die Fische aber schlecht gehalten werden, pflanzen sich die Parasiten ungehindert fort, und es kommt zu einem Massenbefall. Auch bei *Trichodina*-Befall besteht immer die Gefahr einer Sekundärinfektion durch Bakterien oder Pilze. *Trichodina* infiziert auch die Kiemen, wo Schäden an den empfindlichen Filamenten auftreten, die im schlimmsten Fall zu Atemnot führen. Die Fische hören dann auf zu fressen und hängen an der Wasseroberfläche – meist dort, wo Luft in den Teich gepumpt wird.

Der Einzeller *Chilodonella* zeigt im mikroskopischen Bild eine typische Herzform; man findet ihn an Flossen, Körper und Kiemen von Fischen, wo er sich von den Hautzellen ernährt. *Chilodonella* vermehrt sich besonders im Frühjahr, wenn die Koi noch recht träge sind, sehr rasch, so daß sich eine Infektion etablieren kann, bevor der Fisch seine Immunabwehr voll mobilisiert hat. Koi, die von *Chilodonella* befallen sind, zeigen den schon bekannten grauweißen Film auf Körper und Flossen samt dem dazugehörigen Verhaltensmuster, d.h. Scheuern, Springen und schließlich Appetitlosigkeit und Apathie. Ohne Behandlung führt der Befall auf Dauer zum Tode. *Chilodonella* findet man besonders häufig auf bereits durch Krankheit oder Streß geschwächten Fischen. Die drei genannten Einzeller werden zu den sogenannten Schwächeparasiten gerechnet, da ein Massenbefall und damit eine Erkrankung nur bei geschwächten Fischen auftritt. Zudem findet man diese Einzeller häufig gleichzeitig mit Haut- und Kiemenwürmern am selben Fisch. Eine Behandlung mit Markenmedikamenten ist vor allem im Frühstadium der Erkrankung recht einfach. Zusätzlich sollte man für optimale Umweltbedingungen und gute Ernährung sorgen.

Oben: Ein Tancho Koi leidet unter einem Befall von Ichthyobodo. Diese einzelligen Geißeltierchen ernähren sich von Hautzellen und rufen einen weißlich-grauen Film hervor, da der Fisch als Reaktion auf den Befall übermäßig viel Schleim produziert. Außerdem tritt leichte Hautrötung (hier am Rücken) auf.

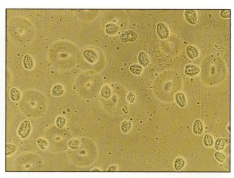

Oben: Ein Blick auf Chilodonella durchs Mikroskop. Dieser Einzeller, ein Wimperntierchen (Stamm Ciliata), mißt etwa 50 m (1 m = 0,001 mm) im Durchmesser und ruft Schleimhautschäden hervor. Er tritt besonders häufig bei verletzten oder anderweitig geschwächten Fischen auf.

Pünktchen- oder Grieskörnchenkrankheit (Ichthyo)

Die Pünktchenkrankheit kennt jeder, der Fische hält. Sie wird von einem Einzeller mit dem wissenschaftlichen Namen *Ichthyophthirius multifiliis* verursacht, daher auch die Abkürzung *Ichthyo*. Der Erreger der Krankheit hat einen sehr komplizierten Lebenszyklus und verbreitet sich rasch innerhalb einer Fischpopulation. Die weißen Pünktchen auf Haut, Flossen und Kiemen sind Hautreaktionen, hervorgerufen durch einzelne Parasiten, die zwischen den Epidermiszellen des Fisches eingebettet liegen und sich von dessen Körperflüssigkeit und Gewebe ernähren. Die Parasiten reifen am Fisch in Abhängigkeit von der Wassertemperatur in mehreren Tagen zu einer Größe von ca. 1 mm im Durchmesser heran, durchbrechen dann die Oberhaut und sinken zu Boden. Innerhalb weniger Stunden bildet jeder Parasit eine gelatinöse Kapsel oder Zyste. Durch ständige Zellteilung entwickeln sich dort bis zu 1000 infektiöse Stadien, die sogenannten Schwärmer. Sobald diese Schwärmer aus der Zyste schlüpfen, machen sie sich auf die Suche nach einem geeigneten Wirtsfisch, den sie innerhalb von 48 Stunden finden müssen, um zu überleben. Die Parasiten sind bestens dazu ausgerüstet, in die Haut oder die Kiemen eines Fisches einzudringen, den sie als Wirt auserkoren haben. Dort reifen sie heran und beginnen den Infektionszyklus von neuem.

Infizierte Koi neigen dazu, sich ständig zu scheuern, und halten sich bei Kiemenbefall bevorzugt in der Nähe des Wasserzuflusses auf. Mit Fortschreiten der Infektion hören die Fische zu fressen auf, werden apathisch und verlieren auch häufig ihre Färbung. Ohne Behandlung endet die Pünktchenkrankheit für den Fisch tödlich. Glücklicherweise gibt es ausgezeichnete Marken-Heilmittel gegen diese Infektion.

Knötchenkrankheit

Der letzte rein parasitische Einzeller, mit dem wir uns befassen wollen, ist *Myxobolus*. Dieses Wimperntierchen erzeugt Sporen, die sich als sehr resistent gegenüber chemischer Behandlung erwiesen haben. *Myxobolus* infiziert das Innere von Koi; der Parasit befällt den Darm oder die Muskulatur seines Wirtes und bildet dort Zysten. Innerhalb der Zysten entwickeln sich Tausende von kleinen Sporen, die, wenn sie ins Wasser gelangen (z.B. aus dem sich zersetzenden Körper toter Fische), die Infektion auf andere Fische übertragen. Koi, die an der Knötchenkrankheit leiden (die nach den „Knoten" benannt ist, die die Zysten unter der Haut hervorrufen), werden bei starkem Befall apathisch, verlieren an Gewicht und zeigen Symptome, die denjenigen der Fischtuberkulose (s. S. 109) ähnlich sein können. Es gibt keine Behandlungsmöglichkeit für erkrankte Koi, und stark befallene Koi sollten am besten separiert werden, bevor die Infektion sich auch auf die übrigen Fische ausbreitet.

Infektion durch „Schwächeparasiten" – fakultativ parasitische Einzeller

Eine Reihe von Protozoen besiedeln Koi, ohne obligatorisch (ständig) als Parasit zu leben. Zu solchen fakultativen (zeitweiligen) Parasiten zählen die Glockentierchen, wissenschaftlich „Peritrichia" (wörtlich: mit haarigem Mund). Um die Mundscheibe tragen sie einen Saum von Wimpern, die Schwebstoffe, zersetzte Tier- und Pflanzenreste sowie Mikroorganismen aus dem Wasser filtern und einstrudeln. Diese Glockentierchen kommen in biologischen Filtern sehr häufig vor. Man findet sie auf befallenen Koi an den Rändern von Geschwüren oder anderen Gewebsverletzungen, wo sie sich von den Bakterien ernähren, die die Wunde besiedeln. Gelegentlich sitzen sie auch auf den Flossen, auf der Schleimhaut oder auf den Kiemen.

Zu diesen „Schwächeparasiten" gehören *Vorticella, Epistylis, Carchesium* und *Apiosoma*. *Vorticella* besitzt einen glockenförmigen „Körper" auf einem spiralförmig gewundenen Stiel. Während der Nahrungssuche ist der Stiel sehr lang, weil der Einzeller sich ausstreckt, um Futterpartikel zu erreichen.

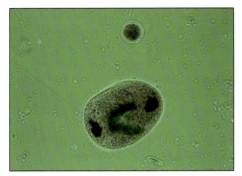

Oben: *Ichthyophthirius multifiliis*, *ein Wimperntierchen (Stamm Ciliata), das bei Koi und vielen anderen Fischen die Grieskörnchen- oder Pünktchenkrankheit hervorruft. Charakteristisch ist der hufeisenförmige Makronucleus (Zellkern). Dieser Einzeller hat einen Durchmesser von ca. 1 mm.*

Rechts: *1 Die Schwärmer dringen in die Oberhaut ein. 2 Die reifen Parasiten durchbrechen die Haut und sinken zu Boden. 3 Innerhalb von wenigen Stunden bildet der Parasit eine gelatinöse Kapsel. 4 Durch fortlaufende Zellteilung entstehen in der Kapsel bis zu 1000 infektiöse Stadien, die Schwärmer. 5 Nach dem Aufbrechen der Kapsel haben die Schwärmer maximal 48 Stunden Zeit, um sich einen Wirtsfisch zu suchen.*

Bei „Vorticella" handelt es sich um einen solitären Organismus, doch die Individuen treten in großen Gruppen auf. *Epistylis* und *Carchesium* bilden beide Kolonien. Ihre glockenförmigen Körper können sich ausstrecken oder auch zusammenziehen und sitzen an der Spitze von astförmig verzweigten Stielen. *Apiosoma* ist eher wie ein Trichter geformt und sitzt auf einem kurzen, dicken Stiel. Wie *Vorticella* lebt *Apiosoma* solitär, bildet aber ebenfalls größere Gruppen. Neben Bakterien frißt *Apiosoma* andere, kleinere Einzeller.

Diese peritrichen Wimperntierchen leben also nicht ständig als Parasiten, sondern befallen nur bereits geschwächte Tiere, besonders dann, wenn das Wasser organisch stark belastet und der Teich übersetzt ist. Die intakte Schleimhaut eines gesunden Fisches verhindert gewöhnlich

Lebenszyklus von Ichthyophthirius multifiliis

Arzneimittel, die man dem Wasser zusetzt, helfen meist nur gegen die freischwimmenden Stadien.

einen Befall. Bei starkem Befall ist die Schleimhaut verdickt und getrübt, und es kommt zu Atemnot. Häufig erscheint die Schleimhaut an solchen Stellen durch eingelagerte Algen auch grünlich gefärbt. Die beste Behandlung besteht in einer sofortigen Verbesserung der Lebensbedingungen; bei sehr starkem Befall ist zusätzlich der Einsatz von Arzneimitteln aus dem Zoo-Fachhandel ratsam.

Krebse als Parasiten

Krebse oder Crustaceen sind Wirbellose mit gegliederten Körperanhängen (Beine, Mundwerkzeuge, Antennen); zu ihnen gehören einerseits so große Tiere wie Krabben und Hummer, andererseits so kleine Vertreter wie Wasserflöhe und Salinenkrebschen. Viele Krebsarten sind freilebende Wasserbewohner, die im Lauf ihres Fortpflanzungszyklus mehrere Larvenstadien durchschreiten. Die Mehrheit ist für Koi und andere Fische harmlos, doch einige Arten haben sich auf eine parasitische Lebensweise spezialisiert und können schwere Gesundheitsprobleme auslösen, wenn sie in großer Zahl auftreten. Im folgenden wollen wir einen Blick auf die häufigsten parasitischen Krebse werfen.

Stäbchenkrebse

Einer der bekanntesten parasitischen Krebse, der Fische befällt, ist der Stäbchenkrebs, *Lernaea* (auch Ankerwurm genannt). Es gibt mehrere Arten, die sämtlich an Fischen parasitieren. Der vollständige Lebenszyklus eines Stäbchenkrebses dauert je nach Temperatur 17–33 Tage. Bei 20 °C sind es 15 Tage, unter 15 °C setzt die Entwicklung gewöhnlich ganz aus. Die frisch geschlüpfte Stäbchenkrebs-Larve, der Nauplius, ist annähernd eiförmig und schwimmt frei im Teichwasser umher. Der Nauplius wandelt sich in eine weitere Larvenform, den ebenfalls freischwimmenden Metanauplius, um. Die darauffolgenden Jugendstadien sind parasitisch und müssen einen Wirtsfisch finden, bei dem sie sich häufig an den Kiemen festsetzen. Wenn diese juvenilen Stäbchenkrebse zur geschlechtsreifen Form heranreifen, paaren sich Männchen und Weibchen. Die Männchen geben anschließend ihre parasitische Lebensweise auf und verlassen den Wirt.

Die befruchteten Weibchen übersiedeln von den Kiemen auf den Körper des Koi. Dort wachsen sie weiter, verlieren allmählich ihre krebstypischen Merkmale und werden langgestreckt und „wurmförmig". Gleichzeitig bohren sie sich tief in die Haut und das darunterliegende Bindegewebe ein und entwickeln ankerförmige Fortsätze, mit denen sie sich fest an ihrem Platz verankern. In diesem Stadium sind die erwachsenen Stäbchenkrebse deutlich auf dem Fisch zu erkennen; sie sind dann je nach Art bis zu 20 mm lang. Mit Hilfe von Verdauungssäf-

Oben: *Wimperntierchen der Gattung* Apiosoma *sitzen auf einem Kiemenfilament fest. Sie werden bis zu 50 m (1 m = 0,001 mm) lang. Diese Parasiten können, wenn sie in großer Anzahl auftreten, den Gasaustausch stark behindern.*

Oben: *Sporentierchen (Stamm Sporozoa) der Gattung* Myxobolus *von einem infizierten Fisch bei 200facher Vergrößerung. Die Sporen werden aus Zysten freigesetzt, die sich im Gewebe bilden. Die Infektion kann auf verschiedene Weise von Fisch zu Fisch übertragen werden.*

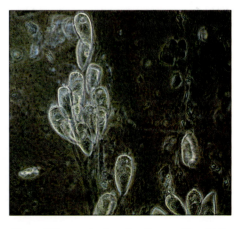

Oben: *Wimperntierchen der Gattung* Scyphidia *ähneln* Apiosoma *stark. Diese Mikroskopaufnahme zeigt die typische Flaschenform dieser Einzeller. Mit ihrem bewimperten Zellmund filtern sie Mikroorganismen und organische Schwebeteilchen aus dem Wasser.*

GESUNDHEITSPFLEGE

ten, die sie ausscheiden, können sie sich immer tiefer einbohren und sich von aufgelöstem Körpergewebe ernähren. Die Nährstoffe, die sie dem Fisch entziehen, dienen ihnen zur Produktion von Eiern, die sie in zwei weißen Eiersäckchen am Hinterende tragen. Ein einziges Weibchen kann im Lauf seines Lebens mehrere tausend Eier erzeugen. Wenn diese Eier ins Wasser entlassen werden, beginnt ein neuer Zyklus.

Stäbchenkrebse entdeckt man meist erst dann, wenn der Parasit erwachsen ist und das weißliche Hinterende mit den Eisäckchen zwischen den Schuppen hervorragt. Dann findet man auch charakteristische blutige Stellen am Körper des Koi, die sich leicht mit Bakterien und Pilzen infizieren können. Insektizide auf der Basis organischer Phosphorsäureester wirken gegen diese Parasiten; man sollte diese Mittel jedoch nicht im Teich anwenden, da dann viele andere Lebensformen ebenfalls abgetötet werden. Am besten fängt man die befallenen Koi heraus und entfernt die Parasiten vorsichtig mit einer Pinzette. Die zurückbleibenden Wunden versorgt man mit einem medizinischen Desinfektionsmittel, und die Fische hält man am besten einige Tage lang in einem separaten Becken mit sehr sauberem Wasser, bevor man sie in den Teich zurücksetzt. Auf diese Weise werden Sekundärinfektionen verhindert.

Karpfenläuse und Kiemenkrebse

Die Karpfenlaus *(Argulus)* ist ein weiterer parasitischer Krebs, der Fischhaltern gut bekannt ist. Sowohl männliche als auch weibliche Karpfenläuse parasitieren an Körper und Kiemen von Koi. Sie sind scheibenförmig (bis zu 13 mm im Durchmesser) und tragen an der Unterseite zwei auffällige

Lebenszyklus des Stäbchenkrebses *(Lernaea)*

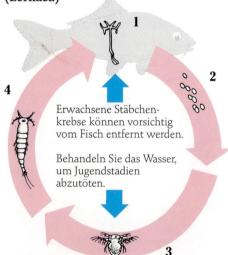

Oben: *1 Die Weibchen heften sich an der Körperwand fest. 2 Eier gelangen aus den Eiersäcken des erwachsenen Parasiten ins Wasser. 3 Das erste Larvenstadium lebt frei. 4 Die Larvenstadien leben parasitisch. Wenn sie erwachsen sind, paaren sie sich, und die Weibchen entwickeln ihre typische „Ankerform".*

Saugnäpfe. (Wenn man eine Karpfenlaus durch eine Stereolupe betrachtet, sehen diese Saugnäpfe auf den ersten Blick wie zwei Augen aus, doch die Augen – zwei kleine schwarze Punkte – liegen weiter vorn am Kopf.) Die Saugnäpfe sind recht hart, sie bestehen aus einem chitinartigen Material. Mit ihnen heftet sich der Parasit am Körper des Fisches fest oder gleitet auf dessen Schleimschicht herum. Karpfenläuse sind sehr geschickte Schwimmer; wenn sie von der Körperoberfläche eines Koi gewischt werden, paddeln sie einfach so lange im Wasser herum, bis sie einen neuen Wirtsfisch gefunden haben. Zwischen den Saugnäpfen befinden sich stechend-saugende Mundwerkzeuge, die der Parasit durch die Haut des Koi bohrt. Dieser Stech-Saugrüssel ist mit einer Giftdrüse versehen, deren Gift wie mit einer Spritze in die Wunde injiziert wird. Zudem erweitert die Karpfenlaus das verletzte Gewebe ständig mit sägenden Bewegungen ihrer Mundwerkzeuge. An der Körperstelle, an der eine Karpfenlaus gesaugt hat, entwickelt sich eine große, rote Schwellung.

Karpfenläuse stellen für Koi eine starke Belästigung dar, und die Fische zeigen teilweise Symptome, die denjenigen beim Befall mit einzelligen Parasiten ähneln, z. B. intensives Scheuern und Springen. Infizierte Koi magern häufig ab, denn die Karpfenläuse irritieren und stören sie beim Fressen. Ohne Behandlung verzögert der Befall mit *Argulus* das Wachstum eines Fisches. Die vom Parasiten verursachten Verletzungen sind häufig Ausgangspunkte für Sekundärinfektionen durch Pilze und Bakterien. Wenn *Argulus* die Kiemen befällt, kann das schlimme Folgen für den Fisch haben, so z. B. Atemnot, die durch bakterielle Sekundärinfektionen verschlimmert wird. Karpfenläuse können auch Krankheiten innerhalb einer Population von Fisch zu Fisch übertragen, darunter einzellige Parasiten, verschiedene Bakterieninfektionen und die Frühjahrs-Virämie von Karpfen (s. S. 108).

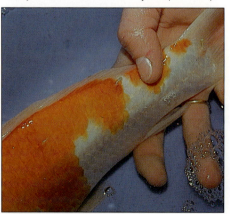

Oben: *Deutlich erkennt man einen Stäbchenkrebs (oder Ankerwurm) in der Schwanzregion dieses Koi. Diese parasitischen Kleinkrebse können sich recht tief in die Körperwand und das Unterhautgewebe einbohren und Wunden verursachen, die dann häufig sekundär von Bakterien oder Pilzen infiziert werden.*

Lebenszyklus der Karpfenlaus *(Argulus)*

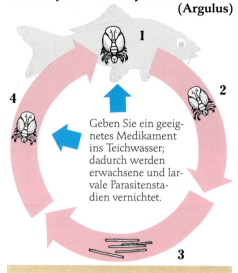

Oben: *1 Erwachsene Parasiten heften sich mit Saugnäpfen am Fisch an. 2 Erwachsene Weibchen verlassen den Fisch, um Eier zu legen. 3 Die Eier werden in Paketen in langen, gelatinösen Kapseln abgelegt. 4 Die Larven entwickeln sich über mehrere Stadien zum erwachsenen Parasiten.*

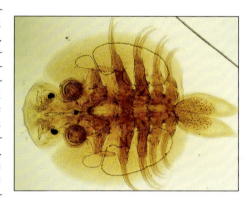

Oben: *Diese Nahaufnahme von der Unterseite einer Karpfenlaus* (Argulus) *zeigt deutlich die krebstypischen Spaltbeine und die beiden großen Saugnäpfe sowie weiter vorne die kleineren, dunkleren Augen. Diese Parasiten werden maximal 10 mm lang.*

Bei den Kiemenkrebsen *(Ergasilus)* leben nur die geschlechtsreifen Weibchen parasitisch. (Die Männchen sterben bald nach der Befruchtung.) Wegen ihrer an Maden erinnernden, weißen Eiersäcke heißen sie im Englischen „gill maggots" – „Kiemenmaden". Man findet die Weibchen an Körper und Flossen, vorwiegend aber an den Kiemen befallener Fische. Das erste Beinpaar ist zu einem Klammerorgan mit kräftigen Haken umgebildet, das dem Parasiten einen sicheren Halt an den Kiemenfilamenten ermöglicht, von deren Gewebe er sich ernährt. Ein starker Befall kann neben bakteriellen Sekundärinfektionen schwere Kiemenschäden, Abmagerung, Anämie und selbst den Tod zur Folge haben. Obwohl dieses Problem bei Koi nicht sehr häufig auftritt, ist es ratsam, neue Fische auf Karpfenläuse zu untersuchen, denn diese Para-

Lebenszyklus des Kiemenkrebses (Ergasilus)

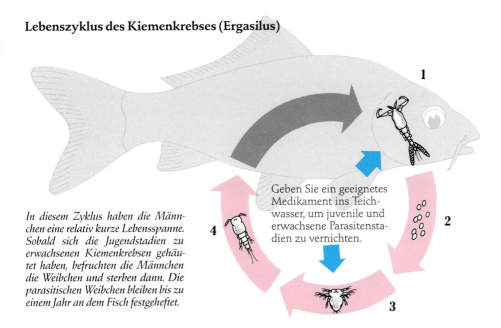

In diesem Zyklus haben die Männchen eine relativ kurze Lebensspanne. Sobald sich die Jugendstadien zu erwachsenen Kiemenkrebsen gehäutet haben, befruchten die Männchen die Weibchen und sterben dann. Die parasitischen Weibchen bleiben bis zu einem Jahr an dem Fisch festgeheftet.

Oben: *1 Parasitische Weibchen heften sich an die Kiemen. 2 Eier werden aus den Eiersäckchen ins Wasser freigesetzt. 3 Aus den Eiern entwickeln sich freilebende Jugendstadien. 4 Spätere Jugendstadien müssen einen Wirtsfisch finden, um zu überleben.*

siten werden nur durch schon befallene Fische in den Teich eingeschleppt. Die Behandlung sollte in einem separaten Bekken erfolgen. Wirksam sind rezeptpflichtige Insektizide, schonender aber Kochsalzbäder oder das Absammeln mit der Pinzette.

Insektenlarven

Viele fliegende Insekten durchlaufen während ihrer Entwicklung ein aquatisches Larvalstadium. Einige dieser Insektenlarven leben räuberisch und können für Jungfische unter Umständen eine Gefahr darstellen. Großlibellen z. B. legen ihre Eier im oder am Wasser ab, entweder an der Wasseroberfläche oder in Pflanzengewebe. Die Larven, die aus diesen Eiern schlüpfen, besitzen große, zangenartige Mundwerkzeuge, mit deren Hilfe sie kleine Fische bis zu 3 cm Länge fangen und aussaugen können. Die Larven des Gelbrandkäfers, *Dytiscus marginalis,* verfügen ebenfalls über ein Paar eindrucksvolle Kiefer und sind ohne weiteres in der Lage, Baby-Koi bis zu einer Länge von 5 cm zu erbeuten. Gelbrandkäfer- und Libellenlarven stellen für Fische über 10 cm keine Gefahr mehr dar.

Saugwürmer an Haut und Kiemen

Die meisten Koi-Halter wissen, daß Koi häufig Saugwürmer beherbergen. Sie sind mit dem bloßen Auge gerade noch sichtbar; da sie aber durchsichtig sind, sind sie ohne Vergrößerung schwer zu entdecken. Zwei Gattungen parasitieren gewöhnlich auf Koi: *Dactylogyrus* hat zwei Paar Augen, *Gyrodactylus* ist hingegen augenlos. Man findet beide am ganzen Körper und an den Kiemen; sie ernähren sich von Schleim und Gewebe des Koi. *Dactylogyrus* legt Eier, aus denen sich freischwimmende Larven entwickeln, während sich die Nachkommen von *Gyrodactylus* im Leib ihrer Mutter entwickeln, die dann lebende Saugwürmer „gebärt". Beide Saugwurmtypen weisen eine Anordnung von Haken auf, mit denen sie sich auf der Körperoberfläche des Koi festhalten. Es hat den Anschein, daß die Hautreizungen, die diese Parasiten auslösen, von diesen Haken herrühren, die beim Herumkriechen an Haut und Kiemen kratzen.

Saugwürmer findet man bei Teichfischen sehr häufig; sie nehmen bei Fischen die Stelle ein, die Flöhe bei Katzen, Hunden und Wildtieren besetzen. Bei gesunden Fischen bleibt ihre Anzahl meist gering. Koi, die gestreßt oder krank sind, werden jedoch weniger gut mit diesen Plagegeistern fertig, und die Saugwürmer können sich stark vermehren. Gelegentlich findet man an den Kiemen von geschwächten Koi Hunderte von Saugwürmern. Besonders im Frühjahr werden diese Parasiten leicht zur Plage, weil sie schneller auf die steigenden Temperaturen reagieren als Koi. Das ist eine evolutionäre Anpassung, die es den Parasiten ermöglicht, sich zu vermehren, bevor ihre unfreiwilligen Wirte in der Lage sind, sich zu wehren. Bisher ist unbekannt, ob Saugwürmer Viren oder andere Krankheitserreger übertragen können. Die beste Vorsorge ist auch in diesem Fall eine gute Teichhygiene mit optimalen Wasserverhältnissen, nicht zu dichter Besatz, eine gute Kondition der Fische und eine ausreichende Quarantänehaltung, während der diese Parasiten mit Markenarzneien bekämpft werden können.

Parasitische Würmer

Koi werden nur selten von Würmern befallen. Wenn aber einmal Würmer auftreten, parasitieren sie gewöhnlich im Verdauungstrakt oder in der Leibeshöhle und ernähren sich von dem Futter des Koi, während es den Darm passiert. Fischparasitie-

Oben: *Diese Kiemen sind stark von Kiemenkrebsen (Ergasilus) befallen. Wegen der weißen Eiersäcke der Weibchen werden die Kiemenkrebse im Englischen auch als „gill maggots" – „Kiemenmaden" – bezeichnet. Bei schwerem Befall kann es zu Kiemenschäden kommen.*

Oben: *Eine herauspräparierte Kieme mit zahlreichen „Kiemenwürmern" (Dactylogyrus) an den Filamenten. Ein „Kiemenwurm" kann ca. 2 mm lang werden. Aus den Eiern von „Kiemenwürmern", die ins Wasser entlassen werden, schlüpfen freischwimmende Larvenstadien.*

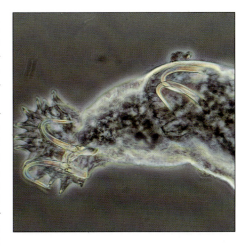

Oben: *Der lebendgebärende „Hautsaugwurm" (Gyrodactylus) zeigt bei stärkerer Vergrößerung die Haken eines noch ungeborenen Jungtieres in seinem Körper.*

健全な育成

GESUNDHEITSPFLEGE

rende Würmer gehören entweder zu den Plattwürmern, wie die Bandwürmer, oder zu den Fadenwürmern. Koi, die von Würmern befallen sind, sind meist recht mager und kränklich, zeigen aber keine anderen spezifischen äußeren Symptome. In den meisten Fällen bleibt ein geringer Befall unentdeckt und führt nur selten zu Problemen. Reinfektionen sind wegen des Fehlens eines spezifischen Zwischen- bzw. Endwirtes in ihrem komplizierten Lebenszyklus ziemlich unwahrscheinlich. Eine Behandlung ist nur mit rezeptpflichtigen Antiwurmmitteln möglich.

Egel
Der Egel, der am häufigsten an Koi parasitiert, ist der Fischegel, *Piscicola geometra*. Er ist schlank und bis zu 5 cm lang, mit auffälligen blaßgelben Ringen, die sich in regelmäßigen Abständen um den Körper ziehen. Fischegel bewegen sich mit charakteristischem spannerraupenartigem Kriechen vorwärts. Wenn sie nicht gerade an einem Fisch saugen, findet man sie zwischen Teichpflanzen oder im Substrat. Ein hungriger Fischegel haftet sich mit dem hinteren Saugnapf an einer Pflanze fest und wartet mit weit vorgestrecktem Vorderende auf einen Fisch, der nahe genug an ihm vorbeischwimmt. Sobald der Egel den Fisch „geentert" hat, sucht er solange auf dessen Körperoberfläche herum, bis er einen geeigneten Platz zum Fressen gefunden hat.

Lebenszyklus des Fischegels (Piscicola geometra)

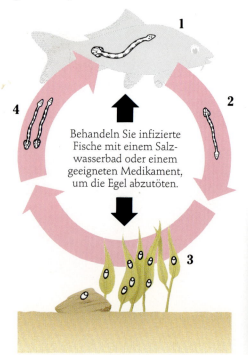

Oben: *1 Erwachsene Egel bleiben jeweils 2-3 Tage am Fisch haften und saugen Blut. 2 Sie verlassen den Fisch, um zu verdauen oder um Eier zu legen. 3 Fischegel legen ihre Eier einzeln in dunkelbraunen Kokons ab, die sie an Pflanzen oder Steine heften.*

Dann heftet er sich mit seinen Saugnäpfen fest und raspelt sich mit seinen scharfen, schneidenden Mundwerkzeugen durch die Haut des Fisches, um an das Blut zu gelangen, von dem er sich ernährt. Egel können sich überall auf dem Körper festsetzen, sie bevorzugen aber Stellen, an denen die Haut weich ist, also die Flossenbasen, die Afterregion, Maul und Kiemen. Die Menge an Blut, die jeder Egel saugt, ist sehr gering, doch ein starker Befall kann die Gesundheit eines Fisches beeinträchtigen. Der Fisch wird blutarm und anfällig für weitere Infektionen. Egel können einige einzellige Parasiten und die Frühjahrs-Virämie von Karpfen sowie wohl auch gewisse Bakterieninfektionen auf Koi übertragen.

Die Egel, die Koi befallen, legen ihre Eier in Kokons mit einer harten, ledrigen Hülle ab, die den meisten Chemikalien – mit Ausnahme von Kalk (Kalziumhydroxid) – widersteht. Wenn Egel im Teich zum Problem werden, besteht die einzig wirksame Behandlung darin, die Parasiten, die an den Koi haften, zu entfernen, und die Fische in einen anderen Teich zu setzen. Anschließend wird der „befallene" Teich geleert und mit Kalk behandelt. Das tötet die erwachsenen Egel in den Pflanzen und im Substrat ab und zerstört auch die eiergefüllten Kokons. Bevor Sie den Teich wieder füllen, müssen Sie alles gründlich auswaschen und neue Pflanzen einsetzen. Beachten Sie, daß beim Kalken von Teichen gesetzliche Auflagen erfüllt werden müssen!

Egel gelangen meist mit Pflanzen in den Teich – es ist daher ratsam, alle Wasserpflanzen sorgfältig zu untersuchen, bevor man sie in den Teich setzt.

Pilzerkrankungen
Pilzen fehlt das Pigment Chlorophyll, das es den grünen Pflanzen ermöglicht, bei der Photosynthese Sonnenenergie in Form von Nährstoffen zu speichern. Pilze ernähren sich von organischen Stoffen, entweder von toten Tieren und Pflanzen oder auch von lebendem Gewebe. Die bekanntesten Pilzformen bestehen aus langen, verzweigten fädigen Elementen, den Hyphen, die zusammen eine netzartige Struktur bilden,

Oben: *Ein Fischegel,* Piscicola geometra, *ist nach einer Mahlzeit mit Blut gefüllt. Am Kopfende mit dem etwas kleineren Saugnapf befindet sich die Mundpartie mit scharfen, schneidenden Mundwerkzeugen. Ein Fischegel wird bis zu 5 cm lang.*

das Myzel. Da Pilze feuchte bzw. nasse Lebensräume bevorzugen, sind sie auch in einem Koi-Teich stets zu finden. Tote Fische stellen für Pilze eine optimale Wachstumsbasis dar; man sollte Kadaver daher sofort aus dem Wasser nehmen. Auch Koi-Eier, die sehr nährstoffreich sind, werden leicht von Pilzen befallen. Entfernen Sie verpilzte Eier, sobald Sie sie entdecken! Sowohl Eier als auch Koi, die von derartigen Pilzen infiziert sind, zeigen weißlich-graue, wollige Flecken. Im folgenden beschreiben wir zwei Pilzinfektionen, deren Erreger *Saprolegnia* und *Branchiomyces* sind.

Saprolegnia
Eine der häufigsten Pilzinfektionen bei Koi wird vom Wasserschimmel, *Saprolegnia,* hervorgerufen. Als Teil eines komplizierten Lebenszyklus bildet *Saprolegnia* Fruchtkörper aus, die Sporen ins Wasser entlassen. Das sind die Infektionsstadien, die im Gewebe von Koi keimen, welche bereits durch Parasiten, andere Krankheitserreger, Verletzungen (z.B. durch unvorsichtiges Herausfischen), Probleme mit der Wasserqualität oder Streß geschwächt sind. Eine Pilzinfektion mit *Saprolegnia* erfolgt also immer sekundär. Die Pilzsporen gedeihen überall auf dem Körper, einschließlich der Kiemen, wobei sie stets zuerst totes oder geschädigtes Gewebe befallen. Die fädigen Pilzhyphen, die aus den Sporen wachsen, dringen in das abgestorbene Gewebe ein und geben dabei Enzyme ab, die die Zellmembranen auflösen. So entsteht eine nährstoffreiche Flüssigkeit, von der die Pilze leben. Im Lauf des Pilzwachstums brechen diese Verdauungssäfte auch lebende Zellen auf und ermöglichen es den Hyphen dadurch, auch andere Körperbereiche zu befallen, bis man sie auf der Körperoberfläche des Fisches deutlich erkennen kann. Sol-

Oben: *Die Pilzstränge oder Hyphen dieses* Saprolegnia*-Pilzes vernetzen sich und bilden eine weiße, flauschige Matte, das Myzel, die man auf der Körperoberfläche stark befallener Fische erkennen kann. Jeder Pilzstrang ist etwa 20 m (1m = 0,001 mm) dick.*

Oben: *Weißliche, flauschige Pilzmatten brechen zwischen den Schuppen hervor und zeigen, daß sich diese im darunterliegenden Gewebe eingenistet haben. Solche Verpilzungen gehen oft von Sporen aus, die auf abgestorbenem Gewebe rund um Wunden keimen.*

Oben: *Ein besonders schwerer Befall mit* Saprolegnia-*Pilzen, verbunden mit Schuppenverlusten, bei einem jungen Koi. Die Pilzfäden erscheinen durch Algen grünlich gefärbt. Eine rasche Behandlung mit einem geeigneten Medikament ist zur Bekämpfung solcher Infektionen unverzichtbar.*

che Körperstellen sehen typischerweise wattebauschartig aus. Verpilzte Kiemen sind nicht so leicht zu entdecken, aber wenn Ihr Koi apathisch wird, zu fressen aufhört und Schwierigkeiten bei der Atmung zeigt – an der Wasseroberfläche hängt, stark ventiliert und oft auch Luft schluckt –, so zeigt eine Untersuchung der Kiemen häufig die wattebauschähnlichen Pilzfäden von *Saprolegnia*. (Doch seien Sie vorsichtig, die oben beschriebenen Symptome findet man nicht nur bei Pilzinfektionen!)

Branchiomyces

Branchiomyces ist ein Pilz, der die Kiemen befällt. Er wird mit dem Wasser übertragen und gedeiht bei leicht saurem pH-Wert (pH 5.8–6.8). Sein Lebenszyklus ähnelt dem von *Saprolegnia*. Die Sporen, die ins Wasser entlassen werden, bleiben entweder als Schwebstoffe im Teich oder sinken zu Boden, wo sie von den Koi beim Gründeln aufgenommen werden. Sobald sie in Kontakt mit den Kiemenfilamenten gelangen, keimen die Sporen und bilden Hyphen, die in das Kiemengewebe eindringen und es zum Absterben bringen. Dieses tote Kiemengewebe ist seinerseits hochinfektiös und erzeugt unter Laborbedingungen jederzeit rasch wieder Pilzhyphen. Da die Kiemen sehr gut durchblutet sind, kann es vorkommen, daß einige Sporen in den Blutstrom gelangen. Man hat **Branchiomyces** auch in Leber und Milz befallener Fische gefunden.

Die Krankheit, die von diesem Pilz ausgelöst wird, nennt man Branchiomykose oder Kiemenfäule. Koi, die darunter leiden, werden anfangs lethargisch, hören zu fressen auf und hängen an der Teichoberfläche, ventilieren heftig und zeigen mehr oder minder akute Atemnot. (Leider treffen diese Symptome auch auf viele andere Krankheiten zu.) Bei einer Untersuchung der Kiemen entdeckt man dann die charakteristische rostbraune Verfärbung und die ausgedehnte Zerstörung des Kiemengewebes. Die Kiemenfäule bricht gewöhnlich nur im Sommer bei hohen Wassertemperaturen in organisch stark belasteten Gewässern aus. Unter diesen Umständen kann die Krankheit in wenigen Tagen zu hohen Verlusten führen, zumal eine direkte Behandlung nicht möglich ist. Sie sollten zunächst einen Fachmann zu Rate ziehen und Wassertemperatur und organische Belastung durch einen Wasserwechsel senken. Tote Fische müssen sofort entfernt werden, und ganz allgemein ist auf eine gute Teichhygiene zu achten.

Viruserkrankungen

Viren gehören wahrscheinlich zu den erfolgreichsten Organismen, die sich jemals entwickelt haben, und sie können – abgesehen von anderen Viren – alle Lebewesen, selbst Bakterien, infizieren. Ihr Aufbau besticht durch seine elegante Einfachheit; Viren bestehen lediglich aus einer Eiweißhülle, die ihr Erbgut umschließt. Auch ihre Vermehrungsstrategie ist vergleichsweise simpel: Das Virus injiziert praktisch sein eigenes genetisches Material in eine Zelle seines Wirtes. Innerhalb der Zelle übernimmt die Erbinformation des Virus das Kommando und veranlaßt die Wirtszelle, Kopien des Virus herzustellen. Stark vereinfacht, gibt es dabei zwei Wege: Es kommt zu einer Massenvermehrung von Viruspartikeln, die frei werden, wenn die Wirtszelle aufbricht, und daraufhin weitere Zellen infizieren. Statt dessen kann sich das virale Erbgut auch in das Erbgut seiner Wirtszelle einbauen und diese in einem infektiösen Anfangsstadium veranlassen, weitere Viruspartikel zu produzieren. Anschließend tritt das Virus in ein nicht-infektiöses Stadium ein, währenddessen die virale Erbinformation im Genom der Wirtszelle verbleibt, aber nicht aktiv wird. Streß oder andere Erkrankungen können dann dazu führen, daß das Virus wieder virulent wird. Ein klassisches Beispiel für diesen Typ einer Virusinfektion bietet das Herpesvirus, das beim Menschen unter anderem Lippenherpes auslöst.

Einer der bösartigen Aspekte jeder Virusinfektion ist es, daß das genetische Material eines Virus meist nicht sehr stabil ist; es mutiert recht leicht, und dann entsteht ein neuer Virustyp. Ein gutes Beispiel dafür sind die Viren, die Grippe (Influenza) hervorrufen – jeden Winter tauchen neue Typen auf, um uns zu plagen!

Es gibt kaum Behandlungs- oder Heilungsmöglichkeiten für Viruserkrankungen. Vorbeugung durch Impfung ist der einzige Schutz, der uns bisher in einigen Fällen zur Verfügung steht. Bei viralen Fischerkrankungen gibt es einige wenige Impfstoffe, die sich als mehr oder weniger wirksam erwiesen haben; diese Methode wird bisher aber fast nur von kommerziellen Fischfarmern, deren Fische zum Verzehr bestimmt sind, eingesetzt. Das Studium von Viren, die Erkrankungen bei Fischen auslösen, steckt noch in den Kinderschuhen. Viele Wissenschaftler arbeiten auf diesem Gebiet, aber es wird noch viele Jahre dauern, bis man alle Krankheiten kennt, die durch Viren verursacht werden.

Im nächsten Abschnitt befassen wir uns mit zwei Viruserkrankungen, die bei Koi auftreten.

Fischpocken – Karpfenpocken

Fisch- oder Karpfenpocken erzeugen weiße, rosa oder graue wachsartige Wucherungen auf den Flossen oder auch am Körper. Sie werden von einem Virus hervorge-

Oben: *Das typische weißliche, wachsartige Gewächs hinter dem Kopf dieses Koi weist auf eine Virusinfektion mit Karpfenpocken (Fischpocken) hin. Karpfenpocken treten häufig im Frühjahr auf, wenn das Wasser sich erwärmt. Sie sind von fester Konsistenz und können mit der Zeit ihre Färbung verändern.*

健全な育成

GESUNDHEITSPFLEGE

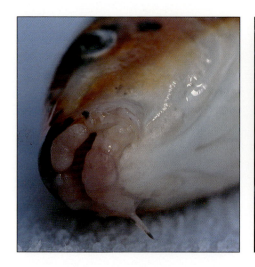

Oben: *Hier haben sich Karpfenpocken rund um das Maul festgesetzt und verursachen dort häßliche Wucherungen. Das hindert den Fisch nicht unbedingt daran, normal zu fressen und zu leben; manchmal verschwinden solche Symptome bei optimaler Hälterung nach einiger Zeit wieder von selbst.*

Oben: *Die glatten Gewächse der Karpfenpocken auf Flossenstrahlen. Eine medikamentöse Behandlung dieser Viruserkrankung ist bisher noch nicht möglich, doch ist sie eher unschön als gefährlich. Diese Infektion wird anscheinend durch Kontakt von Fisch zu Fisch weitergegeben, doch sie ist nicht sehr ansteckend.*

rufen, der sein eigenes genetisches Material in dasjenige der Wirtszelle einbaut (also Typ zwei der oben skizzierten Vermehrungsstrategien). Fischpocken töten einen Koi nicht, aber in schweren Fällen sehen die Wucherungen, die sie hervorrufen, sehr häßlich aus. Wir wissen noch nicht genau, wie das Virus übertragen wird; bekannt ist nur, daß Koi Fischpocken durch Kontakt mit bereits infizierten Fischen bekommen. Koi-Halter stellen oft fest, daß ihre Koi die charakteristischen wachsartigen Gewächse im Frühjahr entwickeln, wenn die steigenden Temperaturen das Virus zur Vermehrung anregen, bevor das Immunsystem des Fisches wieder voll aktiviert ist. Koi, die mit Fischpocken infiziert sind, entwickeln die Symptome der Erkrankung auch, wenn sie unter Streß geraten.

Frühjahrs-Virämie von Karpfen

Wie der Name schon andeutet, tritt die Frühjahrs-Virämie von Karpfen häufig im Frühjahr auf, wenn die Wassertemperaturen zu steigen beginnen. (Untersuchungen haben gezeigt, daß die höchste Sterblichkeitsrate bei 13,5–15,5 °C liegt.) Die typischen Merkmale dieser Erkrankung sind ein aufgetriebener Leib (wie bei der Bauchwassersucht, s. S. 110), blasse Kiemen und manchmal Blutungen unter der Haut, am Körper und in der Analregion. Das Körperinnere ist entweder mit einer klaren oder braunen Flüssigkeit gefüllt. Die Blutgefäße rund um die Schwimmblase sind oft geplatzt und Leber und Milz vergrößert.

Junge Koi sind sehr anfällig für dieses Virus, und häufig überleben nur wenige die Infektion. Die Überlebenden entwickeln eine Immunität gegen das Virus, bleiben aber potentiell Träger des Krankheitserregers. Das Virus gerät mit dem Kot infizierter Koi ins Wasser. Es scheint durch die Kiemen in einen neuen Wirt und weiter in den Blutstrom zu gelangen. Das Virus kann zwischen Koi auch durch direkten Kontakt mit einem infizierten Fisch, durch den Schleim, verseuchte Geräte oder Karpfenläuse, *Argulus,* und Fischegel, *Piscicola* (s. S. 104 und 106), übertragen werden.

Es gibt keine Heilung für diese Viruserkrankung. Die beste Vorbeugung ist es, nur Fische von verantwortungsbewußten Händlern zu kaufen, Neuzugänge in Quarantäne zu setzen, alle Geräte zu desinfizieren, den Koi eine optimale Wasserqualität zu bieten und sie regelmäßig auf Anzeichen von Erkrankungen zu untersuchen.

Bei der Frühlingsvirämie handelt es sich um eine sogenannte meldepflichtige Krankheit, die dem zuständigen Veterinäramt oder Fischgesundheitsdienst mitgeteilt werden muß. Das hat für den Fischhalter keine nachteiligen Folgen, sondern dient nur der freiwilligen Eindämmung der Krankheit.

Bakterieninfektionen

Es gibt viele verschiedene Typen von Bakterien. Die Mehrheit ist harmlos und sogar nützlich – wie die nitrifizierenden Bakterien in biologischen Filtern –, aber eine Reihe von Bakterien sind doch potentiell gefährlich oder pathogen (krankheitserregend). Die meisten pathogenen Bakterien verursachen Krankheiten bei vielen verschiedenen Fischarten, darunter auch Koi, während einige spezifischer nur wenige bestimmte Arten befallen.

Was sind eigentlich Bakterien? Ein Bakterium ist ein einzelliger Organismus ohne echten Zellkern mit einer Durchschnittsgröße von 0,5–1,0 m (1 m = 0,001 mm). Es gibt drei Grundformen: Kugeln (Kokken), Stäbchen (Bacillen) und Spiralen (Spirillen). Sie können einzeln, in Ketten oder als Haufen angeordnet sein. Einige Bakterien verfügen über winzige fadenförmige Geißeln (Flagellen), die sie benutzen, um sich mit erstaunlicher Geschwindigkeit zu bewegen.

Bakterien nehmen Nährstoffe durch ihre feste äußere Zellwand auf. Sie lassen sich entsprechend ihres Sauerstoffbedarfs in zwei Gruppen einteilen: Aerobe Bakterien können nur in Gegenwart von Sauerstoff wachsen bzw. existieren, während anaerobe Bakterien nur beim Fehlen von Sauerstoff gedeihen, denn dieses Gas ist für sie giftig. (Um die Sache etwas zu komplizieren, gibt es eine dritte Gruppe von Bakterien, die ohne Sauerstoff leben können, ihn aber, falls vorhanden, gerne nutzen.) Bakterien vermehren sich gewöhnlich durch einfache Zweiteilung, und unter idealen Bedingungen können sich einige Typen alle 15–30 Minuten teilen. Bakterien verfügen auch über eine Form von sexueller Fortpflanzung, bei der genetisches Material zwischen zwei Zellen ausgetauscht wird.

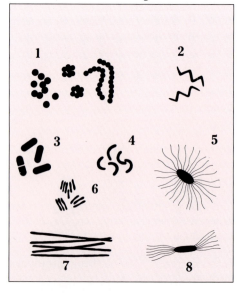

Oben: *1 Kokken (Kugeln), einzeln, in Haufen oder Ketten 2 Spirillen, spiralförmig 3 Bacillen (Stäbchen), z. B. 4 Vibrio (Komma-Form) 5 peritriche Form (rundherum begeißelt) 6 Mycobacterium (sehr kleine Stäbchen) 7 Flexibacter (lange dünne Stäbchen)*

Größe, Form und Farbe einer Bakterienkolonie lassen gewisse Rückschlüsse auf ihren Typ zu, doch eine genaue Bestimmung erfordert eine komplizierte Prozedur, bei der ein Abstrich genommen, auf Platten mit einem Nährmedium ausgestrichen und anschließend bebrütet wird. Manchmal sind weitere Inkubationen auf verschiedenen Gelen oder immunologische Nachweise nötig; daran schließen sich Färbungen an, z.B. solche, mit denen man Bakterien in grampositive und gramnegative Typen einteilen kann. Solche Bestimmungen überschreiten die Möglichkeiten eines Laien; sie werden in Speziallabors durchgeführt.

Im nächsten Abschnitt beschäftigen wir uns kurz mit den Bakterieninfektionen, die bei Koi am häufigsten auftreten.

Fischtuberkulose

Fischtuberkulose wird von Bakterien der Gattung *Mycobacterium* hervorgerufen. (Eine sehr ähnliche Erkrankung verursacht das Bakterium *Nocardia*.) Infizierte Koi haben oft ein ausgemergeltes, hohlbäuchiges Aussehen, die Augen treten hervor, die Haut ist gerötet, und am Körper entwickeln sich häufig Geschwüre. Gewöhnlich treten in den inneren Organen infizierter Fische zahlreiche kleine Knoten oder Tuberkeln bis zu Stecknadelkopfgröße auf. Um eine Ansteckung der anderen Fische im Teich zu verhindern, muß man erkrankte Fische sofort separieren und sie, wenn sich ihr Zustand nicht bessert, auf humane Art töten. Die Fischtuberkulose läßt sich derzeit nicht medikamentös behandeln. Wenn ein Fisch alle Symptome einer voll entwickelten Fischtuberkulose aufweist, ist er nicht zu retten. Eine zuverlässige Diagnose erfordert eine Identifikation der klinischen Symptome der Erkrankung, den mikroskopischen Nachweis der Bakterien mit speziellen Färbemethoden und das Anlegen einer Kultur bakteriologischer Proben, wie oben beschrieben.

Diese Bakterien werden durch verseuchtes Futter, mit dem Kot, durch Hauttuberkel und durch tote Fische von Fisch zu Fisch übertragen. Man sollte daher tote oder sterbende Fische sofort aus dem Teich nehmen, um eine Ausbreitung der Infektion zu verhindern.

Die Erreger der Fischtuberkulose können auf den Menschen übertragen werden und dort eine lokale Hautveränderung – das sogenannte Schwimmbadgranulom – hervorrufen. Die Fischtuberkulose hat jedoch *nichts* mit der TBC des Menschen zu tun. Dennoch sollte man Kontakt zwischen ungeschützten verletzten Hautstellen und infizierten Fischen bzw. Ausrüstungsgegenständen auf jeden Fall vermeiden! Nach einem akuten Ausbruch der Krankheit müssen alle Ausrüstungsgegenstände gründlich desinfiziert werden! Da die meisten Fische mit dem Fischtuberkulose-Erreger Kontakt hatten – bei Zierfischen spricht man von einem Durchseuchungsgrad von 80% – und es sich zudem um eine typische Hälterungskrankheit handelt, die nur bei schlechten Umweltbedingungen ausbricht, sind optimale Wasserverhältnisse und bestes Futter die wichtigste Vorsorge.

Flossenfäule, Geschwüre und hämorrhagische Septikämie

Eine Reihe von Bakterien, besonders der Gattungen *Aeromonas* und *Pseudomonas*, verursachen Flossenfäule, Hautläsionen und innere Blutungen. Diese Bakterien sind eigentlich immer im Teich vorhanden und können noch bei Temperaturen von 10 °C Erkrankungen auslösen; das macht sie besonders im Frühjahr und im Herbst gefährlich. Dieses Krankheitsbild kommt jedoch gewöhnlich nur bei durch Streß, Verletzungen oder schlechte Wasserqualität geschwächten Fischen zum Ausbruch. Beste Lebensbedingungen verhindern in den meisten Fällen, daß diese Erreger zu einem Problem werden.

Karpfen-Erythrodermitis, eine Hauterkrankung, die von einer *Aeromonas*-Art hervorgerufen wird, führt bei befallenen Koi zu geschwürigen Hautveränderungen. (Bei Lachsen und Forellen wird diese Erkrankung oft „Furunkulose" genannt.) Ohne Behandlung – d.h. vor allem Verbesserung der Hälterungsbedingungen – können *Aeromonas*-Bakterien innere Organe befallen und dort zu Blutungen, Gewebszerstörungen und Septikämie (Blutvergiftung) führen. Auch hier sind artgerechte Fischhaltung, optimale Wasserqualität und gutes Futter die beste Vorbeugung. Vom Einsatz von Antibiotika ohne Erregernachweis und Antibiogramm (d.h. Testen der individuellen Erregerempfindlichkeit vor Verabreichung von Antibiotika) ist dringend abzuraten. Viele Erreger weisen bereits Antibiotikumresistenzen auf (s.u.); zudem werden die Filterbakterien abgetötet.

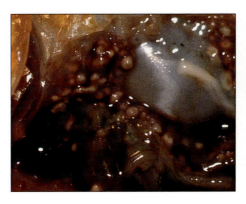

Oben: *Die weißlichen Knötchen zwischen den inneren Organen dieses Fisches sind typisch für eine schwere Fischtuberkuloseinfektion. Entfernen Sie tote oder sterbende Fische, um eine Ausbreitung der Infektion zu verhindern, und verbessern Sie die Umweltbedingungen.*

Oben: *Abszesse können sich bei Fischen sehr rasch entwickeln und ausgedehnte Schwellungen verursachen. Manchmal bricht ein solcher Abszeß auf, wie oben zu sehen. In einem solchen Fall sollte man unverzüglich tierärztlichen Rat suchen.*

Oben: *Chronische Flossenfäule kann zum vollständigen Verlust der Flosse führen. In diesem Fall ist fast die ganze Rückenflosse weggefault. Mit einer guten Wasserqualität lassen sich solche Bakterieninfektionen im allgemeinen verhindern.*

Oben: *Offene Geschwüre in der Bauchregion können zu weiteren Komplikationen führen, wie oben zu sehen, wo der Darm durch die infizierte Muskelwand drängt. Solche Fälle verlaufen gewöhnlich tödlich. Ursache ist eine bakterielle Infektion, die in diesem Stadium meist auch innere Organe geschädigt hat.*

„Lochkrankheit" ist wahrscheinlich der Name, den die meisten Koi-Halter verwenden, um die geschwürigen Hautveränderungen zu beschreiben, die als Folge einer bakteriellen Infektion auf Kopf und Körper von Koi auftreten können. Solche Löcher können sich zu großflächigen Hautablösungen ausweiten und führen oft zu Problemen mit der Osmoregulation. Bei einem

GESUNDHEITSPFLEGE

Oben: *Dieser weißliche, baumwollartige Flaum ist ein Zeichen der Columnaris-Krankheit, die von* Flexibacter*-Bakterien hervorgerufen wird. Auf den ersten Blick kann man die Symptome mit denjenigen einer Pilzerkrankung verwechseln. Durch optimale Hälterungsbedingungen kann man dieser Infektion vorbeugen.*

gesunden Fisch besteht ein Gleichgewicht zwischen der Wassermenge, die in den Körper gelangt (hauptsächlich durch die Kiemen per Osmose), und derjenigen, die mit dem Urin wieder ausgeschieden wird. Bei Koi, die große Löcher in der Haut aufweisen, dringt Wasser ungehindert ein und belastet die Nieren zusätzlich, was zu Nierenversagen führen kann. Unter diesen Umständen ist es ratsam, dem Wasser in einem separaten Behälter Salz (3 g/l) zuzusetzen. Diese 0,3%ige Lösung trägt dazu bei, die osmotische Belastung zu senken.

Wichtiger ist es jedoch, sofort die eigentliche Ursache der „Lochkrankheit" zu bekämpfen. Sollte eine bakterielle Infektion zugrundeliegen, hilft meist bereits eine Überprüfung und Verbesserung der Haltungsbedingungen. In schweren Fällen muß vom Tierarzt ein Erregernachweis mit Antibiogramm durchgeführt werden, um Medikamente gezielt einsetzen zu können. Wissenschaftliche Untersuchungen haben ergeben, daß die „Lochkrankheit" auch durch Mangelernährung, d.h. dem Fehlen von lebenswichtigen Mineralstoffen und Vitaminen im Futter, ausgelöst werden kann. Verfüttern Sie daher nur hochwertiges Markenfutter.

Columnaris-Krankheit, Myxobakteriose

Dabei handelt es sich um eine weitere bakterielle Infektion, die meist dann zum Ausbruch kommt, wenn die Koi unter schlechten Lebensbedingungen zu leiden haben oder wenn sie durch eine plötzliche Veränderung der Wasserqualität gestreßt werden. Typische Symptome einer fortgeschrittenen Infektion sind ein weißlicher, baumwollartiger Flaum (sowie Entzündungen in der Mundregion, daher auch der Name „Mundfäule"), der sich dann auf Körper und Flossen ausbreitet und häufig zu Geschwüren und einem ausgemergelten Aussehen führt. Die *Flexibacter*-Bakterien, die diese Symptome hervorrufen, bieten unter dem Mikroskop ein charakteristisches Bild; eine Kolonie besteht aus relativ langen, dünnen Stäbchen, die sich mit Gleit- und Biegebewegungen vorwärtsschlängeln. Diese Bakterien sind besonders in warmem, nährstoffreichem Wasser häufig und verbreiten sich unter diesen Bedingungen schnell von Fisch zu Fisch. Die Krankheit kann im Frühstadium erfolgreich mit antibakteriellen Arzneimitteln bekämpft werden. Besser ist Vorbeugung durch optimale Hälterungsbedingungen.

Bakterielle Kiemeninfektionen

Die Kiemen werden von vielen verschiedenen Bakterientypen befallen; dabei variieren die Symptome je nach Art und Stärke der Infektion. In zahlreichen Fällen zeigen mikroskopische Untersuchungen der Kiemen, daß die Spitzen der Filamente angeschwollen oder vollständig miteinander verklebt sind. Möglicherweise sind die Kiemenfilamente sogar so stark erodiert, daß nur der zentrale knorpelige Kiemenstrahl übrigbleibt. Es ist jedoch wichtig zu wissen, daß nicht nur Bakterieninfektionen zu solchen oder ähnlichen Symptomen führen können, sondern auch Algenpilze, einzellige Parasiten, Saugwürmer und parasitische Kleinkrebse.

Bakterielle Infektionen der Kiemen sind nicht leicht zu behandeln; wenn sie im Frühstadium diagnostiziert werden, kann der Koi sich erholen, doch nur allzu oft ist der Schaden zu dem Zeitpunkt, an dem man die Anzeichen erkennt, irreparabel.

Bauchwassersucht

Die Anzeichen für „Bauchwassersucht" sind unverwechselbar: Der Leib ist angeschwollen, die Augen treten manchmal aus dem Kopf (Exophthalmie oder „Glotzauge"), die Schuppen sind gesträubt und stehen vom Körper ab (Tannenzapfeneffekt). Es ist wichtig zu wissen, daß die Bauchwassersucht ein Zeichen für eine ganze Reihe von Gesundheitsproblemen ist: sie kann durch eine bakterielle Infektion, ernährungs- bzw. vergiftungsbedingte Schädigungen der inneren Organe oder auch Laichverhärtung hervorgerufen werden. Es ist in der Praxis außerordentlich schwierig, zwischen den verschiedenen möglichen Ursachen von Bauchwasser-

Unten: *Exophthalmus oder „Glotzauge" ist eines der Anzeichen, das man bei Bauchwassersucht findet. Die Ursachen der Bauchwassersucht sind vielfältig, doch sie führen gewöhnlich zu einer übermäßigen Flüssigkeitsansammlung im Bauch.*

sucht zu unterscheiden. Wenn mehr als ein Koi Anzeichen dieser Erkrankung zeigt, kann man meist von einer bakteriellen Infektion ausgehen. Bakterielle Bauchwassersucht ist ansteckend, daher sollte man infizierte Fische schnellstens isolieren. Heilung ist gewöhnlich nur im Frühstadium möglich. Beste Haltungsbedingungen sind auch in diesem Fall die beste Vorsorge.

Bakterien und Antibiotika

Ohne Zweifel gehört die Entdeckung der Antibiotika zu den wichtigsten human- und veterinärmedizinischen Errungenschaften in diesem Jahrhundert. In den letzten 30 Jahren sind mehr und mehr Stoffe mit antibiotischen Eigenschaften gefunden worden (darunter auch rein synthetische Produkte), und das hat dazu geführt, daß wir uns über den Einsatz von Antibiotika kaum noch Gedanken machen. Unüberlegter Einsatz dieser potenten Medikamente kann jedoch schlimme Folgen haben und bei Bakterien statt zur Vernichtung zu Resistenzen führen. Antibiotika sind generell verschreibungspflichtig und dürfen nur von Tierärzten verordnet werden.

Generell sollte niemals auf Verdacht oder vorsorglich mit Antibiotika herumexperimentiert werden. Ein verantwortungsvoller Umgang mit einem so potenten Medikament setzt eine klare Diagnose voraus, d.h. einen Erregernachweis und ein Antibiogramm, bei dem man feststellt, welche Antibiotika wirksam sind und gegen welche der Erreger resistent ist. Im Gartenteich sollte man im allgemeinen gar keine Antibiotika einsetzen, denn der Erfolg ist ungewiß und der Schaden für nützliche Mikroorganismen, Haus- und Wildtiere kaum zu übersehen.

Umweltbedingte Störungen

Wie andere Fischhalter sind Koi-Liebhaber bemüht sicherzustellen, daß die Wasserqualität in ihrem Teich so gut wie eben möglich ist. Bei schlechter Wasserqualität geraten die Fische unter Streß und fallen dann leichter Krankheiten zum Opfer. Wie wir auf S. 48–57 gesehen haben, umfaßt der Begriff „Wasserqualität" eine Reihe verschiedener und oft miteinander verzahnter physikalischer, chemischer und biochemischer Faktoren. Im folgenden wollen wir uns kurz mit der Bedeutung einiger dieser Faktoren für die Gesundheit von Koi beschäftigen.

Temperatur Auf den engen Zusammenhang zwischen Temperatur und Sauerstoffgehalt haben wir bereits hingewiesen (s. S. 51). Daneben spielt die Temperatur im Gesundheitsbereich eine Rolle bei der Aktivität von Parasiten, dem Laichen und der Immunantwort.

Im Frühjahr und im Herbst vermehren sich viele Parasiten bereits/noch immer aktiv, während die Koi wegen der geringen Temperaturen oft zu ruhig sind, um mit derartig großen Zahlen fertig zu werden.

In gemäßigten Breiten beginnen mit Frühjahrsanfang und zunehmender Tageslänge die Eier der Koi-Weibchen zu reifen. Das Ablaichen wird durch Temperaturen oberhalb 20 °C ausgelöst. Wenn diese Temperaturen nicht erreicht werden, geraten weibliche Koi, weil sie nicht laichen können, stark unter Streß und erkranken leicht. Die Temperatur beeinflußt auch die Entwicklung der Eier und der Koi-Brut. Plötzliche Temperatursprünge können z.B. zu verschiedenen Skelett- und besonders Wirbelsäulenanomalien führen.

Die Temperatur übt einen großen Einfluß auf das Immunsystem von Koi aus. Unter 12 °C erzeugen Koi keine Antikörper (Abwehrstoffe im Blut gegen artfremdes Eiweiß, wie z. B. Krankheitserreger), doch viele Bakterien und Viren sind bei dieser Temperatur durchaus aktiv. Erwärmt sich das Wasser um 10 °C, so benötigt das Immunsystem eines Koi etwa eine Woche, um darauf mit erhöhter Aktivität zu reagieren. Für einige Bakterien jedoch ist ein Temperaturanstieg, der nur halb so groß ist, ausreichend, um ihre Wachstumsgeschwindigkeit deutlich zu erhöhen. Daher ist es außerordentlich wichtig, daß alle Temperaturänderungen langsam ablaufen. Unter normalen Umständen sind Koi ganz einfach durch die physikalischen Eigenschaften des Wassers vor raschen Temperaturschwankungen geschützt.

pH-Wert Leichte tägliche Schwankungen des pH-Wertes im gewöhnlichen Bereich von 7–8 sollten keine Gesundheitsprobleme verursachen. Wie wir auf S. 50 erwähnt haben, kann der pH-Wert in einem Teich mit grünem Wasser zwischen 7 und 11 schwanken. Obwohl bereits pH-Werte um 9 für die Fische eine gewisse Belastung bedeuten, sind die alteingesessenen Teichbewohner an derartige Schwankungen gewöhnt und werden gewöhnlich problemlos damit fertig. Aber setzen Sie unter solchen Bedingungen keine neuen Fische in den Teich; sie würden wahrscheinlich Schaden nehmen. Bei pH-Werten über 9 kann es zu schweren Verätzungen kommen. Natürlich sollte man den pH-Wert des Teichwassers regelmäßig überprüfen, um Gesundheitsprobleme, die damit zusammenhängen, zu vermeiden.

Sauerstoffgehalt Bei zu geringem Sauerstoffgehalt im Wasser hören die Koi auf zu fressen und werden apathisch, kommen oft an die Oberfläche und schnappen mühsam nach Luft. Ein solcher Streß hat nicht nur direkte physische Konsequenzen, sondern macht die Fische auch für „Schwächeparasiten" und andere Krankheitserreger besonders anfällig. In einem Teich mit niedrigem Sauerstoffgehalt kann es passieren, daß am Morgen nach einer schwülen Sommernacht die größten Fische leblos an der Wasseroberfläche treiben. Um die Sauerstoffbalance in einem solchen Teich wiederherzustellen, ist es wichtig, den Pflanzenbewuchs möglichst zu reduzieren – vor allem das Algenwachstum zu bekämpfen – und eine zweite bzw. eine stärkere Pumpe einzuschalten, um das Wasser besser zu belüften.

Aber tun Sie nicht zuviel des Guten: Eine zu starke Belüftung kann unter Umständen zu einer plötzlichen Übersättigung des Wassers mit Luftgasen führen und damit möglicherweise die sogenannte „Gasblasenkrankheit" auslösen, bei der Gasblasen in Haut, Flossen und Gefäßsystem auftreten. Es ist nicht unbedingt nur der gelöste Sauerstoff, der dieses Problem verursacht, sondern das gesamte Gasgemisch „Luft". Da die Luft zu fast 80 % aus Stickstoff besteht, ruft eine Übersättigung des Wassers mit Luft oft Verhaltenssymptome hervor, die denen von Tauchern mit Taucherkrankheit ähneln. Wenn man nichts gegen die Übersättigung unternimmt, können die Koi an Gasblasen, die sich in den Blutgefäßen, den Augen und dem empfindlichen Kiemengewebe bilden, eingehen.

Ammoniak und Nitrit Selbst in den bestgepflegten Teichen und Filtersystemen

Oben: *Während der warmen Sommermonate kann ein dichter Wasserpflanzenbesatz in Verbindung mit ungenügender Belüftung im Teich eine Tragödie verursachen, denn gerade die größten Fische geraten dann leicht in Sauerstoffnot. Diese Koi sind an Sauerstoffmangel eingegangen.*

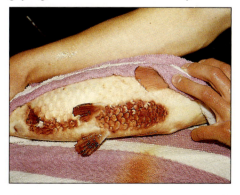

Oben: *Dieser Koi zeigt schwere Verätzungen in der Bauchregion. Bei optimalen Haltungsbedingungen und bester Wasserqualität sind die Heilungschancen jedoch gut. Eventuell sollte man medizinische Desinfektionsmittel verabreichen.*

健全な育成

GESUNDHEITSPFLEGE

kann es durch Störungen im biologischen Gleichgewicht gelegentlich zu Schwankungen im Ammoniak- und Nitritspiegel kommen. Antibiotika schädigen z. B. die nützlichen nitrifizierenden Bakterien (Filterbakterien) nachhaltig. Ebenso benötigen die Bakterien in Filtersystem und Substrat einige Zeit, um sich z. B. an die erhöhten Anforderungen bei einem Neubesatz anzupassen. Auch ein niedriger Sauerstoffgehalt im Wasser kann die Leistung der Filterbakterien beeinträchtigen. Das Ergebnis ist, daß das giftige Ammoniak, das von den Koi (hauptsächlich durch die Kiemen) ausgeschieden wird, nicht in Nitrit und das ebenfalls giftige Nitrit nicht in das weniger schädliche Nitrat umgewandelt wird. Erhöhte Ammoniak- und Nitritspiegel können sich verheerend auf die Gesundheit der Koi auswirken; die Folgen sind schwere Kiemenreizungen, verminderte Sauerstoffaufnahme im Blut, Zerstörung der schützenden Schleimschicht, äußere und innere Blutungen sowie Schäden am Nervensystem und an Leber, Milz und Nieren. Nach Störungen des biologischen Gleichgewichts sollte man die Konzentration dieser beiden Stoffe im Teichwasser 7-10 Tage lang einmal pro Tag überprüfen (s. Testkits S. 52).

Chlor Wie wir auf S. 52 gesehen haben, kann ein Überschuß an Chlor im Leitungswasser Atemnot verursachen, da das Chlor die Kiemenmembranen angreift. Glücklicherweise ist es nicht besonders schwierig, Chlor aus dem Leitungswasser zu vertreiben; man muß das Wasser nur mehrere Tage lang belüften oder ein Wasseraufbereitungsmittel zugeben.

Algen Einzellige Schwebealgen sind für eine Erscheinung verantwortlich, die man „grünes Wasser" nennt. In den meisten Fällen ist grünes Wasser für Koi nicht schädlich, doch die pH-Schwankungen, die letztlich

Oben: *Geringfügige Verletzungen, wie die beschädigten Schuppen dieses Koi, sind bevorzugte Angriffsstellen für Sekundärinfektionen durch Bakterien oder Pilze. Der kleine Tumor ist möglicherweise auf Umweltverschmutzung zurückzuführen, muß aber nicht unbedingt zu einem Dauerproblem werden.*

Fischkrankheiten

Arzneimittel Medikament Chemikalie	Konzentration	Anwendungsdauer
Mefarol®	2 ml / 100 l	1 Stunde mehrmals
Antibiotika	1-7 g/kg Futter 0,5-5 g/100 l Wasser	meist 3-7 Tage
Sulfonamide	10-20 g/kg Futter 10-20 g/100 l Wasser	meist 3-7 Tage
Formalin (37 %)	200-500 mg/l je nach Diagnose und Fischart	10-30 min unter Beobachtung
TetraPond DesaFin	nach Anweisung	nach Anweisung
TetraPond MediSticks	Medizinalfutter nach Anweisung	
Masoten	0,25-0,5 mg/l bis 5,0 mg/l Verträglichkeit beachten	7-10 Tage 30 min
Levamisol	4 g/kg Futter Wirkstoffkonzentrat im Präparat beachten	3 Tage
Di-n-Butyl-Zinnoxid	3-5 g/kg Futter 250 mg/kg Futter	3 Tage 10 Tage
Kochsalz (NaCl)	15-20 g/l 0,1-0,5 g/l	10-20 min bis 5 Tage

Anwendung bei	Bemerkungen
bakteriellen Schleimhaut- und Kiemenerkrankungen	Anweisungen des Herstellers beachten. Ähnliche Medikamente mit anderen Dosierungen
bakteriellen Infektionen	Nur unter tierärztlicher Aufsicht (rezeptpflichtig) und nach Erreger- und Resistenzbestimmung. Filterbaterien werden geschädigt, Verträglichkeiten beachten
bakteriellen Infektion	Nur unter tierärztlicher Aufsicht, auch kombiniert mit Antibiotika, übergreifende Resistenzen, Filterbakterien können geschädigt werden
therapieresistenten einzelligen Ektoparasiten und Haut- und Kiemenwürmern	Formalin ist ein gefährliches Gift, auch für den Menschen Verträglichkeiten beachten
(einzellige) Hautparasiten, z.B. Ichthyophthirius, Trichodina usw., Pilzbefall, bakterielle Hautinfektionen	
besonders einzelligen Hautparasiten wie Ichthyophthirus	
bei ektoparasitären Würmern, Kleinkrebsen und Egeln	nicht im Teich, nur in separatem Behandlungsbecken, hochgiftig, für viele Fischarten unverträglich, rezeptpflichtig
endoparasitische Würmer	der Wirkstoff ist in handelsüblichen Medikamenten oft nur anteilig enthalten. Wirkkonzentrationen beachten, rezeptpflichtig
endoparasitische Würmer	kann kombiniert mit Antibiotika verabreicht werden, Tierarzt befragen
ektoparasitische Einzeller, (Pilze) Kleinkrebse, Egel	nicht im Teich anwenden, da Pflanzen geschädigt werden können, Behandlung im Kurzbad nur unter ständiger Beobachtung. Anwendung auch zur osmotischen Entlastung. kein Jodsalz verwenden.

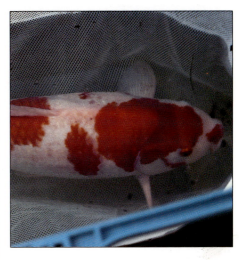

Oben: *Die Rötungen auf den weißen Körperarealen dieses Koi sind flächige Blutungen, die durch eine bakterielle Sekundärinfektion hervorgerufen wurden. Ursache war schlechte Wasserqualität, die den Koi gestreßt und geschwächt hat.*

durch das Algenwachstum verursacht werden, können Fische belasten oder gar schädigen (s. S. 111). Einige Koi geraten in Atemnot, wenn die Algenzellen ihnen die Kiemen verkleben, aber das ist sehr selten. Wie andere Pflanzen verbrauchen Algen nachts Sauerstoff, und das kann in den Sommermonaten, wenn der Gehalt an gelöstem Sauerstoff relativ niedrig ist, zu Problemen führen. In dieser Jahreszeit sollte man den Sauerstoffgehalt des Teichwassers regelmäßig überprüfen.

Schadstoffe In den meisten Fällen stammen Schadstoffe aus dem umliegenden Garten (Insektizide, Moosvertilger, Unkrautbekämpfungsmittel etc.). Es ist schwierig, zu einem bestimmten Vorgehen zu raten, wenn solche Schadstoffe in den Teich gelangt sind. Auf jeden Fall sollte man einen Wasserwechsel durchführen.

Streß
Ein Ausdruck, der häufig in diesem Abschnitt über Gesundheitsprobleme auftaucht, ist das Wort „Streß", aber was bedeutet das eigentlich? Die meisten Leute verstehen darunter eine starke emotionale Belastung. Es ist aber nicht nur unser Verstand, der reagiert, auch in unserem Stoffwechsel treten Veränderungen auf, die den Körper in die Lage versetzen sollen, mit der Streßsituation fertigzuwerden.

Während es schwierig ist, emotionalen Streß bei Koi zu messen, ist es gesichert, daß physischer Streß dieselben Reaktionen wie bei uns hervorruft. Daher arbeitet bei gestreßten Koi das Immunsystem weniger effektiv, die Verdauung ist unterbrochen, und es finden einschneidende Hormonveränderungen statt. Es ist leicht einzusehen, warum ein gestreßter Koi krankheitsanfälliger ist als einer, der unter optimalen Bedingungen gehalten wird. Also lieber Vorbeugen als Heilen.

品評会

KOI-AUSSTELLUNGEN

KOI-AUSSTELLUNGEN sind unter Koi-Haltern ein beliebtes, wenn auch zuweilen kontrovers diskutiertes Thema. Obwohl man den Streß beim Transport und die zuweilen nicht optimalen Hälterungsbedingungen auf manchen Ausstellungen mißbilligen kann, würden nur wenige Liebhaber den Wert solcher Veranstaltungen generell in Zweifel ziehen. Als Informationsbörse und beim Vergleich verschiedener Zuchtformen sind sie nicht wegzudenken. Eine gut vorbereitete und durchgeführte Koi-Ausstellung ist für alle Koi-Enthusiasten sicherlich ein Gewinn, seien sie Wettbewerbsteilnehmer oder Zuschauer. Jeder erfreut sich daran, so viele Spitzen-Koi aus der Nähe betrachten zu können. Koi-Ausstellungen werden weltweit auf vielen Ebenen organisiert, von riesigen, aufwendigen Veranstaltungen wie der „All Japan Show" (s. S. 119), die alljährlich in Tokio abgehalten wird, bis zu kleinen örtlichen Versammlungen. Wettbewerb wird bei all diesen Ausstellungen groß geschrieben, und Veranstalter, Händler und Liebhaber treffen gründliche Vorbereitungen. In Deutschland sind solche Ausstellungen nicht üblich.

Große, nationale Koi-Ausstellungen, wie diese hier im westlichen Stil, sind für viele Liebhaber die Krönung eines Koi-Jahres.

KOI-AUSSTELLUNGEN

Koi-Ausstellungen und Koi-Gesellschaften

In Deutschland gehört die Koi-Haltung noch zu den neueren Hobbys; Ausstellungen werden nur vereinzelt von engagierten Händlern organisiert. In Japan, Amerika oder auch England haben solche „Shows" längst einen festen Platz im Terminkalender vieler Koi-Liebhaber. Eine Koi-Ausstellung im westlichen Stil läuft etwa folgendermaßen ab:

Die meisten Halter, die ihre Koi ausstellen möchten, zeigen ihre Tiere zuerst auf lokalen Veranstaltungen. In einigen Ländern sind die nationalen Koi-Gesellschaften auf örtlicher Ebene in Vereinen organisiert; dort trifft man sich regelmäßig zum Gedankenaustausch, um die Teiche von Mitgliedern zu besuchen oder um Fragen der Koi-Haltung zu diskutieren.

Koi-Gesellschaften halten Ausstellungen ab, die geschlossen oder auch offen sein können. Bei einer geschlossenen Veranstaltung dürfen nur Mitglieder ihre Koi vorstellen; in solchen Fällen finden Vorbereitung für die Bewertung, eigentliche Bewertung und öffentliche Ausstellung meist an einem einzigen Tag statt. Bei offenen Veranstaltungen kann hingegen jedermann aus dem Publikum mit seinen Koi am Wettbewerb teilnehmen. Gewöhnlich dauern solche, von einem örtlichen Verein organisierten, Ausstellungen je nach zu erwartender Teilnehmerzahl und Schauplatz ein bis zwei Tage. Größere offene Ausstellungen werden zumeist von den jeweiligen nationalen Gesellschaften abgehalten. Daneben gibt es Ausstellungen von und für Koi-Händler; sie stehen neben dem Fachpublikum auch jedem anderen Interessenten offen.

Koi-Ausstellungen werden gewöhnlich in Koi-Fachblättern, Fischmagazinen und Aushängen beim Fachhändler angekündigt; auch die örtlichen Vereine informieren über solche Ereignisse in der näheren Umgebung.

Vorbereitungen für eine Ausstellung

Ein nicht ganz gesunder Koi wirkt niemals vorteilhaft, unabhängig davon, wie schön sein Muster oder seine Körperform ist. Genauso, wie Hunde in guter körperlicher Verfassung eine feuchte Nase und ein schimmerndes Fell haben, weisen gesunde Koi eine glänzende Haut auf, die das Muster und das gesamte Erscheinungsbild des Fisches positiv unterstreicht. Ein Koi, dem dieser gesunde Glanz fehlt, wird von den Richtern nicht bewertet. Sie sollten daher Ihr Möglichstes tun, den Fischen im Teich optimale Lebensumstände zu bieten, so daß Ihre Koi bei Ausstellungen in bester körperlicher Verfassung sind.

Neben Routinemaßnahmen und regelmäßigen Tests, die sicherstellen, daß der Ammoniak- bzw. Nitritspiegel niedrig und der Gehalt an Abfallstoffen gering ist, werden dem Wasser in mehrwöchigem Abstand Tonmineralien wie z. B. „Refresh" beigegeben. Dadurch fördern Sie Gesundheit und Vitalität Ihrer Pfleglinge, verstärken die Farben und unterstützen die Verdauung der Koi. Das feine, lehmige Pulver trübt das Teichwasser für ca. 48 Stunden ein. Während dieser Zeitspanne nehmen die Koi die Lösung auf; sie passiert den Körper der Fische, bindet dabei ihre Ausscheidungen und läßt sie (ebenso wie andere gelöste Abfallstoffe) zu Boden sinken.

Unten: Hier werden Koi von offiziellen Mitarbeitern der Ausstellung nach Zuchtform und Größe sortiert und eingeteilt. Das ist das erste, kritische Stadium im Verlauf des Tages. Damit man jeden Fisch sicher identifizieren kann, werden alle Koi, die für die Wettbewerbe akzeptiert werden, fotografiert. Zurückweisungen in diesem Stadium geschehen hauptsächlich aufgrund von Gesundheitsmängeln; jeder Koi, der Anzeichen einer Krankheit oder Parasiteninfektion zeigt, wird von der Schau ausgeschlossen.

Eine gesunde Ernährung ist von allergrößter Wichtigkeit. Füttern Sie die Koi mit ausgewogenem Futter, das neben anderen Bestandteilen auch Farbverstärker enthält, die Farbtiefe und Musterschärfe verbessern. Einige Tage vor einer Ausstellung sollte man jedoch mit dem Füttern aufhören, damit die Fische während des Transports und in den Schaubecken möglichst wenig Ausscheidungsprodukte abgeben. Dadurch vermeidet man schlechte Wasserqualität und schützt so die Gesundheit des Koi.

Besonders in den Sommermonaten benötigen Koi Schatten im Teich; wenn die Fische direktem Sonnenlicht ausgesetzt sind, können sie sich einen Sonnenbrand zuziehen. Das zeigt sich gewöhnlich durch eine Rötung der Haut auf dem Rücken und läßt den betroffenen Fisch für Ausstellungen erst einmal ausfallen.

In Japan werden Koi in den Monaten vor einer Ausstellung in Erdteichen gehalten. Diese natürlichen Tümpel sind reich an Grünalgen und Mineralien, bieten den Koi eine vorzügliche Nahrungsquelle und fördern Wachstum und Ausfärbung. Japanische Händler verfügen gewöhnlich über einen eigenen Schlammtümpel, und einige Koi-Halter bezahlen dafür, ihre Koi den Sommer über, zur Zeit des stärksten Wachstums, in solchen Tümpeln unterbringen zu können. Die Koi werden etwa einen Monat vor der Ausstellung aus dem Tümpel genommen; dann werden etwaiger Parasitenbefall oder Hautabschürfungen behandelt, so daß der Fisch zum richtigen Zeitpunkt in bester Verfassung ist. Außerhalb Japans bietet sich nur selten die Gelegenheit, Koi in Schlammteichen heranzuziehen. In anderen Ländern würden sich Koi-Halter auch wohl nur ungern von ihren kostbaren Fischen trennen; viele Liebhaber sehen in ihren Koi eher Haustiere als potentielle Wettkampfsieger.

Koi für die Bewertung vorbereiten

Bei der Ankunft auf dem Ausstellungsgelände bereiten offizielle Mitarbeiter der Koi-Schau Ihre Koi für die Bewertung vor, d. h., sie fotografieren die Tiere und sortieren sie nach Zuchtform und Größe, so daß sie anschließend von den Richtern begutachtet werden können. Offizielle Mitarbeiter führen in jedem Bottich regelmäßig Wassertests durch und rüsten die Bottiche mit größeren Koi, die natürlich auch mehr Abfall produzieren, mit kleinen Filtern aus.

In Ausstellungen nach japanischem Muster werden Koi derselben Größe und Zuchtform im gleichen Bottich bewertet, unabhängig davon, wem sie gehören. Das erleichtert den Richtern die Arbeit, da sie die Koi direkt miteinander vergleichen können. Doch viele Liebhaber fürchten Parasitenbefall oder Infektionen, wenn ihre Koi mit anderen Zierkarpfen zusammenkommen. Bei einigen Ausstellungen werden daher alle Koi eines Besitzers in einen Bottich gesetzt. Dadurch wird das Risiko von Infektionsübertragungen verringert – vorausgesetzt, Netze, Wannen und Hände sind steril, und die einzelnen Ausrüstungsgegenstände werden nicht zwischen den verschiedenen Bottichen ausgetauscht. Die Bewertung wird dadurch jedoch erschwert, da der direkte Vergleich zwischen Koi derselben Zuchtform nicht möglich ist.

Im allgemeinen gelten heute fast weltweit vierzehn verschiedene Zuchtform-Klassifikationen. (s. Kasten links)

Oben: *Ein frühes Stadium in der ersten Bewertungsrunde. Hier geben die Richter ihr Urteil über die Qualität eines Koi ab, der zur genaueren Inspektion in eine schwimmende Plastikwanne gesetzt wurde. Die Richter arbeiten im Team; jedes Team beurteilt den ganzen Tag über verschiedene Größenklassen. In diesem Stadium werden Entscheidungen offen, per Mehrheit durch Handzeichen, getroffen.*

Kohaku
Taisho Sanke
Showa Sanshoku
Bekko
Utsurimono
Asagi
Shusui
Koromo
Kawarimono
Hikarimono (Ogon)
Hikari-Utsurimono
Hikarimoyo-mono
Tancho
Kinginrin

Diese Klassifikationen werden auf S. 122-202 erklärt; die verschiedenen Zuchtformen, die sie umfassen, sind im einzelnen aufgeführt, illustriert und beschrieben.

Die Koi werden dann in verschiedene Größen eingeteilt. Die Anzahl der Größenklassen hängt vom Umfang der Ausstellung ab. Außerhalb Japans werden Koi zum Zwecke der Bewertung gewöhnlich in sechs Größenklassen eingeteilt (s. Kasten rechts).

Wenn Klassifikation und Größe eines Koi festgestellt worden sind, wird jeder Koi gründlich auf Krankheitssymptome unter-

Größe 1 – bis 15 cm
Größe 2 – 15-25 cm
Größe 3 – 25-35 cm
Größe 4 – 35-45 cm
Größe 5 – 45-55 cm
Größe 6 – über 55 cm

sucht, wie z. B. Flossenfäule, Stäbchenkrebse („Ankerwürmer"), Karpfenläuse, Karpfenpocken, Pünktchenkrankheit, bakterielle Infektionen oder irgendwelche Anzeichen von Verletzungen bzw. Auswüchsen. Jeder Koi, bei dem sich solche Fehler finden, wird automatisch vom Wettbewerb ausgeschlossen.

Anschließend wird von jedem Koi eine Farbfotografie angefertigt; auf dem Bild werden Zuchtform, Größe und Besitzer vermerkt, bevor der Fisch in das entsprechende Schaubecken kommt und auf seine Bewertung wartet.

KOI-AUSSTELLUNGEN

Die Bewertung von Koi

Der Charakter von Koi-Ausstellungen hat sich im Lauf der Jahre allmählich gewandelt. Seit 1987 richten sich die Ausstellungen in den meisten Teilen der Welt nach dem japanischen Veranstaltungsmodus (s. S. 119). Die Richter – es können bis zu 24 sein – bilden Teams und ziehen Lose, um zu entscheiden, welche Größenklasse jeder beurteilen soll. Die Teams wählen dann zunächst die Erst- und Zweitplazierten in jeder der 14 Klassifikationen und sechs Größenklassen aus. Die Gewinner werden anschließend entsprechend ihrer Größe in Bottichen zusammengesetzt. Aus diesen Koi wählen die Richter dann unabhängig von der jeweiligen Zuchtform den Erst-, Zweit- und Drittplazierten in jeder der sechs Größenklassen. In der zweiten Bewertungsstufe geht es um die 18 besten Koi, von denen drei zu „Supreme Champions" gekürt werden. Der „Supreme Champion Baby Koi" wird aus Größe 1 und 2 gewählt, der „Supreme Champion Adult Koi" aus Größe 3 und 4 und der „Supreme Champion Mature Koi" aus Größe 5 und 6*. Von diesen drei Gewinnern wird schließlich einer zum „Grand Champion" der gesamten Ausstellung gekürt. Alle richterlichen Entscheidungen nach der ersten Bewertungsstufe erfolgen in geheimer Wahl.

Dann werden Auszeichnungen für den „Tategoi" verliehen, d. h. für den Koi, der das größte Potential für seine zukünftige Entwicklung aufweist, unabhängig davon, ob er schon einen Preis gewonnen hat oder nicht. Die Richter beraten über den erst-, zweit- und drittplazierten Tategoi in einer Gruppendiskussion. Die Entscheidungen über die Auszeichnungen für den besten im Lande gezüchteten Koi (gibt es nur in Großbritannien), den besten Koi aus der Händler-Kategorie und den besten Jumbo-Koi unter den größten Koi der Schau fallen ebenfalls offen und mit einfacher Mehrheit.

Rechts: Eine typische Szene aus einer nationalen Koi-Ausstellung.

Unten: Dieses Diagramm zeigt den programmatischen Ablauf bei der Bewertung und Prämierung in einer typischen nationalen Koi-Ausstellung (nicht jedoch der „All Japan Show"). Die Kreise repräsentieren Bottiche, die Pfeile deuten sowohl das Umsetzen der Koi als auch den Status der Fische nach der Beurteilung an.

Die Bewertungs-Abfolge bei einer typischen Koi-Ausstellung

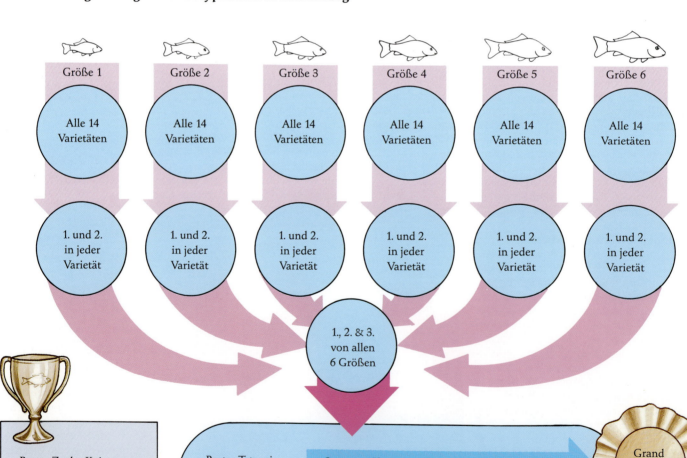

Die „All Japan Show"

Die „All Japan Show", die jedes Jahr in der japanischen Hauptstadt Tokio stattfindet, stellt für Händler, Züchter und Liebhaber aus aller Welt den Höhepunkt eines Koi-Jahres dar und liefert in vieler Hinsicht die Vorgabe für zahlreiche Koi-Ausstellungen in aller Welt.

Die Ausstellung wird von der „All Japan Nishikigoi Dealers Association" mit Hilfe der „Zen Nippon Airinkai" organisiert, einer Koihalter-Gesellschaft mit weltweiter Mitgliedschaft. Die Ausstellung steht sowohl professionellen Koi-Haltern als auch Amateuren offen (wenn auch alle Koi von Händlern in die Wettbewerbe eingebracht werden müssen). Die Show dauert fünf Tage lang; am ersten Tag werden die Koi nach Zuchtformen und Größen eingeteilt und am zweiten Tag bewertet. In den restlichen drei Tagen können die Fische vom Publikum besichtigt werden.

Jeder Händler sammelt Koi von seinen Kunden und hält sie für eine Ruheperiode in seinem eigenen Teich, bevor die oft lange Reise nach Tokio beginnt. Am Morgen des Reisetages mißt der Händler die Länge und macht vier Fotos von jedem Koi, die er zu den Formularen legt, die nötig sind, um an der Show teilzunehmen (s. S. 117).

Bei der Ankunft auf der Ausstellung, die in einer sehr großen Halle etwa 5 km südlich vom Tokio, Stadtmitte, abgehalten wird, werden die Händler von den offiziellen Mitarbeitern der Show zu den verschiedenen Stätten („benching areas") geleitet, an denen die Koi nach Zuchtform und Größe eingeteilt werden. Über 1200 Schaubecken stehen bereit, um die rund 5000 Koi aufzunehmen, die jedes Jahr aus allen Teilen Japans, aber auch aus den USA, Taiwan, Korea, Thailand und Großbritannien kommen. Jeder Bottich hat eine eigene Sauerstoffversorgung, und viele Bottiche mit größeren Koi verfügen über ein eigenes Filtersystem. (Das ist notwendig, weil die Koi bis zu fünf Tage in diesen Bottichen schwimmen.) Es gibt auch Reservoir-Bottiche, in denen Koi untergebracht werden können, bevor sie in die großen Schaubecken überführt werden.

Offizielle Mitarbeiter überprüfen jeden Koi anhand der Papiere und Fotografien und untersuchen den Fisch auch auf etwaige Transportschäden. Das „Benching", d.h. das Sortieren der Koi in die entsprechenden Zuchtformen und Größenklassen, liegt in der Verantwortung der Händler, doch in Zweifelsfällen entscheiden die Offiziellen.

Die Koi werden gegenwärtig zur Bewertung in 16 Zuchtform-Gruppen eingeteilt. Diese umfassen die 14 Gruppen, die auf S. 117 aufgeführt sind, und zwei zusätzliche Gruppen – Goshiki (s. S. 166) und Doitsu (s. S. 125) –, die erst seit 1988 separat gewertet werden. Obwohl diese beiden Klassifikationen momentan nur in Japan Geltung haben, werden sie wahrscheinlich auf Dauer auch international anerkannt werden.

Aufgrund der großen Zahl von Koi, die an dieser und anderen japanischen Ausstellungen teilnehmen, wird jede Varietät in 15 Größenklassen unterteilt. Männliche und weibliche Koi von Größe 10-15 werden separat bewertet; daher gibt es insgesamt 21 Gruppen:

Größe 1	unter 15 cm
Größe 2	15-20 cm
Größe 3	20-25 cm
Größe 4	25-30 cm
Größe 5	30-35 cm
Größe 6	35-40 cm
Größe 7	40-45 cm
Größe 8	45-50 cm
Größe 9	50-55 cm
Größe 10	55-60 cm Männchen
Größe 10	55-60 cm Weibchen
Größe 11	60-65 cm Männchen
Größe 11	60-65 cm Weibchen
Größe 12	65-70 cm Männchen
Größe 12	65-70 cm Weibchen
Größe 13	70-75 cm Männchen
Größe 13	70-75 cm Weibchen
Größe 14	75-80 cm Männchen
Größe 14	75-80 cm Weibchen
Größe 15	über 80 cm Männchen
Größe 15	über 80 cm Weibchen

Das Organisationszentrum umfaßt zwei Abteilungen; auf der einen Seite befinden sich etwa 150 Helfer, auf der anderen die Richter, die Presse und wichtige Gäste. Es gibt etwa 100 Richter, von denen ca. 90 % Mitglieder der All Japan Nishikigoi Dealers Association sind.

Vor Beginn der Wertungen ruft der Vorsitzende (Chairman) der Ausstellung die Richter zusammen und teilt sie in kleine Gruppen ein. Sie ziehen dann Lose, um zu entscheiden, welche drei oder vier Sektionen jede Gruppe beurteilen soll. Jedes Richterteam nominiert anschließend einen Sprecher, dessen Stimme bei einem „Unentschieden" den Ausschlag gibt.

Die Richter sehen sich je nach Umfang der Show ein, zwei oder auch drei Bottiche mit Koi einer bestimmten Zuchtform und Größenklasse an. Manchmal bitten sie die Helfer, einen Koi, den sie näher betrachten wollen, in eine Plexiglas-Wanne auf einen der nebenstehenden Handwagen zu setzen. Die Richter entscheiden über den besten Koi per Handzeichen; dieser Fisch wird dann in einen separaten Bottich gesetzt. Anschließend wird der Zweitplazierte gewählt und die Auszeichnung an sein Foto über dem Bottich geheftet. Wenn zwei Koi einer bestimmten Zuchtform und Größenklasse die Richter gleichermaßen beeindrucken, entscheiden sie sich manchmal dafür, den einen zum Sieger zu küren und den anderen Koi mit einem Spezialpreis (zwischen dem ersten und dem zweiten Platz) auszuzeichnen.

Nachdem für jede Zuchtform in jeder Größenklasse ein Sieger bestimmt worden ist, werden alle Sieger der gleichen Größe in einem separaten Bottich zusammengesetzt. Die Richter begeben sich dann zu der nächsten Größenklasse, die sie zu bewerten haben, und der Vorgang wiederholt sich. Schließlich, wenn alle Gruppen beurteilt worden sind, entscheiden die Richter – unabhängig von der Zuchtform – über den Gewinner in jeder Größenklasse, der als „Kokugyo" bezeichnet wird. Alle Richter versammeln sich dann, um diese Kokugyo wiederum nach Größen einzuteilen und anschließend die Sieger der Größengruppen zu nominieren (s.u.). Die Abstimmung erfolgt in geheimer Wahl, und die Auszählung der Stimmzettel findet unter strikter Überwachung statt.

Großer Preis in der Yogyo-Sektion (Baby-Koi) Größe 1-3 Bu*

Großer Preis in der Wakagoi-Sektion (Junge Koi) Größe 4-6 Bu*

Großer Preis in der Sogyo-Sektion (Erwachsene Koi) Größe 7-9 Bu*

Großer Preis in der Seigyo-Sektion (Geschlechtsreife Koi) Größe 10-12 Bu*

Großer Preis in der Kyogoi-Sektion (Jumbo-Koi) Größe 13-15 Bu*

Diese siegreichen Koi werden alle in einen Bottich zusammengesetzt, und die Richter wählen schließlich den „Grand Champion of the All Japan Show". Obwohl bei dieser Ausstellung professionelle Züchter, Händler und Liebhaber miteinander wetteifern, wird diese höchste Auszeichnung fast immer von einem privaten Koi-Halter gewonnen. Natürlich stehen an diesem Tag neben dem Besitzer des siegreichen Koi auch der Züchter und der Händler, der ihn in den Wettbewerb eingebracht hat, im Mittelpunkt des Interesses.

* „Bu" ist die japanische Abkürzung für „Größe". Dieser Ausdruck wird in Ausstellungen weltweit häufig gebraucht.

KOI-AUSSTELLUNGEN

Bewertungskriterien

Es ist nicht einfach, Kriterien für einen perfekten Koi festzulegen; Schönheit liegt, wie wir alle wissen, im Auge des Betrachters. Bis vor kurzem gab es strenge Regeln, wie ein „guter" Koi auszusehen habe, doch während der letzten Jahre, in denen immer neue Varietäten eingeführt und viele herrliche und einzigartige Koi gezüchtet wurden, hat sich diese harte Haltung etwas gemildert.

Wichtig ist der Gesamteindruck, den ein Koi auf den Betrachter macht – wie imponierend sieht er aus? Seine Körperform, die Ausgewogenheit von Farbe und Muster und der Glanz der Haut sind alles Qualitäten, die ein Richter kritisch zu bewerten hat, wobei er sich ebensosehr (wenn nicht mehr) auf die positiven Merkmale eines Koi konzentrieren sollte wie auf seine negativen Seiten.

Es gibt, vereinfacht gesagt, vier Kriterien, die bei der Bewertung Ihres Koi die Hauptrolle spielen, nämlich Körperform, Färbung, Muster und Gesamteindruck.

Körperform Die Körperform ist bei der Bewertung eines Koi von größter Bedeutung; selbst ein schön gefärbter, perfekt gemusterter Koi verliert Punkte, wenn seine Körperform zu wünschen übrig läßt. Der Körper sollte beiderseits symmetrisch sein und das Rückgrat gerade. Obwohl Koi daraufhin gezüchtet sind, von oben betrachtet zu werden, spielt auch die Seitenansicht eine Rolle; die Bauchlinie sollte stärker gerundet sein als die Rückenlinie.

Der Richter achtet zudem darauf, wie sich der Koi im Wasser bewegt; der Fisch soll gerade schwimmen, ohne den Körper zu verwinden. Ein Koi, der ungelenk schwimmt, wird disqualifiziert.

Körperfülle (Volumen) und eine eindrucksvolle Erscheinung sind ebenfalls wichtige Merkmale; sie können möglicherweise eine etwas blasse Färbung oder Zeichnung kompensieren. Ein großer, imponierender Koi wird einem ebenso schönen, aber kleineren Exemplar stets vorgezogen werden. Ein großer, hochwertiger Koi wirkt nicht nur sehr majestätisch, es ist auch bedeutend schwieriger, bei einem geschlechtsreifen Fisch Körperform und Hautbeschaffenheit zu erhalten, als einen Baby-Koi oder ein relativ junges Exemplar mit denselben Qualitäten zu züchten. Aus diesem Grund ist der „Grand Champion", der Hauptsieger einer Ausstellung, fast immer ein Jumbo-Koi.

Die Flossen eines Koi sollten im Vergleich zum übrigen Körper harmonisch proportioniert sein und die anmutige Bewegung und Eleganz des Fisches unterstreichen. Die Brustflossen eines Weibchens sind oft etwas kleiner und stärker abgerundet als die eines Männchens. Idealerweise beträgt der Abstand zwischen der Rückenflosse und dem Schwanz ein Drittel des Abstands zwischen dem ersten Flossenstrahl der Rückenflosse und der Kopfregion. Ein Koi, dessen Rückenflosse sich zu nahe am Schwanz befindet – ein häufig anzutreffender Fehler – wirkt unproportioniert.

Die elegante Schönheit des Kopfes läßt sich bei einem geschlechtsreifen Koi viel besser abschätzen als bei einem jungen Exemplar. Der Kopf sollte in einem ausgewogenen Verhältnis zum übrigen Körper stehen und weder zu stark abgerundet noch zu spitz sein. Gruben oder Dellen auf dem Kopf sind unerwünscht, und besonders bei Jumbo-Koi (Größe 5 und 6) muß die Wangenregion kompakt und gerundet sein. Die runden schwarzen oder roten Flecken unter der Kopfhaut von jungen Koi sind keine Pigmentierungen, sondern Hirnstrukturen, die sich durch das Schädeldach des Koi zeigen. Im Lauf des Wachstums verdickt sich die Schädeldecke, und diese Flecken werden allmählich unsichtbar. Manchmal treten auf dem Kopf von kleinen Koi auch winzige Blasen auf. Sie sind ein Zeichen für gute Hautbeschaffenheit, verschwinden aber gewöhnlich bis zum Ende des zweiten Lebensjahrs.

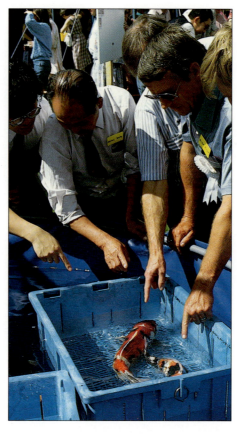

Oben: *Augenscheinlich verursacht dieser spezielle Koi einige Aufregung unter den Richtern. Es ist wichtig, daß sie sich für ihre Entscheidung genug Zeit nehmen, besonders in den letzten Wertungsrunden. Die Richter prüfen Körperform, Färbung, Muster und Gesamteindruck eines jeden Koi. Ein großer, hochwertiger Koi erhält mehr Punkte als ein ebenso guter, aber kleinerer Fisch, denn es ist viel schwieriger, bei einem geschlechtsreifen Koi einen hohen Qualitätsstandard zu halten.*

Farbe Die Reinheit und Tiefe der Färbung spielen bei der Bewertung eines Koi natürlich eine bedeutende Rolle. Alle Farben sollten auf dem ganzen Körper gleichmäßig getönt sein und keine anderen Pigmentationen aufweisen, wenn diese Flecken nicht Teil des Musters sind.

Das Weiß ist im Idealfall schneeweiß, ohne rote („Hi") oder schwarze („Sumi") Sprenkel, „Shimis" genannt. Leider ist besonders der Kopf bei manchen Koi gelblich getönt.

Die Hi-Flecken (rot) sollten einheitlich rot sein, klar abgegrenzt und frei von Sumi-Shimis (schwarzen Sprenkeln). Ein kräftiges, dickes Hi von orangebrauner Tönung wird gewöhnlich einem purpurfarbenen Hi vorgezogen (s. *Kohaku*, S. 128–135).

Generell gelten Koi mit runden Sumi-Flecken als wertvoller als solche mit unregelmäßigen, eckigen Flecken, doch das hängt vom einzelnen Koi ab. Das Sumi sollte ebenholzschwarz sein und glänzen wie chinesischer Lack.

Muster Keine zwei Koi sind gleich, und obwohl jede Zuchtform ihr eigenes, charakteristisches Muster aufweist, bewertet man heute ein einzigartiges Muster oft höher als standardisierte, traditionelle Zeichnungen. Alle Flecken müssen jedoch ausgewogen wirken und sich im allgemeinen über den ganzen Körper des Koi erstrecken, um ein ansprechendes ästhetisches Muster zu erzielen. Die Hi-Flecken eines Kohaku müssen sich z.B. harmonisch über der weißen Grundfarbe des Koi verteilen. Die Ränder eines Flecks („Kiwa") und auch die Kante zwischen dem Hi und dem Weiß eines Kohaku sollten klar abgegrenzt sein.

Gesamteindruck

Die Beschaffenheit der Haut spielt bei der Bewertung des Gesamteindrucks eine wichtige Rolle. Die Haut sollte einen gewissen Glanz aufweisen, so daß der Koi aussieht, wie mit klarem Lack überzogen, und vielleicht sogar leicht metallicfarben erscheinen. Eine solche Hautqualität findet man bei jungen Koi recht häufig, doch Jumbo-Koi mit solchem Glanz sind selten und begehrt. Die Qualität eines Koi zu bewerten verlangt jahrelange Erfahrung.

Hinweis

* supreme = höchster, oberster; adult = erwachsen, mature = geschlechtsreif

Rechts: *Dieser fünfjährige Taisho Sanke weist eine beinahe perfekte Körperform auf, die durch die wohlproportionierten Flossen harmonisch ergänzt wird. Die Qualität der Haut ist ausgezeichnet; sie ist schneeweiß und ohne Gelbstich, Flecken oder Verfärbungen. Das Hi ist intensiv, gleichmäßig getönt und bildet eine interessantes Zeichnung, mit einem Bruch im Muster über der Schulter und auf dem Rücken, ergänzt von kleineren Hi-Flecken in der Nähe des Schwanzes. Das Sumi ist sehr ausgeprägt und klar umrissen, mit zwei kleinen, aber attraktiven Flecken auf der Schulter. Ein schönes Exemplar.*

第二部　鯉の種類

TEIL ZWEI
KOI-ZUCHTFORMEN

ALLE KOI GEHÖREN zu ein und derselben Art, *Cyprinus carpio,* aus der sich etwa hundert Farb- und Musterspielarten entwickelt haben. Diese Varianten sind jedoch nicht genetisch fixiert; beim Ablaichen einer Zuchtform erhält man eine Vielzahl von Nachkommen, die anderen Varietäten gleichen. Die Zuchtformen, die wir heute kennen, sind das Ergebnis ständiger Kreuzungen von Koi mit ähnlichem äußeren Erscheinungsbild, die man durchgeführt hat, um eine möglichst große Farb- und Musterstabilität innerhalb einer Varietät zu erreichen. Dennoch treten ständig neue Formen auf.

Auf den Seiten 124–125 erläutern wir, wie sich die vielen (und zu Beginn verwirrenden) Namen der einzelnen Zuchtformen aus japanischen Begriffen zusammensetzen, die die Farbe, das Muster, den Glanz oder die Beschuppung eines bestimmten Koi beschreiben. Man lernt die zahlreichen Varietäten leichter unterscheiden, wenn man die verschiedenen Klassifikationen versteht, in die sie eingeordnet werden. Einige dieser Klassifikationen, wie z. B. Kohaku, beziehen sich nur auf eine einzige Varietät, während andere mehrere Zuchtformen umfassen; so werden alle einfarbig metallicfarbenen Koi als Hikarimono bezeichnet. Auf den Seiten 126–127 erklären und besprechen wir die verschiedenen Klassifikationen anhand von Illustrationen einiger der bekannteren oder besonders gruppentypischen Zuchtformen.

Der größte Teil des zweiten Abschnitts (S. 128–201) ist einer Beschreibung von mehr als einhundert verschiedenen Koi-Zuchtformen gewidmet, darunter „klassische" Favoriten und viele nicht so bekannte Varietäten. In informativen Illustrationen, die sich auf das Wesentliche beschränken, lernen Sie die Vielfalt an Farben und Mustern der zahlreichen Zuchtformen kennen. Jeder Koi ist einzigartig, aber ein Koi, der einen Preis gewinnen soll, muß gewisse Kriterien in bezug auf Muster und Farben erfüllen. Daher sind unsere Illustrationen gleichzeitig repräsentativ und auch stilisiert. Die Fotografien hingegen zeigen echte Koi in ihrer ganzen Vielfalt, und hier geben Ihnen die Abbildungslegenden Hinweise auf besondere Vorzüge, aber auch etwaige Fehler bzw. Defizite.

Ihrer Mustervielfalt und Farbenpracht verdanken die eleganten Koi ihre weltweite Popularität.

KOI-ZUCHTFORMEN

鯉の種類

Die ständig zunehmende Zahl von Zuchtformen und ihre scheinbar willkürlichen Klassifikationen sind dazu angetan, einen neuen Koi-Halter zu verwirren, desgleichen die Flut japanischer Namen. Da es bisher keine allgemein akzeptierten „westlichen" Namen und Gruppenbezeichnungen gibt, müssen wir auf die traditionell eingeführten japanischen Bezeichnungen für die verschiedenen Varietäten zurückgreifen.

Auf den nächsten Seiten wollen wir versuchen, etwas von dem Geheimnis, das die Namen der Zuchtformen umgibt, zu lüften. Die meisten sind aus japanischen Worten zusammengesetzt, die jeweils einen bestimmten Aspekt eines Koi beschreiben. Wenn Sie die Bedeutung von einigen dieser Worte kennen, werden Sie es einfacher finden, die Namen der verschiedenen Zuchtformen abzuleiten.

Wir wollen Ihnen diese Fachausdrücke nach vier Kategorien geordnet vorstellen: Farbe, Muster, Schuppen und Glanz. Wie wir in dem Abschnitt über „Koi-Ausstellungen" (S. 114–121) gesehen haben, sind das die Aspekte, nach denen ein Richter einen Koi in einer Ausstellung bewertet. Ein ausführlicheres Verzeichnis von japanischen Namen und anderen Koi-Bezeichnungen finden Sie im Glossar auf S. 202ff.

Farbe

Es gibt viele japanische Worte, die sich auf Farben beziehen und für die Bezeichnung von Koi von Bedeutung sind. So werden rote Flecken z. B. gewöhnlich „Hi" genannt, doch es gibt auch andere Ausdrücke für Rot, wie „Aka" und „Beni", die im allgemeinen eine vollständig rote Körperfarbe beschreiben. Dasselbe gilt für Schwarz: „Sumi" bezeichnet schwarze Flecken, während ein einfarbig schwarzer Koi „Karasu" (wörtlich „Krähe") heißt. Die unten aufgeführte Liste von japanischen Worten, die sich auf Farben beziehen, soll Ihnen helfen zu verstehen, wie Koi-Namen gebildet werden.

Ai	blau
Aka	rot (als Grundfarbe des Körpers)
Beni	orangerot (meist als Grundfarbe des Körpers)
Cha	braun
Gin	silbern metallic
Hi	rot (Flecken/Zeichnung auf dem Körper)
Karasu	schwarz (als Grundfarbe; wörtlich „Krähe")
Ki	gelb
Kin	gold (metallic)
Midori	grün
Nezu/Nezumi	grau (wörtlich „Maus")
Orenji	orange
Shiro	weiß
Sumi	schwarz
Yamabuki	gelb (sinngemäß: japanischer Busch mit hellgelben Blüten)

Oben: **Sumi-goromo**
Die dunklen Ränder der roten Schuppen am Körper dieses Koromo-Koi sind deutlich zu erkennen. Bei einem Sumi-goromo tritt dieses Muster zusammen mit kompakten Sumi-Flecken auf.

Muster

Viele Namen für Koi-Zuchtformen enthalten ein japanisches Wort, das sich auf das Muster bezieht. Wenn Sie einige der häufiger vorkommenden Ausdrücke kennen, so erleichtert Ihnen das sicher, die Muster zu unterscheiden und die Namen der verschiedenen Zuchtformen zu lernen.

Budo Wörtlich „Traube". Dieser Ausdruck bezieht sich sowohl auf die Farbe als auch auf das Muster eines Koi. Man verwendet ihn, um die bordeauxfarbene, traubenförmige Musterung eines Budo Goromo oder Budo Sanke zu beschreiben (beide aus der Koromo-Klassifikation, s. S. 158–159).

Kage Wörtlich „Schatten" oder „Phantom". Der Ausdruck bezieht sich auf die verwaschene, netzartige schwarze (Sumi) Zeichnung, die man bei einigen Utsuri und Showa findet. Diese Koi werden in die Kawarimono- und nicht in die Utsurimono- oder Showa-Gruppe eingeordnet.

Kanoko Wörtlich „Rehkitz". Mit diesem Wort beschreibt man einzelne rote (Hi) Schuppen, die man auf gewissen Kohaku, Sanke und Showa findet. Diese Kanoko-Koi werden in die Gruppe der Kawarimono gestellt (s. S. 166–169).

Koromo Wörtlich etwa „gewandet". Koi aus der Komoro-Klassifikation weisen ein Hi-Muster auf, das mit einer dunkleren Farbe eingefaßt ist (s. S. 156–159).

Inazuma Wörtlich „Blitzstrahl". Wird besonders zur Beschreibung von Mustern einiger Kohaku verwandt; dort beschreibt „Inazuma" ein Zickzack-Band, das sich vom Kopf bis zum Schwanz erstreckt.

Matsuba Das Zentrum der Schuppen ist dunkler, der Rand heller gefärbt; das bezeichnet man gewöhnlich als „Pinienzapfenmuster". Nicht-metallicfarbene Matsuba-Koi werden als Kawarimono klassifiziert, metallicfarbene als Hikarimono (s. S. 163 und 178–179).

Tancho Wörtlich „Roter Fleck auf dem Kopf". Tancho-Koi besitzen nur einen Hi-Fleck, der sich auf dem Kopf befindet. Bei Ausstellungen werden diese Tancho Kohaku, Sanke und Showa in einer separaten Tancho-Klasse bewertet.

Utsuri Wörtlich „Spiegelungen, Reflexionen". Als Name einer Gruppe (der Name der gesamten Klasse lautet Utsurimono) be-

Oben: **Tancho Sanke**
Tancho-Koi mit ihrem auffälligen roten Kopffleck sind verständlicherweise bei Koi-Haltern in aller Welt beliebt.

Oben: **Gin Matsuba**
Das Matsuba-Muster auf den Schuppen, das einen gitterartigen Effekt hervorruft, hebt sich von der metallic-weißen Haut dieser eindrucksvollen Zuchtform besonders gut ab.

schreibt Utsuri das Muster von Koi, bei denen die Sumi-Flecken oft durch die zweite Farbe (je nach Zuchtform weiß, rot oder gelb) auf der gegenüberliegenden Körperseite widergespiegelt werden.

Beschuppung

Die meisten Koi sind am ganzen Körper vollständig beschuppt. Solche normal beschuppten Koi nennt man *Wagoi*, doch diese Bezeichnung wird nur selten benutzt. Andere japanische Ausdrücke, die sich auf die Beschuppung von Koi beziehen, sind:

Doitsu Koi, die nur teilweise beschuppt sind, werden als Doitsu bezeichnet (zur Geschichte s. S. 12). Wenn ein Koi eine Doitsu-Beschuppung trägt, so wird das Wort „Doitsu" bei der Zuchtform vorangestellt, z. B. Doitsu Hariwake, Doitsu Purachina. Von dieser Regel gibt es einige wenige Ausnahmen, nämlich dann, wenn ein Doitsu-Koi zu einer eigenen Varietät wird; ein Doitsu Agasi ist z. B. ein Shusui. Obwohl man die Zuchtformen in Ausstellungen im allgemeinen nicht weiter differenziert, gibt es tatsächlich drei verschiedene Typen von Doitsu-Beschuppung:

Leder-Zierkarpfen haben keine Schuppen längs der Seitenlinie und weisen nur sehr kleine Schuppen entlang der Rückenflosse auf. Das ist der Normaltyp der Doitsu-Beschuppung.

Spiegel-Zierkarpfen weisen sehr große Schuppen längs der Seiten- und Rückenlinien auf.

Yoroi- oder *Ishigaki-*Zierkarpfen sind besonders beschuppte Koi, die ihre Schuppen in zufällig zusammengewürfelten Mustern an anderen Stellen als längs der Seiten- und Rückenlinien tragen. („Yoroi" bedeutet „Rüstung", und „Ishigaki" heißt soviel wie „Steinschuppen".) Diese Koi gelten als nicht hochwertig.

Kinginrin Dieser Ausdruck, der oft zu Ginrin verkürzt wird, bezieht sich nicht auf das Ausmaß der Beschuppung, sondern auf einen bestimmten Schuppentyp. Kinginrin-Schuppen sind hochreflektierend und irisieren perlmuttartig, wenn sie Licht auffangen. Obwohl jeder Koi einige Kinginrin-Schuppen aufweisen kann, wird nur ein Koi mit 20 oder mehr solcher Schuppen als Kinginrin klassifiziert. Bis 1988 wurden alle Kinginrin-Koi unabhängig von normal beschuppten Koi derselben Varietät gewertet. Heute werden nur Kinginrin Kohaku, Sanke und Showa einer separaten Kinginrin-Klasse zugeordnet (s. S. 198–201).

Normale Beschuppung

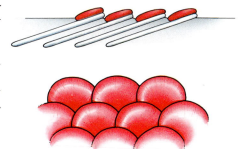

Fucurin-Beschuppung

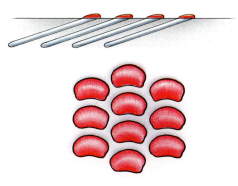

Oben: *Gute, metallicfarbene Koi haben kleinere Schuppen, zwischen denen die Haut zu sehen ist (unten). Eine solche Beschuppung wird „Fucurin" genannt; sie verbessert den Glanz eines Koi. Sie hat sich erst in den 80er Jahren eingebürgert.*

Oben: **Kinginrin Showa**
Die perlmuttartig schimmernden Einschlüsse in fast allen Körperschuppen dieses Kinginrin unterscheiden sich von dem metallischen Glanz des Gin Matsuba (Foto links), der den ganzen Körper erfaßt.

Fucurin Ein Ausdruck, der sich erst in den späten 80er Jahren eingebürgert hat; er bezieht sich eher auf die Haut rund um die Schuppen als auf die Schuppen selbst. Allgemein geht man davon aus, daß der Koi um so schöner schimmert, je weniger von den Schuppen zu sehen ist. Die unten abgebildeten Diagramme zeigen den Unterschied zwischen einer normalen und einer Fucurin-Beschuppung.

Glanz

Die Haut eines jeden gesunden Koi sollte einen gewissen Glanz aufweisen, doch dieser Begriff wird auch gebraucht, um zwischen metallicfarbenen und nicht-metallicfarbenen Koi zu unterscheiden. Hauptsächlich sind es zwei Ausdrücke, die häufig verwendet werden:

Hikari Als Bezeichnung vor einem Gruppennamen zeigt Hikari an, daß alle Koi dieser Gruppe metallicfarben sind. Hikari-mono z. B. beschreibt daher Koi, die einfarbig metallic sind. Von den 14 Klassifikationen ist den drei mit wirklich metallicfarbenen Koi die Bezeichnung Hikari vorangestellt: Hikari-mono, Hikari-Utsurimono

KOI-ZUCHTFORMEN

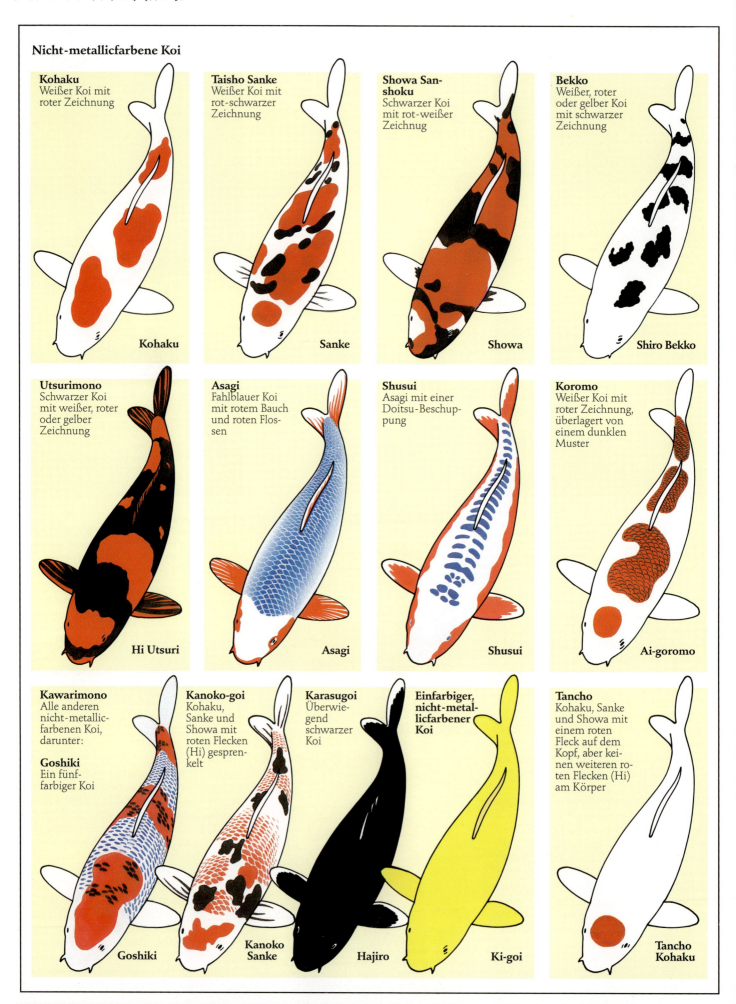

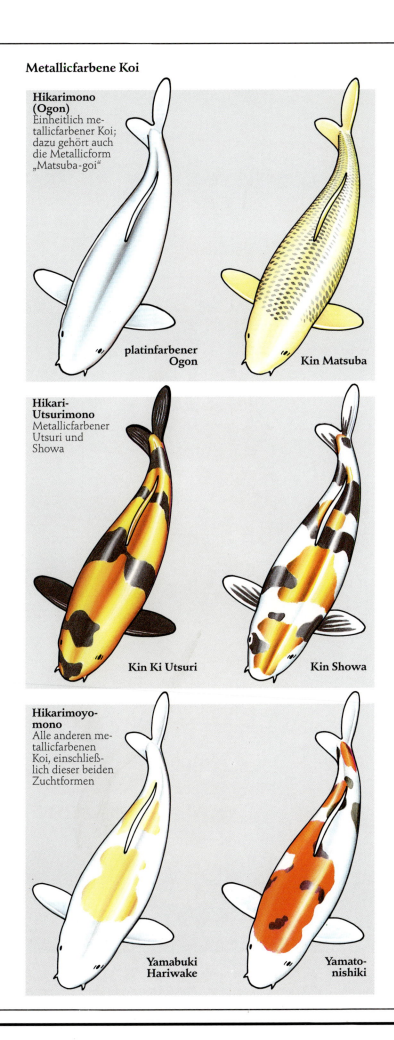

und Hikarimoyo-mono. (Kinginrin-Koi besitzen zwar eine Reihe von schimmernden Schuppen, sind aber nicht echt metallicfarben; s. S. 125.)

Kawari Dieser Begriff, der normalerweise einem Namen vorangestellt wird, bezieht sich auf nicht-metallicfarbene Koi. Er wird vorwiegend bei Kawarimono benutzt, welche die größte Koi-Gruppe darstellen. Die Klassifikation umfaßt alle nicht-metallicfarbenen Koi, die zu keiner anderen Gruppe, wie z. B. Kohaku, Sanke usw., zuzuordnen sind.

Wie Sie sich leicht vorstellen können, werden viele Koi gezüchtet, die sich nicht so einfach einer bestimmten Varietät zuordnen lassen. Insbesondere die Japaner akzeptieren neue, interessante Koi jedoch ohne viel Vorbehalte. Selbst wenn Ihr Koi also auf den ersten Blick keiner speziellen Zuchtform zuzuordnen ist, sollte es möglich sein, ihn zumindest grob in eine der Kategorien einzuordnen, die wir auf den nächsten Seiten besprechen wollen:

1. Kohaku
2. Taisho Sanke
3. Showa Sanshoku
4. Bekko
5. Utsurimono
6. Asagi
7. Shusui
8. Koromo
9. Kawarimono
10. Hikarimono (Ogon)
11. Hikari-Utsurimono
12. Hikarimoyo-mono
13. Tancho
14. Kinginrin

Das japanische Klassifikationssystem ist so angelegt, daß es nicht nur spezielle Varietäten umfaßt (1–8 und 10), sondern auch die folgenden, flexibleren Gruppierungen:

Kawarimono In diese Kategorie fallen alle nicht-metallicfarbenen Koi, die keiner der anderen, spezifischeren Zuchtformen-Gruppen zugeordnet werden können.

Hikari-Utsurimono Darunter werden alle metallicfarbenen Utsuri und Showa eingeordnet.

Hikarimoyo-mono Alle metallicfarbenen Koi, die nicht in die Hikarimono- oder Hikari-Utsurimono-Klassifikation fallen, gehören in diese Gruppe.

Die verbleibenden zwei Klassifikationen, Tancho und Kinginrin, umfassen Kohaku, Sanke und Showa auch mit besonderen Flecken oder Schuppentypen. (Kinginrin-Koi unterscheiden sich von ihnen nur in ihrer Beschuppung.)

Seit 1988 gibt es in Japan zwei weitere Klassifikationen:

Goshiki Dieser fünffarbige Koi wird außerhalb Japans in der Kawarimono-Klasse bewertet.

Doitsu-Koi Doitsu-Formen einer jeden Varietät (außer Shusui) werden heute in Japan separat bewertet.

127

琥珀

KOHAKU

Einer der meistzitierten Sprüche unter Koi-Haltern ist, daß ein Liebhaber mit dem Kohaku beginnt und beim Kohaku endet. Tatsächlich aber übersehen viele Anfänger den Kohaku und ziehen eher den auffälligeren Ogon (s.S. 174–179) oder andere metallicfarbene Koi vor, weil sie meinen, der Kohaku gleiche „zu sehr einem Goldfisch"! Wenn sie jedoch die Farben und Muster von Koi besser zu verstehen beginnen, wenden sich Koi-Halter wegen seiner Einfachheit und Eleganz oft dem Kohaku zu.

Rot und Weiß, die Farben des Kohaku, sind auch die Farben der japanischen Flagge und des Mandschuren-Kranichs (ein weißer Vogel mit rotem Kopf), eines Symbols dieses Landes. So ist es schwierig einen preisgekrönten Kohaku zu finden. In Japan ist es der Ehrgeiz eines jeden Koi-Halters, mindestens einen guten Kohaku zu besitzen.

Die Geschichte des Kohaku

Rot-weiße Koi traten in Japan erstmals zwischen 1804 und 1829 auf, als unter den Nachkommen eines schwarzen Karpfens ein Weibchen mit roten Wangenpartien auftrat. Dieses Weibchen, Hookazuki genannt, und ihre weißen Nachkommen wurden mit einem roten Fisch, einem Higoi, gekreuzt, um Koi mit rotem Bauch zu erhalten. Um 1829 trat erstmalig ein Hoo Aka, ein Koi mit roten Kiemendeckeln, auf, und zwischen 1830 und 1849 entwickelten sich mehrere verschiedene Muster, darunter Zukinkaburi (rote Stirnpartie) Menkaburi (roter Kopf), Kuchibeni (rote Lippen) und Sarasa (rote Flecken auf dem Rücken).

Die Zucht von Kohaku schritt immer weiter fort, und die verschiedenen Varietäten wurden ständig verbessert, besonders in der Niigata-Region, die heute als Geburtsstätte der Koi-Zucht gilt. Um das Jahr 1888 kaufte ein Mann namens Gosuke einen Hachi Hi, ein rotköpfiges Weibchen, und kreuzte es mit seinem Sakura Kana, einem Männchen mit Kirschblütenmuster. Man nimmt heute an, daß der moderne Kohaku sich aus den Nachkommen dieses Paares entwickelt hat.

Zwischen 1949 und 1952 wurden Gosukes Koi von Herrn Tomoin geerbt, und von diesen Fischen leiten sich mindestens zwei unterschiedliche Stammlinien ab. Zwei von Tomoins Koi wurden an Herrn Buketa verkauft, der Kohaku mit einer sehr feinen Haut von transparentem Weiß – das leider gelegentlich etwas ins Gelbliche spielt – und einem purpurartigen Hi (rote Zeichnung) züchtete. Diese Stammlinie weist eine besonders gute Körperform auf.

Die zweite Stammlinie entwickelte sich um 1944, als ein Tomoin-Weibchen mit einem Monjiro-Männchen gekreuzt wurde, und zwischen 1950 und 1960 entstand die Yagozen-Linie. Diese Kohaku weisen ebenfalls eine gute Körperform auf,

Oben: **Kohaku**
Dieser eindrucksvolle weibliche Kohaku weist einen kräftigen, wohlgeformten Körper auf. Herrliche Farben und ein klar definiertes, ausgewogenes Muster, das sich vom Kopf bis zum Schwanz erstreckt, vervollkommnen dieses prachtvolle Exemplar.

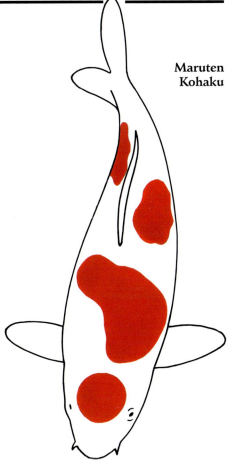

Maruten Kohaku

Links: Maruten Kohaku
Hier handelt es sich um ein wohlproportioniertes Männchen. Beachten Sie die Hi-Zeichnung auf dem Kopf, als Maruten-Fleck bekannt, die sich vom Muster des übrigen Körpers abhebt. Die Abgrenzung zwischen Rot und Weiß ist insgesamt gut. Das Muster in der Schulterregion ist jedoch etwa verwischt und unsauber.

aber das Hi ist von zinnoberroter Farbe, und es treten häufig unerwünschte rote Farbspritzer auf. Die Zeichnung ist im allgemeinen gut abgegrenzt, und das Weiß ist opak.

Dies sind die beiden Hauptlinien, die sich entwickelt haben; es gibt noch einige weitere, doch die meisten Liebhaber werden es schwierig finden, einzelne Stammlinien zu identifizieren.

KOHAKU

Kohaku-Farben

Kohaku sind weiße Koi mit roter Zeichnung, genannt Hi. Idealerweise sollten die Flecken gleichmäßig tiefrot und scharf abgesetzt sein. Diese Abgrenzung zwischen Hi und weißem Grund wird als „Kiwa" bezeichnet. Es gibt zwei Formen von Hi-Färbung. Das purpurrote Hi ist relativ dunkel und auffällig und wird von Anfängern bevorzugt. Dieses Rot wirkt jedoch wenig elegant und neigt gelegentlich zu Farbspritzern. Ein bräunlichrotes, tiefes Hi, das die Schuppen wie eine Decke überlagert kann, so daß sie kaum noch zu sehen sind, wird von Kennern höher bewertet. In Japan zieht man diese Färbung, die als eleganter gilt, dem purpurartigen, auffälligeren Hi vor.

Das Weiß sollte die Farbe frisch gefallenen Schnees haben, ebenfalls die Schuppen überdecken und frei von Verunreinigungen sein. Ein schlechtes, durchsichtiges oder schmutziggelbes Weiß mindert den Wert eines Kohaku, da sich das Hi-Muster dann nicht so gut vom Untergrund abhebt. Manchmal treten kleine schwarze Sprenkel auf einem Kohaku auf. Sie werden als „Shimis" bezeichnet und gelten als nachteilig für das Aussehen eines Koi. Meistens rühren sie von schlechter Ernährung oder Wasserqualität her, verschwinden aber oft auch dann nicht, wenn der Koi unter besseren Bedingungen gehalten wird.

Von besonderer Wichtigkeit sind Einheit und Ausgewogenheit von Farbe und Muster eines Kohaku. Als allgemeine Richtschnur gilt: das Hi sollte 50–70 %, das Weiß entsprechend 30–50 % ausmachen. Wenn ein Kohaku zu mehr als 50 % weiß ist, erscheint er oft weniger interessant. Es ist das Hi, das als Kontrast zum schneeigen Weiß den Blick des Betrachters einfängt.

Kohaku-Muster

Da Kohaku, was die Färbung betrifft, scheinbar einfache Koi sind, sind die Kriterien, nach denen sie beurteilt werden, sehr streng. Die Zeichnung eines Kohaku ist dabei der letzte Faktor, der zur Beurteilung mit herangezogen wird, doch wahrscheinlich der meistdiskutierte. Der Schlüssel zum Verständnis liegt in der Ausgewogenheit des Gesamtbildes.

Kopf

Bei jedem Kohaku beginnt das Hi-Muster am Kopf. Kohaku ohne Hi am Kopf werden als „Kahlkopf" bezeichnet und gelten in Wettbewerben als chancenlos. Das traditionelle Kopfmuster für das Hi ist U-förmig und sollte bis zu den Augen reichen; Hi-Muster, die weiter nach vorn ziehen, gelten als nachteilig. Wenn das Hi nicht bis in Augenhöhe reicht, kann das Muster durch „Kuchibeni" – rote, wie von Lippenstift gefärbte Lippen – ausgewogen werden. In Japan runzelt man über diesen Rückschritt zum ursprünglichen Karpfen die Stirn, doch überall sonst in der Welt gilt diese Zeichnung als sehr charmant und wird von Liebhabern geschätzt. Ein Hi-Fleck, der bis zum Maul reicht, wird „Hanatsuki" genannt, ein Muster, das sich über den ganzen Oberkopf erstreckt, heißt „Menkaburi". Beide Zeichnungen sind allgemein nicht sehr beliebt; sie gelten als wenig elegant.

In letzter Zeit haben Koi-Halter jedoch begonnen, sich für Kohaku mit unregelmäßigen Flecken auf dem Kopf zu begeistern, so z.B. für Tancho Kohaku mit einem rautenförmigen Fleck (s.S. 194). Solche Muster können einem Fisch Charakter verleihen, und ihr ästhetischer Reiz überwindet möglicherweise manches Vorurteil, wie ein „gutes Muster" auszusehen hat. Wenn ein Hi die Nasenregion erreicht, so kann das durch andere Flecken, z.B. eine Rotfärbung der Wangenpartien, ausgeglichen werden.

Es gibt zwei Zuchtformen des Kohaku, die nach ihrer Kopfmusterung benannt werden:

Tancho Kohaku Das ist ein weißer Koi mit einem kreisförmigen roten Fleck auf dem Kopf. Bei Ausstellungen werden Tancho Kohaku eher in einer eigenen Tancho-Klasse (s.S. 194–197) gewertet.

Unten: **Kopfmuster eines Kohaku**
Auf dem Kopf eines Kohaku sind verschiedene Hi-Muster erlaubt.

Traditionell ist das U-förmige Muster; das Menkaburi-Muster, das sich über Kopf und Gesicht des Koi zieht, ist allgemein wenig beliebt.

Kuchibeni
Hanatsuki

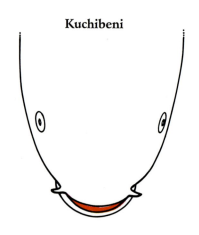

Traditionelle U-Form
Menkaburi

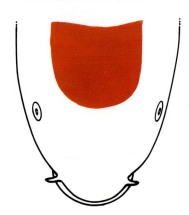
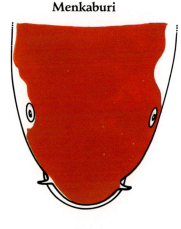

Maruten Kohaku Dieser Koi trägt einen einzelnen roten Fleck auf dem Kopf und dazu andere Hi-Flecken am Körper.

Körper

Große Hi-Flecken, „Omoyo" genannt, werden kleinen Hi-Flecken (Komoyo) auf einem Kohaku vorgezogen; sie heben sich eindrucksvoller vom weißen Hintergrund ab. Das gilt besonders für Flecken hinter dem Kopf, denn das ist der Teil des Kohaku-Musters, der am stärksten ins Auge fällt. Wenn das Hi-Muster unterbrochen ist, sollte der Bruch zwischen Hinterkopf und Schultern liegen. Doch auch Abwechslung ist wichtig; ein interessant gemusterter Koi wird höher bewertet als ein Kohaku mit einem einfachen Hi-Muster. Ein durchgehendes Muster, das ohne Abwechslung vom Kopf zum Schwanz verläuft, wird „Ippon Hi" (s.S. 132) genannt.

Koi wachsen vom Bauch her; wenn Sie daher junge Kohaku auswählen, suchen Sie nach Mustern mit großen Hi-Flecken, denn diese strecken sich noch und brechen vielleicht sogar auf.

Kleinere Hi-Flecken heißen „Tobihi" (was wörtlich soviel bedeutet wie „Hi, die

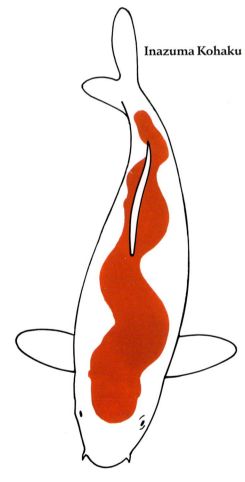

Inazuma Kohaku

Rechts: Inazuma Kohaku
Dieses zigarrenförmige Koi-Männchen weist eine gute, einheitliche Rotfärbung und ein klar abgegrenztes Muster auf. Leider ist die Hi-Zeichnung recht ausgedehnt und zieht sich bis in den Schwanz. Auch die gelbliche Färbung am Kopf gilt als Makel.

琥珀

KOHAKU

davongesprungen sind") und gelten als wertmindernd. Wenn solche Flecken auf der Unterseite eines großen Koi auftreten, stellen sie keinen großen Makel dar, denn dort fallen sie nicht so stark auf. Wenn sie jedoch auf den Schultern zu finden sind, zerstören sie die Homogenität des Musters und werden als ernsthafterer Defekt angesehen.

Ein anderer Punkt, auf den man achten sollte, wenn man einen Kohaku aussucht, ist das sekundäre Hi, „Nibani" genannt, das einen Koi von minderer Qualität vermuten läßt. Dieses Hi tritt auf und verschwindet z. B. je nachdem, wieviel Farbverstärker der Koi mit dem Futter erhält.

Ein ausgewogenes Muster, das den gesamten Körper des Koi mit einbezieht, ist von größter Wichtigkeit. Einem Kohaku, bei dem sich z. B. der größte Teil der Hi-Flecken auf den Vorderkörper konzentriert, fehlen Harmonie und Eleganz. Das Muster sollte am Kopf beginnen und am Schwanz enden. Bei größeren Koi gilt es als besonders harmonisch, wenn sich das Hi-Muster bis unter die Seitenlinie über den Körper erstreckt. Diesen Typ Muster nennt man „Makibara". Bei kleineren Koi wirkt ein Hi, das nur bis an die Seitenlinie heranreicht, momentan interessanter. Da der Fisch aber weiterwächst und mit Blick auf die Zukunft gekauft wird, sollte das Hi bis in die Bauchregion herabreichen.

Kohaku-Muster lassen sich grob in zwei Kategorien einteilen:

1. Durchgängige Muster, die sich vom Kopf bis zum Schwanz erstrecken, werden als „Moyo" bezeichnet.

Inazuma Kohaku ist ein durchgängiges Muster, das sich vom Kopf bis zum Schwanz erstreckt, aber dennoch Bewegung enthält. „Inazuma" bedeutet wörtlich soviel wie „Blitzschlag".

2. Gestufte Muster nennt man „Dangara" oder „Danmoyo"; sie werden unter Japanern weitaus höher geschätzt als durchgängige Muster, denn sie sind meist ausgewogener. Dangara-Muster werden durch die Anzahl von Flecken längs des Körpers eines Koi beschrieben.

Nidan Kohaku Nidan heißt „zwei", und ein Nidan Kohaku hat zwei Hi-Flecken.

Sandan Kohaku Das ist ein Kohaku mit drei Hi-Flecken.

Yondan Kohaku Das ist ein Kohaku mit vier Hi-Flecken.

Das Hi-Muster eines Kohaku, sei es durchgängig oder vom Dangara-Typ, also gestuft, sollte nicht nur in der Länge ausgewogen sein, sondern auch auf beiden Seiten einen harmonischen Anblick bieten. Ein Muster, das sich nur auf einer Körperseite erstreckt, heißt „Kata Moyo".

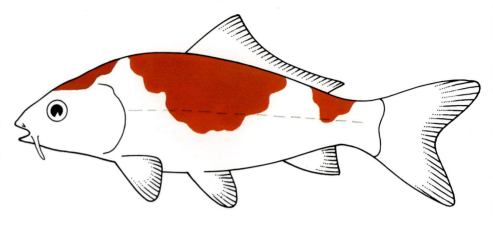

Oben: *Bei einem großen Kohaku ist ein Hi-Muster, das sich bis über die Seitenlinie um den Körper zieht, besonders wichtig. Man nennt dieses Muster „Makibara".*

Unten: *Hier erstreckt sich das Hi-Muster nicht bis unter die Seitenlinie. Bei kleineren Koi ziehen Richter im allgemeinen dieses Muster dem Makibara-Muster vor.*

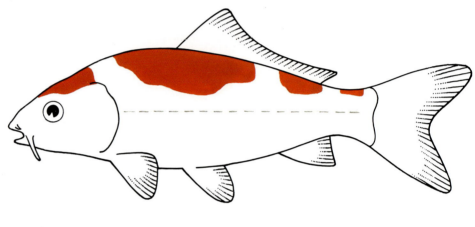

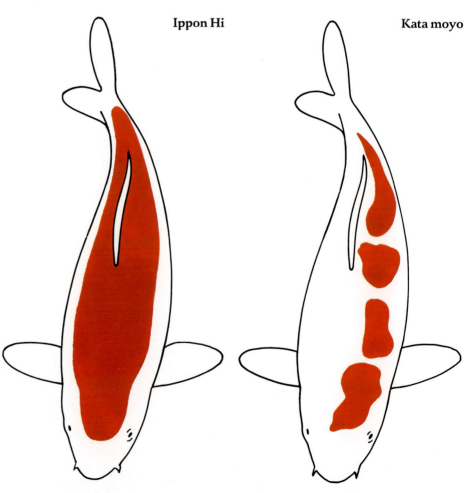

Ippon Hi   **Kata moyo**

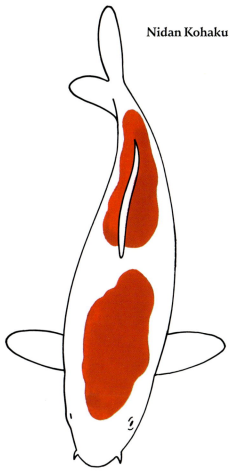

Nidan Kohaku

Links: Nidan Kohaku
Dieser männliche Kohaku besitzt eine ansprechende Form, obwohl es ihm an Volumen fehlt. Farbe und Musterung sind ausgezeichnet; achten Sie besonders auf den Bruch im Hi in Höhe der Rückenflosse. Ein Schönheitsfehler ist die Kopfzeichnung, die sich bis über ein Auge zieht.

Andere Koi-Zuchtformen umfassen:

Goten-zakura Kohaku Dieser Koi weist ein Muster auf, das unter dem Namen „Kirschblütenmuster" bekannter ist. Das Hi ist gesprenkelt und sieht wie ein Bündel Trauben aus.

Kanoko Kohaku siehe *Kawarimono* (S. 166 und 168).

Schwanz
Das Ende eines Musters ist genauso wichtig wie Anfang und Verlauf über den Körper. Auf einem perfekt gezeichneten Kohaku endet das Hi-Muster ca. 1–3 cm (je nach Größe) vor dem Schwanzflossenansatz. Ein Hi-Muster, das in die Schwanzflosse hinein verläuft, ruft einen schweren, unfertigen Gesamteindruck hervor. Auch wenn sich kein Hi-Fleck nahe der Schwanzbasis befindet und so eine größere Region ohne Zeichnung ensteht, die „Bongirin" genannt wird, kommt es zu Abwertungen.

Flossen
Schneeweiße Flossen sind die perfekte Begleitung zur rot-weißen Musterung eines

琥珀

KOHAKU

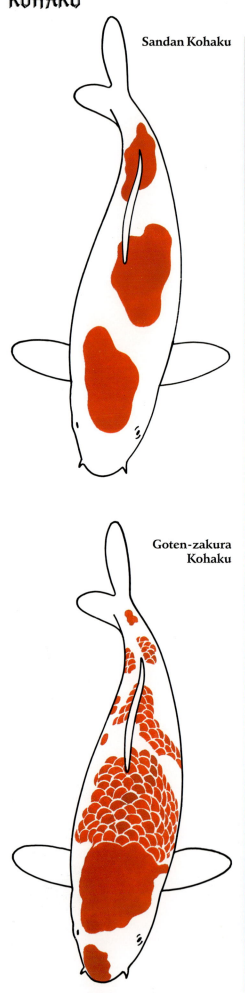

Sandan Kohaku

Goten-zakura Kohaku

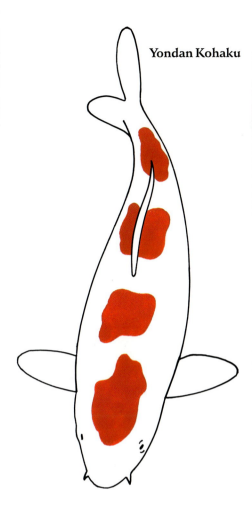

Yondan Kohaku

Links: **Sandan Kohaku**
Die weißen Flossen unterstreichen das dunkle, ebenmäßige Hi dieses Koi. Das Kopfmuster ist traditionell U-förmig, doch leider zieht sich der Hi-Fleck ein wenig übers Auge.

Rechts: **Yondan Kohaku**
Hier abgebildet ist ein junger, wahrscheinlich männlicher Koi mit einem langgestreckten, schlanken, doch symmetrischen Körper. Das Hi-Muster am Körper ist gut ausgeprägt, aber die Kopfzeichnung wirkt verwaschen und unfertig.

großen Kohaku. Im allgemeinen gelten Hi-Flecken, die sich bis in die Flossen erstrecken, als negativ für das Muster. Hi in den Bauchflossen stellt kein Problem dar, während Hi in Brust- und Schwanzflossen zur Abwertung eines Koi führt. Wenn sich das Hi rund um den Körper des Koi erstreckt, kann es im Brustflossenansatz toleriert werden. Kohaku weisen gelegentlich Schwarz in den Flossen auf.

Schuppen

Der ganze Körper sollte gleichmäßig beschuppt sein. Die Japaner bevorzugen eine Hi-Zeichnung, die stark und dicht genug ist, um die einzelnen Schuppen zu überdecken. Schuppen, die sichtbar bleiben, weil das Hi dünn ist, heißen „Kokesuki". Schuppen mit „Schatten" unter der Haut sind als „Madoaki" bekannt. Ein Kohaku, der nur Schuppen entlang der Rücken- und Seitenlinien aufweist, wird als Doitsu Kohaku bezeichnet (s. S. 125).

大正三家

TAISHO SANKE

Sanke sind bei Koi-Liebhabern in aller Welt sehr populär und gehören zusammen mit Kohaku und Showa zu den Champions in Wettbewerben. Ihre vielgestaltige Musterung gibt ihnen auf den ersten Blick ein individuelleres Aussehen als ein Kohaku.

Das Wort „Sanke" bedeutet wörtlich soviel wie „dreifarbig"; die beteiligten Farben sind Weiß, Rot und Schwarz. In japanischen Schriftzeichen kann „Sanke" auch als „Sanshoku" gelesen werden; dieser Ausdruck wurde früher für „Koi" gebraucht.

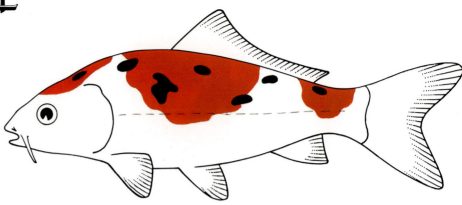

Die Geschichte des Sanke

Das Wort „Taisho" bezieht sich auf einen Abschnitt der japanischen Geschichte, in dem der Sanke zum ersten Mal erwähnt wurde; das war zwischen 1912 und 1926. Sanke gehörten zu den ersten Koi, die jemals ausgestellt wurden. Ein männlicher Sanke, der einem Mann namens Gonzo Hiroi aus Shoiya gehörte, wurde auf der großen Ausstellung in Tokio 1914 gezeigt; dort sah der Sohn des Kaisers zum ersten Mal einen Koi. Die Namen der ersten Sanke-Züchter sind nicht überliefert, doch da dieser Koi zur Zeit der Ausstellung ca. 15 Jahre alt war, entstanden die ersten Sanke wahrscheinlich gegen Ende des 19. Jahrhunderts (oder zwischen 1868 und 1912 – in der Meiji-Periode der japanischen Geschichte).

Unter den ersten Sanke, über die es Unterlagen gibt, waren einige Exemplare aus Ojiya, einer Stadt in der Provinz Niigata, wo Heitaro Sato sie 1915 zwischen Kohaku-Brut entdeckte. Diese Fische wurden von Eizabura Hoshino aus Takezawa erworben, der sie mit einem männlichen Shiro Bekko (s. S. 144–145) kreuzte; so entwickelte sich eine der ersten klar abgegrenzten Taisho Sanke-Stammlinien.

In den vergangenen 60 Jahren hat sich die Zeichnung der Sanke recht stark verändert. Die ersten Sanke waren gestreift, doch moderne Wettbewerbs-Sieger in der Sanke-Klasse sind wundervoll ausgewogene Koi, deren Sumi dunkler, aber auch edler und feiner erscheint als dasjenige ihrer Vorfahren. Heutzutage gibt es viele verschiedene Stammlinien. Zu den bekannteren gehört die Linie Sadazo Sanke, die von Sadazo Kawakami entwickelt wurde; sie zeichnet sich durch leuchtende Hi- und kleine Sumi-Flecken aus, die das Hi nicht überlappen. Die Koi dieser Zuchtlinie unterscheiden sich deutlich von den Sanke der Jinbei-Linie; dort sind sowohl Hi als auch Sumi dunkler gefärbt, und die großen, glänzenden Sumi-Flecken ähneln denen eines Showa.

Sanke-Farben

Der Sanke ist ein dreifarbiger Koi mit Hi- (rot) und Sumi-Flecken (schwarz) auf weißem Grund. Wie beim Kohaku sind Farbtiefe und Farbsättigung von entscheidender Bedeutung. Das Weiß sollte die Farbe von Schnee haben. Ein gelbliches Weiß stellt keinen guten Hintergrund für die Zeichnung dar und läßt den Koi uninteressant aussehen, denn ihm fehlt die Leuchtkraft eines reinen, opaken Weiß.

Das Hi sollte dieselbe Qualität wie bei einem guten Kohaku aufweisen, d. h. tiefrot und gleichmäßig getönt sein. Auch das Verhältnis von Rot zu Weiß entspricht im besten Fall demjenigen eines guten Kohaku. Die Basis eines jeden guten Sanke-Musters ist ein gutes Kohaku-Muster; Sanke sind genaugenommen Kohaku mit Bekko-Flecken.

Das Sumi (schwarz) eines Sanke sollte, wie auch alle anderen Koi-Farben, fein und gleichmäßig in der Tönung sein, eine hohe Farbsättigung aufweisen und außerdem glänzen wie japanischer Lack. Da das Sumi das Kohaku-Grundmuster überlagert, müssen die Flecken, damit sie auffallen, klar abgegrenzt sein und ein ausgewogenes Muster bilden.

Das Sumi eines Koi kann im Lauf des Lebens mehrfach auftauchen und wieder verschwinden; schlechte Sumi können von der Wasserqualität, der Temperatur und Streß beeinflußt werden. Ein Koi mit einem minderwertigen Sumi wird in einem Wettbewerb natürlich niemals gut abschneiden, weil sein Muster möglicherweise verblaßt, wenn er in eine Wanne gesetzt wird; ein solcher Fisch erscheint dann wie ein zweitklassiger Kohaku. Sumi, das schon bei der Fischbrut sichtbar ist und beim erwachsenen Fisch erhalten bleibt, wird als „Moto" oder „ursprüngliches Sumi" bezeichnet; Sumi, das erst später erscheint, heißt „Ato" oder „spätes Sumi". Man sollte stets daran denken, wenn man einen jungen Sanke kauft, daß sich die Qualität des Sumi bei einem Sanke im Lauf des Lebens ändern kann. Ein gutes Sumi bei einem Baby-Koi verschlechtert sich häufig, wenn der Fisch wächst; nur selten behält ein Sanke die schönen Baby-Flecken länger als bis zur Größe 4 (s. Koi-Austellungen, S. 117). Bei einem Sanke hingegen, der als Baby untergelegte blaugraue Sumi-Flecken, sogenannte „Sashi", aufweist, stabilisiert sich diese Zeichnung mit zunehmendem Alter.

Sumi-Flecken auf einem Sanke werden auch in bezug auf ihre Position zum übrigen Muster des Koi beschrieben. Ein Sumi auf der weißen Haut heißt „Tsubo" Sumi, während Sumi auf dem Hi als „Kasane" Sumi bezeichnet wird. Tsubo Sumi wird wesentlich höher bewertet als Kasane Sumi, doch jede Wertung orientiert sich an der Qualität und der Position des Sumi insgesamt. (Beachten Sie das klar umrissene, tiefe Kasane Sumi auf dem Aka Sanke, S. 139.)

Oben: *Die Grundlage eines guten Sanke-Musters ist ein gutes Kohaku-Muster. Die Hi-Zeichnung kann sich bis unter die Seitenlinie ziehen; beim Sumi ist das nur selten der Fall.*

Rechts: **Taisho Sanke**
Ein bemerkenswerter Aspekt bei diesem eindrucksvollen Sanke ist die Transparenz seiner Haut; sie unterstützt und verstärkt die klare Färbung und das interessante Muster.

Sanke-Muster

Obwohl sich Sanke von Kohaku dadurch unterscheiden, daß sie dreifarbig sind, sind die Kriterien, nach denen beide Zuchtformen beurteilt werden, sehr ähnlich. Wie bereits erwähnt, ist die Ausgewogenheit von Farbe und Muster von größter Bedeutung für einen Koi. Einfach gesagt: wenn man das Sumi von einem schöngefleckten Sanke entfernen könnte, sollte ein guter Kohaku übrigbleiben, wenn aber das Hi entfernt würde, ein guter Shiro Bekko.

Kopf

Auf dem Kopf eines Sanke sollte kein Sumi auftreten. Das gewünschte Kopfmuster ist dasselbe wie bei einem Kohaku: ein großer, U-förmiger Hi-Fleck, der sich nicht bis über die Augen, das Gesicht oder bis zum Maul erstrecken soll. Ungewöhnlich geformte Kopfflecken werden nicht so leicht toleriert wie bei einem Kohaku – vielleicht, weil Sanke eine Farbe mehr aufweisen und ein unruhiges Muster optisch weniger elegant und eindrucksvoll wirkt. Das bedeutet jedoch nicht, daß eine rote Wangenregion oder „Kuchibeni"-Lippen unbedingt als Makel an einem Sanke angesehen werden; alles hängt vom Einzelfall ab.

Körper

Ein Sanke sollte große Hi-Flecken längs des Körpers aufweisen und dazu Sumi-Flecken, die sich ebenfalls über die ganze Körperlänge erstrecken. Am besten ist es, wenn die Sumi-Flecken gleichzeitig mit einem

大正三家

TAISHO SANKE

Hi-Flecken in Schulterhöhe beginnen und ein ausgewogenes Muster über den ganzen Körper ergeben.

Die Sumi-Flecken sollten nicht zu zahlreich sein – zu viele kleine Sumi-Flecken lassen den Koi schmutzig erscheinen – und sich nicht bis unter die Seitenlinie erstrekken.

Die Hi-Flecken sollten im Muster denjenigen eines Kohaku ähneln und auf beiden Seiten des Koi harmonisch erscheinen. Sie können abgestuft sein oder als einzelner großer Fleck durchgängig über den Körper des Koi verlaufen. Wenn sich das Hi auf den Vorderkörper konzentriert, fehlt es dem Koi an Ausgewogenheit.

Aka Sanke Das ist ein Sanke, dessen Hi-Flecken sich dominierend über die gesamte Körperlänge erstrecken.

Maruten Sanke Ein Sanke mit einem einzelnen Hi-Fleck auf dem Kopf.

Fuji Sanke Keine Zuchtform im eigentlichen Sinne, bezeichnet dieser Ausdruck einen Sanke mit einem stark metallischen Glanz am Kopf, der als winzige Bläschen sichtbar ist. Dieser Glanz verliert sich meist, wenn der Koi heranwächst.

Maruten Sanke

Oben: **Maruten Sanke**
Abgebildet ist ein junger Koi, wahrscheinlich ein Männchen. Der Kopffleck ist symmetrisch und gut plaziert und das Hi-Muster auf dem Körper traditionell, wenn auch etwas schwer. Das Sumi ist noch nicht voll entwickelt.

Aka Sanke

Oben: **Aka Sanke**
Das Hi erstreckt sich bei diesem jungen Koi von der Nase bis zum Schwanz, und die kleinen, tiefdunklen Sumi-Flecken sind harmonisch auf dem Körper verteilt. Beachten Sie die charmante, an ein Clownsgesicht erinnernde Kopfzeichnung, die mit einem dicken Punkt auf der Nase endet.

Rechts: *Traditionelle Sumi-Streifen in den Brustflossen eines Sanke vervollständigen das Sumi-Muster auf dem Körper. Statt dessen können die Flossen auch ganz weiß sein (s. S. 137).*

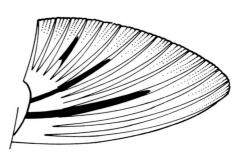

Schwanz
Viele Sanke leiden unter zu viel Sumi zum Schwanz hin; das kann dem Aussehen eines Fisches abträglich sein. Wie bei Kohaku sollte das Muster auf dem Körper – das gilt für das Sumi und, noch wichtiger, für das Hi – kurz vor dem Schwanzansatz enden.

Flossen
In allen Flossen sind Sumi-Streifen erwünscht, besonders in den Brustflossen und in der Schwanzflosse. Eine solche Zeichnung gilt als Merkmal für die Stabilität des Sumi am Körper, doch zu viele Sumi-Streifen können einen Verlust an Eleganz bedeuten. Kräftige Sumi-Flecken am Ansatz der Brustflossen werden ebenfalls als Schönheitsfehler angesehen. Es gibt auch Sanke, deren Flossen farblos sind. Das ist in Ordnung, wenn der Gesamteindruck harmonisch ist. Solche Sanke stammen gewöhnlich aus einer Kohaku-Stammlinie.

Die folgenden Sanke erscheinen in anderen Klassifikationen:

Koromo Sanke
s. *Koromo* (S. 159).
Kanoko Sanke
s. *Kawarimono* (S. 166 und 169).
Sanke Shusui
s. *Kawarimono* (S. 169)
Yamato-Nishiki
s. *Hikarimoyo-mono* (S. 184–185)
Tancho Sanke
s. *Tancho* (S. 194).

昭和三色

SHOWA SANSHOKU

In diesem Abschnitt wollen wir uns mit dem Showa beschäftigen, dem letzten der großen Drei. Wie Kohaku und Sanke ist diese Zuchtform sehr beliebt. Showa weisen in ihrem Muster viel mehr Sumi auf als Sanke und sehen sehr eindrucksvoll aus.

Die Geschichte der Showa
Die Showa bilden eine relativ neue Varietät, die zum ersten Mal 1927 von Jukichi Hoshino gezüchtet wurde; er kreuzte einen Ki Utsuri (einen schwarzen Koi mit gelben Flecken, s. S. 146 und 149) mit einem Kohaku. Beim ursprünglichen Showa war das Hi gelblich-braun, doch das besserte sich durch weitere Kreuzungen mit Kohaku, bis um 1964 der Showa entstand, den wir heute kennen.

Showa-Farben
Obwohl Showa wie Sanke dreifarbig sind, unterscheiden sie sich dadurch voneinander, daß Showa überwiegend schwarze Koi mit weißen und roten Flecken sind, während Sanke weiße Koi mit schwarzen und roten Flecken sind. Bei beiden spielen Farbsättigung und gleichmäßige Tönung eine entscheidende Rolle, und das Weiß sollte die Farbe von frischem Schnee haben. Ein traditioneller Showa ist gewöhnlich zu etwa 20 % weiß, doch das muß nicht immer der Fall sein (s. Kindai Showa). Die großen Sumi-Flecken sollten schwarz wie Ebenholz sein, die Hi-Flecken rot wie Blut. Alle Farben müssen rein und klar abgegrenzt sein.

Showa-Muster
Showa haben nicht nur mehr Sumi als Sanke, sondern ihre Sumi-Flecken sind zudem größer und hüllen den ganzen Körper vom Bauch her kommend ein, während sie bei Sanke kleiner und rundlich sind und oberhalb der Seitenlinie liegen. Der augenfälligste Unterschied zwischen den beiden Zuchtformen ist die Sumi-Kopfzeichnung beim Showa, die dem Sanke fehlt. Bei einem Showa sollten Sumi-Flecken auch am Ansatz der Brustflossen auftreten (Motoguro).

Kopf Das Hi auf dem Kopf eines Showa sollte demjenigen eines Kohaku ähneln; es darf aber viel weiter herunterreichen – bis über Nase, Wangenregion und Kiefer.

Die Sumi-Kopfzeichnung eines Showa gehört zu den wichtigsten Merkmalen dieser Varietät. Die beiden häufigsten Kopfmuster sind folgende: entweder teilt das Sumi das Hi auf dem Kopf entzwei (das ist ein traditionelles Muster und nennt sich „Menware"), oder das Sumi bildet auf dem Hinterkopf ein V, und ein weiterer Sumi-Fleck ziert die Nase. Diese Zeichnung ist ein Muster, das so eindrucksvoll wirkt, weil es den Kopf in wunderbarer Weise hervorhebt.

Körper
Ein leuchtendes, abwechslungsreiches und klar abgegrenztes Körpermuster ist für einen Showa sehr wichtig. Das Sumi erscheint dabei oft als „Blitzstrahl" (Inazuma) auf dem Körper des Koi (s. Kohaku, S. 131) oder ist sehr komplex, aber klar abgegrenzt und ruft einen „blütenähnlichen" Effekt hervor. Die Sumi-Flecken sind eher groß und bilden oft ein asymmetrisches Muster, ähnlich demjenigen eines Utsuri (s. S. 146–149). Das Weiß und das Hi verstärken das zarte, elegante Muster durch ihre fein abgestimmte Kontrastwirkung. Die Hi-Zeichnung eines Showa sollte der eines Kohaku ähneln, d. h. über die gesamte Körperlänge und beide Flanken ein ausgewogenes Muster auf reinweißem Grund liefern. Eine harmonische Farbgebung ist auch beim Showa maßgebend.

Hi Showa Ein überwiegend roter Showa mit einer Hi-Zeichnung von Nase bis Schwanz. Das Hi ist meist stärker orange getönt als das anderer Showa-Varietäten (s. S. 142).

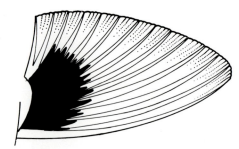

Üblicherweise befinden sich in den Brustflossen die Sumi in der Basis; sie müssen symmetrisch angeordnet sein.

Kindai Showa Dieser moderne Showa weist ein vorwiegend weißes Muster auf; der Weißanteil beträgt deutlich mehr als die 20–30 %, die man bei den meisten traditionellen Showa findet.

Boke Showa Das Sumi auf diesem Showa ist verwaschen und nicht scharf abgegrenzt und wirkt mehr grau als schwarz. Diese Zuchtform gewinnt immer mehr Freunde.

Schwanz
Obwohl die Anforderungen an eine Schwanzzeichnung beim Showa nicht so klar definiert sind wie beim Kohaku oder beim Sanke, sollte das Muster ausgewogen sein und sich nicht bis in den Schwanz erstrecken. Eine weiße oder rote Schwanzwurzel bildet immer einen schönen Abschluß.

Flossen
Die Zeichnung auf den Brustflossen ist beim Showa für einen harmonischen Gesamteindruck sehr wichtig. Der Ansatz beider Brustflossen sollte eine möglichst symmetrische Sumi-Zeichnung aufweisen (Motoguro).

Weitere Showa-Zuchtformen werden in anderen Gruppen geführt:

Koromo Showa
s. *Koromo* (S. 159).
Kage Showa
s. *Kawarimono* (S. 164).
Kanoko Showa
s. *Kawarimono* (s. 166 und 167).
Kin Showa
s. *Hikari-Utsurimono* (S. 180).
Tancho Showa
s. *Tancho* (S. 194 und 197).

Unten: *Das Menware-Kopfmuster*
Dieses traditionelle Showa-Kopfmuster nennt man „Menware". Das Sumi teilt den Hi-Fleck am Kopf; oft nimmt es dabei die Form eines „Blitzstrahls" (Inazuma) an.

Unten: *Ein V-förmiges Kopfmuster*
Bei diesem modernen Showa-Muster wird der Kopf durch einen Sumi-Fleck auf dem Hinterkopf vom übrigen Körper abgegrenzt. Ein Sumi-Fleck auf Nase oder Kiefer kann dabei ein Gegengewicht schaffen.

Rechts: **Showa**
Das kompakte Sumi am Ansatz der Brustflossen unterstützt die Körperzeichnung dieses prachtvollen Koi. Die Sumi-Zeichnung auf dem Kopf ist intensiv schwarz, aber etwas zu großflächig, wird aber vom Hi ausgeglichen, das gleichmäßig getönt ist und sich über die gesamte Köperlänge des Koi erstreckt. Die Körperform ist symmetrisch und elegant, könnte aber mehr Volumen haben.

昭和三色

SHOWA SANSHOKU

Rechts: **Hi Showa**
Die herrliche Körperform und die ausgewogene Färbung dieses Koi werden durch die beiden großen Brustflossen mit ihrem kompakten Sumi am Ansatz ergänzt. Die Sumi-Flecken sind tiefdunkel und gleichmäßig über den ganzen Körper verteilt; sie werden vom Hi harmonisch ergänzt. Färbung und Musterung des Kopfes sind besonders schön, und die Hautqualität ist hervorragend.

Hi Showa

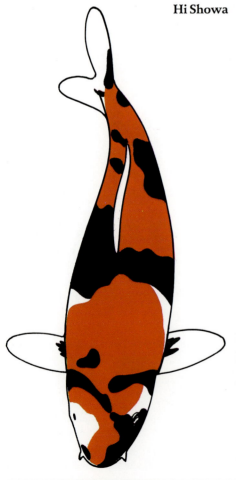

Kindai Showa

Boke Showa

Oben: **Kindai Showa**
Der Körper dieses jungen Koi weist einen großen Weißanteil auf. Das Sumi überlappt leider das verbleibende Hi-Muster. Im Gegensatz zu den meisten Showa hat dieser Koi reinweiße Brustflossen und keine Sumi-Flecken.

鼈甲

BEKKO

Bekko sind matte (d.h. nicht-metallicfarbene) weiße, rote oder gelbe Koi, die auf ihrem Körper eine Reihe von klar abgegrenzten Sumi-Flecken tragen. Sie werden oft mit Utsuri verwechselt, die ihnen ähneln, aber Koi mit schwarzer Hauptfärbung und weißer, roter oder gelber Zeichnung sind. Da Bekko in Färbung und Zeichnung recht einfach sind, sind die Bewertungskriterien bei Ausstellungen entsprechend streng.

Bekko leiten sich von der Taisho Sanke-Familie ab. Einfach gesagt, ist z. B. ein Shiro Bekko ein Sanke ohne Hi-Zeichnung am Körper. Diese Koi werden nicht in großer Zahl gezüchtet, und ein guter Bekko unter Größe 4 ist sehr schwer zu finden.

Bekko-Farben
Die Sumi-Flecken eines Bekko sollten tiefschwarz und kompakt sein.

Shiro Bekko Das ist ein weißer Koi mit Sumi-Flecken.

Das Weiß sollte an Kopf und Körper von gleichmäßig reiner Tönung sein, wie frisch gefallener Schnee. Ein gelblicher Kopf gilt als minderwertig, da es ihm an Eleganz fehlt und der Fisch schmutzig erscheint. Doitsu Shiro Bekko können ebenfalls sehr attraktiv aussehen, besonders dann, wenn die Flekken klar abgegrenzt sind. Große Doitsu-Schuppen komplizieren jedoch manchmal die schlichte Eleganz der Zeichnung.

Aka Bekko Das ist ein roter Koi mit Sumi-Flecken. (Aka bedeutet „rot".) Meist ist das Rot lediglich orange getönt; nur selten findet man einen tiefroten Aka Bekko, besonders deshalb, weil die Farbe meist ausbleicht, wenn der Koi größer wird.

Ki Bekko Dieser Koi ist gelb mit schwarzen Flecken. Das Gelb sollte durchgängig dieselbe Tönung aufweisen. Wie Aka Bekko ist diese Zuchtform sehr selten.

Bekko-Muster
Die Zeichnung eines Bekko ist sehr einfach und elegant, mit kleinen Sumi-Flecken, die sich über den ganzen Körper verteilen können.

Kopf
Der Kopf eines Bekko sollte keine Sumi-Flecken aufweisen und von derselben Tönung sein wie der übrige Körper. Es ist schwierig, einen Bekko zu finden, dessen Kopf gar nicht gemustert ist; alle Fehler zeigen sich durch die Kopfhaut. Ein kleiner Sumi-Fleck auf dem Kopf ist jedoch akzeptabel, wenn er das Körpermuster harmonisch vervollständigt. Ein schwarzer Tancho-Fleck gilt bei einem Bekko manchmal als attraktiv, obwohl ein derart gezeichneter Koi nicht als traditioneller Tancho klassifiziert werden würde, denn Tancho-Flecken müssen rot sein (s. *Tancho*, S. 194–197).

Körper
Ein großer Sumi-Fleck auf jeder Schulter eines Bekko ist erwünscht, ebenso kleinere schwarze Pigmentansammlungen, die sich ausgewogen über die ganze Körperlänge erstrecken (wie auf dem unten abgebildeten Aka Bekko). Kleine, isolierte Sumi-Flecken, die Sommersprossen ähneln, gelten hingegen als unschön; sie sind besonders bei Ki Bekko häufig anzutreffen.

Schwanz
Das Muster einer Sumi-Zeichnung sollte direkt vor dem Schwanz enden, wie es auch für Sanke gilt.

Flossen
Die Flossen eines Bekko sollten entweder weiß sein oder ähnlich wie beim Sanke Sumi-Streifen enthalten.

Unten: **Aka Bekko**
Der ganze Körper dieses jungen Koi ist einheitlich rot (Hi) getönt. Die tiefdunkeln Sumi-Flecken sind relativ gleichmäßig verteilt. Die Brustflossen sind insofern ungewöhnlich, als sie anstelle von Sumi-Streifen Hi an der Flossenbasis aufweisen.

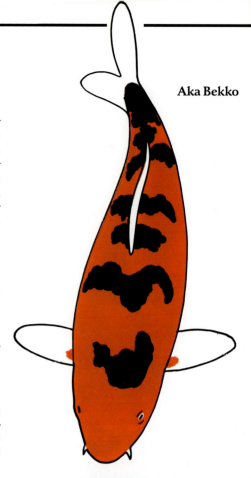

Aka Bekko

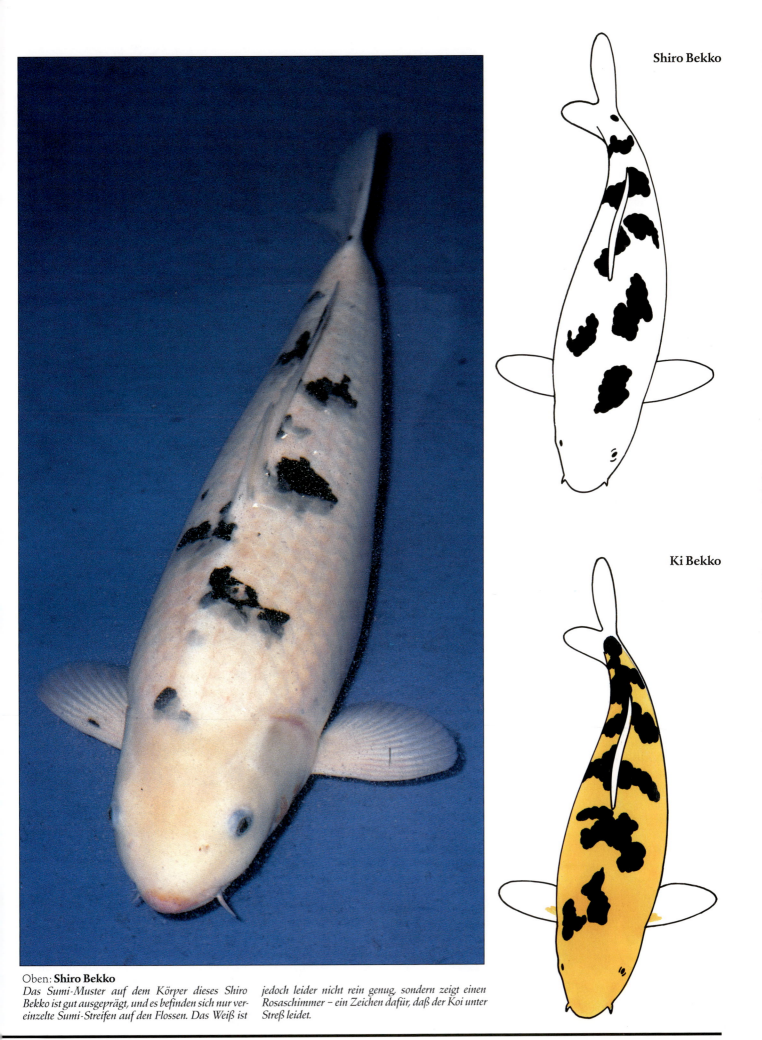

Oben: **Shiro Bekko**
Das Sumi-Muster auf dem Körper dieses Shiro Bekko ist gut ausgeprägt, und es befinden sich nur vereinzelte Sumi-Streifen auf den Flossen. Das Weiß ist jedoch leider nicht rein genug, sondern zeigt einen Rosaschimmer – ein Zeichen dafür, daß der Koi unter Streß leidet.

Shiro Bekko

Ki Bekko

うつりもの

UTSURIMONO

Koi aus der Utsurimono-Gruppe werden wegen ihrer ähnlichen Färbung oft mit solchen aus der Bekko-Klasse verwechselt (vergl. S. 144–145). Der Hauptunterschied zwischen beiden Zuchtformen liegt darin, daß Utsuri schwarze Koi mit roten, weißen oder gelben Flecken sind, wohingegen Bekko weiße, rote oder gelbe Koi mit schwarzen Flecken sind. Einen weiteren Unterschied kann man in der Kopfzeichnung beider Varietäten ausmachen – im Gegensatz zum Bekko haben die meisten Utsuri Sumi auf dem Kopf.

Utsuri bedeutet „Spiegelung". Das bezieht sich auf das Sumi-Muster, das oft von einer zweiten Farbe auf der anderen Seite der Rückenlinie widergespiegelt wird.

Die Geschichte der Utsurimono

Die Geschichte dieser Zuchtform ist unklar. Man nimmt an, daß die Shiro Utsuri von der Magoi-Linie abstammen und zuerst um 1925 von Kazuo Minemura gezüchtet wurden. Es ist jedoch bekannt, daß Ki Utsuri bereits sehr früh in der Geschichte der Koi erschienen, vielleicht schon zu Beginn der Meji-Ära (um 1875). Sie wurden ursprünglich als Kuro-Ki-Han bezeichnet, was wörtlich übersetzt „schwarz mit gelben Mustern" bedeutet. Erst um 1920 schuf Eizaburo Hoshino die Bezeichnung „Utsuri".

Utsurimono-Farben

Utsuri weisen auffällig kompakte, einheitlich tiefschwarz gefärbte Sumi-Flecken auf. Die zweite, kontrastierende Farbe eines Utsuri sollte das Sumi-Muster unterstreichen.

Shiro Utsuri Das ist ein schwarzer Koi mit weißen Flecken. Das Weiß sollte rein und makellos sein, ohne Gelbstich oder kleine schwarze Farbspritzer (Shimis). Je sauberer das Weiß ist, desto besser hebt sich die schwarze Zeichnung des Koi ab.

Hi Utsuri Das ist ein schwarzer Koi mit roten Flecken. Das Hi sollte einheitlich getönt sein, was bei dieser Zuchtform schwierig zu erreichen ist. Oft ist das Hi auf dem Kopf viel dunkler als das auf dem Körper; das trennt das Muster und lenkt von der Sumi-Zeichnung ab. Es gelingt nur selten, einen guten Hi Utsuri zu züchten, denn bei diesen Koi ist die Färbung nicht so stabil wie bei vielen anderen Varietäten. Schwarze Spritzer im Hi, die die grundsätzliche Symmetrie und die einfache Eleganz des Fisches stören, beeinträchtigen häufig das Erscheinungsbild dieser wundervollen Zuchtform.

Ki Utsuri Das ist ein schwarzer Koi mit gelben Flecken. Ki Utsuri sind selten, können aber sehr exquisit und zart gezeichnet sein. Leider leiden sie häufig unter demselben Problem wie Hi Utsuri, nämlich schwarzen Spritzern auf den gelben Flecken.

Utsurimono-Muster

Das Utsuri-Muster hat dem Showa Sanshoku in bezug auf sein auffälligstes Merkmal, das Sumi, viel zu verdanken. So wie das Sumi-Muster eines Bekko demjenigen eines Sanke ähnelt, kann man das Utsuri-Muster mit dem eines Showa ohne die zusätzliche Farbe vergleichen.

Kopf

Das Sumi-Muster, das den Kopf eines Utsuri ziert, entspricht dem Kopfmuster eines Showa: ein „Blitzstrahl"-Sumi, das das Gesicht teilt, oder ein großes V. Während bei Showa die moderne V-Form sehr beliebt ist, zieht man beim Utsuri den „Blitzstrahl" vor.

Körper

Die Sumi-Zeichnung, die für den Körper eines Utsuri wünschenswert ist, gleicht ebenfalls der eines Showa. Große Sumi-Flecken, die das Weiß der Körperzeichnung widerspiegeln, werden kleineren „karierten" Mustern vorgezogen. Wenn der Spiegelungsaspekt sehr stark ist, spricht man auch von einem „blumigen Muster".

Das Sumi eines Utsuri sollte über die Seitenlinie hinweg rund um den Körper verlaufen (während die Sumi-Zeichnung bei einem Bekko oberhalb der Seitenlinie bleibt). Erwünscht sind Sumi-Flecken, die sich von der Nase bis zum Schwanz erstrecken und über die ganze Körperlänge und auf beiden Körperhälften des Utsuri ausgewogen und harmonisch wirken.

Shiro Utsuri

Flossen Im Ansatz sollten die Brustflossen eine Sumi-Zeichnung aufweisen. Die gestreiften Flossen eines Bekko werden bei Utsuri jedoch nicht besonders geschätzt.

Unten: *Dieses traditionelle Brustflossenmuster eines Utsuri ähnelt dem eines Showa, doch beim ersteren entspringen die Sumi-Streifen aus einem kompakten Sumi-Fleck an der Flossenbasis.*

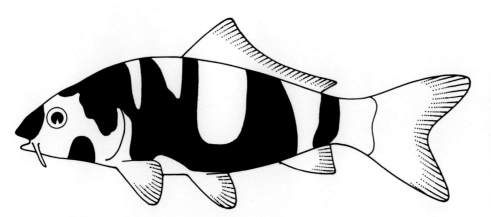

Links: *Der Utsuri ist ein schwarzer Koi mit roten, weißen oder gelben Flecken. Das Sumi zieht sich rund um den Körper und erstreckt sich bis unter die Seitenlinie.*

Rechts: **Shiro Utsuri**
Dieser moderne Utsuri zeigt einen größeren Weißanteil, als es für diese Zuchtform typisch ist. Das kompakte Sumi-Muster verteilt sich gleichmäßig über den Körper und ist weniger „blumig" als viele andere Muster. Leider läuft der Kopf etwas zu spitz zu, und der Körper ist ziemlich dünn.

うつりもの

UTSURIMONO

Oben: **Kinginrin Hi Utsuri**
Die prächtigen Farben und das klare Muster dieses Hi Utsuri werden durch die Kinginrin-Schuppen ergänzt (s. S. 125), die die Farben auf dem Körper zum Leuchten bringen. Das kompakte Sumi auf den Flossen hebt sich wunderbar von dem vorwiegend orangefarbenen Körper des Koi ab. Das Muster gehört zu einem modernen Typ, d.h. es findet sich weniger Sumi als beim traditionellen Utsuri.

Hi Utsuri

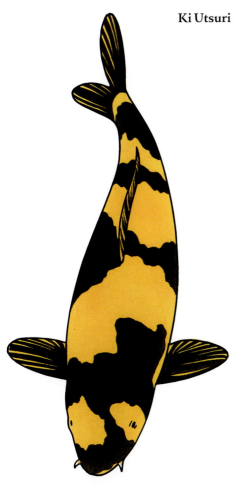

Ki Utsuri

Oben: **Ki Utsuri**
Das ist qualitativ minderwertiger, aber sehr seltener Koi (Ki heißt „gelb"). Beachten Sie die Hi-Tupfen an der linken Körperseite und die Unregelmäßigkeiten in der Flossenfärbung.

ASAGI

浅葱

Asagi sind im Vergleich zu anderen Zuchtformen schlichte Koi; weder sind sie metallicfarben, noch weisen sie die leuchtenden Farben vieler anderer Koi auf. Sie sind einfach graublau gefärbt, mit Hi in der Wangenregion, den Flanken und den Flossen. Ein erstklassiger Asagi ist nichtsdestoweniger ein eleganter Fisch mit einer feinen, netzartigen und ruhigen Schuppenzeichnung und harmonischer Farbgebung.

Man sollte sich daran erinnern, daß Koi gewöhnlich in Gruppen betrachtet werden; ihr Wert für den Liebhaber richtet sich ebenso sehr nach dem Eindruck, den sie neben anderen Koi im Teich machen, als auch nach ihrem individuellen Aussehen. Ein Teich voller metallisch glänzender Koi wirkt vielleicht nicht so harmonisch wie eine Anlage mit verschiedenen Varietäten, darunter auch Zuchtformen wie Asagi.

Die Geschichte des Asagi

Asagi gehören zu den ursprünglichen Formen des Nishikigoi, und ihre Geschichte läßt sich über 160 Jahre zurückverfolgen. Diese Koi entwickelten sich aus einer der drei Magoi-Typen – dem schwarzbraunen Karpfen, der der Urahn aller modernen Nishikigoi-Varietäten ist. Einer dieser Fische, der Asagi Magoi, hat einen blauen Rücken mit hellblau oder weiß umrandeten Schuppen, einem Hi in der Wangenregion, an den Seiten und den Brustflossen. Aus dem Asagi Magoi haben sich zwei Formen entwickelt. Die erste, der Konjo Asagi, ist dunkelblau und ähnelt dem Asagi Magoi stark. Die zweite Zuchtform, aus der auch die modernen Asagi hervorgingen, ist der Narumi Asagi. Dieser Koi ist heller gefärbt, und seine Schuppen haben ein dunkelblaues Zentrum, das zum Rande hin verblaßt. Der Name dieser Zuchtform stammt von einem ähnlich gemusterten und gefärbten Stoff, der in Narumi, Japan, hergestellt wird.

Asagi-Farben

Die blaue Färbung der Asagi unterscheidet sich in der Tönung; helleres Blau wird bevorzugt. Das Schuppenmuster ist klar: dunklere Blautöne in der Mitte, hellere am Rand. Das Hi an Kopf, Seiten und Brustflossen sollte kräftig rot sein, hat aber oft einen Stich ins Orange. In kälteren Gewässern werden Asagi leicht sehr dunkel, ja schwarz. Das ist unerwünscht und macht den Koi für Ausstellungen wertlos. Am Kopf und am Körper dieser Koi treten häufig schwarze Sprenkel auf, die das Erscheinungsbild dieser Zuchtform ebenfalls stören.

Asagi-Muster

Ein perfekt gemusterter Asagi sollte etwa so aussehen:

Der Kopf ist hell graublau, ohne schwarze Sprenkel. Die Hi-Flecken auf den Wangen sind symmetrisch ausgebildet und reichen bis zu den Augen.

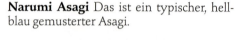

Oben: *Die Hi-Flecken auf einem Asagi ziehen sich im allgemeinen vom Bauch bis zur Seitenlinie. Auch Kiefer und Flossenansatz sollten rot gefärbt sein.*

Unten: *Ein guter Asagi hat einen dunkelorangen (Hi) Fleck an der Basis seiner hellblauen Brustflossen, ähnlich dem Sumi-Muster auf den Flossen eines Showa.*

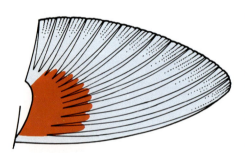

Auch die Körperzeichnung ist symmetrisch; das Hi erstreckt sich vom Bauch bis hoch zur Seitenlinie. Das Muster auf dem Rücken zieht sich gleichmäßig über die gesamte Körperlänge, und die Schuppen sind klar abgegrenzt. Der Kontrast zwischen Rand und Zentrum einer Schuppe ist deutlich sichtbar.

Das Hi erstreckt sich bis in die Ansatzstellen der Flossen; das gilt besonders für die Brustflossen.

Schuppen

Regelmäßigkeit bei der Beschuppung ist von allergrößter Bedeutung. Die Schuppen sollten den ganzen Körper gleichmäßig bedecken und die helleren Schuppenränder bei allen Schuppen gleich breit sein.

Narumi Asagi Das ist ein typischer, hellblau gemusterter Asagi.

Konjo Asagi Das ist ein sehr dunkler, fast schwarzer, wetloser Asagi.

Mizu Asagi Das ist ein besonders heller Asagi.

Asagi Sanke Dieser Asagi hat einen fahlblauen Rücken, einen roten Kopf und rote Flanken.

Taki Sanke Der blaue Körper dieses Asagi wird von seinen roten Flanken durch eine weiße Linie getrennt.

Hi Asagi Die Hi-Zeichnung dieses Asagi erstreckt sich bis über die Seitenlinie – manchmal sogar bis zur Rückenlinie.

Narumi Asagi

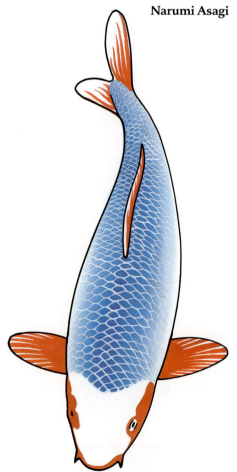

Oben: **Asagi**
Dieser große Koi stellt ein eindrucksvolles Beispiel für einen Asagi dar. Beachten Sie die Regelmäßigkeit der Hi-Flecken am Kiefer und an beiden Seiten des Kopfes, der perfekt blaugrau gefärbt ist und keinerlei Schwarz aufweist. Auch die Färbung der Flossen ist symmetrisch ausgebildet. Am eindrucksvollsten ist jedoch die wunderschöne, gleichmäßige Beschuppung dieses Koi.

SHUSUI

朱水

Dank ihrer ungewöhnlichen Färbung und ihrer Doitsu-Beschuppung sind Shusui bei vielen Koi-Haltern außerordentlich beliebt. Shusui sind grundsätzlich Doitsu Asagi und neigen wie Asagi dazu, sich in kaltem Wasser dunkel zu verfärben. Da dunkle Shusui für Wettbewerbe wertlos sind, ist es nicht ratsam, zu viele Vertreter dieser Zuchtform zu halten. Anders als die Mehrzahl der anderen Varietäten gibt es mehr gute Shusui von Größe 1 als von Größe 4 und darüber, da sie mit dem Alter oft nachdunkeln. Ein junger, leuchtend gefärbter Shusui kann jedoch eine Augenweide sein.

Shusui sind zum ersten Mal 1910 gezüchtet worden; damals kreuzte Yoshigoro Akiyama einen Asagi Sanke mit einem deutschen Spiegelkarpfen. Bis 1986 wurden Asagi und Shusui in ein und derselben Klasse beurteilt, doch das Fehlen einer Schuppenmusterung verändert das Aussehen von Shusui so stark, daß sie nun in eine eigene Klasse gestellt werden.

Shusui-Farben

Die Farben eines Shusui sind grundsätzlich dieselben wie die eines Asagi. Der Kopf ist hell blaugrau mit Hi auf den Wangen, und das Blau der Schuppen längs der Rückenlinie sind dunkler als der übrige Koi. Da das Schuppenmuster der Asagi fehlt, ist die Haut auf dem Rücken eines Shusui von einer ungewöhnlichen, fahl himmelblauen Färbung und damit feiner getönt als bei einem Asagi.

Shusui-Muster

Das Muster auf dem fahl blaugrauen Kopf eines Shusui entspricht demjenigen eines Asagi, besonders, was die Hi-Zeichnung der Wangen betrifft. Bei einem guten Shusui weist der Kopf keine weiteren Flecken auf.

Das Blau sollte über die gesamte Körperlänge des Shusui gleichmäßig getönt sein

Unten: Die auffälligen Blau- und Rottöne der Shusui heben sich wundervoll von anderen Koi ab.

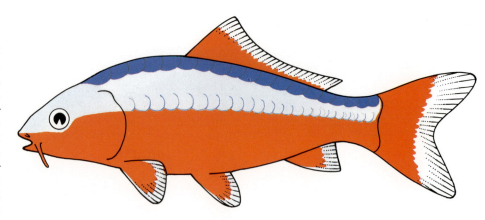

Oben: *Wie beim Asagi sollte sich das Hi beim Shusui vom Bauch bis zur Seitenlinie ziehen. Die Ebenmäßigkeit der Doitsu-Beschuppung ist bei dieser Zuchtform besonders wichtig.*

und sich auf beiden Seiten von der Rücken- bis zur Seitenlinie erstrecken; zwei parallele Hi-Streifen ziehen, ebenfalls auf beiden Seiten, von den Kiemendeckeln zum Schwanz.

Das Hi sollte sich bis in den Flossenansatz hinein erstrecken.

Beschuppung

Die Beschuppung bildet beim Shusui wie beim Asagi einen wichtigen Bestandteil des Muster. Die Schuppen, die längs der Rückenlinie (und der Seitenlinie, falls vorhanden) verlaufen, sollten ordentlich in Reihen angeordnet sein. Schuppen, die „aus der Reihe tanzen", bringen Wertungsabzüge.

Hana Shusui Dieser Koi weist zwischen Bauch und Seitenlinie und Seiten- und Rückenlinie eine Hi-Zeichnung auf.

Hi Shusui Das Hi auf diesem Shusui erstreckt sich vom Bauch ausgehend bis auf den Rücken.

Ki Shusui Dieser sehr seltene Shusui ist gelb mit einer grünlichen Rückenlinie.

Perl-Shusui Das ist ein Shusui mit silbernen Schuppen. Sehr selten.

Weitere Varietäten des Shusui erscheinen in anderen Klassen:

Sanke Shusui
s. Kawarimono (S. 169).
Showa Shusui
s. Kawarimono (S. 169).
Goshiki Shusui
s. Kawarimono (S. 169).
Kinsui / Ginsui
s. Hikarimoyo-mono (S. 190).

Rechts: **Shusui**
Obwohl die Blautönung gut ist, ist dieser Koi kein perfektes Beispiel für einen Shusui. Beachten Sie die unregelmäßige Beschuppung beiderseits der Rückenlinie, die dünne, ziemlich schlechte Körperform und die unregelmäßigen Hi-Flecken auf den Flossen.

Shusui

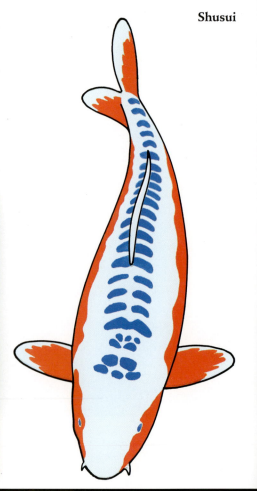

朱水
SHUSUI

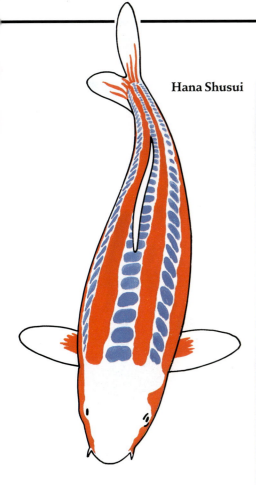

Hana Shusui

Links: **Hana Shusui**
Die Färbung dieses mächtigen Koi fällt besonders ins Auge; beachten Sie, wie das Hi das Blau bedeckt, so daß eine tiefe Tönung entsteht. Kopf und Flossen sind besonders eindrucksvoll gezeichnet.

Hi Shusui

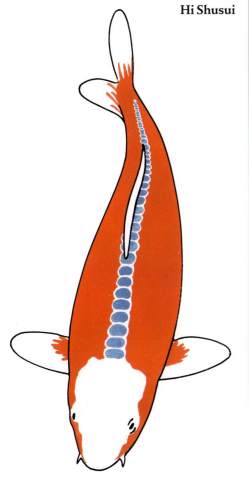

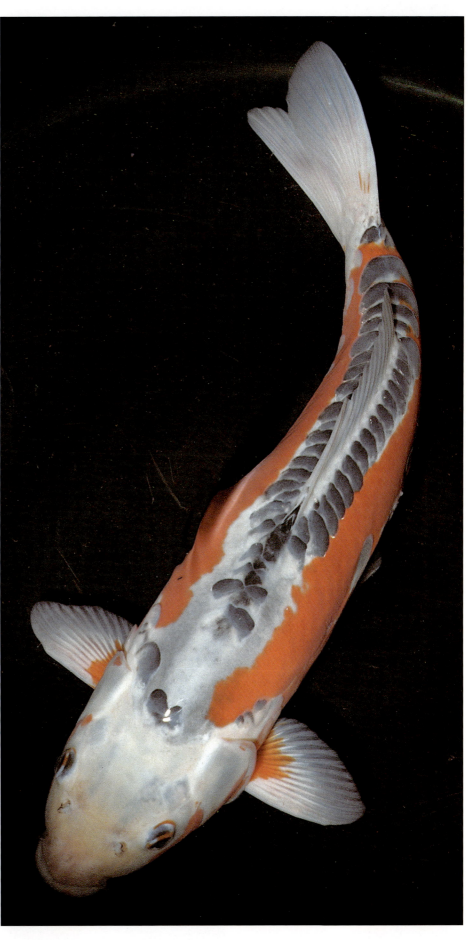

Oben: **Hi Shusui**
Das Hi auf diesem Shusui ist stark und gleichmäßig ausgebildet, doch leider ist das Blau graustichig und läßt vermuten, daß sich der Koi allmählich schwarz verfärben wird. Die Beschuppung längs der Rückenlinie ist recht unregelmäßig.

155

KOROMO

Koi aus der Koromo-Gruppe sind bei Sammlern sehr beliebt. Koromo bedeutet wörtlich soviel wie „gewandet". Damit wird das Hi-Muster umschrieben, dessen rote Schuppen dunkel umrandet sind – die Farbe variiert dabei mit der Zuchtform. Obwohl sie als junge Koi meist wenig ins Auge fallen, sind große Exemplare sehr eindrucksvoll und in ihrer Eleganz einem Kohaku ebenbürtig. Ein Koromo wirkt als Jungfisch nur selten „fertig"; wenn das Muster schon beim kleinen Fisch vollendet wirkt, ist das Sumi meist überentwickelt und erscheint später, wenn der Koi wächst, in der Regel unharmonisch. Die Chancen, einen guten Koromo zu züchten, sind im Vergleich mit den meisten anderen Koi-Varietäten gering.

Man nimmt an, daß sich Koromo-Koi aus Kreuzungen von Kohaku mit Narumi Asagi (s. S. 150) entwickelt haben. Alle Koi, die zu dieser Gruppe zählen, existieren erst seit etwa 1950.

Koromo-Farben
Das wichtigste Merkmal eines Koromo ist grundsätzlich ein Kohaku-Muster mit

Rechts: **Ai-goromo**
Eines der eindrucksvollsten Merkmale dieses männlichen Ai-goromo ist seine gleichmäßige Beschuppung. Achten Sie auf das Fehlen von Sumi (oder irgendwelcher anderer dunkler Flecken) auf dem Kopf und die interessante Form des Hi-Flecks – ein traditionelles Kohaku-Muster.

Ai-goromo

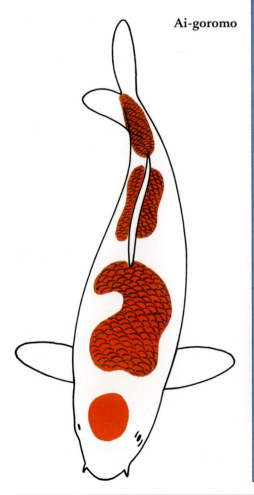

einem sehr dunklen Hi. Die Farbsättigung und -tiefe ist bei dieser Zuchtform noch wichtiger als bei einem Kohaku, denn ein bleiches Orange sieht mit dem darüberliegenden Koromo „ausgewaschen" aus.

Das Weiß sollte auf dem ganzen Körper die Farbe von Schnee haben; es spielt bei Koromo-Varianten eine wichtige Rolle, denn es muß das „Spitzenmuster" auf dem Hi ausbalancieren. Die Farbe des Spitzenmusters hängt von der Zuchtform ab.

Ai-goromo Das ist der häufigste Vertreter der Koromo-Gruppe. Wörtlich übersetzt bedeutet dieser Ausdruck „blau gewandet" („Ai" heißt „blau"): Ai-goromo ist ein Kohaku, dessen Hi-Schuppen einen blauen, halbmondförmigen Rand haben und wie mit einem Netz überzogen aussehen.

Unten: *Die blaugerandeten Hi-Schuppen erzeugen das Muster des Ai-goromo. Die netzartig gezeichneten Schuppen sollten die Hi-Flecken gleichmäßig überziehen.*

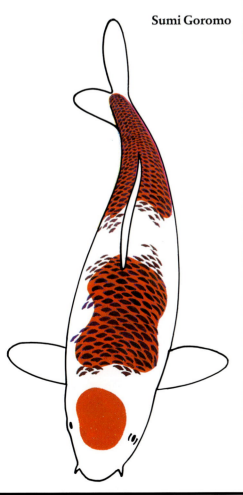

Sumi Goromo

Oben: **Sumi-goromo**
Das grundlegende Koromo-Muster ist bei diesem Koi exzellent ausgebildet, und die interessante Hi-Zeichnung ist gut ausgebildet. Die kompakte Sumi-Zeichnung vor der Rückenflosse und nahe am Schwanz ergänzt das Gesamtmuster.

KOROMO

Oben: **Budo Goromo**
Die schneeweiße Grundfärbung und die weißen Flossen dieses Koi verstärken die Wirkung des dunkel kastanienbraunen Körpermusters. Beachten Sie, daß sich das Sumi nicht bis in die weiße Flossenbasis erstreckt, sondern sich auf das Hi beschränkt.

Das Kopfmuster eines Ai-goromo sollte demjenigen eines Kohahu entsprechen. Bevorzugt wird ein U-förmiger Kopffleck, doch ungewöhnliche Kopfmuster werden wie beim Kohaku akzeptiert. Perfekt gezeichnete Ai-goromo sind sehr selten. Der Körper eines Ai-goromo sollte dasselbe Hi-Muster wie der eines Kohaku aufweisen, wobei das netzartige Koromo-Blau das rote Muster gleichmäßig überlagert, ohne sich über dessen Rand bis ins Weiß zu erstrecken. Bei junge Ai-goromo ist dieser blaue Überzug selten voll ausgeprägt, aber er entwickelt sich mit der Geschlechtsreife. Wenn das Blau bei einem jungen Koi klar abgegrenzt ist, verschlechtert es sich oft beim Heranwachsen. Männliche Ai-goromo werden früher geschlechtsreif als Weibchen, deren Muster sich gewöhnlich nicht vor Größe 4–5 entwickelt, so daß sich, was wie ein Baby-Kohaku erschien, später als Ai-goromo entpuppen kann.

Die Flossen eines Ai-goromo sind weiß oder weisen in den Brustflossen ein Hi auf. Ein Sumi sollte nicht auftreten.

Sumi-goromo Diese Koi haben, wie ihr Name andeutet, Sumi auf ihren Hi-Flecken und wirken dadurch dunkel und elegant. Dieses Sumi ist kompakt (anders als der blaue Überzug eines Ai-goromo), überschattet das Hi-Muster, das dem eines Kohaku entspricht, jedoch nicht. Einem Sumi-goromo fehlt das feine netzartige Muster eines Ai-goromo, und das Sumi, das sich nur auf den Hi-Flecken zeigt, ist oftmals unregelmäßig über die Schuppen verteilt. Leider findet man bei Sumi-goromo oft übergroße Sumi-Flecken, die ihr anderweitig elegantes Aussehen stören. Die Flossen sollten, wie beim Ai-goromo, entweder weiß sein oder Hi an der Basis aufweisen.

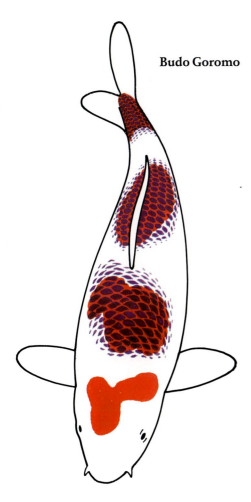

Budo Goromo

Budo Goromo Diese Koi waren bis 1986 extrem selten, scheinen jetzt aber in größerer Zahl aufzutauchen. Gute Exemplare dieser Zuchtform sind aber immer noch Ausnahmen.

Das Wort „Budo" bedeutet wörtlich übersetzt „wie Trauben". Das bezieht sich sowohl auf das Muster als auch auf die Farbe des Koi.

Eine schneeweiße Grundfarbe ist als Hintergrund für das bordeauxfarbene, traubenbeerenförmige Körpermuster dieses Koi sehr wichtig.

Das Sumi überlappt das Hi und gibt den Flecken eine bordeauxrote Färbung, und die feine Zeichnung ähnelt in ihrer Lage dem Hi-Muster eines Kohaku. Die Klarheit der Zeichnung kann bei einem guten Budo Goromo erstaunlich sein. Oft sieht es so aus, als ob das sehr helle Sumi auf dem sehr dunklen Hi etwas verrutscht ist, so daß sich am Schuppenansatz ein tiefes Rot, am Rand hingegen ein dunkles Bordeaux zeigt.

Ein Budo Goromo weist nicht unbedingt eine Kopfzeichnung auf (d. h., der Kopf kann rein weiß sein, ohne Flecken unter der Haut), oder er trägt ein Kopfmuster ähnlich einem normalen Sanke oder Kohaku (s. S. 130 und 136). Erwünscht sind weiße Flossen ohne jegliche Zeichnung.

Budo Sanke Der Budo Sanke heißt Sanke, weil er Farben und Muster eines Sanke trägt, aber in einer anderen Form. Sein Sumi, das das Hi überlagert, erzeugt einen Bordeauxeffekt wie beim Budo Goromo; dazu kommen kompakte Sumi-Flecken, die wie auf einem normalen Sanke plaziert sind. Ein gutes Exemplar ist sehr wertvoll.

Koromo Sanke Der Koromo Sanke ging aus der Kreuzung eines Ai-goromo und eines Taisho Sanke hervor. Er weist neben den Sumi-Flecken des traditionellen Sanke über den Hi-Flecken das netzartige Muster eines Koromo auf. Das Sanke Sumi wird „Hon" Sumi genannt, d. h. „ursprünglich", und der Überzug auf dem Hi heißt Koromo Sumi.

Diese Zuchtform ist außerordentlich selten und gilt wegen ihres manchmal komplexen Musters, das von Neulingen in der Koi-Haltung oft nicht besonders geschätzt wird, als Koi für Kenner.

Koromo Showa Dieser Koi ist das Ergebnis einer Kreuzung zwischen Ai-goromo und Showa. Wie beim Koromo Sanke wird das Hi-Muster beim Koromo Showa von dem netzartigen Koromo-Muster überlagert. Dieser Koi wird auch gelegentlich als Ai-Showa bezeichnet.

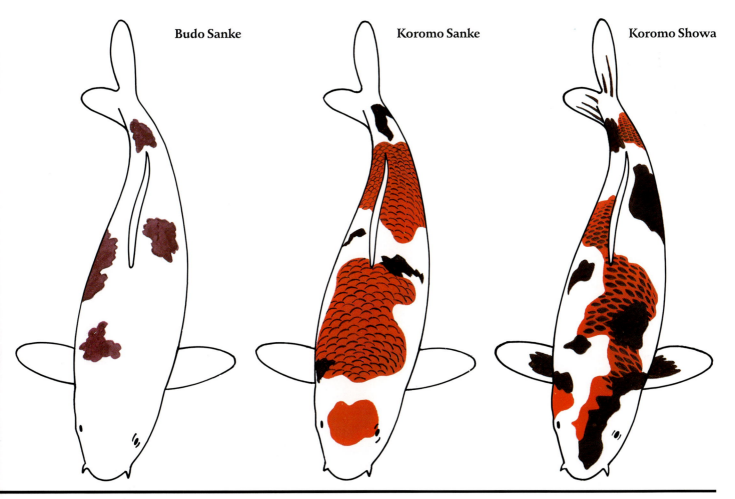

Budo Sanke   **Koromo Sanke**   **Koromo Showa**

かわりもの

KAWARIMONO

Die Kawarimono-Klassifizierung umfaßt alle nicht-metallicfarbenen Koi, die nicht zu einer der anderen Varietäten gehören, und ist daher eine sich ständig ausweitende Gruppe. Hierhin gehören Koi, die das Ergebnis von Kreuzungen zwischen verschiedenen Zuchtformen sind und solche, deren genaue Abstammung unsicher ist. Andere, wie der Kage Shiro Utsuri (s. S. 164), über dessen Abstammung keine Unklarheiten herrschen, haben sich über die Grenzen ihrer ursprünglichen Klassifizierung hinausentwickelt.

Obwohl die Kawarimono-Gruppe viele verschiedene Formen enthält, sind die Kriterien, nach denen diese Koi beurteilt werden, nicht weniger streng als bei anderen Varietäten. Alle sollten ein klares, wohldefiniertes Muster und reine Farben aufweisen und ästhetisch ansprechend aussehen. Größere Kawarimono können es als Champions bei Wettbewerben aufgrund ihrer feinen Färbung und ihrer unterkühlten Eleganz durchaus mit Kohaku, Sanke oder Showa aufnehmen.

Einen Baby-Kawarimono zu kaufen ist oft schwierig, da kleine Kawarimono selten sind und meist außerordentlich schlicht aussehen. Nur mit großer Erfahrung kann man entscheiden, wie sich ein Muster entwickeln wird, genauso, wie man viel Erfahrung braucht, um ungewöhnlichere Zuchtformen zu schätzen. In der Kawarimono-Klassifikation tauchen oft besonders „eigenwillige" Koi auf, da diese Gruppe nicht auf so enge Zuchtform-Spezifikationen beschränkt ist, wie z. B. beim Kohaku.

Im folgenden wollen wir uns mit diversen Kawarimono-Varianten von ganz verschiedener Abstammung beschäftigen: mit Karasugoi, Matsubagoi, Kage Utsuri und Showa, Goshiki, Kanokogoi, mit Shusui-Abkömmlingen und anderen Zuchtformen, deren Abstammung weniger gut geklärt ist. Manche Kawarimono, wie Hajiro und Kumonryu, sind sehr beliebt, doch viele Formen sind recht selten, und einige gibt es bisher nur in Japan.

Karasugoi

Einige der begehrtesten Koi in der Kawarimono-Gruppe stammen von der Karasu-Linie ab. Karasugoi sind schwarze Koi mit weißem oder orangefarbenem Bauch. (Karasugoi bedeutet wörtlich „Krähenfisch".) Das Sumi eines Karasugoi ist ebenholzschwarz und dunkler als das eines Magoi (s. S. 12 und 150); wenn es sich nicht gleichmäßig tiefschwarz über den ganzen Körper zieht, ist der Koi wertlos. Viele Koi-Lieb-

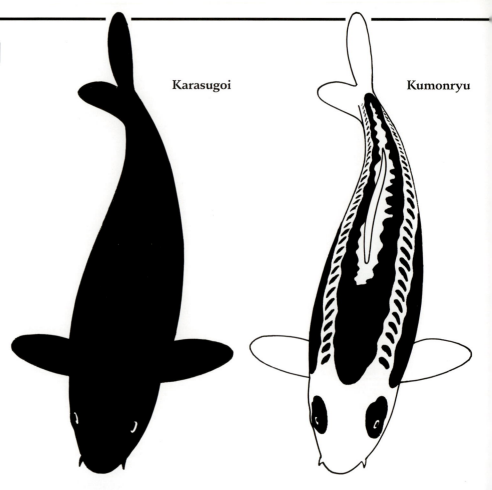

Karasugoi   Kumonryu

Rechts: **Kumonryu**
Man beachte den auffälligen Kontrast zischen den weißen und den schwarzen Flecken an Kopf und Körper des Koi. Das Muster dieser Zuchtform wird durch große Doitsu-Schuppen längs der Rücken- und Seitenlinie ergänzt.

Sumi-nagashi

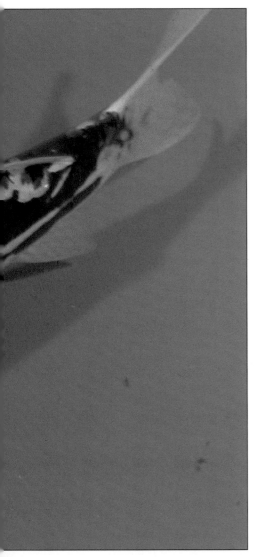

Oben: **Sumi-Nagashi**
Das zarte Muster aus schwarzen, weißgerandeten Schuppen auf diesem eleganten Koi wirkt erstaunlich komplex. Wie man beim Vergleich mit der Illustration oben rechts erkennt, kann das Muster bei dieser Zuchtform beträchtlich variieren.

かわりもの
KAWARIMONO

haber schätzen Karasugoi nicht besonders, da sich ihre schwarzen Körper nur schlecht vom Untergrund abheben. Andere wiederum halten wegen des Überraschungseffekts, den ein Karasugoi auslöst, wenn er plötzlich zum Fressen durch die Oberfläche bricht, gern einen schwarzen Koi im Teich.

Hajiro Das ist ein schwarzer Koi mit weißen Spitzen an den Bauch- und Brustflossen. Diese Zuchtform wird von Liebhabern sehr geschätzt, da die weißen Flossenränder den schwarzen Körper abgrenzen und den Koi dadurch im Teich besser sichtbar machen.

Hageshiro Dieser Koi weist nicht nur weiße Spitzen an den Bauch- und Brustflossen auf, sondern hat zudem einen weißen Kopf und eine weiße Nase.

Yotsushiro (Wörtlich „fünfmal Weiß".) Dieser relativ seltene Koi hat einen weißen Kopf und weiße Brust- und Bauchflossen.

Matsukawa-Bake Das Muster dieses schwarz-weißen Koi verändert sich mit der Jahreszeit und der Wassertemperatur.

Kumonryu Dieser Koi verdankt seinen Namen, der wörtlich „Drachenfisch" bedeutet, seiner schwarz-weißen Musterung und den großen Doitsu-Schuppen. Ein Kumonryu ist ein Doitsu-Koi mit weißen Flecken an Kopf und Flossen und zusätzlichem Weiß am Körper. Manchmal tendiert diese Zuchtform dazu, sich entweder vollständig weiß oder vollständig schwarz zu färben. Die Kontrastschärfe zwischen dem Weiß- und dem Schwarzanteil kann jedoch auf dem Körper eines guten Kumonryu-Koi sehr eindrucksvoll wirken. Seit Mitte 1980 ist diese Zuchtform sehr populär geworden, und man findet solche Koi in zunehmender Zahl.

Sumi-Nagashi Das ist ein sehr eleganter Koi, dessen schwarze Schuppen weiß umrandet sind und einen Effekt ähnlich einem Asagi-Muster hervorrufen. In Japan wird diese Form manchmal als Asagi Sumi-Nagashi bezeichnet.

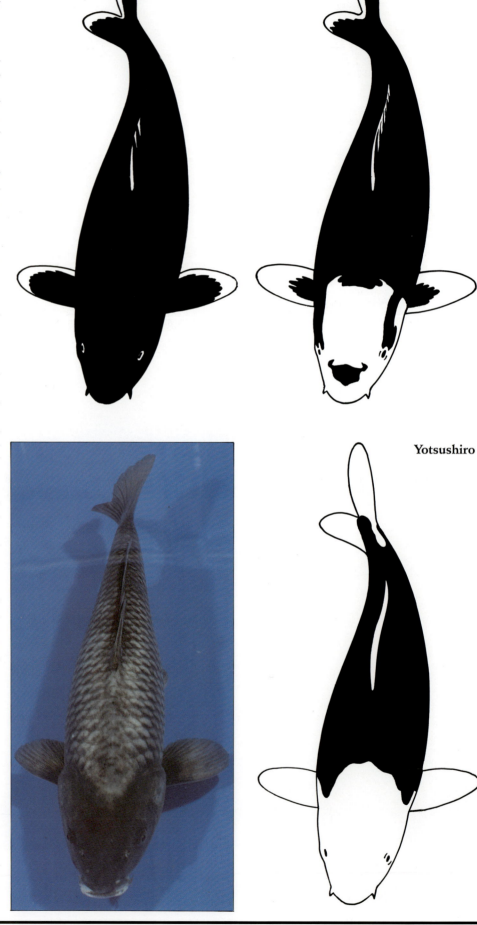

Rechts: **Matsukawa-Bake**
Muster und Färbung dieses ungewöhnlichen Koi ändern sich ganz dramatisch mit der Wassertemperatur oder dem Streß, dem dieser Koi ausgesetzt wird. Unter anderen Bedingungen können die Schuppen weiß mit schwarzem Zentrum sein.

Matsubagoi

Matsubagoi, die in die Kawarimono-Klassifizierung gehören, sind uni-metallicfarbene Koi mit einer Matsuba- (oder „Pinienzapfen-")Beschuppung auf dem Rücken.

Aka Matsuba Das ist ein roter Koi („Aka" heißt rot) mit schwarzen Flecken in der Mitte der Schuppen. Der rote Kopf eines Aka Matsuba sollte keine schwarzen Flekken oder Spritzer aufweisen. Obwohl diese Form nicht so selten wie ein Ki Matsuba oder ein Shiro Matsuba ist, sind diese Koi in den vergangenen Jahren weniger häufig geworden.

Ki Matsuba Das ist das Gegenstück mit gelber Grundfarbe zum Aka Matsuba. Ein sehr seltener Koi!

Shiro Matsuba Dieser weiße Koi hat ein schwarzes „Pinienzapfenmuster" auf den Schuppen. Wie beim Ki Matsuba handelt es sich um einen außerordentlich seltenen Koi.

Aka, Ki und Shiro Matsuba gibt es auch mit Doitsu-Beschuppung. Diese seltenen Koi weisen schwarze Matsuba-Schuppen längs der Rücken- und Seitenlinie auf, die mit der uni nicht-metallicfarbenen Färbung des übrigen Körpers kontrastieren.

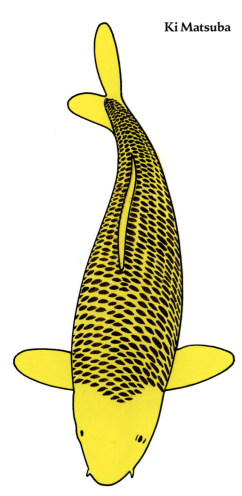

Ki Matsuba

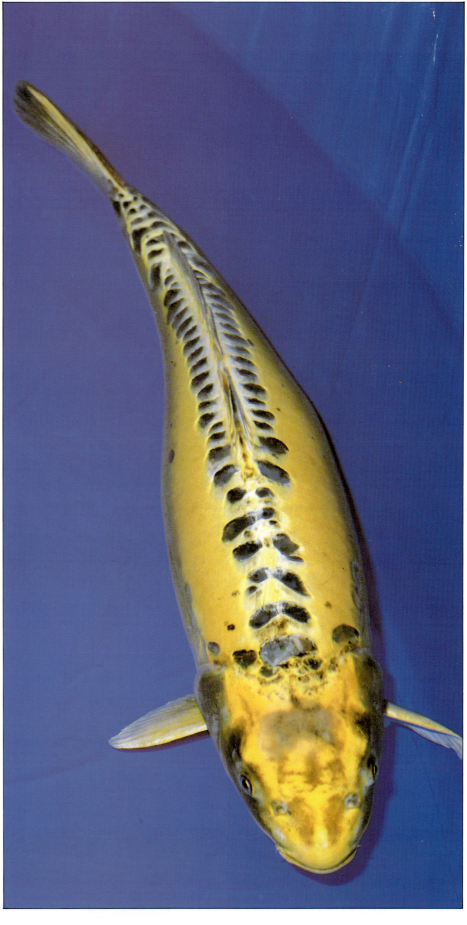

Oben: **Doitsu Ki Matsuba**
Die eindrucksvolle Beschuppung, die vollendete Körperform und die gelbe Haut verleihen diesem Koi ein vornehmes Flair. Schade, daß der Kopf unschön und verwaschen wirkt.

かわりもの
KAWARIMONO

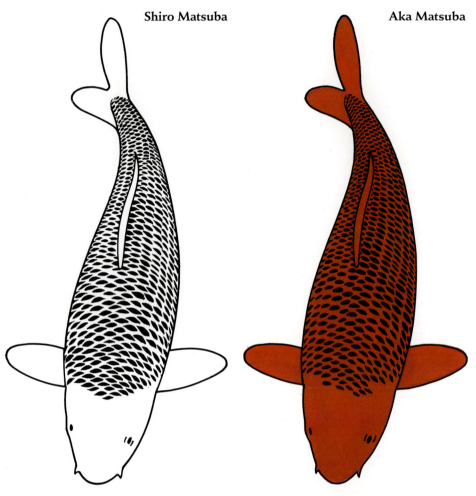

Shiro Matsuba

Aka Matsuba

Kage Utsuri und Kage Showa
Kage-Varietäten von Koi umfassen sowohl Utsuri als auch Showa mit einem verwaschenen, netzartigen grauschwarzen Muster über dem Weiß oder dem Hi des Koi. („Kage" bedeutet wörtlich „Schatten" oder „Phantom".) Diese Koi sollten zudem ein kompaktes Sumi-Muster aufweisen, das durch dieses „schattenhafte" Kage-Muster ergänzt wird.

Obwohl sie noch immer vergleichsweise selten sind, treten Kage-Koi in letzter Zeit häufiger auf. Ihr ruhiges, elegantes Muster erweckt immer wieder Bewunderung, besonders bei langjährigen Koi-Kennern.

Kage Shiro Utsuri Diese Varietät trägt das Schwarz-Weiß-Muster eines Utsuri samt der verwaschenen, netzartigen Kage-Zeichnung über dem Weiß des Körpers.

Kage Hi Utsuri Dieser Koi weist das rot-schwarze Muster eines Hi Utsuri (s. S. 146 und 148) mit einem Kage-Muster über dem Hi auf. Besonders wichtig ist es, daß das Sumi-Muster bei dieser Varietät sehr kompakt ausfällt.

Kage Showa Der Kage Showa trägt neben den für Showa typischen Flecken ein Kage-Muster über dem Weißanteil auf seinem Körper.

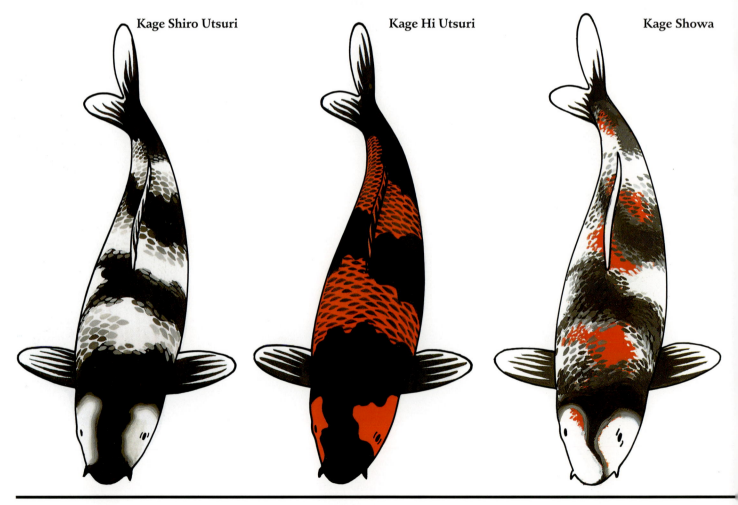

Kage Shiro Utsuri

Kage Hi Utsuri

Kage Showa

Oben: **Kage Showa**
Dieser Koi benötigt noch etwas mehr Fülle, um wirklich eindrucksvoll zu wirken. Das Sumi-Muster an Kopf und Körper ist sehr interessant, die Hi-Flecken sind gut plaziert und von gleichmäßiger Tönung. Das „Kage"- oder „Phantom"-Sumi erstreckt sich nicht über das gesamte Weiß des Koi, doch dort, wo es erscheint, ist es gleichmäßig ausgeprägt.

かわりもの

KAWARIMONO

Goshiki
Goshiki bedeutet soviel wie „fünf Farben". Diese Farben sind Weiß, Rot, Schwarz, Blau und Dunkelblau, aber da sie sich auf dem Körper des Koi vermischen, erscheint dieser oft purpurviolett gefärbt.

Goshiki wurden ursprünglich aus einer Kreuzung zwischen einem Asagi und einem Aka-Sanke entwickelt und sind bei Koi-Haltern wegen ihrer blumigen Zeichnung beliebt. Sie sollten in warmem Wasser gehalten werden, da sich ihre Farben in kaltem Wasser verdunkeln und die Koi dann fast schwarz aussehen können.

Kanokogoi
Kanoko heißt „Rehkitz" und bezieht sich auf die Hi-Tupfen, die man auf manchen Koi findet. Koi mit diesem Mustertyp werden als Kawarimono statt mit ihrer ursprünglichen Zuchtformengruppe klassifiziert.

Kanoko Kohaku Die Hi-Flecken auf diesem Kohaku sollten Kanoko (oder gesprenkelt) sein, doch der Hi-Fleck am Kopf bleibt fast immer kompakt.

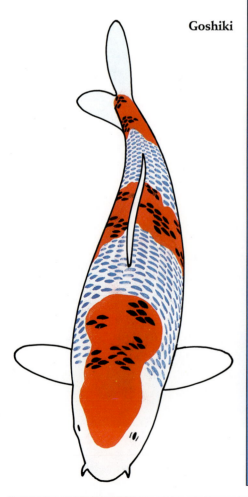

Goshiki

Kanoko Showa

Kanoko Sanke Das ist ein Sanke, dessen Hi-Muster eher Sprenkel als solide Flecken aufweist.

Kanoko Showa Es ist in der Tat selten, auf diesen Showa eine gute, gesprenkelte Hi-Zeichnung zu finden.

Links: **Goshiki**
Dieser junge, aber geschlechtsreife Koi zeigt eine wunderbare Färbung und Musterung. Das dunkle, klare Hi dringt mit erstaunlicher Leuchtkraft durch das graublaue Körpermuster und ist über die ganze Körperlänge wohlausgewogen. Das übrige Muster ist netzartig, und jede Schuppe hat einen helleren Rand.

Rechts: **Kanoko Showa**
Das gut ausgebildete, starke Sumi-Muster dieses Showa zeigt sich besonders deutlich in den Menware-Streifen über dem Gesicht. Das Weiß ist rein und das Hi ebenmäßig. Das Kanoko- oder Tupfen-Muster ist noch nicht voll entwickelt, doch seine klare Abgrenzung läßt für die Zukunft hoffen.

KAWARIMONO

かわりもの

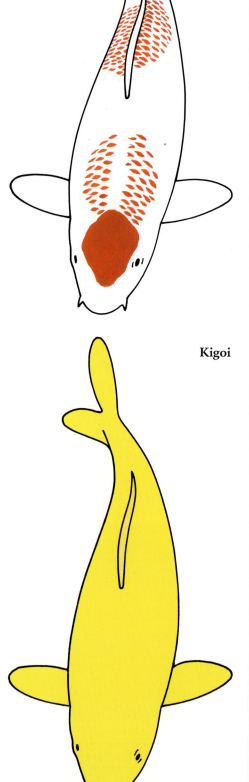

Kanoko Kohaku

Kigoi

Links: Akame Kigoi
Dieses prächtige, leuchtend gelbe Kigoi-Männchen weist eine bemerkenswert einheitliche Färbung auf, und es fehlen ihm die Hi-Tupfer, die so manche Koi dieser Zuchtform verderben. Beachten Sie die roten Augen („Akame"), die viele Liebhaber sehr attraktiv finden.

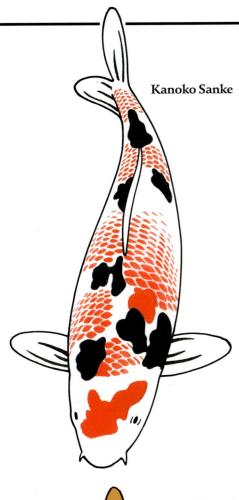

Kanoko Sanke

Shusui-Mischlinge

Weitere Kawarimono haben sich aus anderen Kreuzungen entwickelt. Eine wichtige Gruppe umfaßt die folgenden Varietäten, die aus der Shusui-Linie stammen, d.h., sie haben alle die blaue Grundfarbe der Shusui, auf der die Flecken einer anderen Zuchtform aufgelagert sind.

Sanke Shusui Unter dem Muster dieses Doitsu Sanke erkennt man die blaue Grundfarbe des traditionellen Shusui.

Bunka Sanke Das ist ein blauer Sanke mit glänzenden Brustflossen.

Showa Shusui Dieser Koi sollte über der blauen Grundfarbe des Shusui das starke Sumi und das Muster eines Showa aufweisen.

Goshiki Shusui Wie sein Name schon andeutet, handelt es sich hier um einen nicht-metallicfarbenen, blauen Doitsu Goshiki.

Einfarbige Koi

Die folgenden Zuchtformen umfassen einfarbige, matte (d.h. nicht-metallicfarbene) Koi. Sie setzen im allgemeinen leichter Gewicht an und bilden schneller bessere Körperformen aus als andere Varietäten. Große Exemplare sind oft eine Augenweide.

Kigoi Das ist ein einfarbiger, matter Koi mit leuchtend gelber, einheitlicher Farbtönung. Große Kigoi sind oft sehr eindrucksvoll. Ein Kigoi mit rosafarbenen Augen (ein Albino) heißt Akame Kigoi (s. weiter unten).

Chagoi (Cha heißt „braun"). Dabei handelt es sich um einen uni, nicht-metallicfarbenen Koi von hellbrauner oder safrangelber Färbung. (Junge Chagoi sind bräunlichgrün gefärbt.) Diese Koi sind besonders leicht zu zähmen und wachsen auch außerordentlich schnell. Obwohl Chagoi auf den ersten Blick schlicht erscheinen mögen, ist ihr zartes, netzartiges Muster sehr attraktiv. Ein Koi, der bei längerer Bekanntschaft an Wert gewinnt!

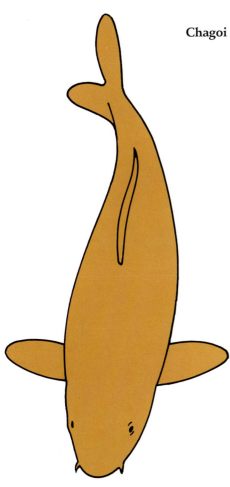

Chagoi

Rechts: **Chagoi**
Diese nicht-metallicfarbene, kaffeebraune Zuchtform gefällt nicht jedem und leidet oft unter schwarzen Pigmentflecken. Die Eleganz eines Chagoi liegt jedoch in seiner Schlichtheit und in diesem Fall auch in seiner Körperform.

かわりもの
KAWARIMONO

Soragoi

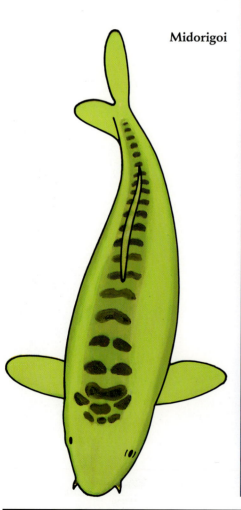

Midorigoi

Soragoi Das ist ein einfarbiger, nicht-metallicfarbener, graublauer Koi. Wie Chagoi wachsen Soragoi sehr rasch.

Midorigoi (Midori bedeutet „grün".) Diese Zuchtform ist so selten, daß sie einen fast mythischen Ruf genießt. 1963 wurde ein Doitsu Midorigoi von Tacho Yoshioka gezüchtet – das Ergebnis einer Kreuzung zwischen einem weiblichen Shusui und einem männlichen Yamabuki Ogon. Dieser leuchtend grüne Koi mit schwarzen oder silbernen Schuppen neigt dazu, sich entweder sehr hell grün oder auf Grund seiner Shusui-Abstammung vollständig schwarz zu

Unten: **Midorigoi**
Das ist ein sehr junger Midorigoi, der noch nicht voll entwickelt ist. Die Zeichnung unten links zeigt die leuchtende Grünfärbung, die ein Koi dieser äußerst seltenen Zuchtform annehmen sollte, wenn er ausgewachsen ist.

färben. Kaum jemand wird sich auf die Züchtung dieser Koi spezialisieren, denn unter 50 000 – 60 000 Jungfischen finden sich wahrscheinlich nicht mehr als fünf bis sechs Midorigoi.

Shiro-Muji Dieser nicht-metallicfarbene weiße Koi stammt vom Kohaku ab. Solche Koi sind wertlos und werden normalerweise schon mit einer Größe von 3–4 cm ausgesondert.

Aka-Muji Dies sind nicht-metallicfarbene rote Koi. (Der Name leitet sich von „Aka" = „rot" und „Muji" = „Haut" ab.)

Benigoi Dieser attraktive Koi ähnelt einem Aka-Muji; er ist aber nicht so dunkel rot.

Aka Hajiro Das ist ein Aka-Muji mit weißen Spitzen an Brust- und Bauchflossen.

Benigoi

Aka Hajiro

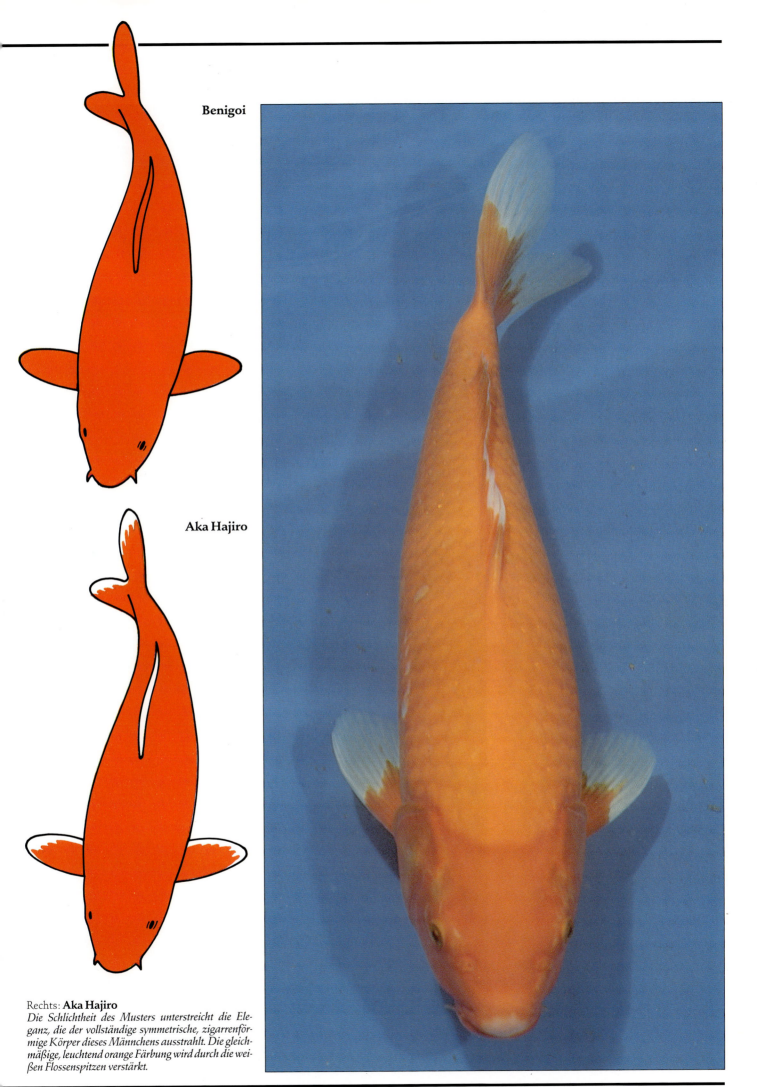

Rechts: **Aka Hajiro**
Die Schlichtheit des Musters unterstreicht die Eleganz, die der vollständige symmetrische, zigarrenförmige Körper dieses Männchens ausstrahlt. Die gleichmäßige, leuchtend orange Färbung wird durch die weißen Flossenspitzen verstärkt.

かわりもの

KAWARIMONO

Ebenfalls in die Kawarimomo-Gruppe gehören:

Hi-Botan Dieser Koi stammt von der Utsuri-Linie ab und hat ein Muster, das demjenigen eines Bekko ähnelt. Auf dem Kopf finden sich keine Sumi-Flecken, doch diejenigen am Körper sind viel größer als bei einem Bekko.

Ochiba-Shigure Das ist ein blaugrauer Koi mit brauner Zeichnung. Wörtlich übersetzt, bedeutet „Ochiba-Shigure" soviel wie „Herbstblätter auf dem Wasser". Eine Varietät für Kenner!

Rechts: **Ochiba-Shigure**
Dies ist eine weitere ungewöhnliche Zuchtform, deren Muster und Farbtönung von Tier zu Tier stark variieren kann. Viele Zeichnungen sind viel zarter als die des hier abgebildeten Koi. Beachten Sie, daß jede Schuppe deutlich, wie mit einem Stift umrissen, abgegrenzt ist.

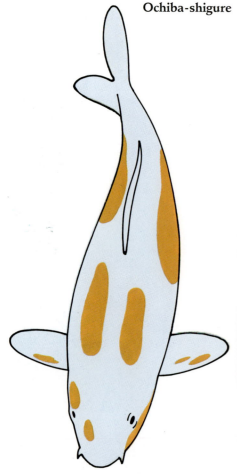

Ochiba-shigure

Oben: **Asagi (gemustert)**
Obwohl dieser Koi Grundmuster und -färbung eines Asagi aufweist, würde er wegen seines stark gemusterten und unregelmäßig verteilten Hi eher in der Kawarimono-Gruppe (die alle nicht-metallicfarbenen Koi umfaßt, die nicht zu einer anderen Klassifikation gehören) als zusammen mit anderen, traditionell gezeichneten Asagi bewertet werden.

光りもの（黄金）

HIKARIMONO (OGON)

Zur Kategorie Hikarimono („Hikari" heißt „metallicfarben", „mono" bedeutet „einfarbig") gehört eine der beliebtesten Koi-Varietäten, die besonders bei neuen Koi-Haltern außerordentlich populär ist – der Ogon. Ogon sind hochglänzde, metallicfarbene Koi, gewöhnlich silbern oder goldgelb gefärbt, die sich wunderschön von anderen, schlichteren Zuchtformen abheben. Die meisten Koi-Liebhaber sind der Ansicht, daß man deshalb zumindest einen Ogon im Teich halten sollte. Da Ogon jedoch im Grunde ganz einfache Koi sind, vermißt der erfahrenere Koi-Halter und Züchter vielleicht den Anreiz, der darin liegt, solche Muster zu erzielen, wie sie z.B. für einen Sanke typisch sind.

Wegen ihrer Popularität werden Ogon in großer Zahl gezüchtet, doch der Konkurrenzkampf bei Ausstellungen ist hart. Wie bei Kohaku bringt es die täuschende Einfachheit dieses einfarbigen Koi mit sich, daß die Bewertungskriterien außerordentlich streng sind.

Diese Kategorie umfaßt außerdem Gin Matsuba und Kin Matsuba, die metallicfarbenen und häufigeren Gegenstücke zum Shiro und Ki Matsuba (s. auch S. 163).

Die Geschichte des Hikarimono

Die Geschichte des wahren, goldenen Ogon begann 1921, als Sawata Aoki einen Koi mit goldenen Längsstreifen auf dem Rücken auswählte und ihn und seine Nachkommen untereinander weiterkreuzte, wobei er stets die Exemplare mit dem größten Goldanteil am Körper auswählte. Nach fünf Generationen hatten sich Formen wie Kin Kabuto, Gin Kabuto, Kinbo und Ginbo entwickelt.

Kin Kabuto und Gin Kabuto Diese Koi, die man heute als wertlose Nebenprodukte der Ogon-Linie ansieht, weisen schwarze Schuppen mit silbernen oder goldenen Rändern auf. Ihr Kopf ist golden oder silbern und trägt eine schwarze Zeichnung, die manchmal als Helm beschrieben wird.

Konbo und Ginbo Auch diese schwarzen Koi, die metallisch golden (Kin) oder silbern (Gin) glänzen, gelten unter modernen Koi-Haltern als wertlos.

Die Ogon-Linie stabilisierte sich um 1946, als zwei vollständig goldene Ogon gezüchtet werden konnten. Die Entwicklung des Ogon hat viel für die Entwicklung der Koi-Zucht im allgemeinen getan. Ogon sind mit anderen Varietäten gekreuzt worden, und dabei sind viele neue, wunderbare Koi-Zuchtformen entstanden (z.B. Hikari-Utsurimono und Hikarymoyo-mono, s. S. 180–183 und 184–193).

Ursprünglich waren Ogon einmal selten und daher teuer, aber aufgrund erfolgreicher Züchtung trifft man sie nun häufiger an, und ihr Preis ist dementsprechend gesunken. Wie bei allen Koi-Zuchtformen bringt ein guter Ogon auch heute noch viel Geld, aber diese Koi befinden sich nur selten unter den Hauptgewinnern bei Ausstellungen.

Farbe

Obwohl Ogon traditionell goldglänzende Koi sind, variieren die Farben je nach Zuchtform. In jedem Fall sollte die Färbung auf dem ganzen Körper, d.h. vom Kopf bis zum Schwanz und bis in die Spitzen der Flossen, gleichmäßig und einheitlich sein.

Muster

Ogon sind einfarbige, metallicfarbene Koi und sollten keine Zeichnung aufweisen. Achten Sie beim Kauf eines jungen Koi besonders auf Flecken unter der Haut oder am Kopf; meisten werden diese Flecken mit dem Alter immer stärker sichtbar.

Rechts: **Platin-Ogon**
Dieses wundervoll geformte Weibchen ist einheitlich getönt, obwohl es ein paar rote Streßflecken am Kopf und einen dunklen Schimmer auf den Schuppen aufweist. Gewöhnlich glänzt ein Ogon stärker metallisch, als es bei diesem Exemplar der Fall ist.

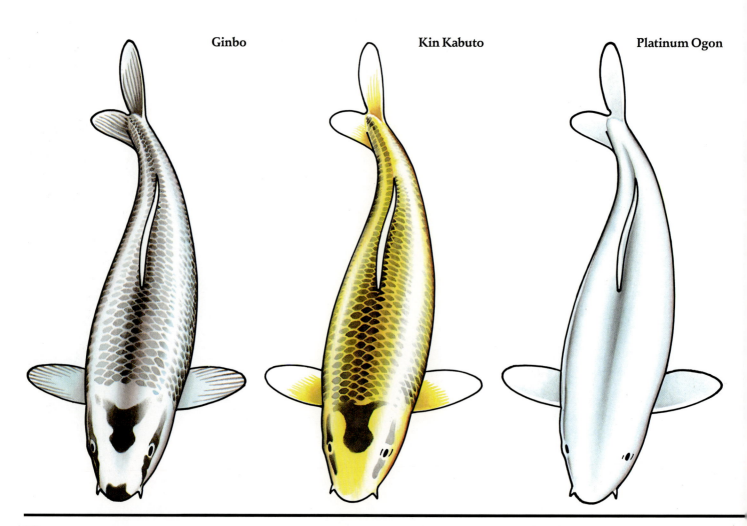

Ginbo — Kin Kabuto — Platinum Ogon

光りもの（黄金）
HIKARIMONO (OGON)

Glanz
Der Glanz (oder die Metallic-Qualität) ist das wichtigste Qualitätsmerkmal eines Hikarimono-Koi; er sollte sich über den ganzen Körper erstrecken und insbesondere Kopf und Flossen „erstrahlen" lassen. Das Gesamtbild eines Ogon wird häufig durch eine unausgewogene Beflossung (meist zu kleine Flossen) beeinträchtigt. Bei dieser Zuchtform sind große Flossen als Gegengewicht zu dem einheitlich gefärbten Körper erwünscht.

Beschuppung
Die Beschuppung ist bei diesen Koi sehr wichtig; die Schuppen sollten sich idealerweise bis in die Bauchregion hinunterziehen und goldgefaßte Ränder aufweisen. Ein Ogon, der Schuppen – sei es durch Krankheit oder Verletzung – verloren hat, ist wertlos.
Bei Matsuba-Koi (s. unten) ist die Mitte jeder Schuppe dunkel gefärbt, so daß der ganze Körper von einem attraktiven „Pinienzapfenmuster" überzogen wird.

Platin-Ogon Das ist ein metallicweißer Ogon. Der erste Platin-Ogon wurde 1963 von Tadao Yoshioko durch Kreuzung zwischen einem Kigoi (s. S. 169) und einem Nezu Ogon (s. unten) gezüchtet. Diese Varietät wurde ursprünglich „Shirogane", d.h. „Weißgold", genannt. Ein anderer, häufig benutzter Name ist „Purachina". Wie bei dem traditionellen goldfarbenen Ogon sollte der Kopf ohne jedwede Zeichnung sein und sich Glanz bzw. Beschuppung gleichmäßig über den ganzen Koi erstrecken.

Nezu Ogon Dieser Ogon ist silbergrau. „Nezu" ist eine Abkürzung von „Nezumi", was soviel wie „Maus" oder „grau" bedeutet. Dieser Koi weist einen matten metallischen Glanz, einen fleckenlosen Kopf und gleichmäßige Beschuppung auf.

Yamabuki Ogon Dieser goldgelbe Ogon („Yamabuki" bedeutet im Japanischen „gelb") gehört heute zu den häufigsten Ogon. Die Zuchtform trat zum ersten Mal 1957, nach der Kreuzung eines Kigoi mit einem Ogon, auf.

Orenji Ogon Wie der Name schon andeutet, ist dieser Ogon tieforange-metallic gefärbt. Zum ersten Mal 1957 gezüchtet, wird diese Varietät bei Koi-Liebhabern wegen ihrer brillanten Färbung immer beliebter.

Links: **Yamabuki Ogon**
Mit seiner einheitlichen Beschuppung, seiner leuchtenden Färbung und seinem reinen Glanz würde dieses Weibchen jedem Teich zur Zierde gereichen.

Rechts: **Orenji Ogon**
Hier ist ein weiterer Ogon mit eindrucksvoller Beschuppung und Färbung, ohne Shimis an Kopf oder Schuppen. Erwünscht wäre jedoch ein fülligerer Körper und ein weniger spitzer Kopf.

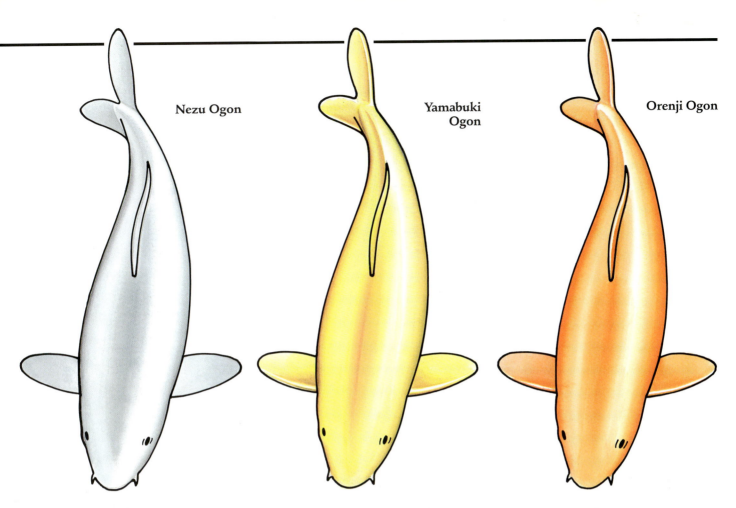

Nezu Ogon Yamabuki Ogon Orenji Ogon

光りもの（黄金）

HIKARIMONO (OGON)

Kin Matsuba (Matsuba Ogon) Jede Schuppe dieses goldmetallic oder gelbmetallic glänzenden Koi hat ein schwarzes Zentrum, so daß auf dem Körper ein „Pinienzapfenmuster" entsteht. Bei einem guten Koi ist der Kopf ohne irgendeinen schwarzen Fleck.

Kin Matsuba wurden erstmals 1960 von Eizaburo Mano gezüchtet, der einen Ogon und einen Matsuba miteinander kreuzte.

Gin Matsuba Das ist die silberne Version des Kin Matsuba.

Rechts: **Kin Matsuba**
Ein prächtiger, kräftiger Koi. Beachten Sie die einheitliche, dunkel-metallicorange Tönung von Körper und Flossen und die Regelmäßigkeit des Matsuba-Musters auf jeder Schuppe. Besonders hervorzuheben ist das Fehlen jedweder schwarzen Zeichnung auf dem Kopf – ein makelloser Kopf ist selten bei einem Kin Matsuba dieser Größe.

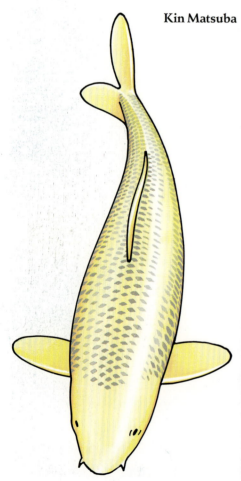

Kin Matsuba

Rechts: **Gin Matsuba**
Das ist das silberfarbene Gegenstück des Koi auf der gegenüberliegenden Seite. Das Matsuba-Muster ist bei diesem Koi weniger gut ausgeprägt, obwohl es ebenso wie die Grundfärbung auf dem gesamten Körper von einheitlicher Tönung ist. Leider findet sich um Nase und Augen ein leichter Stich ins Gelbliche.

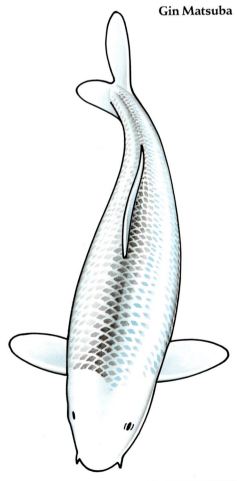

Gin Matsuba

179

光りうつりもの

HIKARI-UTSURIMONO

Hikari-Utsurimono stammen, wie Hikari-moyo-mono, aus einer Kreuzung zwischen einem Ogon und einem Utsuri bzw. Showa. Bei Koi aus der Hikari-Utsurimono-Gruppe handelt es sich grundsätzlich um metallicfarbene Utsuri bzw. Showa; für sie gelten dieselben Bewertungskriterien bezüglich Kopfmuster oder Brustflossenflekken wie für die beiden nicht metallicfarbenen Varietäten (s. S. 140 und 146).

Diese herrlichen Koi sind der lebende Beweis für den weitreichenden Einfluß, den Ogon in den letzten 25 Jahren auf Zucht und Klassifizierung von Nishikigoi ausgeübt haben. Einer der Nachteile bei diesen eleganten Koi liegt darin, daß der starke, metallische Glanz die anderen Farben überstrahlt; das Hi sieht dann bräunlich, das Sumi grau und verwaschen aus. Das ist jedoch nicht immer der Fall, und hochwertige Hikari-Utsurimono sind eindrucksvolle, elegante Erscheinungen.

Kin Showa und Gin Showa sind beide das Ergebnis einer Kreuzung von Ogon und Showa. Kin Showa sind goldglänzend, während Gin Showa überwiegend silbern gefärbt sind. Heute wird der Name Kin Showa auch für beide Varietäten verwendet.

Gin Shiro
Dieser Koi ist ein metallicfarbener Shiro Utsuri (s. S. 146). Die Sumi-Flecken auf seinem silbernen Körper sollten dasselbe Muster

Kin Showa

wie bei einem Utsuri bilden. Diese Varietät war bis vor wenigen Jahren noch sehr selten, und obwohl sie heute in größerer Zahl gezüchtet wird, sind große Gin Shiro noch immer nicht häufig.

Kin Ki Utsuri
Diese Varietät entwickelte sich aus einer Kreuzung zwischen einem Ki Utsuri und einem Ogon. Diese Koi sind leuchtend gefärbt, glänzen metallisch golden und weisen abgegrenzte Sumi-Flecken auf. Sie werden ebenso bewertet wie Utsuri.

Kin Hi Utsuri
Das ist ein metallicfarbener Hi Utsuri, das Ergebnis einer Kreuzung zwischen einem Hi Utsuri und einem Ogon.

Rechts: **Kage Gin Shiro**
Das ziemlich schwache Sumi und das untergelegte Hi auf Nase und Körper treten gegenüber der sehr gleichmäßigen und ausgewogenen Kopf- und Körpermusterung des Koi in den Hintergrund. Der Schatten von Sumi über dem Silber – „Kage" genannt (s. S. 164) – würde jeden nicht-metallicfarbenen Koi als Kawarimono klassifizieren, doch es gibt keine solche Gruppierung für metallicfarbene Koi.

Unten: **Kin Showa**
Dieser stark metallisch glänzende Koi besitzt wundervoll symmetrisch schwarzgestreifte Flossen. Oft, wie auch hier, verliert das Sumi auf einem metallicfarbenen Koi an Tiefe; zudem wäre eine gleichmäßigere Verteilung des Sumi- bzw. Hi-Musters auf dem Körper wünschenswert. Nichtsdestoweniger ist dieser Kin Showa ein attraktiver Fisch.

Gin Shiro

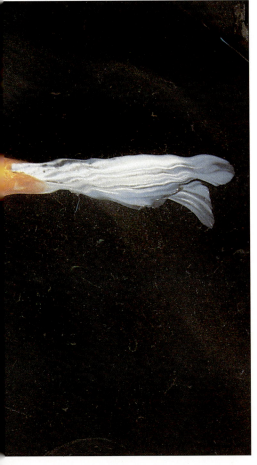

光りうつりもの
HIKARI-UTSURIMONO

Gin Showa

Unten: **Kin Hi Utsuri**
Die metallic-rote Variante zum Kin Ki Utsuri auf der gegenüberliegenden Seite. Dieser Koi weist ebenfalls eine herrliche Farbtönung und ein schönes Utsuri-Muster auf, obwohl er einige wenige schwarze Flecken auf Kopf und Rückenflosse trägt.

Kin Ki Utsuri

Links: **Kin Ki Utsuri**
Das Utsuri-Muster auf dem Körper dieses atemberaubend schönen, metallicfarbenen Koi wird durch den warmen Goldton verstärkt, der den Fisch gleichmäßig von der Nase bis zum Schwanz überzieht. Beachten Sie, daß das Sumi heller ist als bei einem nicht-metallicfarbenen Koi.

光り模様もの

HIKARIMOYO-MONO

Metallicfarbene Koi, die mehr als eine Farbe aufweisen, aber nicht von der Utsuri-Linie abstammen, werden allgemein als Hikarimoyo-mono klassifiziert. (Beachten Sie jedoch, daß Gin und Kin Matsuba zur Ogon-Kategorie gehören; s. auch S. 178.) Diese Koi sind außerordentlich populär, da sie stark metallisch glänzen, in vielen Farbvarianten auftreten und sofort ins Auge fallen. Koi-Halter, besonders solche, die neu im Hobby sind, finden gerade die farbenprächtigen Baby-Koi aus dieser Kategorie sehr attraktiv. Wenn man einen dieser jungen Koi kaufen möchte, sollte man jedoch darauf achten, daß sich keine schwarzen, helmähnlichen Flecken auf dem Kopf befinden. Obwohl das bei einem jungen Koi nicht unschön wirkt, wird eine solche Zeichnung mit zunehmendem Alter immer stärker sichtbar.

Die Koi-Zuchtformen in der Hikarimoyo-mono-Kassifizierung stammen aus zwei verschiedenen Quellen. Zur ersten Gruppe gehören Koi, die aus einer Kreuzung zwischen einem Platin-Ogon und einer anderen Varietät (außer Utsuri!) hervorgegangen sind; dazu gehören Varietäten wie Yamato-Nishiki (auch als metallicfarbener Sanke bekannt), Gin Bekko und Kujaku. Alle diese Koi sind grundsätzlich metallicfarben und tragen über dieser Grundfärbung ein buntes Muster.

Die zweite Gruppe besteht aus Zuchtformen, die man unter dem Namen Hariwake zusammenfaßt. Dazu gehören Orenji Hariwake, Hariwake Matsuba etc. Diese Koi weisen alle nur folgende Farben auf: Platin bzw. Gold oder Gelb bzw. Metallicorange.

Yamato-Nishiki

Diese Varietät stammt aus einer Kreuzung eines Taisho Sanke mit einem Platin-Ogon und wurde zum erstenmal 1965 von Seikichi Hoshino gezüchtet. Tatsächlich gab es ursprünglich zwei verschiedene Zuchtformen: Yamato, das direkte Ergebnis einer Kreuzung zwischen einem Sanke und einem Fuji Ogon (s. S. 176) und Koshi-Nishiki, das Resultat einer Kreuzung von Sanke und Ogon. Die Unterschiede zwischen den zwei Linien sind jedoch so gering, daß Yamato-Nishiki als Name für beide akzeptiert wurde.

Der sehr attraktive Yamato-Nishiki ist grundsätzlich ein metallicfarbener Sanke mit einer platinfarbenen (metallicweißen) oder silbernen Haut und Hi- und Sumi-Flecken. Die Sumi-Flecken auf einem Yamato-Nishiki erscheinen oft fahl und zu einem metallischen Grau verwaschen, und das Hi ist meistens blaßorange anstatt blutrot, wie man es normalerweise von einem Sanke erwarten würde. Das kommt daher, daß das rote Pigment transparent ist und die silberne Grundfarbe das Rot aufhellt, wie die Sonne, die durch ein farbiges Glasfenster scheint. Es gibt jedoch Yamato-Nishiki mit gutem Hi und Sumi; diese Tiere bieten einen wundervollen Anblick.

Oben: **Yamato-Nishiki**
Ein Koi-Männchen mit dem herrlichen Glanz eines guten Hikarimoyo-mono. Hi und Platin sind stark ausgeprägt, und obwohl das Sumi etwas verwaschen wirkt, ist es gut ausgewogen und dunkler als bei den meisten metallicfarbenen Koi.

Yamato-nishiki

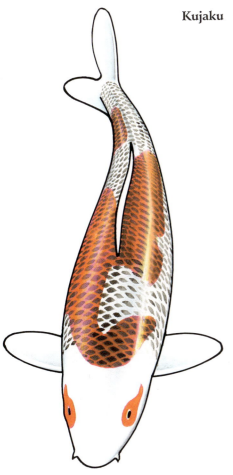

Kujaku

Oben: **Kujaku**
Dieser eindrucksvolle Koi besitzt eine herrliche Körperform und große Flossen. Das regelmäßige Matsuba-Muster auf den Schuppen ergänzt die metallicgoldene Färbung. Beachten Sie die ungewöhnliche Kopfzeichnung.

光りうつりもの
HIKARIMOYO-MONO

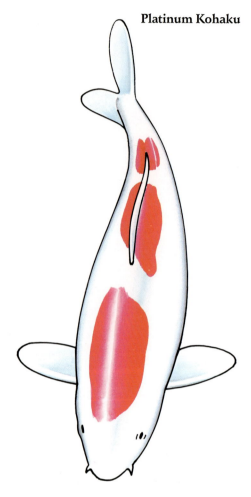

Platinum Kohaku

Kujaku
Kujaku (auch als Kujaku Ogon bekannt) sind Platin-Koi mit Hi-Flecken, die gewöhnlich einen Großteil des Körpers bedecken. Die Schuppen sind von einem schwarzen Matsuba- (oder „Pinienzapfen"-)Muster überzogen, das entfernt an Pfauenfedern erinnern soll. Die am meisten geschätzten Kujaku haben rote Köpfe ohne schwarze Zeichnung. Diese Koi sehen im Teich besonders eindrucksvoll zwischen nicht-metallicfarbenen Zuchtformen aus, und gute Exemplare, von denen es in letzter Zeit immer mehr gibt, sind sehr gesucht.

Kujaku wurden erstmals 1960 von Toshio Hirasawa aus Ojiya gezüchtet; sie stammen von Shusui, Matsuba und Hariwake-Varietäten ab. Viele der ursprünglichen Nachkommen waren Doitsu, doch vollständig beschuppte Kujaku gelten allgemein als noch eindrucksvoller und werden heutzutage in größerer Anzahl als die Doitsu-Variante gezüchtet.

Beni Kujaku Das ist ein Kujaku mit Hi-Flecken auf dem ganzen Körper. Es ist eine seltene, aber sehr schöne Zuchtform.

Doitsu Kujaku Dabei handelt es sich um einen Platin-Koi mit Hi-Flecken auf dem Körper. Die Schuppenreihen längs der Rücken- und Seitenlinien sind dunkel gefärbt.

Platin-Kujaku (Kin Fuji)
Dieser Koi, der sehr selten ist, stammt vom Kohaku und vom Platin-Ogon ab. Die Haut ist platinfarben mit einem darüberliegenden Hi-Muster, das meist eher bräunlich orange als scharlachrot ausfällt. Idealerweise sollte der Kopf ohne Hi sein und die Flossen platinfarben glänzen.

Kikusui (Wörtlich „Wasserchrysantheme".) Dieser Doitsu Platin-Kohaku ist bei Liebhabern sehr gesucht. Der Kikusui weist beiderseits längs des Körpers eine dunkelgoldene oder orange Wellenlinie auf. Sein Kopf sollte platinfarben sein.

Gin Bekko
Dieser Koi stammt aus einer Kreuzung zwischen einem Shiro Bekko und einem Platin-Ogon. Er sollte eine platinfarbene Haut mit Sumi wie beim Bekko aufweisen. Gute Sumi findet man jedoch bei einem Gin Bekko leider nur selten.

Rechts: **Doitsu Kujaku**
Der Glanz auf dem Körper dieses Koi ist gut ausgeprägt und das Hi-Muster klar definiert. Leider läßt der schmale Körper den Kopf unverhältnismäßig groß erscheinen; zudem weist der Kopf Spuren einer schwarzen Zeichnung auf.

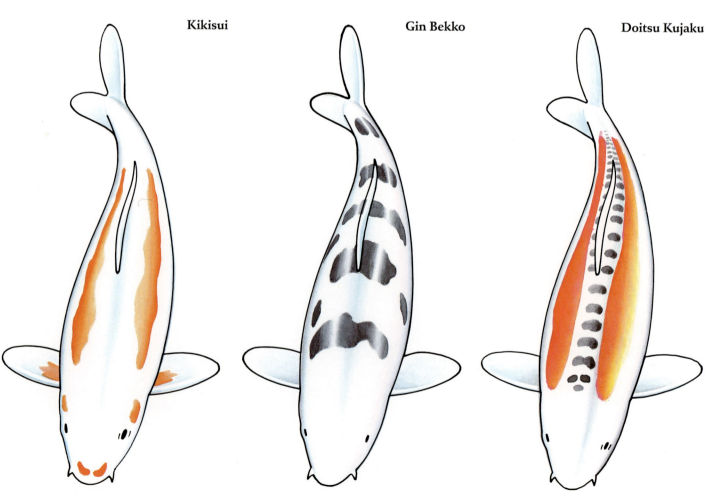

Kikisui   Gin Bekko   Doitsu Kujaku

光りうつりもの
HIKARIMOYO-MONO

Oben: Kinginrin Sakura Ogon
Dieser junge, wohlgeformte Koi ist ein typisches Exemplar seiner Varietät. Das Muster ist abwechslungsreich und interessant; beachten Sie besonders die Kopfzeichnung und das „Inazuma"-Muster auf dem Körper. Auch die Färbung ist eindrucksvoll; ein so tiefes Rot findet man bei einem metallicfarbenen Koi nur selten. Die Kinginrin-Schuppen bedecken einen Großteil des Körpers. Leider ist der Kopf nicht weiß.

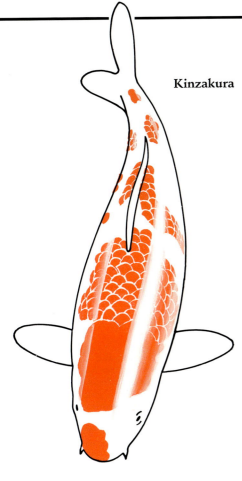

Kinzakura

Rechts: **Shochikubai**
Dieser metallicfarbene Ai-goromo gehört zu einer sehr seltenen Zuchtform. Das Körpermuster ist einheitlich und wohlausgewogen. Wegen des metallicgoldenen Glanzes erscheint das Hi etwas bräunlich.

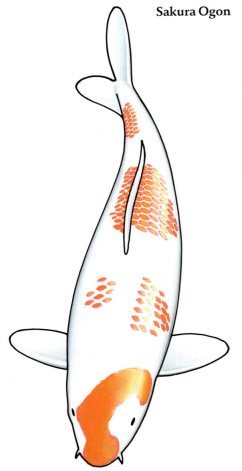

Sakura Ogon

HIKARIMOYO-MONO
光りうつりもの

Sakura Ogon
Einfach gesagt, ist ein Sakura Ogon ein metallicfarbener Kanoko Kohaku (s. S. 166 und 168). Er wird wegen seiner ähnlichen Färbung oft mit einem Orenji Hariwake verwechselt. Orenji Hariwake haben jedoch eine Fleckenzeichnung, Sakura Ogon sind hingegen getüpfelt.

Kinzakura
Das ist ein metallicfarbener Goten-zakura (s. *Kohaku*, S. 133 und 134); der Name Kinzakura ist jedoch nicht sehr gebräuchlich. Eine außerordentlich seltene Zuchtform.

Shochikubai
Dabei handelt es sich um einen Ai-goromo, dessen ganzer Körper metallisch glänzt. Eine seltene und sehr kostbare Varietät.

Kinsui und Ginsui
Beide Varietäten sind metallicfarbene Shusui. Der metallische Glanz ist bei Jungtieren beider Zuchtformen gut entwickelt, wird aber mit zunehmendem Alter leicht stumpf. Kinsui weisen mehr Hi-Flecken auf als Ginsui.

Tora Ogon
(„Tora" heißt „Tiger".) Bei diesem Ogon mit schwarzen Flecken handelt es sich grundsätzlich um einen metallicfarbenen Ki Bekko. Gute und große Exemplare sind selten.

Hariwake
Hariwake weisen zwei Metallicfarben auf: Platin und entweder Gold oder Metallicorange. Sie lassen sich grob in vier Kategorien einteilen:
1. Vollständig beschuppt
2. Doitsu
3. Matsuba
4. Doitsu Matsuba

Doitsu Hariwake dürfen wegen des herrlichen metallischen Schimmers auf ihrer Haut wohl als die beliebteste dieser vier Varietäten gelten.

Yamabuki Hariwake („Yamabuki" bedeutet „leuchtend gelb".) Ein Yamabuki Hariwake ist ein silberner Koi mit metallicgelben Flecken, die ausgewogen über den ganzen Körper verteilt sein sollten. Bei einem vollständig beschuppten Yamabuki Hariwake sollten die Schuppenränder als Relief sichtbar und der Kopf silbern, ohne zusätzliche Zeichnung, sein. Ein gelbes Muster auf dem Kopf kommt jedoch häufig vor und gilt nicht als schlimmer Schönheitsfehler. Diese attraktiven Koi sind sehr beliebt.

Orenji Hariwake Diese Zuchtform stellt das orangefarbene Äquivalent des Yamabuki Hariwake dar. Die orangen Flecken auf dem platinfarbenen Körper sollten dunkel sein und metallisch glänzen.

Hariwake Matsuba Das ist ein silbern und metallicgelb gefärbter Koi mit einem schwarzen Matsuba-Muster auf jeder Schuppe.

Rechts: **Yamabuki Hariwake**
Obwohl noch jung, weist dieser Koi bereits eine gute Körperform auf. Gold- und Platin-Tönung sind auf dem ganzen Körper rein und gleichmäßig, und der Metallglanz ist außergewöhnlich stark. Auch Kopf- und Flossenzeichnung sind hervorragend. Die bisher noch recht uninteressante Goldzeichnung wird mit der Zeit wahrscheinlich in ein ansprechenderes Muster aufbrechen.

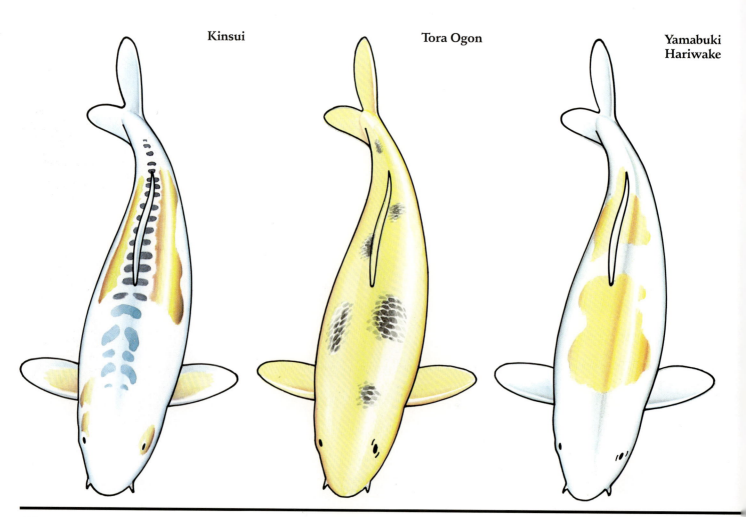

Kinsui   Tora Ogon   Yamabuki Hariwake

光りうつりもの
HIKARIMOYO-MONO

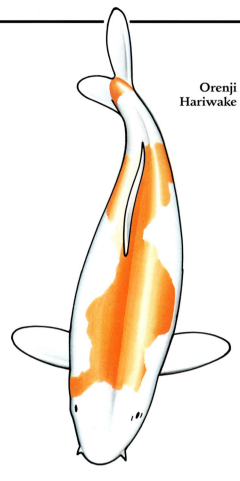

Orenji Hariwake

Links: **Orenji Hariwake**
Ein charmanter Zug an diesem Koi ist seine weiße Nase, die sehr hübsch leuchtet. Die Platinfärbung seiner Flossen verstärkt die dunkelorange Metallicfärbung des Fisches. Dennoch wären eine etwas ausgeprägtere Zeichnung und mehr Körperfülle wünschenswert.

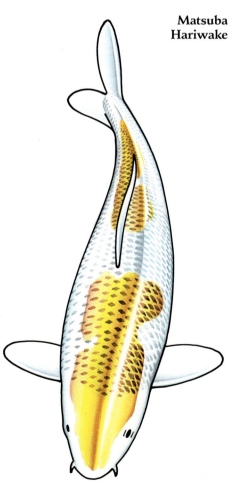

Matsuba Hariwake

Oben: **Matsuba Hariwake**
Hier handelt es sich um einen prächtig gefärbten Koi mit interessanter Zeichnung. Das Matsuba-Muster ist schwach, aber gleichmäßig über die Schuppen verteilt. Die Brustflossen mit ihrer orangefarbenen Basis sind besonders attraktiv.

丹頂

TANCHO

Tancho-Koi gehören zu den populärsten Zuchtformen, und oft findet man mehr als einen Tancho im Teich. Besonders Tancho Kohaku sind einfache Koi, und doch ist es offensichtlich, daß große Anstrengungen in ihre Züchtung investiert worden sind.

Der Name Tancho schafft eine Verbindung zum Nationalvogel Japans, dem Mandschuren-Kranich *(Grus japonensis)*, der einen runden roten Tancho-Fleck auf dem Kopf trägt. („Tancho" bedeutet wörtlich „ein roter Fleck auf dem Kopf".) Diese Koi werden in Japan außerdem wegen der Ähnlichkeit ihrer Zeichnung mit der japanischen Nationalflagge (rote Sonne auf weißem Grund) hoch geschätzt. Die Tancho-Klassifizierung enthält im Gegensatz zu anderen Gruppierungen Koi verschiedener Zuchtformen – namentlich Kohaku, Sanke und Showa –, die sich alle durch ein bestimmtes Merkmal, nämlich einen roten Fleck oder Tancho ausschließlich auf dem Kopf, auszeichnen.

Tancho-Farben
Die Hi-Flecken sollten einheitlich dunkelrot gefärbt sein. Das Weiß spielt bei jedem Tancho eine ebenso wichtige Rolle, denn es bildet den Hintergrund für das auffällige Muster. (Das gilt besonders für den Tancho Kohaku.) Die Sumi-Flecken sollten sowohl beim Tancho Sanke als auch beim Tancho Showa tief ebenholzschwarz sein.

Tancho-Muster
Das entscheidende Merkmal ist hier der Hi-Fleck auf dem Kopf; daneben sollte kein Hi am Körper auftreten.

Kopf
Der Hi-Fleck sollte in der Mitte des Kopfes liegen und weder die Augen bedecken noch sich nach hinten bis auf den Rücken des Koi erstrecken. Die Ränder des Flecks müssen klar abgegrenzt sein; seine Form kann variieren.

Körper
Das Körpermuster hängt von der betreffenden Zuchtform ab.

Tancho Kohaku Der Hi-Fleck auf dem Kopf sollte die einzige Zeichnung dieses Tancho sein. Der Körper ist bei einem guten Tancho Kohaku von Kopf bis Schwanz schneeweiß und ohne Hi in den Flossen.

Tancho Sanke Der einzige erlaubte Hi-Fleck befindet sich beim Tancho Sanke auf dem Kopf; der übrige Körper ist weiß-schwarz gezeichnet. Für viele Koi-Liebhaber ist es verwirrend, daß diese Varietät als Sanke und nicht als Tancho Bekko bezeichnet wird, da es sich grundsätzlich um einen Bekko mit einem roten Fleck auf dem Kopf handelt. (Die Sumi-Zeichnung eines Sanke ist derjenigen eines Bekko ähnlich.) Man muß sich aber an zwei Dinge erinnern, die dabei helfen, diese Konfusion zu klären. Erstens fehlt einem Tancho – gleich, welcher Zuchtform – jedwede andere Hi-Zeichnung am Körper, und zweitens kann es keinen Tancho Bekko geben, weil ein Shiro Bekko kein Hi aufweist. (Ein Bekko kann jedoch einen schwarzen Tancho-Fleck tragen, s. S. 140.)

Tancho Showa Dieser sehr seltene Koi kombiniert das schwarz-weiße Muster eines Shiro Utsuri an Kopf und Körper mit einem roten Tancho-Fleck auf dem Kopf.

Flossen
Die Flossen sollten so sein, wie für die verschiedenen Varietäten vorgeschrieben; d. h., bei einem Tancho Kohaku sind schneeweiße Flossen erwünscht, bei einem Tancho Sanke weiße Flossen bzw. weiße Flossen mit schwarzen Streifen, und bei einem Tancho Showa sollte sich ein Sumi an der Flossenbasis befinden (s. S. 139 und 140).

Tancho Sanke

Links: *Tancho-Kopfzeichnung*
Das Tancho sollte in der Mitte des Kopfes liegen. Der runde Fleck ist traditionell beliebt, doch die anderen Formen sind ebenfalls recht populär.

Rechts: Tancho Sanke
Das ist ein großer Koi mit einem kräftigen Tancho-Fleck in der Mitte des leider sehr gelblichen Kopfes. Die Sumi-Flecken auf dem Körper werden von sehr schönen Sumi-Streifen auf den Flossen ergänzt.

Ovales Tancho

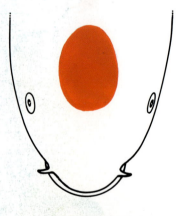

Traditionell rundes Tancho

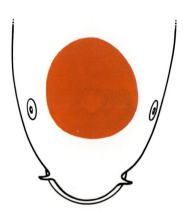

Herzförmiges Tancho

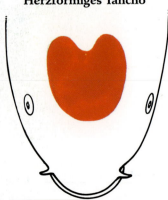

Rautenförmiges Tancho

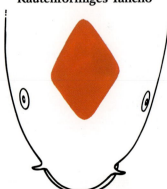

丹頂

TANCHO

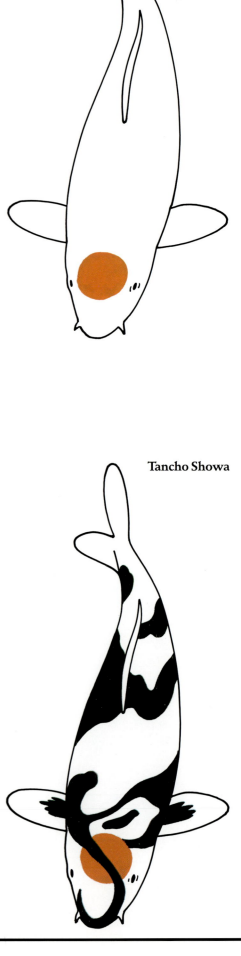

Tancho Kohaku

Tancho Showa

Oben: **Tancho Kohaku**
Das traditionell geformte, ovale Tancho dieses Koi ist insgesamt gut, auch wenn es etwas über das Auge wandert. Reinweiße Flossen ergänzen die schneeweiße Körperfärbung und die schlanke Körperform dieses Männchens.

Oben: **Tancho Showa**
Dieser Koi trägt ein ungewöhnliches Muster; das Tancho ist gut plaziert, aber unsymmetrisch geformt, und die Sumi-Flecken auf Kopf und Körper sind weniger ausgeprägt als bei anderen Tancho Showa. Die Brustflossen sind das herausragende Merkmal dieses Koi; sie weisen mit Ausnahme eines dünnen weißen Streifens längs der Vorderkante auf der gesamten Fläche ein kompaktes Sumi auf.

KINGINRIN

Kinginrin bedeutet wörtlich soviel wie „silbrig-goldene Schuppen" und bezieht sich auf das Schimmern der Schuppen, die über Hi golden, über Weiß oder Sumi aber silbern erscheinen. Man gewinnt bei einem Kinginrin eher den Eindruck von einzelnen, perlmuttartig irisierenden Schuppen als den von allumfassendem, metallischem Glanz, wie er z. B. für Koi aus der Hikari-mono-Gruppe typisch ist. Ein Koi kann viele solcher Schuppen auf seinem Körper tragen, doch wenn es weniger als 20 sind, spricht man nicht von einem Kinginrin.

Diese Koi, die erstmals 1929 auftraten, werden von Liebhabern hoch geschätzt; ihre Oberfläche schimmert im Sonnenlicht wie Perlmutt, und sie heben sich deutlich von anderen Varietäten im Teich ab. Kinginrin ist gelegentlich auch als nachteilig angesehen worden, denn es kann die Ränder eines Sumi-Flecks verwischen und so das Muster verderben, doch das ist heute nicht mehr so oft der Fall. Kinginrin-Schuppen können Mustern und Farben eine neue, eindrucksvolle Dimension verleihen.

Perl-Ginrin

Diamont-Ginrin

Beta-gin

Kado-gin

Links: Dieser Kohaku zeigt ein wundervolles Kinginrin in seinen Schuppen. Leider ist sein Weiß rosa getönt, und das Hi-Muster ist fragmentarisch und schlecht abgegrenzt. Auch die Hi-Flecken am Schwanzansatz und auf den Augen gelten als Schönheitsfehler.

Bis vor kurzem wurden Kinginrin-Formen aller Varietäten in einer eigenen Gruppe gewertet. Japan änderte dieses Reglement im Jahre 1988, und es wird erwartet, daß der Rest der Welt dem japanischen Beispiel folgt. Bisher werden nur Kinginrin Kohaku, Sanke und Showa in dieser separaten Kinginrin-Gruppe gewertet. Kinginrin-Koi aus anderen Varietäten gehören bislang zu ihrer normalen Zuchtform.

Kinginrin-Schuppentypen

Kinginrin treten in verschiedenen Formen auf und betreffen unterschiedliche Schuppenanteile. Diese Typen, die die Klassifizierung eines Koi nicht beeinflussen, lassen sich in zwei Gruppen unterteilen:

Perl-Ginrin Bei diesem Kinginrin-Typ, der auch als „Tsuba-Gin" oder „Tama-Gin" bekannt ist, findet sich auf jeder Schuppe eine kompakte, perlmuttartige Zone, die den Anschein erweckt, als sei der Koi mit Perlen bedeckt. Dieses irisierende Zentrum läßt die Schuppen reliefartig hervortreten. Obwohl Perl-Ginrin sehr anziehend wirken, solange sie jung sind, verlieren sie viel von ihrem Charme, wenn sie größer werden, und man findet selten einen guten Perl-Ginrin oberhalb von Größe 2.

Vom zweiten Kinginrin-Typ gibt es drei Varianten. Bei allen diesen Formen wirken die betroffenen Schuppen eher flach; es fehlt ihnen das kompakte Aussehen der Perl-Ginrin-Schuppen.

Oben: *Verschiedene Kinginrin-Typen*
Diese schematische Zeichnung zeigt die verschiedenen Formen, die die perlmuttartig irisierenden Einschlüsse oder Kinginrin in den Schuppen eines Koi annehmen können. Bei Koi-Ausstellungen wird zwischen diesen Formen allerdings kaum unterschieden.

Beta-Ginrin Hier schimmert die ganze Oberfläche der Schuppen. Beta-Gin gelten als die schönsten Kinginrin. Doch leider sind die irisierenden Schuppen häufig uneben über den Körper verteilt; die am stärksten vorstehenden Schuppen befinden sich an den Körperseiten.

Diamant-Ginrin Dieser Koi wurde zum erstenmal 1969 in Hiroshima gezüchtet. Die Schuppen, die wie Diamanten funkeln, finden außerhalb von Japan viel Bewunderung, sind jedoch bei japanischen Koi-Haltern im allgemeinen nicht sehr beliebt, denn nach ihrer Ansicht fehlt den Diamant-Ginrin trotz ihrer Brillanz die nötige Eleganz.

Kado-Gin Hier schimmern nur die Schuppenränder („Kado" heißt soviel wie „Rand"). Kado-Gin-Koi werden in Japan gewöhnlich nicht besonders geschätzt, da die Menge an irisierendem Material in jeder Schuppe variabel ist und oft, wie beim Diamant-Ginrin, in den Schuppenreihen längs der Rückenlinie fehlt.

Rechts: **Kinginrin Kohaku**
Dieser prächtig gefärbte Kinginrin Kohaku ist ein ins Auge fallendes Exemplar. Das Kinginrin ist besonders auffällig längs der Rückenlinie; jede weiße Schuppe zeigt einen silbrigen Perlmuttglanz. Die Tiefe des Hi wird gewöhnlich durch die Kinginrin-Schuppen aufgehellt, doch das ist bei diesem Koi nicht der Fall, und das lebhafte Muster ist über die gesamte Körperlänge des Koi wohlausgewogen.

金銀鱗

KINGINRIN

Obwohl diese verschiedenen Ginrin-Typen existieren, unterteilt man Koi mit Kinginrin-Schuppen meist nur in Perl-Ginrin und andere Ginrin-Formen. Die meisten Koi-Liebhaber wollen oder können diese Formen auch gar nicht weiter unterscheiden, würden aber jederzeit zustimmen, daß diese Koi die lebenden Juwelen unter den Nishikigoi sind.

Links: **Kinginrin Sanke**
Dieser Koi zeigt eine exzellente, gleichmäßige Kinginrin-Beschuppung längs der Rückenlinie. Der Aufhellungseffekt der Kinginrin-Beschuppung wird sowohl an den Sumi- als auch an den Hi-Flecken auf dem Körper deutlich. Das Muster ist interessant und der etwas unsymmetrische Maruten-Fleck auf dem Kopf besonders charmant.

Rechts: **Kinginrin Showa**
Dieser Koi ist wahrscheinlich einer der berühmtesten seiner Zuchtform überhaupt, denn er ist aus vielen großen Wettbewerben in Japan als Champion hervorgegangen. Die herrlichen silbrigen Lichter in den weißen Flecken und die goldenen Lichter in den Hi-Flecken bilden eine harmonische Ergänzung zu dem ausgewogenen Muster auf Kopf und Körper. Beachten Sie dabei die vier Hi-Flecken, die sich gleichmäßig über den Körper ziehen.

用語解説
GLOSSAR

A

Ai-goromo Grundsätzlich ein *Kohaku*, dessen rote Schuppen blau abgesetzte Ränder haben, die den Koi netzartig gemustert erscheinen lassen. *(Koromo)*

Ai-Showa s. *Koromo Showa*. *(Koromo)*

Aka Rot (gewöhnlich als Grundfarbe eines Koi).

Aka Bekko Ein roter Koi mit schwarzen Sprenkeln. *(Bekko)*

Aka Hajiro Ein roter Koi mit weißen Spitzen an Brust- und Schwanzflossen. *(Kawarimono)*

Aka Matsuba Ein roter Koi mit einem schwarzen „Pinienzapfenmuster" *(Matsuba)* auf den Rückenschuppen. *(Kawarimono)*

Aka Sanke Ein *Sanke*, dessen rote Zeichnung sich über den ganzen Körper erstreckt. *(Sanke)*

Aka-Muji Ein nicht-metallicfarbener roter Koi. *(Kawarimono)*

Akame Ein Auge mit einer roten Iris, wie man es besonders häufig beim *Kigoi* findet.

Asagi Ein graublauer Koi mit roter Zeichnung längs der Flanken, der Wangenregion und an den Flossen.

Asagi Magoi Ein früher Vorfahr des modernen *Asagi*.

Asagi Sumi-nagashi Ein Koi, dessen schwarze Schuppen weiß abgesetzt sind. Besser bekannt als *Sumi-nagashi*. *(Kawarimono)*

B

Bekko Matt weißer, roter oder gelber Koi mit schwarzen Flecken.

Beni Rot (gewöhnlich als Grundfarbe eines Koi).

Beni Kujaku Ein orangeroter *Kujaku* mit roten Flekken auf dem ganzen Körper. *(Hikarimoyo-mono)*

Benigoi Ein nicht-metallicfarbener roter Koi, der dem *Aka-Muji* ähnelt, aber mehr orangerot ist. *(Kawarimono)*

Beta-Gin Vielleicht die schönste *Kinginrin*-Form, bei der die gesamte Oberfläche jeder Schuppe glänzt.

Boke Showa Eine beliebte *Showa*-Form, mit verwaschenem, grauem *Sumi*. *(Showa)*

Bongiri Eine große Region ohne Muster in der Nähe des Schwanzansatzes; wird als Fehler angesehen.

Budo Wörtlich übersetzt „Traube".

Budo Goromo Ein Koi mit einem purpurfarbenen, traubenähnlichen Muster auf einem weißen Körper. *(Koromo)*

Budo Sanke Ein Koi mit einem Muster ähnlich demjenigen eines *Budo Goromo* und dazu tiefschwarzen Flecken. *(Koromo)*

Bunka Sanke Ein blauer *Sanke* mit glänzenden Brustflossen. Tritt nur bei Baby-Koi auf. *(Kawarimono)*

C

Cha Braun.

Chagoi Ein nicht-metallicfarbener hellbrauner bis grünlicher Koi. *(Kawarimono)*

D

Dangara Ein abgestuftes Muster auf dem Körper eines Koi, auch als *Danmoyo* bekannt.

Danmoyo Ein abgestuftes Muster auf dem Körper eines Koi, auch als *Dangara* bekannt.

Diamant-Ginrin Eine *Kinginrin*-Form, bei der die Schuppen wie Diamanten funkeln.

Doitsu Ein Koi, der nur längs der Rücken- und Seitenlinien Schuppen trägt.

Doitsu Kujaku Ein platinfarbener Koi mit roten Flecken auf dem Körper und schwarzen, matsuba-ähnlichen Flecken auf den Schuppen längs der Rücken- und Seitenlinien. *(Hikarimoyo-mono)*

F

Fucurin Der glänzende Hautbereich rund um die kleineren Schuppen guter, nicht-metallicfarbener Koi. Je kleiner die Schuppen, desto stärker der Glanz.

Fuji Ein starker, metallischer Glanz auf dem Kopf eines jungen Koi (sichtbar als kleine Blasen). Tritt am häufigsten bei guten, jungen *Sanke*, gelegentlich auch bei *Ogon* und *Kohaku*, auf.

G

Gin Bekko Ein metallicfarbener *Shiro Bekko* *(Hikarimoyo-mono)*

Gin Kabuto Ein schwarzer Koi mit silbern gerandeten Schuppen. Wird als minderwertiger *Ogon* bewertet.

Gin Matsuba Ein silberner Koi mit schwarzem „Pinienzapfenmuster" *(Matsuba)* auf den Schuppen. *(Hikarimono)*

Gin Shiro Ein metallicfarbener *Shiro Utsuri*. *(Hikari-Utsurimono)*

Gin Showa Ein metallicfarbener *Showa* mit silbrigem Glanz. *(Hikari-Utsurimono)*

Ginbo Ein schwarzer Koi mit einem silbrigen Schimmer. Gilt heute als wertlos.

Ginrin Eine gebräuchliche Abkürzung für *Kinginrin*; bezieht sich auf irisierend schimmernde Schuppen.

Ginsui Ein metallicfarbener *Shusui* mit silbrigem Glanz. *(Hikarimoyo-mono)*

Goi Fisch.

Goshiki Ein fünffarbiger Koi, auf dessen Körper sich Weiß, Rot, Schwarz mit Hell- und Dunkelblau mischen, so daß eine eigenartig purpurviolett-graue Gesamtfärbung resultiert. *(Kawarimono)*

Goshiki Shusui Ein *Doitsu*, ein nicht-metallicfarbener, blauer *Goshiki*. *(Kawarimono)*

Goten-zakura Kohaku Ein *Kohaku* mit Kirschblütenmuster. *(Kohaku)*

H

Hachi Hi Ein früher Vorfahr des modernen *Kohaku*.

Hageshiro Ein schwarzer, nicht-metallicfarbener Koi mit weißen Brustflossenspitzen, weißem Kopf und weißer Nase. *(Kawarimono)*

Hajiro Ein schwarzer Koi mit weißen Brustflossenspitzen. *(Kawarimono)*

Hana Shusui Eine Form des *Shusui*, auch als geblümter *Shusui* bekannt. *(Shusui)*

Hanatsuki Ein Hi-Muster, das bis zum Maul reicht.

Hariwake Ein Koi mit zwei Farben; eine davon ist Platin, die anderen ist Metallic-Orange oder Metallic-Gelb. *(Hikarymoyo-mono)*

Hariwake Matsuba Ein silbern und metallicgelb gemusterter Koi mit einer schwarzen Zeichnung auf den Schuppen. *(Hikarimoyo-mono)*

Hi Rot (Flecken).

Hi Asagi Ein *Asagi*, dessen rote Zeichnung sich vom Bauch aufwärts bis über die Seitenlinie erstreckt. *(Asagi)*

Hi Showa Ein überwiegend roter *Showa*. *(Showa)*

Hi Shusui Ein *Shusui*, dessen rotes Muster vom Bauch ausgeht und den Rücken bedeckt. *(Shusui)*

Hi Utsuri Ein schwarzer Koi mit roten Flecken. *(Utsurimono)*

Hi-botan Ein Koi, der einem *Bekko* ähnelt; stammt von der *Utsuri*-Linie ab. *(Kawarimono)*

Higoi Ein roter Koi, ein früher Vorfahr des modernen *Kohaku*.

Hikari Metallicfarben.

Hikari-Utsurimono Metallicfarbene *Utsuri* und *Showa*.

Hikarimono Die Klassifikation für einen einfarbig metallicfarbenen Koi.

Hikarimoyo-mono Eine Klassifikation, die alle metallicfarbenen Koi mit zwei oder mehr Farben umfaßt, außer metallicfarbenen *Utsuri* und *Showa*.

Hon Sumi Wörtlich : echt *Sumi*; bezieht sich auf die schwarzen *Sanke*-Flecken eines *Koromo Sanke*.

Hoo Aka Ein Koi mit roten Kiemenplatten. Ein früher Vorfahr des modernen *Kohaku*.

Hookazuki Ein schwarzer Karpfen mit roter Wangenregion. Ein früher Vorfahr des modernen *Kohaku*.

I

Inazuma Ein Zickzack-Muster.

Ippon Hi Ein einheitliches Muster, ohne Variationen.

Iromono Sammelname für alle metallicfarbenen Koi.

K

Kabuto Eine Kappe oder ein Helm; bezieht sich auf einen Koi, dessen Kopf anders als der Körper gefärbt ist.

Kado Rand.

Kado-Gin Eine Form des *Kinginrin*, bei der nur die Ränder der Schuppen irisieren.

Kage Wörtlich „Schatten" oder „Phantom"; bezieht sich auf Koi mit einem verschwommenen, netzartigen schwarzen Muster über weißer oder roter Grundfärbung.

Kage Hi Utsuri Ein Koi, dessen rot-schwarzes *Utsuri*-Muster durch eine *Kage*-Zeichnung über dem Rot widergespiegelt wird. *(Kawarimono)*

Kage Shiro Utsuri Ein Koi mit dem üblichen schwarz-weißen *Utsuri*-Muster und einer *Kage*-Zeichnung über dem Weiß. *(Kawarimono)*

Kage Showa Ein Koi mit dem üblichen *Showa*-Muster und einer *Kage*-Zeichnung über dem Weiß. *(Kawarimono)*

Kanoko Wörtlich „Rehkitz"; bezieht sich auf das gesprenkelte, rote Muster einiger Koi. *(Kawarimono)*

Kanoko Kohaku Ein *Kohaku* mit roten Sprenkeln.

Kanoko Sanke Ein *Sanke* mit roten Sprenkeln.

Kanoko Showa Ein *Showa* mit roten Sprenkeln.

Karasu Wörtlich „Krähe"; schwarz (Grundfarbe).

Karasugoi Schwarzer Koi mit weißem oder orangefarbenem Bauch. *(Kawarimono)*

Kasane Sumi *Sumi*, das auf dem Hi erscheint. (Im Gegensatz zu *Tsubo Sumi*, das auf der weißen Haut erscheint.)

Kata Moyo Ein Muster, das nur auf einer Körperseite auftritt.

Kawarimono Eine Klassifikation, in die alle nicht-metallicfarbenen Koi fallen, die in keine der anderen Gruppen passen.

Ki Gelb.

Ki Bekko Ein gelber Koi mit schwarzer Zeichnung. *(Bekko)*

Ki Matsuba Ein gelber Koi mit schwarzem „Pinienzapfenmuster" *(Matsuba)*. *(Kawarimono)*

Ki Shusui Ein gelber *Shusui* mit einer grünlichen Rückenlinie. Eine sehr seltene Zuchtform. *(Shusui)*

Ki Utsuri Ein schwarzer Koi mit gelben Flecken. *(Utsurimono)*

Kigoi Ein nicht-metallicfarbener, leuchtend gelber Koi. *(Kawarimono)*

Kikusui Wörtlich „Wasserchrysantheme". Grundsätzlich ein *Platinfarbener Doitsu Kohaku*. *(Hikarimoyo-mono)*

Kin Goldmetallic.

Kin Hi Utsuri Ein metallicfarbener *Hi Utsuri*. *(Hikari-Utsurimono)*

Kin Kabuto Ein schwarzer Koi, dessen Schuppen goldene Ränder aufweisen. Gilt heute als wertlos.

Kin Ki Utsuri Ein metallicfarbener *Ki Utsuri*. *(Hikari-Utsurimono)*

Kin Showa Ein metallicfarbener *Showa* mit einem goldenen Schimmer. *(Hikari-Utsurimono)*

Kin-Fuji s. *Platinfarbener Kohaku*.

Kinbo Ein schwarzer Koi mit einem metallisch goldenen Schimmer. Gilt heute als wertlos.

Kindai Showa Moderner *Showa* mit einem vorwiegend weißen Muster. *(Showa)*

Kinginrin Ein normal beschuppter Koi mit golden oder silbrig schimmernden Schuppen.

Kinsui Ein metallicfarbener *Shusui* mit einem goldenen Schimmer. *(Hikarimoyo-mono)*

Kinzakura Ein metallicfarbener *Goten-zakura*. *(Hikarimoyo-mono)*

Kiwa Die Randschärfe zwischen *Hi* und weißen Flecken.

Kohaku Weißer Koi mit roten Flecken.

Kokesuki Schuppen, die sichtbar sind, weil die Farbe minderwertig dünn ist.

Komoyo Kleine unerwünschte *Hi*-Flecken.
Konjo Asagi Ein dunkelblauer Fisch; ein früher Vorfahr des modernen *Asagi*.
Koromo Wörtlich „gewandet"; bezieht sich auf eine Gruppe von Koi, deren *Hi*-Flecken mit einer dunkleren Farbe eingefaßt sind.
Koromo Sanke Ein Koi mit dem netzartigen *Koromo*-Muster über den *Hi*-Flecken und den *Sumi*-Flecken des traditionellen *Sanke*.
Koromo Showa Ein Koi mit der Zeichnung eines *Showa*, überlagert vom *Koromo*-Muster.
Koshi-Nishiki Das Ergebnis einer Kreuzung zwischen einem *Ogon* und einem *Sanke*. Heute als *Yamato-Nishiki* bekannt.
Kuchibeni Rote, wie von Lippenstift gefärbte Lippen.
Kujaku Ein platinfarbener Koi mit *Hi*-Flecken, die einen Großteil seines Körpers bedecken, und mit *Matsuba*-Musterung auf den Schuppen. *(Hikarimoyo-mono)*
Kujaku Ogon Ein anderer Name für *Kujaku*.
Kumonryu Wörtlich „Drachenfisch". Ein schwarzer *Doitsu*-Koi mit weißer Schuppenzeichnung auf Kopf, Flossen und Körper. *(Kawarimono)*
Kuro-Ki-Han Der ursprüngliche Name für *Shiro Utsuri*.

M

Madoaki Schuppen mit „Schatten" unter der Haut.
Magoi Schwarzbrauner Wildkarpfen, der Vorfahr der heutigen *Nishikigoi*.
Makibara Eine rote Zeichnung, die sich um den ganzen Körper zieht.
Maruten Ein Koi, der zusätzlich zu seiner roten Körperzeichnung einen einzelnen roten Fleck auf dem Kopf trägt (z. B. *Maruten Kohaku*).
Maruten Kohaku Ein *Kohaku* mit einem einzelnen Fleck auf dem Kopf und einer zusätzlichen roten Zeichnung auf dem Körper.
Maruten Sanke Ein *Sanke* mit einem einzelnen roten Fleck auf dem Kopf und einem zusätzlichen roten Fleck auf dem Körper.
Matsuba Ein Koi mit schwarzen Flecken in der Mitte seiner Körperschuppen. Dieses Muster ist auch als „Pinienzapfenmuster" bekannt. Nichtmetallicfarbene Koi sind in der *Kawarimono*-Gruppe untergebracht, metallicfarbene in der *Hikarimono*-Gruppe *(Ogon)*.
Matsuba Ogon Ein anderer Name für *Kin Matsuba*. *(Hikarimono)*
Matsukawa-Bake Ein nicht-metallicfarbener, schwarz-weißer Koi, dessen Muster mit der Jahreszeit und der Wassertemperatur wechselt. *(Kawarimono)*
Meiji-Ära Ein Zeitabschnitt in der japanischen Geschichte, von 1868 bis 1912.
Menkaburi Ein früher *Kohaku* mit einem roten Kopf.
Menware Das traditionelle *Showa*-Kopfmuster, bei dem die schwarze Zeichnung die roten Flecken am Kopf teilt.
Midori Grün.
Midorigoi Ein sehr seltener, leuchtendgrüner Koi mit schwarzen oder silbrigen Schuppen. *(Kawarimono)*
Mizu Asagi Ein sehr heller *Asagi*.
Mono Einzeln, allein.
Moto Oder *Original-Sumi*, d. h. mit schwarzen Flecken, die sich bei der Fischbrut zeigen und beim erwachsenen Koi sichtbar bleiben.
Muji Einfarbig (wörtlich „nichts anderes").

N

Narumi Asagi Der typische, hellblau gemusterte *Asagi*. *(Asagi)*
Nezu Grau.
Nezu Ogon Ein silbergrauer Koi mit mattem, metallischem Schimmer. *(Hikarimono)*
Nezumi Grau.
Nibani Sekundäres, unerwünschtes *Hi*, das je nach Wasserqualität und Temperatur o. ä. erscheint bzw. verschwindet.
Nidan Zwei.
Nidan Kohaku Ein *Kohaku* mit zwei *Hi*-Flecken auf seinem Körper. *(Kohaku)*
Niigata Region an der Nordwestküste der japanischen Hauptinsel; Geburtsort und Säule der Koi-Produktion.
Nishikigoi Zierkarpfen oder farbiger Karpfen (abgeleitet von „Nishiki", einem wundervollen, gefärbten Leinenstoff, und „Goi", was Fisch bedeutet).

O

Ochiba-Shigure Ein blaugrauer Koi mit einer braunen Zeichnung *(Kawarimono)*.
Ogon Ein uni metallicfarbener Koi. *(Hikarimono)*
Omoyo Große Hi-Flecken.
Orenji Orange.
Orenji Hariwake Ein silberner Koi mit metallicorangen Flecken.
Orenji Ogon Ein dunkeloranger, metallicfarbener Koi.

P

Purachina Ein metallic-weißer Koi, auch als *Platin-Ogon* bekannt. *(Hikarimono)*
Perl-Ginrin Eine kompakte, schimmernde Stelle auf jeder Schuppe, auch als *Tsuba-Gin* oder *Tama-Gin* bekannt.
Perl-Shusui Ein *Shusui* mit silbernen Schuppen. *(Shusui)*
Platin-Ogon Ein metallic-weißer Koi, auch als *Purachina* bekannt. *(Hikarimono)*

S

Sadazo Sanke Eine der bekannteren *Sanke*-Stammlinien mit leuchtenden *Hi*-Flecken und kleinem *Sumi*-Flecken, die das *Hi* nicht überlappen.
Sakura Ogon Ein metallicfarbener *Kanoko Kohaku*. *(Hikarimono)*
Sandan Drei.
Sandan Kohaku Ein *Kohaku* mit drei *Hi*-Flecken. *(Kohaku)*
Sanke Wörtlich „drei Farben". Ein weißer Koi mit roter Zeichnung und schwarzen Flecken. (Wird in der frühem Literatur als *Sanshoku* bezeichnet.)
Sanke Shusui Ein *Doitsu Sanke*, dessen Zeichnung mit dem Blauschwarz der *Shusui* unterlegt ist. *(Kawarimono)*
Sanshoku s. *Sanke*.
Sarasa Rote Flecken auf dem Rücken.
Sashi Die untergelegten, noch nicht deutlich ausgeprägten roten oder schwarzen Flecken auf einem Koi. Diese Flecken stabilisieren sich oft, wenn der Koi geschlechtsreif wird.
Shimis Unerwünschte kleine schwarze Spritzer, die das Erscheinungsbild der roten oder weißen Flecken eines Koi beeinträchtigen.
Shiro Weiß.
Shiro Bekko Ein weißer Koi mit schwarzen Flecken. *(Bekko)*
Shiro Matsuba Ein weißer Koi mit einem schwarzen „Pinienzapfenmuster" *(Matsuba)* auf den Rückenschuppen. *(Kawarimono)*
Shiro Utsuri Ein schwarzer Koi mit weißen Flecken. *(Utsurimono)*
Shiro-Muji Ein wertloser weißer, nicht-metallicfarbener Koi. *(Kawarimono)*
Shirogane Ein früher gebräuchlicher Name für *Platin-Ogon*.
Shochikubai Ein metallicfarbener *Ai-goromo*. *(Hikarimoyo-mono)*
Showa Ein schwarzer Koi mit weißen und roten Flecken.
Showa Shusui Ein Koi mit kräftigem *Sumi*, der Zeichnung eines *Showa* und dem untergelegten Blau eines *Shusui*. *(Kawarimono)*
Shusui *Doitsu Asagi*.
Soragoi Ein graublauer, nicht-metallicfarbener Koi. *(Kawarimono)*.
Sui Wasser (Kräuseleffekt).
Sumi Schwarze Flecken.
Sumi-goromo Ein *Ai-goromo*, dessen *Koromo*-Muster von kompakten schwarzen Flecken überlagert ist. *(Koromo)*
Sumi-Nagashi Ein Koi, dessen schwarze Schuppen weiß gerändert sind.

T

Taisho-Ära Ein Zeitabschnitt in der japanischen Geschichte, von 1912 bis 1926.
Taisho Sanke Der vollständige Name des *Sanke*, eines weißen Koi mit roten und schwarzen Flecken.
Taki Sanke Ein *Asagi*, dessen blaue Körperfärbung von den roten Flecken an den Seiten durch eine weiße Linie getrennt ist. *(Sanke)*
Tama-Gin s. *Perl-Ginrin*.
Tancho Ein roter Fleck auf dem Kopf. (Wird benutzt, wenn ein Koi keine anderen roten Flecken am Körper hat, im Gegensatz zu *Maruten*.)
Tancho Kohaku Ein weißer Koi mit einem roten Fleck auf dem Kopf. *(Tancho)*
Tancho Sanke Ein *Sanke* mit einem einzigen roten Fleck, und zwar auf dem Kopf. *(Tancho)*
Tancho Showa Ein *Showa* mit einem einzigen roten Fleck, und zwar auf dem Kopf. *(Tancho)*
Tobihi Kleine rote Flecken, die an Farbspritzer erinnern.
Tora Ogon Wörtlich „Tiger-Ogon"; ein *Ogon* mit schwarzer Zeichnung. *(Hikarimono)*
Tsubo Sumi Bevorzugte schwarze Zeichnung auf weißer Haut (im Gegensatz zum minderwertigen *Kasane Sumi*, das auf den roten Flecken auftritt).
Tsubu-Gin s. *Perl-Ginrin*.

U

Utsuri-mono s. *Utsurimono*.
Utsurimono Ein schwarzer Koi mit weißen, roten oder gelben Flecken.

Y

Yagozen Eine *Kohaku*-Stammlinie, die in den 50er Jahren entwickelt wurde.
Yamabuki Sinngemäß: japanischer Busch mit mit hellgelben Blüten.
Yamabuki Hariwake Ein silberner Koi mit metallic-gelben Flecken. *(Hikarimoyo-mono)*
Yamabuki Ogon Ein goldgelber *Ogon*. *(Hikarimono)*
Yamato Das Ergebnis einer Kreuzung zwischen einem *Sanke* und einem *Fuji Ogon*. Eine der beiden Zuchtformen, die heute zusammen als *Yamoto-Nishiki* bekannt sind.
Yamato-Nishiki Ein metallic-weißer Koi mit roten und schwarzen Flecken (grundsätzlich ein metallicfarbener *Sanke*).
Yondan Vier.
Yondan Kohaku Ein *Kohaku* mit vier roten Körperflecken.
Yotsushiro Wörtlich „fünfmal Weiß". Ein schwarzer Koi mit weißem Kopf und weißen Brust-, Rücken- und Bauchflossen. *(Kawarimono)*

Z

Zukinkaburi Ein früher *Kohaku* mit einer roten Stirnregion.

種別索引
VERZEICHNIS DER ZUCHTFORMEN

Fettgedruckte Seitenzahlen weisen auf wichtige Textteile (Klassifikation etc.) hin. *Kursiv* gesetzte Seitenzahlen beziehen sich auf Abbildungen. Andere Textverweise sind im Normaltyp gesetzt.
x bedeutet „Kreuzung".

A
Ai-goromo (Koromo)
   Beschuppung *156, 157,* 158
   Körpermuster *126,* 158
   Kopfmuster 158
Ai-Showa s. Koromo Showa
Aka Bekko 144
Aka Sanke 138, *139*
Aka Hajiro (Kawarimono) 170, *171*
Aka Matsuba (Kawarimono) 163
Aka-muji (Kawarimono) 170
Akame Ki-goi (Kawarimono) *168*
Asagi 12, *127,* **150**
   Beschuppung *150, 151*
   Färbung *126,* 150, *151*
   Hi 150
   Konjo 150
   Magoi 150
   Mizu 150
   Muster *150, 151*
   Narumi *150*
   Taki Sanke 150
Asagi Sanke (Asagi) 150
Asagi Sumi-nagashi 162, s. a. Kawarimono: Sumi-nagashi

B
Bekko 12, 117, *127,* **144**
   Aka *144*
   Färbung *126,* 144, 146
   Ki 144, *145*
   Kopfzeichnung 144
   Muster 144
   Shiro 136, 144, *145*
Beni-goi (Kawarimono) *15,* 170, *171*
Beni Kujaku (Hikarimoyo-mono) 186
Boke Showa 140, *143*
Budo Goromo (Koromo) 124, *159*
Budo Sanke (Koromo) 124, *159*
Bunka Sanke (Kawarimono) 169

C
Cha-goi (Kawarimono) *169*

D
Doitsu 12, 16, 119, 124, 127
Doitsu Aka Matsuba (Kawarimono) 163
Doitsu Hariwake 125
Doitsu Ki Matsuba (Kawarimono) 163
Doitsu Kujaku (Hikarimoyo-mono) *186*
Doitsu Purachina *15,* 115
Doitsu Shiro Matsuba (Kawarimono) 163

F
Fuji (Ogon) 176
   x Sanke (Yamato) 184
Fuji (Sanke) 138

G
Gin Bekko (Hikarimoyo-mono) 184, *186*
Gin Kabuto (Ogon) 174
Gin Matsuba (Matsuba Ogon) *125,* 178, *179,* 184
Gin Shiro (Hikari-Utsuri-mono) 180
Gin Showa (Hikari-Utsuri-mono) 180, *183*
Ginbo (Ogon) 174
Goshiki (Kawarimono) 119, *126, 127,* 160, *166, 167*
Goshiki Shusui (Kawarimono) 169
Goten-zakura (Kohaku) 133, *134*

H
Hachi Hi 128
Hageshiro (Kawarimono) 162
Hajiro (Kawarimono) *126,* 160, 162
Hana Shusui 152, *155*
Hariwake (Hikarimoyo-mono) 184, 190
Hariwake Matsuba (Hikarimoyo-mono) 184, 190, *193*
Hi Asagi 136, 150
Hi Showa 140, *142*
Hi Shusui 152, *155*
Hi Utsuri *126,* 146, *149*
   x Ogon (Kin Hi Utsuri) 180
Hi-botan (Kawarimono) 172
Hi Matsuba (Kawarimono) 164
Higoi 12, 128
Hikari-Utsurimono *127,* 174, **180**
   Gin Shiro 180
   Gin Showa 180, *183*
   Kage Gin Shiro 180

Kin Hi Utsuri 180, *183*
Kin Ki Utsuri *127,* 180, *183*
Kin Showa 140, 180
Ogon x Showa 180
Ogon x Utsuri 180
Hikarimono (Ogon) 124, *127,* 128, 174
   Fuji 176
   Gin Kabuto 174
   Ginbo 174
   x Hi Utsuri (Kin Hi Utsuri) 180
   x Ki Utsuri (Kin Ki Utsuri) 180
   Kin Kabuto 174
   Kinbo 174
   x Matsuba 178
   Nezu 176, *177*
   Orenji 176
   Platin *174,* 176, 184
   Yamabuki 176
Hikarimoyo-mono *127,* 174, **184**
   Beni Kujaku 186
   Doitsu Kujaku *186*
   Gin Bekko 184, *186*
   Ginsui 152, 190
   Hariwake 184
   Hariwake Matsuba 184, 190, *193*
   Kikisui *186*
   Kinginrin Sakura Ogon 188
   Kinsui 152, 190
   Kinzakura *189,* 190
   Kujaku 184, *185,* 186
   Orenji Hariwake 184, 190, *193*
   Sakura Ogon *189,* 190
   Shochikubai *189,* 190
   Tora Ogon 190
   Yamabuki Hariwake *127,* 190
   Yamato-Nishiki *127,* 139, 152, 184, *185*
Hoo Aka (Kohaku-Linie) 128
Hookazuki (Kohaku-Linie) 128

I
Inazuma (Kohaku) *131,* 132
Ippon hi (Kohaku) *132*

J
Jinbei (Sanke-Linie) 136

K
Kage Gin Shiro (Hikari-Utsuri-mono) 180
Kage Hi Utsuri (Kawarimono) 164
Kage Shiro Utsuri (Kawarimono) 160, 164

Kage Showa (Kawarimono) 140, *164, 165*
Kage Utsuri (Kawarimono) 160
Kanoko-goi (Kawarimono) *126,* 160, 166
Kanoko Kohaku (Kawarimono) 133, 166, *168,* 190
Kanoko Sanke (Kawarimono) *126,* 139, 166, *169*
Kanoko Showa (Kawarimono) 140, 166, *167*
Karasugoi (Kawarimono) *126,* 160
Kata mayo (Kohaku) 132
Kawarimono 12, 117, 124, *127,* 160
   Aka Hajiro 170, *171*
   Aka Matsuba 163
   Aka-muji 170
   Akame Ki-goi *168*
   Beni-goi *15,* 170, *171*
   Bunka Sanke 169
   Cha-goi *169*
   Doitsu Aka Matsuba 163
   Doitsu Ki Matsuba 163
   Doitsu Shiro Matsuba 163
   Goshiki 119, *166, 167*
   Goshiki Shusui 169
   Hageshiro 162
   Hajiro 160, *162*
   Hi-botan 172
   Hi Matsuba 164
   Kage Hi Utsuri 164
   Kage Shiro Utsuri 160, 164
   Kage Showa 140, *164, 165*
   Kanoko-goi 160, 166
   Kanoko Kohaku 133, 166, *168,* 190
   Kanoko Sanke 139, 166, *169*
   Kanoko Showa 166, *167*
   Karasugoi 160
   Ki-goi 169
   Ki Matsuba 163, 174
   Kumonryu 160, 162
   Matsuba-goi 160, 163
   Matsukawa-bake 162
   Midori-goi 170
   Ochiba-shigure 172
   Sanke Shusui 139, 169
   Shiro Matsuba 163
   Shiro-muji 170
   Showa Shusui 169
   Sora-goi 170
   Sumi-nagashi *161,* 162
   Yotsushiro 162
Ki Shusui 152
Ki Utsuri 146, *149*
   x Kohaku 140
   x Ogon (Kin Ki Utsuri) 180
Ki Bekko 144, *145*
Ki-goi (Kawarimono) *126,* 169
   x Nezu Ogon 176

Ki Matsuba (Kawarimono) *163,* 174
Ki Utsuri 12
Kikisui (Hikarimoyo-mono) *186*
Kin Hi Utsuri (Hikari-Utsuri-mono) 180, *183*
Kin Kabuto (Ogon) *174*
Kin Ki Utsuri (Hikari-Utsuri-mono) *127,* 180, *183*
Kin Matsuba (Matsuba Ogon) *127, 178,* 184
Kin Showa (Hikari-Utsuri-mono) 140, *180*
Kinbo (Ogon) 174
Kindai Showa 140, *143*
Kinginrin *127,* **198**
  Kohaku 125, *198*
  Sanke 125, 198, *200*
  Showa 125, 198, *200*
Kinginrin Hi Utsuri (Utsurimono) *148*
Kinginrin Sakura Ogon (Hikarimoyo-mono) *188*
Kinsui/Ginsui (Hikarimoyo-mono) 152, 190
Kinzakura (Hikarimoyo-mono) *189,* 190
Kohaku 13, 117, 124, *126,* 127, **128, 130,** *152*
  Farben *126,* 130
  Goten-zakura 133, *134*
  Inazuma *131,* 132
  Ippon Hi *132*
  Kata moyo 132
  Maruten *129*
  Muster 130, 132
  Nidan 132, *133*
  Sandan 132, *135*
  x Narumi Asagi 156
  x Platin-Ogon (Platin-Kohaku) *186*
  Yondan 132, *135*
Konjo Asagi 150
Koromo 127, **156**
  Ai-goromo *156,* 157, *158*
  Budo Goromo 124, *158, 159*
  Budo Sanke 124, *159*
  Färbung *126,* 156
  Kohaku x Narumi Asagi 156
  Koromo Sanke *159*
  Koromo Showa 140, *159*
  Sumi-goromo 124, *157*
Koromo Sanke (Koromo) *159*
  Ai-goromo x Taisho Sanke 159
Koromo Showa (Koromo) 140, *159*
  Ai-goromo x Showa 159
Koshi-Nishiki (Sanke x Ogon) 184
Kujaku (Hikarimoyo-mono) 184, *185*

Kujaku Ogon s. Kujaku
Kumonryu (Kawarimono) *160,* 162

M

Magoi 10, 12
  Asagi-Linie 150
  Shiro Utsuri-Linie 146
Maruten (Kohaku) *129*
Maruten (Sanke) *138*
Matsuba
  x Ogon 178
Matsuba-goi (Kawarimono) 163
  Kawarimono-Linie 160
Matsuba Ogon
  Gin Matsuba *125,* 178, *179,* 184
  Kin Matsuba *178,* 184
Matsukawa-bake (Kawarimono) *162*
Midori-goi (Kawarimono) *170*
Mizu Asagi 150
Monjiro (Kohaku-Linie) 128

N

Narumi Asagi *150*
  x Kohaku 156
Nezu Ogon 176, *177*
  x Ki-goi 176
Nidan Kohaku 132, *133*
Nishikigoi 10, 150, 180

O

Ochiba-shigure (Kawarimono) *172*
Ogon s. Hikarimono (Ogon)
Orenji Ogon *176*
Orenji Hariwake (Hikarimoyo-mono) 184, 190, *193*

P

Perl-Shusui 152
Platin-Ogon *127, 174,* 176
  Kreuzungen ergeben Hikarimoyo-mono-Varietäten 184
  Ki-goi x Nezu Ogon 176
  x Kohaku (Platin-Kohaku) 186
  x Taisho Sanke (Yamato-Nishiki) 184
Platin-Kohaku (Hikarimoyo-mono) *186*
Purachina s. Platin-Ogon

S

Sadazo Sanke 136
Sakura Ogon (Hikarimoyo-mono) *189,* 190
Sandan Kohaku 132, *135*
Sanke s. Taisho Sanke
Sanke Shusui (Kawarimono) *139,* 169
Sanshoku s. Sanke
Shiro Bekko 13, *126,* 144, *145*
  Taisho Sanke-Linie 136
Shiro Utsuri *146,* 180
Shiro Matsuba (Kawarimono) *163, 164*
Shiro-muji (Kawarimono) 170
Shirogane s. Platin-Ogon
Shochikubai (Hikarimoyo-mono) *189,* 190
Showa Sanshoku 13, *126,* 127, 136, **140**
  Boke 140, *143*
  Färbung *126,* 136, 140
  Hi 140, *142*
  Kawarimono-Linie 160
  Kindai 140, *143*
  Muster 140
  x Ogon (Hikari-Utsuri-mono) 180
  V-förmige Kopfzeichnung 140
Showa Shusui (Kawarimono) 169
Shusui 12, 125, *126,* 127, **152**
  Beschuppung 152
  Färbung und Wassertemperatur 152
  Hana 152, *155*
  Hi *152, 155*
  Hybride (Kawarimono) 169
  Kawarimono-Linie 160
  Ki 152
  Kopf- und Körperzeichnung 152
  Perl 152
Sora-goi (Kawarimono) 170
Sukura Kana (Kohaku-Linie) 128
Sumi Goromo (Koromo) *124, 157*
Sumi-nagashi (Kawarimono) *161,* 162

T

Taisho Sanke 13, 117, *120,* 127, **136,** 152
  Aka 138, *139*
  Bekko-Abkömmlinge 144
  Farben *126,* 136
  Fuji 138
  Maruten *138*
  metallic, Yamato-Nishiki (Hikarimoyo-mono) *184*
  Muster *126,* 136
  x Ogon (Koshi-Nishiki) 184
  x Platin-Ogon (Yamato-Nishiki) 184
  Sadazo 136
Taki Sanke (Asagi) 150
Tancho *102,* 127, **194**
  Kohaku 124, *126,* 130, 194, *196*
  Sanke 124, 139, 194
  Showa 124, 140, 196, *197*
Tora Ogon (Hikarimoyo-mono) 190

U

Utsuri
  asymmetrisches Muster 140
Utsurimono 117, 124, 127, **146,** *152*
  Färbung *126,* 146
  Hi Utsuri 146, *149*
  Ki Utsuri 146, *149,* 180
  Kinginrin Hi Utsuri 148
  Kopfzeichnung 146
  Muster 146
  x Ogon (Hikari-Utsuri-mono) 180
  Shiro Utsuri *146,* 180
  traditionelles Brustflossenmuster *146*

Y

Yamabuki 124
  Hariwake (Hikarimoyo-mono) *190*
  Ogon *176*
Yamato (Sanke x Fuji Ogon) 184
Yamato-Nishiki (Hikarimoyo-mono) 139, *152,* 184, *185*
Yondan Kohaku 132, *135*
Yotsushiro (Kawarimono) *162*

総合索引
ALLGEMEINES STICHWORTREGISTER

Kursiv gesetzte Seitenzahlen weisen auf Abbildungen, Normaltypen auf sonstige Textstellen.

A

Abszesse 109
Acanthocephala (Kratzer) 56
Aeromonas-Bacterium 109
Algen
   Algen-Bekämpfungsmittel 57
   „Grünes Wasser" 52, *57, 73,*
     112, 117
   Kontrolle 57, 73
   Ozon 57
   Ultraviolettes Licht 57
All Japan Nishikigoi Dealers Association 119
Ammoniak 19, 51, 73
   Biologische Filterung 53, 54
   Giftigkeit 51, 111
Anatomie 14
   innere *20, 21*
   Männchen *94*
   Weibchen *94*
Apiosoma 103
Argulus 61, 77, 104, 117
   Lebenszyklus *104*
Artemia salina 96
Arterien *19*
Augen 16, *21*
   Diagnoseerstellung 61, 63
Ausstellungen 114-119
   All Japan Show 114 ff., 119
Auswahlkriterien *59,* 61, 63

B

Bakterien 36, 108
   Aeromonas 109
   Antibiotika 110
   Bacillen *108*
   Flexibacter 108, *110*
   Kokken *108*
   Lophotrichous 108
   Mycobacterium 108, *109*
   Nitrobacter 53, 73
   Nitrosomonas 53, 73
   Pseudomonas 109
   Spirillen *108*
   Vibrio 108
Barteln *16*
Bauchwassersucht 110
Beckenknochen *18*
Beta-gin „Kinginrin" Schuppen *198*
Blut *19*
Blutvergiftung 109
Bodenabflüsse *32, 39, 41, 44, 45*
Branchiomyces 107
Brustgürtel *19*

C

Carchesium 103
Chilodonella 102

Chlor 52, 111
Columnaris-Krankheit 109, *110*
Costia s. Parasiten: Ichthyobodo

D

Dactylogyrus 105
Darmtrakt *19, 20, 21*
Dysticus 105

E

Eier
   Entwicklung 95
   Inkubation 94, *95*
   Laichschnüre *94*
   Verpilzen *106*
Elektrizität 43
Epitylis 103
Ergasilus 105
   Lebenszyklus *105*
Erste Hilfe 98
   Antiseptika *100*
Exophthalmie 110

F

Färbung
   „Ai" *124*
   „Aka" *124*
   „Ato" *136*
   „Beni" *124*
   Einfluß der Wassertemperatur 152
   Farbverstärker 69
   frühe Farbmutationen 12
   „Gin" *124*
   „Hi" *124,* 130, *136*
   „Ki" *124*
   „Kin" *124*
   „Midori" *124*
   „Moto" *136*
   „Nezu" *124, 176*
   „Orenji" *124*
   „Shimis" 116, 120
   „Shiro" *124*
   „Sumi" *124, 136*
   Umwelteinflüsse 136
   „Yamabuki" *124, 176*
Filter
   Absetzkammern *35,* 37
   Außenfilter *34, 36,* 37
   Bau *46, 47*
   Pflanzenfilter *33,* 37
   Träger des Filtermaterials *47*
   Bau 22, 34, 46, *47*
   Verputzen und Streichen 47
   Betrieb im Winter 78, 79
   biologische 53
      Bakterienpopulation *32, 55,* 72, 73
      Filtermaterialien *34, 36,* 53
   Bodenfilter 34
   Chemikalien 54
   Filtermaterialien *54*

   kommerzielle Filterkammern 55
   Leistung 27
   Mechanik 53
      Filtermaterialien 53
   Mehrkammerfilter *35,* 37, 44, *46, 47*
   Oberfläche 36
   Reinigung 55, 72, 73, 76, 77
   Sandfilter *46, 56,* 57
   Stickstoffzyklus *51, 53,* 72
   Strudelfilter 33
   Verweildauer 36
   Wartung 37
Filtermaterialien 37, *54,* 55
   Aktivkohle *54,* 55
   Filterbürsten *54*
   Filtermatten 55
   Filterwolle *54*
   gefriergetrocknete Bakterienkulturen 55
   Kies *54*
   Kunststoff-Lockenwickler 55
   perforierte Plastikröhren *54*
   Schaumstoff 55
   Tongranulat *54*
   Topfkratzer aus Nylon *54*
   zeolite *54,* 55
Fischbrut
   Entwicklung und Wachstum *95*
   Ernährung 95
Fischegel 56, *106*
Flexibacter 108, *110*
Flossen *16*
   Afterflosse *16, 17,* 18
   Bauch- *16, 17,* 18
   Brust- *16, 19*
   Hypuralia *18*
   Krankheiten
      Flossenfäule 61, *109,* 117
   Rücken- *17,* 18
   Schwanzflosse *16, 17*
   Schwanzstiel *17*
Flossenstrahlen *18, 19*
Formalin 112
Frühjahrs-Virämie von Karpfen 108
Fütterung
   Einfluß der Wassertemperatur 66, 69, 77, 79
   Fischbrut 95
   Fische züchten 66
   Frühjahr 72, 73
   Neuzugänge 63
   Sommer 75
   Überfütterung 64
   Vitamingehalt 67
   Vorbereitungen im Herbst 76
   zur Farbverstärkung 69
Futter
   Graubrot 66, 69
   Fertigfutter 66, 68
      Farbverstärker 68
      Flocken 69
      Koi-Sticks 68
   Fette 66
   Kohlenhydrate 68
   Lebendfutter 69
   Mineralstoffgehalt 68
   Nährstoffgehalt 66, 69

   Proteine 66
   Salat *65, 66, 67,* 69
   Sinkfutter 68
   Vitaminfunktion 67, 68

G

Gallenblase 20, *21*
Gartenpflanzen
   Acer 85, 88, 91
   Astilbe 88
   Azaleen 88
   Bambus 85, 88, 91
   Enkianthus 85
   Farne 88
   Funkien *88*
   Gunnera manicata 88
   Iris 88
   Japanische Wassergärten 85
   Lysimachia 88
   Moose 88
   Petasites japonicus 88
   Primeln 88
   Prunus 85
   Rhododendren 88
   Saggitaria 88
   Uferpflanzen *45, 71,* 88, *89*
   Zwergnadelgehölze *83,* 88
   Zypergras 88
Gasblasenkrankheit 56, 57, 111
Gehirn *21*
Geschlechtsorgane 20, *21,* 94
Geschwüre 109
Glanz
   „Hikari" *125*
   „Kawari" *125*
Glotzauge *110*
Größen von Koi *60,* 117, 119
Gyrodactylus 105

H

Händler 61, 63
Haut
   Saugwurm *105*
   Schädel 16, *19*
   „Shimis" 116, 120
Hautverschleimungen 61, 63, *102*
Herz 18, *19, 21*
Hygiene
   bei Ausstellungen 117
   bei der Inkubation 96
Hyomandibulare *19*
   Operculum *16*

I

„Ich" s. Ichthyophthirias
Ichthyobodo 61, 63, *102*
Ichthyophthiriasis 94, 102, *103,* 117
   Lebenszyklus *103*
Immunsystem
   Wassertemperatur 72, 77, 79, 111
Inkubation 95
   Belüftung 95
   Hygiene 96
Insektenplage 105

K

Kado-gin „Kinginrin" Schuppen *198*
Kaliumpermanganat 100
Karpfen-Erythrodermatitis 109
Karpfenlaus 61, *77, 104,* 117
Karpfenpocken *107, 108,* 117
Kauf von Koi *59,* 61, 63
Kiefer
　Oberkiefer *19*
　Unterkiefer *19*
Kiemen *19,* 20, *21*
　Bakterieninfektion 110
　Kiemendeckel *16, 19,* 61
　Kiemenfäule 63, 113
　Osmoregulation 20
　Parasiteninfektionen 102, *105,* 107
　Ventilationsrate 77
Kiemenwurm 105
Knötchenkrankheit 103
Körperform *16,* 64, 120
Körperzeichnung
　„Bongiri" *133*
　„Budo" 124, *159*
　„Dangara" oder „Danmoyo", gestuft *132*
　„Inazuma" 124, 132, *140*
　„Ippon Hi" *132*
　„Kage" 124
　„Kanoko" 124
　„Kasane" Sumi oder Hi 136
　„Kata moyo" *132*
　„Komoyo" 130
　„Koromo" 124, 156
　„Matsuba" 124
　„Moyo" *132*
　„Nibani" *132*
　„Omoyo" 130
　„Sarasa" 128
　„Tancho" 124
　„Tobihi" *132*
　„Tsubo" Sumi 136
　„Utsuri" 124, 146
Kommerzielle Zucht (Koi) 12, 60
　Israel 60
　Japan, Niigata 12, *60*
　Singapur 60
　Ursprung 12
　USA 60
Kopf *19*
Kopfzeichnung
　„Hanatsuki" *130*
　„Kuchibeni" 128, *130,* 136
　„Menkaburi" 128, *130*
　„Menware" *140*
　Tancho *194*
　traditionelle U-Form *130,* 136
　„Zukinkaburi" 128
Krankheiten 98
　Bauchwassersucht 110
　Branchiomyces 107
　Columnaris-Krankheit 109, *110*
　Flossenfäule *109,* 117
　Frühlings-Virämie bei Karpfen 108
　Gasblasen-Krankheit 56, 57, 111
　Glotzauge *110*

Karpfen-Erythrodermatitis 109
Karpfenpocken *107, 108,* 117
Kiemeninfektionen 113
Knötchenkrankheit 103
Pünktchen-Krankheit 94, 102, 103, 117
Saprolegnia-Infektion 95, *106, 107*
Streß 63, 98
trübe Augen 113
Tuberkulose 103, *109*
Verpilzen 95, *106, 107*
Verschleimung der Haut 61, 63, 102
Vitaminmangel 67
Kreislaufsystem 19

L

Laichen 75, 94
　Abstreifen 97
　Dubisch- und Hofer-Teiche 96
　Hypophysenhormoninjektion 97
　Inkubator *95*
　Laichschnüre 94, *97*
　Wassertemperatur 94, 111
Leber *19,* 20, *21*
Lernaea 61, 63, 77, 104, 117
Lophotrichous 108
　Lebenszyklus 104
Libellenlarven 105

M

Malachitgrün-Oxalat 100
Medikamente und Behandlung
　Antibiotika 110
　Dosierung 27
　Kaliumpermanganat 100
　Mercurichrom *100*
　Methylenblau 100
　Salzbad *99,* 100, *101, 109, 111*
Meiji Ära (1868-1912) 136, 146
Mercurichrom 100
Methylenblau 100
Milz *19,* 20, *21*
Muskulatur 18, *19, 20, 21*
Mycobacterium 108, 109
Myxobolus 103

N

Nasenöffnungen *16*
Natriumchlorid (Kochsalz) 99, 100, 101, 109, 111, 112
Nervensystem 21
Neuralrohr *18*
Nieren *19, 20, 21*
Nierenfunktion 20
Nitrat 51, 52
Nitrit 51
　Giftigkeit 51, 69, 111
Nitrobacter 53, 73
Nitrosomonas 53, 73
Nocardia 109

O

Ohr
　Innenohr 18, 21

Operculum *16, 19*
Osmoregulation 50
Ozon
　Algenbekämpfung 57

P

Pankreas 20
Parasiten 98, 102
　Acanthocephala 56
　Argulus 61, 77, *104,* 108, 117
　Chilodonella 102
　Dactylogyrus 105
　Eingeweidewürmer 106
　Ergasilus 105
　Gyrodactylus 105
　Ichthyobodo 61, 63, *102*
　Ichthyophthirius multifiliis 94, 102, *103,* 117
　Krebse 104
　Lernaea 61, 63, 77, *104,* 117
　Myxobolus 103
　Piscicola geometra 56, *106,* 108
　Protozoen 102
　Trichodina 61, 63, 102
Perl-Ginrin *198*
Pflanzen
　Brunnenkresse 33, 37
　Laichplätze *96*
　Photosynthese 51, 74
　Seerosen 88, 90
Pilze 113
　Branchiomyces 107
　Saprolegnia 95, *106,* 107
Piscicola geometra 56, *106*
　Lebenszyklus *106*
Praeoperculum *19*
Protozoen 113
　Apiosoma 103
　Carchesium 103
　Epistylis 103
　Pseudomonas 109
　Scyphidia 103
　Vorticella 103
Pünktkchen-Krankheit 94, 102, *103,* 117
Pumpen
　Außen- 37, 44
　im Winter 78, 79
　Leistung 44
　Unterwasser- *34,* 37, 43
　Wartung 45

Q

Quarantäne 62
　Streß 63
　Teich und Becken 62

R

Riechkolben 17, *21*
Rippen *19*
Rohrleitungen 31
　Bodenabflüsse 39, *40,* 41
　Bodenfilter 34
　Folienteiche 41, 42
　Lösungsmittel-geschweißte PVC-Rohre 39, 40, 45

Pumpenkammer 37, *43*
Ventile 37
Venturi-Rohr *51*
Rückenmark 21

S

Salinenkrebse (Artemia salina) 96
Saprolegnia 95, *106, 107*
Sauerstoff
　aerobe Bakterien 53
　Sauerstoffmangel 111
Schleim 16, 73, *102*
Schuppen 16
　Asagi *150, 151*
　Diagnose 61, 63, *112*
　„Fucurin" *125*
　Jahresringe 66
　„Kinginrin" 125, *148,* 198
　„Kokesuki" *135*
　„Madoaki" *135*
　Spiegelkarpfen 12, 16, 125, 135, 152, *160*
Schwanzstiel 17
Schwimmblase *19,* 20, *21*
　Funktion beim Hören 18
Schwimmen
　Wassertiefe 27
Scyphidia 103
Seitenlinienorgan 17, *21*
Sinne
　Hören 18
　Riechen 17, *21,* 78
　Schmecken 78
　Sehen 16
Skelett *18, 19*
　Webersche Knöchelchen 18, *19, 21*
Spiegelkarpfen 12, 16, 125
　Lederkarpfen 125
　Seitenlinie 17
　„Yoroi" oder „Ishigaki" Beschuppung 125
Stäbchenkrebs(Lernaea) 61, 63, 77, *104,* 117
Stickstoffverbindungen 112
Stickstoffzyklus *51, 53,* 72
Streß *113*
　Transport 62
　Salzbad 109
　und Erkrankungen 63, 98, 109

T

Tama-gin s. Perl-Ginrin
Teiche
　Abdecknetze 76, 77
　Anlage
　　Bodenabflüsse *32,* 39, 41, 44, 45
　　Filterspeisung 33
　　Wasserrückführung *32,* 33
　　Wasservolumen 26
　　Bau 22
　Besatzdichte 27, 34, 58, 63, 66
　Beton 38, 39, 40, 44, 45, 46
　　Absetzkammer 42, 44
　　Ausschachtung *39*
　　Folien 30, 38, *41*

総合索引
ALLGEMEINES STICHWORTREGISTER

Glasfasern 31, 44, 46
Kosten 24
Pumpeninstallation 44
Randbefestigung 45
   Findlinge 23, 42
   Folie 42
   Holzbalken 42
   Werkzeuge und Ausrüstung 38
Bodenverhältnisse 29, 30
Desinfektion 61, 73
Dubisch- und Hofer-Teiche 96
Egelbefall 106
Eisdecke 78
Erdtümpel 93, 117
Filterleistung 27
„Frühjahrsputz" 72
Größe und Form 24, 25, 83
   Baumaterialien 25, 30, 31
   Wasserzirkulation 25, 32
Heizung 77, 79
Innenteich 79, 82
Inseln 25
Landschaftsgestaltung 24, 28, 80, 83, 84, 85
Neuzugänge 62
Oberfläche 26
Oberflächenabsauger 75, 76, 77
Planen 24
Quarantäneteich/-becken 77, 101
Saisonale Pflege 70, 74
Sicherheitsaspekte 28, 82, 83
Tiefe 26
Typen und Stile 24

Umgebung 24, 42, 44, 83, 85, 86
Verschmutzung 112
Wasserlauf und Wasserfälle 33, 37, 44
Wasservolumen 26, 27
Wasserwechsel 51, 74
Wasserzirkulation und Belüftung 33, 45, 51, 74, 78
Teleosteer 18
Test-Kits für
   Ammoniak im Wasser 51
   Nitrit im Wasser 52
   pH im Wasser 50
   Sauerstoff im Wasser 51
Transport 61 ff., 117
Trichodina 61, 63, 102
Trübe Augen 113
Tsubu-gin s. Perl-Ginrin
Tuberculose 103, 109
Tumoren 112

U

Ultraviolettes Licht
   Algenkontrolle 57

V

Venen 19
Venturi-Rohr 51, 55
Verletzungen 98
Vibrio 108
Viren 107, 108
Vitamine in der Nahrung 67, 68
Vorticella 16, 19

W

„Wagoi" 125
Wasser
   Ammoniakspiegel und Kontrolle 51, 73, 75, 97
   Chlor 52, 11
   Einfluß auf die Färbung 57, 69
   Härte 50, 51
   Kohlendioxid 74
   Leitungswasser entchloren 52, 72, 73
   Nitratgehalt 52
   Nitritgehalt und Kontrolle 51, 52, 73, 75, 97
   pH-Wert 50, 51, 111
   Probleme mit Algen 52, 57, 73, 112
   Qualität 48, 50, 64, 66, 98, 136
   Salzgehalt 50
   Sauerstoffgehalt 51, 53, 55, 74, 111
   Temperatur 50
      Bakterien und Einzeller 54, 72, 75, 76, 111
      Einfluß auf die Färbung 136, 152, 162
      Einfluß auf die Wachstumsrate 66
      Fütterung 72, 73, 75, 79
      Gehalt an gelöstem Sauerstoff 51, 111
      Immunsystem von Fischen 72, 77, 79, 111
      Laichen 94, 111
      Teichtiefe/Oberfläche 26, 27
      Vertikalbewegungen im Teich 33
      Verweildauer im Filter 36
      Zirkulation und Teichform 25, 33, 45
Wassergärten 80
   Anstrich für Form und Farbe 83, 85, 88, 90
   Beleuchtung 91
   Brücken 3, 25, 85, 86, 87, 90
   Felsen 23, 86
   Holz 83, 86, 87, 90
   japanischer Stil 84, 85
   Landschaftsgestaltung 11, 28, 45, 84, 85, 86
   saisonale Pflege 71
   Sand und Kies 87
   trockene Bäche 84
   Zierrat 90, 91
      Shishi odoshi 91
Wirbelsäule 18, 21
   Verkrümmungen 66

Z

Zähne 18
Zen Nippon Airinkai koi-keeper society 119
Zucht 92
   Farmhaltung 96, 97
   Hormoninjektionen 97
   Inkubation 94
   Nahrungsaufnahme 66
   Wachstum 96

BILDNACHWEIS

Illustrationen
Das Copyright der nachfolgend aufgeführten Illustrationen liegt bei Salamander Books Ltd.
Bernice Brewster: 18–19 (u.)
Rod Ferring: 103, 104, 105, 106, 108
Bill Le Fever: 16–17, 19 (o.), 20–21, 25, 53, 62, 63, 74, 78, 82, 88, 94, 95, 96, 118, 125–198
Janos Marffy: 34, 35 (o.), 56
Ian Stead: 26, 29, 32, 35 (u.), 36, 40, 41, 42, 47, 51
Stuart Watkinson: 73, 75, 77, 79

Fotos
Der Verlag bedankt sich bei folgenden Fotografen und Agenturen für ihre Mitarbeit.
(o. = oben, u. = unten, m. = Mitte, r. = rechts, l. = links)
Chris Andrews: 57, 73, 102 (o.r.), 103, 105 (m., u.), 106 (u.r.), 109 (o.m.)
Heather Angel/Biofotos: 79
Bernice Brewster: 98–9, 101, 102 (o.m.), 109 (o.r., m., u.), 110 (o.), 111, 112
The British Museum: 12
James Chubb: 104 (m.), 105 (m.r.), 106 (m.u.), 107 (o.l.), 108, 110 (o.)
Eric Crichton © Salamander Books: Vorsatzblätter, Titel, (4–5), (6–7), 8–9, 22–3, 24, 27, 28, 30, 31, 32, 33, 35, 37 (u.), 42, 43, 44, 45, 46, 48–9, 51, 54 (u.l.), 55 (o.), 56, 61, 62, 72, 76, 80–1, 82, 83, 84, 85, 86, 87, 88, 90 (o.r., u.), 91 (o.), 97 (u.), 100, 114–5, 116, 117, 118, 120, 122–3
John Cuvelier: 37 (o.), 70–1, 74–5
Mark Davis: 13 (u.), 60 (o.), 92–3, 94
Garden Picture Library: 10–11 (Elizabeth Wilkinson), 78 (Derek Fell), 89 (Ron Sutherland), 90 (o.l., Marijke Heuff)
Ideas into Print: 14–15
Jonathan Kelly © Salamander Books: 13 (o.), 54–5, 58–9, 60 (u.), 64–5, 66, 68–9, 77, 97 (o.), 139, 144, 147, 152, 153, 155, 158, 160–1, 161, 162, 165, 166, 167, 170, 172, 177, 180–1, 181, 187, 189, 192
Kent Koi Ko: (2–3), 104 (u.), 121, 124, 125, 128, 129, 131, 133, 134, 135, 137, 138, 141, 142, 143, 145, 148, 149, 151, 154, 156, 157, 163, 168, 169, 171, 173, 175, 176, 178, 179, 182, 183, 184, 185, 188, 191, 193, 201
M. R. Lewis: 34, 38, 39, 41
Peter W. Scott: 107 (o.m., u.r.), 113
Harry Smith Horticultural Photographic Collection: 91 (u.)
Stonecastle Graphics: 50, 52

Danksagung
Der Herausgeber bedankt sich für die freundliche Mithilfe bei:
Chris Ball, Mrs. Barret, Nigel Caddock, Stuart Craik, Philip Edwards, Brian Garner, G. A. Grant, Brian Harman, Kent Koi Ko., Graham Lowe, Alan Mann, Mitaka, Panache, Gregory Peck, Mary Riddoch, Peter Tebby, Ken Waterhouse, Helga Watson, World of Koi.
Die Übersetzerin dankt Herrn Rüdiger Schulz-Ehlert für sorgfältiges Korrekturlesen.

Neuere Literatur zum Thema „Koi":
Hilble, R., Langfeldt-Feldmann, G.: Kois im Gartenteich, Kosmos, 1988
James, B.: Koi, Tetra, 1990
Ladiges, W.: Kaltwasserfische für Aquarium und Gartenteich, Tetra, 1990
Mills, D.: Kaltwasserfische, Tetra, 1992

zum Thema „Fischgesundheit":
Andrews, C., Exell, A., Carrington, N.: Gesunde Zierfische, Tetra, 1990

Bezugsquelle für japanische Koi:
SAKANAYA MÜNCHEN,
Inh. Robert Hilble,
Fischwirtschaftsmeister,
Geiselwieserstr. 2,
W-8063 Sittenbach, Tel. 0 81 34/75 17

SAKANAYA BODENSEE,
Inh. Richard Hilble,
Fischwirtschaftsmeister,
Waldhornstr. 8,
W-7778 Markdorf,
Tel. 0 75 44/85 89